*CHEMINS POUR UNE APPROCHE
POÉTIQUE DU MONDE*

LE ROMAN SELON J.M.G. LE CLÉZIO

Etudes Romanes

Numéro 41

Rédaction : Hans Peter Lund

Institut d'Etudes Romanes
Université de Copenhague

Miriam Stendal Boulos

Chemins
pour une approche poétique
du monde

Le roman selon J. M. G. Le Clézio

Museum Tusculanum Press
University of Copenhagen 1999

Miriam Stendal Boulos :
Chemins pour une approche poétique du monde.
Le roman selon J.M.G. Le Clézio.

© Museum Tusculanum Press et l'auteur 1999

Mise en pages: Nils Soelberg
Couverture: Thora Fisker
Photo : Agence Gamma, Paris
Imprimé par AKA Print, Århus
ISBN: 87-7289-545-4
ISSN: 0109-1999

Publié avec le soutien financier du Conseil norvégien pour la Recherche

Museum Tusculanums Forlag
Københavns Universitet
Njalsgade 92
DK 2300 København S

Pour un roman poétique

Jean-Marie Gustave Le Clézio se révèle comme un écrivain de ruptures. A son écriture expérimentale initiale, qui avait permis à maints critiques de le rapprocher du nouveau roman, succède une marginalité générique délibérément choisie pour souligner que de dire la rencontre entre l'être et le cosmos relève plus du discours poétique que du romanesque. Chez Le Clézio, le monde se révèle à l'être dans une «extase matérielle», topique primordiale qui se double de l'évocation constante d'un univers originel fait de perceptions sensorielles. Car puiser dans les sensations immédiates les secrets d'un monde qui nous parle constitue à la fois une approche du monde et une technique poétique pour Le Clézio. En même temps, il emprunte au roman une continuité textuelle destinée à suggérer une présence au monde. Par là, son écriture romanesque rejoint la tendance du XXe siècle, où le genre se caractérise surtout par sa structure ouverte, par une volonté constante non seulement de mettre en question une tradition narrative par un éclatement des critères du genre, mais aussi par le désir de l'investir de traits caractéristiques d'autres genres en vue de le rendre plus apte à exprimer la complexité et l'intensité de l'homme moderne. Tel est le propos de Le Clézio, lorsqu'il fait éclater la linéarité narrative, lorsqu'il refuse le personnage psychologisé et la mise en intrigue d'une histoire dramatique, mais surtout lorsqu'il tente d'investir le roman des caractéristiques propres au poème dans le but de conférer au roman une expression plus intense de l'être au monde.

La cohésion de ses romans ne réside pas au niveau de l'orchestration d'une intrigue et de la construction d'un personnage authentique, mais dans une cohésion poétique, dans un rythme et un récit qui rappellent la structure du poème. Il s'agit là d'un système propre au récit poétique qui, selon Jean-Yves Tadié, se caractérise par «un système d'échos, de reprises, de contrastes qui sont l'équivalent, à grande échelle, des assonances, des allitérations, des rimes : ce qui n'implique, ni élimine, la recherche des phrases musicales»[1]. Cette réhabilitation des techniques poétiques dans la littérature contemporaine semble plus visible dans l'écriture romanesque que dans la poésie

---

[1] Jean-Yves Tadié, *Le Récit poétique*, PUF, Paris, 1978, p. 8.

même, ou comme l'exprime Jean Ricardou, «la rime, amplement dédaigné dans la poésie contemporaine, a trouvé, en se généralisant et substituant à tous niveaux, tout un champ d'action dans la prose romanesque moderne»[2]. Quand Le Clézio lui-même évoque la question des genres littéraires, c'est pour conclure qu'il s'agit «d'une question de rythme»[3]. Perceptible chez Proust, les surréalistes et les nouveaux romanciers, la structure poétique du roman est la caractéristique dominante qui contribue à l'originalité et à l'incontestable qualité de l'œuvre romanesque de J.M.G. Le Clézio.

Car si les romans de Le Clézio connaissent aujourd'hui un succès de vente considérable, qui se double d'un intérêt croissant chez les critiques, c'est que non seulement ils expriment une réflexion sur l'écriture et le romanesque, mais que l'écrivain a su concilier un discours métalittéraire et le projet initial de son écriture, à savoir toucher le public (annoncé paradoxalement dans l'avertissement du *Procès-verbal*), et cela, non pas en recourant à une structure susceptible de plaire au «grand public» – bien qu'un humanisme plus marqué ait certainement contribué à élargir son public –, mais grâce à une écriture romanesque qui puise sa force dans une structure et dans une approche poétiques. Si la critique a toujours eu tendance à distinguer deux périodes dans l'œuvre de Le Clézio, la première expérimentale à l'instar du nouveau roman, la seconde à structure d'apparence plus traditionnelle mais avec des accents lyriques[4] – une distinction trop simplifiée mais qui nous servira de point de départ à une appréciation de l'évolution de l'œuvre -, son œuvre exprime cependant une continuité profonde qui est assurée par sa structure poétique. A cette structure s'ajoute une attitude poétique à l'égard du romanesque que notre étude se propose de définir. Les procédés d'écriture changent, mais le projet romanesque de l'écrivain demeure le même du *Procès-verbal* (1963) à *Poisson d'or* (1997), et ce dernier roman vient confirmer par sa structure et sa narration cette continuité.

Son œuvre est pourtant loin d'être homogène, et la critique hétérogène de l'œuvre reflète bien sa diversité et son évolution. Classée un peu trop vite parmi celle des nouveaux romanciers lors de l'obtention du prix Renaudot pour *Le Procès-verbal* en 1963, l'écriture leclézienne se révèle ensuite comme

---

[2] Jean Ricardou, *Le Nouveau roman*, Ed du Seuil, 1973, p. 90.

[3] Le Clézio dans «Une littérature de l'envahissement, propos recueillis par Gérard de Cortanze», in *Magazine Littéraire*, n° 362, février 1998, p. 34.

[4] Il s'agit là d'une division de l'oeuvre romanesque leclézienne en deux périodes: la première comportant les premiers romans de Le Clézio jusqu'aux *(Géants)*, 1973, la seconde allant de 1975 jusqu'à nos jours, et commençant par *Voyages de l'autre côté*, publié cette même année, qui semble constituer, aussi bien par la structure et le ton du récit que par son contenu, le début d'une nouvelle période dans l'écriture leclézienne.

Pour un roman poétique

une tentative à part, «scandaleusement inclassable[5]», qui refuse à la fois les critères du roman traditionnel et les «credos» de l'avant-garde[6]. Son succès à l'époque du *Procès-verbal*, limité surtout à un milieu universitaire, qui cherchait des traces de rupture avec le roman conventionnel, s'est ensuite élargi grâce à l'évolution intéressante de son écriture. D'une écriture préoccupée par des questions métalinguistiques, destinée surtout à un public cultivé voire érudit, son œuvre a évolué vers une prise en compte des préoccupations universelles et humaines, dans une écriture dominée par un lyrisme fondé sur le sensoriel. Cette évolution se reflète dans les approches très divergeantes des critiques.

Pour certains, l'œuvre de Le Clézio peut s'offrir comme une lecture des pulsions inconscientes qui traversent l'homme. L'aspect archétypal de certaines situations a ainsi suscité les commentaires d'un Waelti-Walters qui propose une lecture psychanalytique, fondée sur les théories jungiennes, de l'œuvre leclézienne[7]. Cette approche permet d'établir les constantes thématiques qui structurent l'œuvre, où le mythe d'Icare serait à la base de sa construction et donnerait aussi l'expression pleine de sa vision du monde, créant «une métaphore obsédante d'un mythe personnel», mais elle ne semble pas tenir suffisamment compte du contexte philosophique de l'écrivain et ne s'intéresse pas à son projet poétique, à savoir la qualité proprement littéraire de cette œuvre. Beaucoup se sont d'ailleurs intéressés à la référence mythique signifiante de cette œuvre, évoquant respectivement la structure unitaire de l'oeuvre et le mythe de l'âge d'or[8] comme idée structurante de la narration.

---

[5] Gerda Zeltner dans «Jean-Marie Gustave Le Clézio: le roman antiformaliste», in *Positions et oppositions sur le roman contemporain*, 8, Actes du Colloque de Strasbourg présentés par Michel Mansuy, Klincksieck, 1971, p. 215-224.

[6] «(...) il se moque totalement du puritanisme d'un Robbe-Grillet, en se permettant tous les anthropomorphismes que ce Dieu du Nouveau Roman a défendus.» ibid. p. 216-217.

[7] Jennifer Waelti-Walters: *Icare ou l'évasion impossible, étude psycho-mythique de l'oeuvre de J. M. G. Le Clézio*, Editions Naaman de Sherbrooke, Québec, Canada, 1981.

[8] S'intéressant au mouvement unitaire des récits lecléziens, Isabelle Gillet, dans *Quête d'une harmonie et mythe dans les romans de J.M.G. Le Clézio* (Doctorat Nouveau, littérature française, Université de Lille III, 1991), illustre comment les romans de Le Clézio racontent une même histoire marquée par trois rencontres, trois mythes et trois périodes, alors que Karim Konate, dans *Le travail du mythe dans les récits de J.M.G. Le Clézio* (Doctorat Nouveau, littérature et civilisation françaises, Université de Montpellier III, 1991) évoque le mythe de l'âge d'or comme fondement de la pensée et de l'écriture lecléziennes.

Quelques études stylistiques ont contribué à constater certaines constantes syntaxiques de l'oeuvre leclézienne: le dynamisme d'une structure simple, valorisant la coordination et l'énumération exhaustive[9], une écriture puisant sa force dans des métamorphoses significatives, métamorphoses qui incarnent le désir d'une fusion chez les personnages et qui assurent une place au ton fantastique. Odile Fayet[10] ainsi que Gerda Zeltner[11] ont évoqué le parallélisme entre le désir d'une connaissance plus profonde du monde et la saturation linguistique des phrases lecléziennes, destinée à exprimer la réaction de l'écrivain à l'énorme pression du monde.

A ces tendances s'ajoute une lecture philosophique de l'œuvre qui tente de cerner l'évolution de la pensée de l'écrivain. Pour Di Scanno, l'œuvre leclézienne est constituée d'étapes initiatiques; dans *La vision du monde de Le Clézio*, elle évoque cinq œuvres illustrant cinq étapes de l'écrivain[12]. Selon elle, toutes ses œuvres tendent à exprimer une vision du monde et la place de l'homme dans ce monde; son œuvre évolue vers une philosophie qui s'efforce de sauver les valeurs de la civilisation humaniste contre les déformations de cette civilisation. D'autres études encore soulignent la référence obsédante à une dualité où la nature s'oppose à la civilisation et s'intéressent aux influences de la culture indienne dans les romans de Le Clézio[13].

La critique des dernières années semble aussi confirmer l'importance de cette expérience; s'intéressant essentiellement, lors des premières publications lecléziennes, à démontrer une filiation formelle (outre la ressemblance avec les nouveaux romanciers[14] pour son interrogation métalinguistique et

---

[9] Conrad Bureau dans *Linguistique fonctionnelle et stylistique objective* fait une étude stylistique comparative de *Combray* de Proust, de *La Porte étroite* de Gide et de *La Guerre* de Le Clézio.

[10] Odile Fayet: *L'écriture de J. M. G. Le Clézio, une écriture magique*, Doctorat, 3e cycle, Littérature Française, Université de Paris X, 1988.

[11] Gerda Zeltner: «Jean-Marie Gustave Le Clézio: le roman antiformaliste», op. cit.

[12] Di Scanno: *La vision du monde de Le Clézio*, Liguori Edittore, Napoli, 1983.

[13] Marie-Annick Mayrand dans sa thèse *Le rapport de l'homme au monde* (Nouveau Doctorat, Université de Lyon II, 1988) s'intéresse en particulier à ce phénomène.

[14] Dans certaines parties de notre analyse, un rapprochement avec le nouveau roman sera fait, afin de démontrer en quoi Le Clézio se rapproche et se distancie du nouveau roman. Nous signalons à ce propos, que lorsque la notion du «nouveau roman» est utilisée, nous nous référons aux théories littéraires de base qu'il représente, telle qu'elles sont exprimées dans des ouvrages comme: Robbe-Grillet: *Pour un nouveau roman*, Nathalie Sarraute:

Pour un roman poétique

pour son refus des conventions littéraires, l'écriture leclézienne a été rapprochée de celle des écrivains existentialistes pour la thématique qui se fait jour dans les trajets des personnages), la critique semble aujourd'hui accorder plus de place à la dimension mythique d'une œuvre exprimant la recherche d'harmonie et de quiétude pour l'homme moderne.[15] Jean Onimus incarne bien cette dernière tendance, en établissant un parallèle entre le vécu de l'écrivain et les obsessions de son écriture[16]. Ces critiques ont laissé quelques étiquettes à l'écrivain, telles que «écrivain antiformaliste», «écriture mythique», «écrivain de sympathie», désignations que notre travail se propose de commenter et de discuter.

Ces critiques hétérogènes reflètent la diversité et l'évolution de l'œuvre de leclézienne. Une œuvre qui amalgame écriture expérimentale, discours métalittéraire, idées philosophiques et une écriture lyrique et sensorielle, destinée à exprimer un émerveillement originel devant la magie du langage, peut effectivement laisser des pistes interprétatives nombreuses et parfois contradictoires. Une caractéristique domine pourtant cette écriture : le désir constant de renouveler le romanesque par l'insertion d'une structure et d'une écriture poétique. Cet enjeu de l'écrivain, destiné à conférer au genre une expression plus directe et plus intense de l'être au monde, explique les ruptures qu'opère Le Clézio avec la tradition du genre. Car si le mot «fuite» constitue un leitmotiv dans ses premiers romans, au point même de désigner la structure de tout un roman[17], c'est qu'il implique un double sens

---

L'ère du soupçon et Ricardou: *Le nouveau roman*, et non pas à l'ensemble de publications romanesques issues de cette école.

[15] Pour une étude approfondie de la réception de l'oeuvre leclézienne nous signalons Molinié/Viala: *Approches de la réception, Sémiostylistique et sociopoétique de Le Clézio*, PUF, collection «Perspectives littéraires», 1993. Viala nous présente ici les diverses présentations de Le Clézio qui figurent dans les manuels scolaires, les encyclopédies littéraires, les notes des éditeurs, prenant entre autres comme exemple la présentation de Lagarde et Michard et une note éditoriale du recueil de nouvelles *La ronde et autres faits divers*. Pour ce premier, une classification de l'écrivain se ferait au moyen d'un rapprochement avec des figures présentes dans l'histoire littéraire: Le Clézio est ainsi rapproché du Nouveau Roman mais surtout du néo-réalisme, alors qu'une étude de la note éditoriale lui permet à travers une élimination de certaines figures littéraires de dégager sa spécificité littéraire; Le Clézio n'est «ni écrivain réaliste, ni intellectuel engagé, ni romancier de l'objectivité extérieure» mais propose une figure d'écrivain de sympathie. Cette dernière semble se renforcer avec ses dernières publications.

[16] Jean Onimus: *Pour lire Le Clézio*, PUF, coll. «Ecrivains», 1994.

[17] Cf. *Le Livre des fuites*, Gallimard, 1969.

dans l'univers leclézien. Il désigne à la fois refus et cheminement : mise en question certes, d'une certaine structure romanesque, mais aussi cheminement vers une écriture nouvelle qui confère au romanesque des traits poétiques pour exprimer la rencontre avec le monde : les anecdotes, les différents genres adoptés, les lieux communs sont des trajets poétiques vers une même rencontre. Ces sont ces trajets que le titre de notre travail voudrait évoquer : «Chemins pour une approche poétique du monde : le roman selon J.M.G. Le Clézio» propose une réflexion sur la relation qui existe entre l'approche du monde qu'exprime l'écrivain et les influences de celle-ci sur sa stratégie romanesque.

Si l'œuvre de Le Clézio reflète bien l'idée de Starobinski, selon laquelle les «grandes œuvres modernes ne déclarent leur relation au monde que sur le mode de refus[18]», c'est qu'elle véhicule à la fois le refus d'une conception linguistique où les mots ont perdu leur capacité de représentation et leur pouvoir magique et le refus d'une littérature proclamant la mort de l'humanisme, grâce à une écriture qui propose en réponse un univers où l'humanisme s'intègre dans la description d'une société sans repères, sans religion, sans élément sacré, où le langage est présenté comme un pouvoir magique. L'originalité première de Le Clézio réside cependant dans un remaniement de l'esthétique romanesque, où l'éclatement de la structure romanesque traditionnelle est compensé par l'investissement poétique systématique des situations, destiné à donner une expression plus directe et plus sensorielle du monde. C'est proposer au romanesque une expression nouvelle, et à la poésie une structure différente qui donne à l'écrivain plus de liberté[19].

Le projet poétique de Le Clézio résulte d'une approche du monde exigeant une nouvelle forme adaptée. Une vision spécifique de l'être au monde commande ses techniques d'écriture : ses romans portent en effet la marque de certaines réflexions existentialistes sartriennes[20] perceptibles dans quelques situations récurrentes, notamment dans les premiers romans. Son écriture porte également des traces de la philosophie de Martin Heidegger[21],

---

[18] Starobinski: *La Relation critique*, Gallimard, 1970, p. 21.

[19] Selon Jean-Yves Tadié, «la construction du récit poétique utilise à la fois les ressources de la prose, et celles du poème, en diluant ces deux types de contrainte, parce qu'il est moins tenu à l'enchaînement linéaire que le roman, et qu'il est évidemment libéré de la versification». *Le Récit poétique*, op. cit., p. 116.

[20] Le Clézio exprime son admiration pour l'écriture de Jean-Paul Sartre dans l'article «Un homme exemplaire», *L'Arc* n° 30, 1966, p. 6-7.

[21] Le Clézio évoque ses affinités pour la philosophie de Heidegger dans «Lire, c'est s'aventurer dans l'autre», *La Quinzaine Littéraire*, n° 435, 1-15 mars, 1985, p. 6-8.

dont certaines idées semblent dominer non seulement les situations romanesques mais aussi la conception du langage et du romanesque de Le Clézio ; la mécanisation de l'homme dans une société technologique, l'absorption dans la masse, «l'être pour la mort» et surtout un être envahi par la force du cosmos sont des topiques heideggeriennes perceptibles dans les romans de Le Clézio et qui influencent son choix de techniques narratives.

Simultanément, Le Clézio éprouve une fascination grandissante pour les sociétés dites primitives – fascination qui semble en relation étroite avec ces affinités philosophiques -, telles les civilisations indiennes découvertes lors de son séjour chez les peuples Embera. Cette fascination l'a amené à effectuer de nombreux séjours chez les peuples indiens et aussi à s'initier à leur langue pour mieux connaître leur culture. Cette culture primitive constitue une topique romanesque récurrente, destinée à véhiculer une conception primitiviste de l'art. Il faut rattacher à cette topique une opposition primitiviste qui constitue un principe structurant des œuvres lecléziennes : la ville s'oppose à la nature originelle, l'Histoire à l'intemporel, le langage rationnel au silence originel. Car la conception du monde qui détermine ses œuvres explique aussi la référence fréquente au mythologique et son choix d'une technique primitiviste.

Il nous semble en effet que le mot primitivisme désigne mieux l'approche romanesque de Le Clézio que le mot «mythe», emprunté par de nombreux critiques, puisque le mythe désigne un récit supposé être «vrai» et «sacré[22]», et qui fait figure de référence absolue dans une société archaïque donnée. Sa valeur véridique ayant totalement disparu de sa présentation contemporaine, il fait fonction de référence et de symbole dans la littérature actuelle. Le primitivisme, en revanche, désigne une attitude consciente de la part de l'artiste, l'amenant à choisir certains procédés littéraires et à en omettre d'autres. Selon Robert Goldwater, il s'agit de faire un retour en arrière dans l'histoire, l'esthétique et la psychologie, pour trouver des facteurs psychologiques primitifs de base, le primordial qui, grâce à son caractère fondamental, contient une charge émotionnelle plus grande[23]. L'artiste «primitiviste» procède alors à une simplification formelle ou à une généralisation iconographique symbolique : il s'agit de présenter des situations cruciales de la vie, sans aucune distance psychique, en une scène simple, brutalisée ou idyllisée, qui absorbera le spectateur. Il s'agit également de réduire la présentation d'une situation et d'un personnage à quelques traits, évitant tout élément complexe et ambigu pouvant susciter l'analyse. Le choix conscient de procéder à une simplification provient d'un désir de rendre à l'homme

---

[22] Mircea Eliade : *Aspects du mythe*, 1963, Ed. Folio essais, p. 11.
[23] Robert Goldwater : *Primitivism in modern art*, The Belknap Press of Harvard University Press, 1986.

civilisé la force des instincts primitifs, afin d'arriver à une expression plus directe des sentiments intérieurs; il s'agit d'une nouvelle approche de l'art qui prolonge la tradition antirationnelle d'un Rabelais, d'un Baudelaire ou d'un Rimbaud. Contrairement à l'art primitif, où la référence et les symboles sont souvent identiques, la simplification qu'opère l'artiste contemporain est fondée sur sa connaissance de styles plus élaborés et sur une ellipse dont les références sont rappelées par leur omission.

Cette approche est prédominante, selon Goldwater, dans le primitivisme pictural, mais elle existe également dans le primitivisme littéraire moderne. Car il nous semble que les caractéristiques propres aux arts plastiques peuvent en partie s'appliquer aux procédés romanesques de certains écrivains. En littérature, le primitivisme ne se limite pas à une référence aux arts primitifs et à la façon de vivre des peuples primitifs, mais s'exprime dans le choix des techniques littéraires. Il s'agit là d'une simplification des traits caractéristiques d'un personnage ou d'une situation, qui vise à exprimer l'existence humaine avec plus d'authenticité et plus d'intensité. Cette stratégie romanesque semble aussi intéresser la critique contemporaine : dans un essai consacré à Céline, Anne Henry démontre en effet la fonction du primitivisme dans l'univers romanesque célinien[24]. Une certaine volonté de primitivisme semble aussi déterminer l'écriture de Le Clézio, où cette approche s'intègre dans son projet d'une mise en romanesque de l'être.

Notre lecture de Le Clézio s'intéresse surtout à caractériser la mise en romanesque des idées propres à l'écrivain, car il nous semble que les idées qui ont influencé l'écrivain sont intimement liées à son projet de conférer au roman une forme nouvelle, adaptée à exprimer une présence au monde. Les essais de Le Clézio apportent des éclaircissements sur cette approche poétique du monde : *L'Extase matérielle* (1967) évoque l'approche du monde de l'écrivain et la conception du romanesque qui en découle, *Haï* (1971) compare la société occidentale à la société indienne et explique l'origine de quelques thèmes récurrents dans les romans, *L'Inconnu sur la terre* (1978) est un essai lyrique représentatif de l'écriture leclézienne de cette période. Ces ouvrages constituent des métatextes indispensables pour la compréhension de la stratégie romanesque de Le Clézio; ils formeront donc, avec ses entretiens et ses articles de presse, une référence importante dans notre étude.

Tous les éléments formels de l'écriture de Le Clézio semblent subordonnés à une conscience créatrice perceptible dans quelques topiques obsessionnelles qui déterminent son écriture. Afin de saisir «l'épanouissement simultané d'une structure et d'une pensée[25]», nous tenterons, selon l'approche de

---

[24] Anne Henry: *Céline écrivain*, Editions L'Harmattan, 1994.
[25] Jean Rousset, *Forme et signification*, José Corti, 1963, p. X.

Starobinski, d'être à l'écoute de l'œuvre, de coïncider avec elle et la répéter[26] et d'adopter «un regard qui sait exiger tour à tour le surplomb et l'intimité, sachant par avance que la vérité n'est ni dans l'une ni dans l'autre tentative, mais dans le mouvement qui va inlassablement de l'une à l'autre[27]», car les «structures «immanentes» de l'œuvre se doublent d'un réseau de relations qui font apparaître l'œuvre sur le fond d'un dehors qu'elle transcende»[28]. En effet, notre étude du texte sera complétée, afin de cerner l'originalité de l'écrivain, d'une comparaison avec d'autres écrivains du XXe siècle, qui nous permettra de dégager si le projet de Le Clézio répond à une tendance dominante du temps : à quel point il s'y intègre et à quel moment il s'en démarque. Les filiations déjà suggérées par les critiques (l'existentialisme, le nouveau roman) formeront le point de départ de cette réflexion. L'écart par rapport aux normes de l'époque et à la tradition littéraire du XXe siècle que constitue l'œuvre leclézienne se mesurera à l'aide des méthodes de la critique structuraliste : l'œuvre de Barthes et les ouvrages de Genette sur la narratologie constitueront des références précieuses pour définir la transgression des lois romanesques[29].

L'enjeu poétique de Le Clézio, fruit d'un désir constant de faire porter à la littérature une «extase matérielle», vise à travers une écriture sensorielle une expression directe et efficace d'une approche du monde. Afin de mesurer l'originalité de la transformation du genre romanesque opérée par l'écriture de Le Clézio, il nous a semblé indispensable d'étudier d'abord les constituants typiques du genre, à savoir les éléments contribuant à la structure narrative du roman (intrigue, personnage, espace et temps) et d'analyser la transformation qu'il fait de ceux-ci. Les points de rupture avec les critères du genre seront successivement analysés à l'aide d'extraits représentatifs[30] pour mieux définir comment une nouvelle utilisation de ces constituants

---

[26] «Le trajet critique se déroule, dans la mesure du possible, entre *tout accepter* (par la sympathie) et *tout situer* (par la compréhension)». Jean Starobinski in *La Relation critique*, Gallimard, 1970, p. 27.

[27] Jean Starobinski, *L'Oeil vivant I*, Gallimard, coll. Le Chemin, Paris, 1961, p. 27.

[28] Jean Starobinski, *La Relation critique*, op. cit., p. 22.

[29] *Figures III*, 1972 et *Nouveau discours du récit*, 1983, Seuil coll. Poétique, formeront une référence importante quant à l'étude de la structure narrative de l'oeuvre leclézienne; *Mimologiques* (1976) et *Nouveaux essais critiques* de Roland Barthes (Ed du Seuil, 1972) nous aideront à définir sa conception du langage à la base de sa stratégie poétique.

[30] Nous renverrons à l'édition originale des oeuvres, sauf en ce qui concerne *L'Extase matérielle*, (Idées Gallimard), *Le Livre des fuites* et *La Guerre* (L'imaginaire Gallimard). Pour les abréviations des titres voir la bibliographie.

reflète sa conception du romanesque. Si des topiques tels la ville, la fuite et l'Autre occupent une place aussi importante dans notre étude, c'est qu'elles se présentent comme les symboles d'une approche du monde qui détermine l'écriture de Le Clézio. En effet, pour comprendre certains choix techniques de l'écrivain, il faut d'abord s'interroger sur la vision du monde qui a entraîné le choix de telles techniques : l'opposition de l'originel au non-originel perceptible dans une dualité spatio-temporelle est ainsi systématiquement illustrée à travers quelques situations typiques : la foule, la technologie aliénante, la fuite et le contact avec la matière. Un ailleurs qui fait figure de lieu originel semble présenter le symbole d'une nouvelle approche du monde et de la parole que l'écriture de Le Clézio tend à illustrer. Il nous intéresse donc, dans cette perspective, de nous interroger sur la fonction de ces topiques dans l'élaboration d'une structure romanesque où les techniques poétiques dominent, car elle nous permettra de cerner la vision du monde qui dicte les choix typographiques, le rythme, les images ainsi que la fonction poétique accordée au regard dans l'écriture leclézienne.

Un montage poétique du roman

Le succès immédiat de son premier roman, à structure expérimentale (*Le Procès-verbal*, 1963), valut à Le Clézio d'être salué par certains critiques comme un nouveau «nouveau romancier». Il s'est démarqué aussitôt de cette école, ne répondant pas aux attentes d'un public essentiellement universitaire, exigeant de lui davantage de littérature théorisante. «J'ai voulu que ça fasse du bruit», dit-il dans une interview récente, «et ça a fait du bruit, donc j'étais assez content. En même temps, j'étais insatisfait, (...) j'ai eu une réaction de méfiance».[31] Car malgré une certaine filiation avec le nouveau roman, au niveau du personnage et du montage romanesque, Le Clézio souhaitait proposer une nouvelle approche du genre romanesque, visant une critique à la fois du roman psychologique, de la narration classique et du nouveau roman. Pour lui, l'expérimentation formelle n'empêchait pas le lyrisme d'une contemplation amoureuse de la matière, la mise en valeur d'un cosmos vivant, l'expression de la soif de l'absolu dans la quête d'un ailleurs et dans une écriture exubérante.

Car à son écriture expérimentale et parodiante s'ajoutent des accents lyriques qui témoignent du désir d'une écriture totale, plus dépouillée, plus apte à exprimer le mouvement incessant de la vie. «Tout se passe comme si la littérature cherchait sans cesse à sortir d'un cercle trop étroit pour elle, trop étroit pour la conscience humaine», dit-il dans un article consacré à Rabelais[32]. Briser les barrières d'une écriture conformiste constitue une première étape dans le cheminement d'un écrivain dont l'idéal serait d'arriver à maîtriser la multitude d'expressions possibles. L'écrivain idéal qu'il décrit dans «Le Sismographe[33]» exprime effectivement le désir d'une littérature capable de s'inspirer de tous les codes préexistants pour élaborer son propre code capable de dépasser l'univers textuel. «L'homme qui écrit, n'écrit pas seulement avec des mots», dit-il. «Tout lui est bon pour avancer. Il écrit avec les chiffres, avec les formules chimiques, avec les équations algébriques, avec les structures moléculaires». Ecrire n'est pas seulement

---

[31] Le Clézio dans «Un siècle d'écrivains», émission diffusée sur FR 3 le 8 mai 1996.

[32] Le Clézio dans «La révolution carnavalesque», in *La Quinzaine Littéraire*, n° 111, 1er au 15 février 1971, p. 3.

[33] Le Clézio dans «Le Sismographe» in *NRF*, n° 214, octobre 1970, p. 17-18.

dire, c'est surtout dire par le détour, car «s'il écrivait seulement avec des mots (...), ce serait bien facile. On saurait où il va.[34]» Ce goût pour une littérature expérimentale et ludique se manifeste surtout dans les premiers romans[35], marqués par le pastiche et le collage : *Le Procès-verbal* montre d'emblée, par une intrusion adjectivale permettant la parodie du conte de fées, qu'un pacte de lecture est là pour être mis en cause[36]. La structure de ses œuvres se caractérise par une polyphonie narrative qui les rapproche du roman-collage, technique héritée de l'écrivain américain Dos Passos et qui consiste à insérer dans le roman des fragments d'existences diverses. Cette technique permet aux romans *Le Procès-verbal* (1963) et *(Les Géants)* (1973), où la typographie même souligne la variété des textes et des genres utilisés, d'illustrer une nouvelle approche de l'intrigue et du temps. Le refus de se plier aux normes du genre et du temps chronologique, son goût pour une écriture filmique et sa mise en scène des personnages dépourvus de profondeur psychologique rapprochent Le Clézio, il est vrai, du nouveau roman.

L'écriture et les personnages de Le Clézio marquent pourtant un écart considérable avec cette école, écart qui s'accentuera au fil des œuvres. Ces personnages portent certes la marque d'un héritage à la fois kafkaïen, existentialiste et nouveau romancier, mais à la démonstration philosophique et au dépouillement nouveau romancier s'ajoute une poétisation croissante qui contribue à l'originalité de Le Clézio par rapport aux écoles mentionnées. Une analyse du montage lecléziens, sa mise en intrigue ou plutôt sa façon de «contourner» l'intrigue, nous permettra d'apprécier les qualités expérimentales de l'écrivain et en même temps tenter de cerner l'approche du monde que ce montage romanesque se destine à illustrer.

Un petit garçon, assis sur une chaise longue et contemplant le décollage d'un avion, confère à l'incipit du quatrième roman de Le Clézio une situation significative : «Un grand aéroport désert, avec un toit plat étendu sous le ciel, et sur ce toit, il y a un petit garçon assis sur une chaise longue en train de regarder droit devant lui» (LF p.9). Les gestes et les vécus des personnages lecléziens semblent pouvoir se résumer dans cette phrase constituant l'incipit du *Livre des fuites* (1969). L'inaction apparente, la patience du personnage et l'absence d'une mise en intrigue sont caractéristiques des

---

[34] Ibidem.

[35] Il s'agit des romans publiés jusqu'en 1973.

[36] «Il y avait une petite fois, pendant la canicule, un type qui était assis devant une fenêtre ouverte» constitue la première phrase du *Procès-verbal* (PV p. 11).

Un montage poétique du roman 17

premiers romans lecléziens, ressemblant à des «romans blancs», non pas destinés à raconter une histoire mais à transmettre une approche du monde.

L'apparente monotonie de cette scène cache pourtant une préoccupation cruciale chez tout personnage de Le Clézio : regarder le monde, sans hâte, sans expliquer ou conceptualiser, regarder pour mieux se laisser imprégner de ce monde. La tension génératrice de l'œuvre leclézienne réside précisément dans l'intensité de cette action d'apparence statique. Le premier chapitre de ce roman essentiel dans l'œuvre de Le Clézio nous présente non un protagoniste qui conquiert le monde pour y évoluer, mais un être silencieux, un petit enfant, qui observe avec curiosité le spectacle du monde moderne. Son regard émerveillé est caractéristique de l'attitude de tous les personnages de Le Clézio; il constitue en effet une topique leclézienne récurrente, expression d'une approche du monde qui se dévoile dans les situations de ses romans et qui commande leur structure.

Si la structure narrative de ses romans semble disparate et décousue, le montage romanesque – la mise en intrigue – l'est davantage. Car le refus d'une structure «classique», comportant une mise en intrigue systématique accompagnée d'un personnage adéquat, n'est pas un simple écho des écrivains de l'avant-garde, tellement en vogue lors de sa première publication; mais il reflète aussi une pensée existentielle que ses romans sont destinés à incarner à travers leur rythme narratif et leurs situations.

La petite scène de l'incipit du *Livre des fuites* est en effet immédiatement suivie d'une réflexion, de ton assez brutal, sur l'écriture et la situation de l'écrivain. Après avoir accumulé des «lieux innombrables (...) noms qui n'en finissent pas», le narrateur se demande à la fin de ce chapitre : «Est-ce que cela veut dire quelque chose, vraiment?» (LF p. 12). L'écriture n'est-elle pas un mensonge, qui à force de «noircir encore quelques lignes» s'achève toujours sur une répétition, un «écho de l'écho»? (LF p. 13) A l'écrivain ne s'offre comme possibilité que la fuite. Fuite de cette «grande hypocrisie de l'écriture» qui réside dans la «matière qui s'interpose entre moi et moi» (LF p. 236). La stagnation apparente des situations romanesques de Le Clézio s'ouvre ainsi sur une quête dynamique; les fuites multiples de ses romans sont données en solution aux interrogations du narrateur. Car l'incipit du *Livre des fuites* se termine en effet sur une question paradoxale que cette œuvre est chargée de démontrer : «Comment échapper au roman?»

La rupture avec le contrat romanesque traditionnel s'annonce d'emblée dès les premières pages du *Procès-verbal* : «Je me suis très peu soucié de réalisme», déclare le jeune écrivain dans sa lettre à l'éditeur, reproduite en guise d'avertissement du premier roman de Le Clézio, «j'aimerais que mon récit soit pris dans le sens d'une fiction totale, dont le seul intérêt serait une certaine répercussion (même éphémère) dans l'esprit de celui qui le lit. Genre de phénomène familier aux amateurs de littérature policière, etc. C'est ce qu'on pourrait appeler à la rigueur le Roman-Jeu, ou le Roman-

Puzzle» (PV p. 10). L'écrivain nous suggère ainsi une continuité sous-jacente cachée sous l'apparente discontinuité que présente la narration de ce roman, constitué d'articles de presse, d'extraits de romans, de chansons, de slogans publicitaires, mais dont l'attrait principal réside surtout dans une valorisation d'anecdotes au détriment d'actions dramatiques. Si la structure expérimentale semble s'atténuer au bout du sixième roman de Le Clézio, ses romans demeurent cependant profondément marqués par le désir de rénover le genre grâce à un investissement poétique. Le Clézio opère en effet un renversement de la hiérarchie narrative que nous nous proposons d'analyser; un récapitulatif des publications de Le Clézio accompagné d'une analyse de leur structure, du premier roman *Le Procès-verbal* (1963) au dernier, *Poisson d'or* (1997), paraît indispensable dans cette perspective.

Afin de brouiller les pistes du lecteur, la discontinuité narrative est systématiquement pratiquée dans le récit des premiers romans lecléziens, à sujet «volontairement mince et abstrait» (PV p. 10). Le narrateur se plaît à passer d'un genre à l'autre et à créer de fausses pistes. Le premier roman leclézien narre l'existence d'un jeune homme en fuite, ses rencontres et ses réflexions. Le vécu du vagabond Adam Pollo se retrace dans les lettres de l'alphabet : chaque chapitre porte en guise de titre une lettre et la narration évolue de A à R avec une omission significative de la lettre Q. Réfugié dans une vieille maison abandonnée en haut d'une colline au-dessus de la ville, dans un lieu symbolisant sa distance au monde et son désir de fusion cosmique, le premier protagoniste leclézien passe ses journées à fumer des cigarettes, à se promener dans la ville et à discuter avec une jeune fille nommée Michèle. Le narrateur extradiégétique, qui garde une focalisation externe, nous signale que le personnage n'arrive pas à se rappeler son passé : à savoir s'il est un déserteur ou s'il vient de s'évader d'un asile psychiatrique.

Cette amnésie du personnage constitue une partie de la trame du roman, qui évoque surtout sa relation problématique avec son entourage social. Ses moments les plus intenses ne sont pas les rencontres avec d'autres personnes, mais ses initiations au mouvement cosmique. Toute rencontre est pour lui l'expérience d'une telle fusion parce qu'elle lui permet de s'identifier avec toute espèce de créature : lorsqu'il suit un chien, il l'imite, lorsqu'il tue un rat, il se sent lui-même devenir rat. Son incapacité de communiquer avec autrui atteint son point culminant dans le dernier chapitre : après s'être exhibé devant une foule, il est arrêté et doit comparaître devant un jury constitué d'un médecin et de ses étudiants. Rêvant depuis le début d'une belle maison avec un jardin à la française, il exprime alors sa satisfaction de retrouver celle-ci dans l'asile psychiatrique.

A ce déroulement anecdotique répond une structuration discontinue. Aux passages évoquant sa biographie, si l'on peut qualifier ainsi les quelques vues rétrospectives qui figurent dans la narration, succèdent des listes de courses, des reproductions d'articles de presse et des affiches de publicité. Toute transition semble destinée à rappeler au lecteur que l'écrivain lui fait volontairement «perdre le fil» de l'intrigue apparente. A la première description du protagoniste, assis sur une chaise longue au soleil, et aux lettres du protagoniste qui permettent une reconstruction partielle de son passé, succède une conversation sans but apparent entre lui et un personnage anonyme sur une plage. Sa rencontre suivie d'une relation affective ambiguë avec Michèle, une jeune fille qui lui assure un lien avec la société et qui comble une parole manquante, n'occupe guère plus de place dans la narration que sa poursuite d'un chien et sa rencontre agressive avec un rat. A un moment donné, le narrateur quitte le protagoniste pour relater l'existence de quelques personnages anonymes choisis au hasard en nous présentant des fragments d'anecdotes portant sur leurs vies respectives. Tout se passe comme si l'enjeu de l'écrivain était justement de briser les fils constitués par le lecteur et de créer une distance maximum au personnage. Afin de créer ce rapport ambigu au récit, plusieurs procédés originaux sont mis en jeu dans un travail d'orchestration romanesque qui emprunte des stratégies aux écrivains de l'avant-garde pour ensuite mieux les dénoncer et s'en démarquer.

La première caractéristique du *Procès-verbal*, visible dès la première ligne et destinée à amuser un lecteur cultivé, c'est la parodie. Le Clézio pratique fréquemment le pastiche pour mettre en cause une écriture : la citation, entière ou déformée, marque une appartenance culturelle qui est aussitôt mise en cause. La première phrase joue sur le pacte de lecture, avec une citation des contes des fées légèrement déformée à l'aide d'une intrusion adjectivale : «Il y avait une petite fois» raconte le narrateur comme s'il allait commencer un conte, pour aussitôt mettre fin à l'attente du genre. Le Clézio multiplie les références intertextuelles pour embrouiller le fil, suggérant ainsi une filiation littéraire et culturelle pour mieux s'en distancier ensuite. L'importance de cette technique est d'ailleurs posée dès le départ dans l'épigraphe du *Procès-verbal* : «Mon perroquet, comme s'il eût été mon favori, avait seul la permission de parler», dit la citation de Robinson Crusoë pour introduire un roman qui fourmille de références et d'extraits intertextuels. Le montage picaresque permet à l'écrivain de céder aisément la parole aux autres narrateurs : il fait ainsi alterner sa voix narrative avec celle des autres, faux ou vrais écrivains. *Le Procès-verbal* comporte en effet :
- l'extrait d'un récit d'aventures (à la page 110 : *Un cyclone à la Jamaïque*),
- l'extrait d'un roman policier, une parodie du genre, à la page 151 («Joséphime [sic!] arrêta la voiture : (...) – Alors qu'est-ce qui va se passer maintenant? ricana Doug; tu sais, j'ai une assurance-vie. – J'espère pour ta veuve qu'elle est de taille, dit Joséphime. Et elle pressa sur la détente.») ,

– un article de journal racontant un fait divers inventé[37], (il s'agit de la fuite et l'arrestation d'Adam Pollo) présenté au milieu d'autres articles à références réelles destinées à lui conférer un degré d'authenticité,
– de nombreuses allusions aux mouvements littéraires. Citons celle adressée à l'écriture surréaliste, lorsque Adam s'exclame devant le psychiatre : «Vous ne voyez pas que celui qui a écrit «La terre est bleue comme une orange» est un fou, ou un imbécile. – Mais non, vous vous dites, c'est un génie, il a disloqué la réalité en deux mots» (PV. p. 242), et la référence au roman autobiographique de ton réaliste, parodié de manière humoristique à la fin du chapitre D : «Adam se tassa alors sur son tabouret (...) sans intérêt pour la campagne, la ville, la mer (...) ni pour les livres beaux et réalistes que les gens écrivent quelquefois après le service militaire, et dans lesquels ils consignent scrupuleusement, qu'un certain jour d'un certain mois de juin, on leur donna à passer les latrines à la Javel, immédiatement après leur avoir fait éplucher vingt kilos de pommes de terre (...)» (PV p. 43-44).

A ces références directes s'ajoutent les allusions. Le titre du roman comporte déjà une double allusion : le mot «procès» fait à la fois allusion au procès dans *L'Etranger* de Camus et au roman *Le Procès* de Kafka. L'apparente indifférence d'Adam et sa situation à la fin du roman, où il se trouve confronté à une sorte de tribunal, devant répondre à l'interrogatoire d'un médecin et de ses étudiantes, ont amené beaucoup de critiques à le rapprocher du héros camusien. Les caractéristiques de son comportement et de sa situation, qui feront l'objet d'un chapitre ultérieur, ont également permis aux critiques de discerner une filiation kafkaïenne chez Le Clézio. Admirant ouvertement l'écriture de Sartre ainsi que son art d'inscrire des idées philosophiques dans le romanesque[38], Le Clézio se réfère également à son œuvre *La Nausée* à travers le projet romanesque d'Adam qui s'exclame : «J'ai déjà trouvé un titre qui accroche : les Beaux Salauds» (PV p. 164), et en faisant répéter ce mot «salaud» aux pages 174 et 176 pour faire référence au premier roman de Sartre ainsi qu'à sa doctrine existentialiste.

L'hétérogénéité narrative du roman n'est cependant pas destinée à un simple jeu de répercussions chez Le Clézio. Car l'originalité première de ce roman ne réside pas dans son expérimentation narrative, mais dans son refus catégorique de toute intrigue. Aucune intrigue n'est suggérée dans les premiers chapitres du roman, et lorsque nous croyons en deviner le début d'une (nous devinons une intrigue amoureuse entre Adam et Michèle dans le chapitre C et une intrigue familiale lorsque nous apprenons l'existence de

---

[37] Contrairement à Flaubert qui s'est inspiré d'un fait divers pour écrire *Madame Bovary*, Le Clézio invente ici un fait divers pour illustrer son récit avec une référence intertextuelle.

[38] «Un homme exemplaire», op. cit.

Un montage poétique du roman

Madame Pollo grâce à sa lettre reproduite dans le chapitre O), le récit dévie vers un tout autre sujet, souvent vers un incident anecdotique. La dédramatisation des incidents «dramatiques» (violation de domicile, viol, arrestation et internement) et l'amplification des incidents d'apparence insignifiante (l'épisode où Adam poursuit un chien à travers la ville occupe une bonne partie du roman) sont pratiquées de manière systématique dans le but de déplacer l'accent de l'intrigue à l'attitude du protagoniste.

Les lettres en tête des chapitres ne signalent donc pas l'évolution d'une intrigue dramatique, mais comportent une discrète allusion à l'attitude du personnage. Car elles nous livrent comme seul indice une omission signifiante. Entre le chapitre P qui narre le vécu du protagoniste juste avant son arrestation et le chapitre suivant, R, qui le présente interné dans l'asile psychiatrique, quelques articles de presse s'interposent comme pour combler l'ellipse narrative et la lettre manquante. Les lettres qui sont censées constituer une chronologie et présenter une évolution logique au lecteur sont alors utilisées pour exprimer le manque : l'amnésie du protagoniste, mais aussi sa rupture et sa folie. Si l'impossible quête d'Adam le conduit à la folie, elle évoque surtout le rêve primordial d'un retour en arrière, vers l'aube des origines, vers un état originel, par le désir de rétrograder «jusqu'au ventre de sa mère» (PV p. 248), de retourner au «règne de la matière intemporelle» où «il n'y aura plus guère qu'un homme, plus guère qu'une femme au monde» (PV p. 144). Toute expérience du premier protagoniste leclézien est ainsi destinée à illustrer le désir d'une fusion avec une matière vivante, le besoin de sentir dans chaque objet le monde entier présent. Ses flâneries sans but apparent expriment son profond désir de s'initier à toute espèce de la création : il poursuit alors un chien, l'imitant le mieux possible, observant tous ses gestes, au point que les rôles s'inversent, «(...) le chien n'était pas avec Adam (...) c'était Adam qui était avec le chien», peut-on lire à la page 85; il devient tour à tour lionne, rocher, rat selon la matière choisie comme objet de ses fusions extatiques.

Aux flâneries poétiques d'Adam répond une narration qui se plaît à flâner au milieu d'existences anonymes diverses. Il s'agit là d'une technique déjà expérimentée depuis le début du siècle : le roman-collage, pratiqué par l'écrivain américain Dos Passos en particulier, et repris par Sartre dans *Le Sursis*, qui consiste à insérer dans un roman des fragments d'existences diverses, sans lien apparent les unes avec les autres. Le Clézio, que nous savons lecteur passionné de Dos Passos, pratique le collage dans un roman fourmillant de fragments de dialogues entendus dans les cafés. Il construit même un chapitre entier sur le principe du collage : il s'agit du chapitre N, qui présente respectivement «un homme et une femme allongés sur un lit à deux places», «un petit garçon en maillot de bain, assis dans la mer», «une vieille dame», «un type italien», Mathias qui «essaie d'écrire des romans policiers», quelques personnes dans un café, un mendiant, le jaloux Hornatozi qui «fait suivre sa femme», et de nouveau Louise Malempart, la femme de la première scène. Toutes ces scènes, qui ensemble constituent un chapitre-collage et présentent ainsi une mise en abyme du roman, sont relatées minutieusement pour aboutir à un principe existentiel. Cet assemblage d'existences, ce «*la* donné par tous les instruments d'un orchestre, simultanément» (PV p. 153), prépare une réflexion primordiale du protagoniste, qui semble expliquer le choix de structure narrative utilisée par Le Clézio. Il s'agit de sa découverte du phénomène «Simultanéité» qui consiste à percevoir, en faisant un acte ou un geste quelconque, les millions d'actes et de gestes identiques accomplis par d'autres personnes. L'acte devient ainsi «Genre», et l'extase matérielle du protagoniste déclenche le mécanisme de la «cosmogonie et de la mythisation» qui lui permet de «raisonner aussi bien dans le futur que dans le passé» et de s'anéantir «par l'auto-création» (PV p. 161). Ce passage apporte en effet quelques éclaircissements sur la structure du roman, il explique surtout le rôle de certaines anecdotes :

> La simultanéité est un des éléments nécessaires à l'Unité qu'Adam avait un jour pressentie, soit au cours de l'histoire du Zoo, soit à cause du Noyé, soit à propos de bien d'autres anecdotes qui sont volontairement oubliées ici. (PV p. 159)

Avec une majuscule donnée aux lieux ou aux noms qui incarnent les anecdotes (Zoo, Noyé), le narrateur leur confère un rôle narratif primordial, destinées qu'elles sont à incarner diverses étapes initiatiques vers une connaissance plus profonde de l'existence. L'évocation de rencontres plus ou moins fortuites contribue ainsi à illustrer la permanence thématique de l'œuvre, où tout incident se destine à illustrer un élan constant vers la matière et le mouvement cosmique qu'elle incarne. La révélation amène le protagoniste à la folie et à la rupture avec la société; sa fusion cosmique ne l'introduit qu'à un univers où tout se transforme pour aboutir au pourrissement et à la mort. C'est cette condition tragique qui détermine les fuites du personnage et qui s'illustre simultanément dans une écriture misant sur le discontinu et le fragmentaire.

Si ce premier roman de Le Clézio semble particulièrement décousu et disparate, son second roman, *Le Déluge* (1966), paraît respecter le récit chronologique, qui narre fidèlement, en chapitres proportionnés, les expériences d'un seul personnage. Cette première impression se révèle pourtant trompeuse; bien que la structure extérieure soit moins expérimentale que celle du *Procès-verbal*, la narration demeure anecdotique; l'intrigue dramatique fait défaut au profit de la description poétique et philosophique d'une présence au monde. Le Clézio poursuit ici son exposé sur le tragique d'une existence où l'on ne peut échapper, ni par la fuite, ni par le sacrifice, ni même par la fusion cosmique, à l'inévitable anéantissement de l'homme.

Afin de préparer le climat du tragique, le roman débute par une vision symbolique accompagnée du constat pessimiste du protagoniste. «Depuis ce jour, tout a pourri. Je, François Besson, vois la mort partout», constate le protagoniste, un «je» qui surgit du rien, pour ensuite disparaître quelques pages plus loin (DE p. 21). La vision comporte l'arrivée d'une jeune fille sur un vélomoteur, au moment du déclenchement d'une sirène, scène très courte qui s'achève sur la disparition de la jeune fille «vers la fin de la rue» où «quelque chose d'indicible l'aspirait vers l'anéantissement» (DE p. 21). Cette scène cruciale forme le point de départ du vagabondage d'un François Besson qui après avoir exprimé son pessimisme sartrien, retourne au statut du personnage à la troisième personne. Vagabondage initiatique certes, comme celle d'Adam Pollo, mais où la conscience de la mort demeure présente malgré les efforts d'évasion.

Treize jours et treize tentatives de renouer avec une existence humaine «normale» forment le sujet des chapitres qui constituent ce roman. Les expériences relatées incarnent les constituants habituels d'une vie humaine heureuse : l'argent, l'amour, la famille, l'art, la religion. Sa longue errance sous la pluie conduit le protagoniste vers une jeune fille qui constate son échec littéraire, une jeune femme et son fils qui lui suggèrent une vie de couple, un chantier où il fait l'expérience du travail manuel.

La structure du roman est caractéristique de son contenu philosophique. Outre le récit des rencontres de Besson, le roman comporte en effet un prologue et un épilogue à thématique analogue. Le prologue, présentant déjà la mort comme thème, décrit le déclenchement d'une sirène qui est reprise en clôture du roman : «et puis, à des centaines de mètres, à des kilomètres (...) le bruit de la sirène d'alarme, et les déferlements de la guerre» (DE p. 283). Le vagabondage de Besson est empreint d'une conscience profonde de l'omniprésence de la mort. L'aspect circulaire du roman, obtenu grâce à un retour à la situation initiale, tend à souligner cette réalité, et c'est cet aspect qui a amené certains critiques à considérer ce roman comme «l'introduction de la tragédie dans le roman picaresque», pour reprendre l'expression de Jacques Bersani[39].

En effet, si les rencontres de Besson semblent fortuites et sans but précis, elles témoignent toutes d'une connaissance renouvelée de sa situation. Il ne s'agit pas seulement de tentatives avortées de reprendre «une vie normale» à travers la réintégration sociale, mais surtout d'expériences symboliques qui lui rappellent avec une intensité croissante que la mort est présente en tout objet et en chaque personne rencontrés, dans toute situation aussi banale soit-elle.

---

[39] Jacques Bersani dans «Le Clézio sismographe», *Critique* n° 238, mars 1967, p. 317.

De la mise en page typographique d'un cimetière constitué de noms communs à la page 33, à l'essai philosophique du conceptualiste espagnol Dom Francisco de Quevedo Villegas à la page 182, le thème est rappelé tout au long du roman à travers diverses situations tirées de la vie quotidienne. La simple rencontre avec un passager d'autobus devient ainsi symbole de la fusion avec la perversion inévitable de l'homme : «le masque plat et imbécile se colla à son visage, en épousa la forme avec la viscosité d'une pièce de caoutchouc» (DE p. 89). Besson fait l'expérience d'une régression vers un état quasi animal dans la fusion avec un personnage qui porte tous les signes de la perversion : «la peau couverte de sueur et de crasse», des cheveux «où logeaient les poux», un «regard de singe» (DE p. 89). Toute rencontre véhicule à la fois une connaissance plus profonde de la mort et, en réponse, un désir spontané de régression vers l'état animal voire même végétal. Les géraniums que contemple Besson, incarnation d'une «immobilité vivante», sont ainsi décrits minutieusement pour évoquer l'élan qu'ils suscitent chez le protagoniste («il aurait pu vivre dans un pot de fleurs, lui aussi, (...) le corps dressé en l'air, fixe, silencieux», DE p. 75). Ces deux expériences relatées dans le premier chapitre dévoilent une attitude fondamentale chez le personnage leclézien, où la fuite en arrière, vers l'état animal ou végétal, est présentée comme solution à sa situation tragique.

Quant aux autres incidents plus ou moins fortuits qui occupent les treize jours initiatiques de Besson, ils sont marqués par cette même obsession qui semble à tout moment hanter le personnage. «Voir la mort partout» constitue pour Besson une expérience particulièrement physique; il s'agit de sentir dans chaque objet, chaque situation et chaque être la dégradation inévitable à laquelle l'homme est condamné. Son expérience de travailleur manuel sur un chantier, au milieu d'immigrés, n'a donc rien d'une initiation sociale, mais vise à exprimer une expérience existentielle qui se réalise grâce au contact avec la terre. Le même mouvement de fusion se réalise ici : «La terre et les hommes n'étaient plus qu'une même chose», constate-t-il, et l'objet de cette fusion quasi physique est de nouveau destiné à incarner la dégradation et le pourrissement de l'homme grâce à ses «dessins ignobles». Personnifiée, la terre devient lieu et incarnation de toute souffrance :

> Elle avait des idées, elle était couverte de paroles et de signes, pénétrée de sentiments. Les hommes, les femmes et les enfants et même les animaux, les chiens et leurs puces, les chats, les oiseaux (...) ils avaient ressuscité sur la face de la terre. On n'avait jamais fini de les tuer. (...) C'était donc ça qu'il fallait vaincre. (DE p. 219)

L'énumération exhaustive des sujets souffrants qui occupe ce passage (neuf lignes décrivant «les chevaux menés à l'abattoir», «les mouches collées par la glu», «les crevettes ébouillantées» etc.) est caractéristique de la technique de Le Clézio, qui consiste à présenter une réflexion métaphysique à travers la mise en valeur d'éléments physiques et sensoriels, souvent des détails infimes. L'écrivain se sert ainsi d'une expérience physique – le travail manuel sur un chantier – pour illustrer l'initiation du personnage à la mort.

Car l'intimité physique, la rencontre avec la matière, constitue bien l'expérience suprême de la dégradation de l'homme. L'acte sexuel présente l'image type de cette expérience. Dans l'étreinte avec Marthe, une jeune femme rousse rencontrée dans un bureau de poste, Besson ne sent qu'«un vide vertigineux» et un «souffle mortel» (DE p. 165), sentiment qui le conduit à fuir tout engagement affectif. L'acte créatif lui-même est ainsi voué à exprimer une initiation à la mort, qu'il s'agisse de l'étreinte avec Marthe rappelant à Besson son statut d'être mortel, ou d'une jeune fille nommée Anna qui, constatant son échec littéraire et amoureux, décide de se suicider et dont l'obsession pour le rouge (elle collectionne tous les objets rouges trouvables, y compris le sang) anticipe le destin. Ce personnage, qui ne communique avec Besson qu'à travers une bande magnétique enregistrée lors de son suicide, représente une expérience parallèle à celle de Besson : sa fuite à travers l'écriture et l'art, moyen de compenser son échec amoureux, fait écho à l'errance de Besson, en fuite continue du néant. Elle aussi tente de «se retirer et de regarder» (DE p. 259), mais se trouve rattrapée par son entourage et cherche la solution dans le silence ultime, silence recherché qui achève son cri de désespoir : «quand tu auras fini d'écouter, je te demande de faire ça pour moi : efface ce que j'ai dit. (...) Remplace tout ça par du silence» (DE p. 257).

En effet, c'est bien l'anéantissement et le silence qui constituent la finalité de Besson. Après une initiation douloureuse à la faim et à la pauvreté, il s'aveugle devant un soleil éblouissant. Son sacrifie au soleil décrit dans le dernier chapitre se présente comme l'accomplissement de son errance initiatique; à son anéantissement se joint la destruction du monde autour de lui. Ce parallèle entre l'anéantissement du protagoniste et une destruction apocalyptique du monde est mis en valeur par l'insertion de deux textes de tons différents mais à thème identique : l'essai de Dom Franscico de Quevedo Villegas décrivant la présence de la mort en chaque partie du corps humain (DE p. 282) et la propagande antinucléaire utilisant des chiffres et des statistiques pour expliquer les conséquences d'une guerre nucléaire (DE p. 273). Car l'expérience de Besson ne relève pas du vécu individuel, mais elle est entièrement marquée par le désir de s'intégrer dans une continuité cosmique, tout comme pour le premier protagoniste de Le Clézio. L'anéantissement du personnage s'accompagne alors de la description d'un monde qui s'autodétruit pour ensuite renaître, à l'image du déluge purifiant de la Bible. L'intention première de ce roman était effectivement un projet «de recréation de l'histoire du monde», selon l'aveu de l'écrivain à Pierre

Lhoste[40]. D'où la circularité de l'errance du protagoniste, d'où l'aspect cyclique de ce roman destiné à relater une vie «lovée sur elle-même», qui couve «sa maladie, sa honte, son vide ennuyeux et implacable» (DE p. 77).

Du ton prophétique exprimant la destruction apocalyptique de l'homme et du monde, Le Clézio, dans le roman suivant, passe au ton plus personnel du récit biographique : *Terra Amata* (1967), constitué de chapitres représentant diverses étapes de la vie de tout homme, prolonge la réflexion métaphysique du *Déluge*, mais sur un ton plus individualisant et plus ironique. Les grands parallèles et le style solennel cèdent la place à une poésie personnelle puisant sa force dans la description attentive des détails infimes de la vie : un garçon devant une masse de doryphores, un jeune couple dans une chambre d'hôtel, un homme avec son fils sur la plage. D'ailleurs, superposés, les titres de ces chapitres constituent un poème relatant la vie du protagoniste :

> Sur la terre au hasard
> Je suis né
> Homme vivant
> J'ai grandi
> Enfermé dans le dessin
> Les jours sont passés
> Les nuits sont passées
> J'ai joué à tous ces jeux
> Aimé
> Heureux
> J'ai parlé tous ces langages
> En gesticulant
> En disant des mots incompréhensibles
> Ou bien en posant des questions indiscrètes
> Dans une région qui ressemblait à l'enfer
> J'ai peuplé la terre
> Pour vaincre le silence
> Pour dire toute la vérité
> J'ai vécu dans l'immensité de la conscience
> J'ai fui
> Puis j'ai vieilli
> Je suis mort
> Et enterré.

Cette trajectoire anonyme constitue le fil conducteur apparent d'une narration polyphonique, car figure dans ce troisième roman de Le Clézio le même mélange de genres et de tons que dans ses deux premiers : on y trouve des articles scientifiques, des poèmes, l'inscription d'un tombeau, la publi-

---

[40] *Conversations avec Le Clézio*, Pierre Lhoste, Mercure de France, 1971, p. 62.

cité pour un gâteau. La valeur de cette trajectoire réside cependant dans une certaine réminiscence thématique, obtenue grâce aux jeux de variations, et non dans le vécu du personnage. Il ne s'agit pas de retracer l'évolution psychologique et sociale du protagoniste, de sa plus petite enfance à la vieillesse, en passant par une vie conjugale et familiale assez ordinaire, à l'image du roman d'apprentissage, mais de nous présenter une sorte d'«épopée» de l'histoire de l'homme (telle «l'histoire de la terre» du premier chapitre) à travers les épisodes vécus par un personnage au nom peu commun de Chancelade. Son nom déjà semble évoquer des vestiges préhistoriques, car Chancelade serait le nom donné à un homme du néolithique, et Le Clézio se plaît à parodier le style scientifique en introduisant un article sur «L'homme de Maldec», «un Caucasoïde de la dernière période post-glaciaire» (TA p. 101), situant de manière humoristique notre société contemporaine dans une postérité.

L'histoire de Chancelade ne comporte donc pas de moments décisifs pour l'évolution du personnage, mais elle est constituée d'incidents qui se regroupent tous autour d'une thématique principale, évoquée pour la première fois dans le chapitre «les jours sont passés», qui raconte l'enterrement du père du petit Chancelade. Sa première expérience de la mort est complétée par des expériences moins brutales mais toutes aussi révélatrices de son angoisse existentielle: la réalité matérielle d'un monde qui ne s'achève que sur la mort constitue ainsi le thème de base régissant aussi bien les actions du protagoniste, marquées par une grande passivité, que la structure narrative de l'œuvre. Afin d'assurer une tension dramatique, Le Clézio fait «avancer» son histoire à coup de contradictions, les moments d'extrême bonheur sont alors suivis de moments de désespoir; à l'agréable journée ensoleillée passée à la plage, succède la mort du père de Chancelade, à la naissance d'un fils, des moments de désespoir et des tentatives de fuite, aux rêves d'héroïsme, les cauchemars. La tension réside dans l'alternance des tons et non dans les réactions du personnage, qui demeure étrangement passif durant toute l'histoire, à l'exception d'un seul moment. Car la narration ne se concentre pas sur la trajectoire du protagoniste, mais se structure autour de deux préoccupations principales chez le protagoniste: les jeux et la communication.

Par «jeu», il faut entendre une manière de «faire passer le temps»; telle la cigarette des personnages lecléziens, transformant la vie en fumée, ces jeux sont destinés à consumer l'existence et à contourner la mort, car tout est «bon pour rester vivant» (TA p. 74). Un inventaire exhaustif assure ici un ton humoristique chez Le Clézio, qui emprunte ses procédures à un Rabelais lorsqu'il évoque à la page 75 les différentes catégories de collectionneurs: on y trouve «les nicophiles qui collectionnent les paquets de cigarettes», «les gigantobibliophiles» et «les microbibliophiles», «les barbarologophiles qui collectionnent les langues étrangères», «les albinéléphantophiles qui collectionnent les éléphants blancs» et pour clore cette liste exhaustive, «les philopantophiles qui collectionnent les collections». Le jeu se referme ainsi sur l'acte autosuffisant; car le jeu lui-même est un acte cyclique, tous les jeux évoqués (leur diversité va de fumer «vingt cigarettes de suite» et de suivre «une femme dans la rue», à prendre «l'avion pour Bagdad», tirer «dans la foule à coup de pistolet» et écrire «un roman», TA p. 74) ne conduisent qu'à un jeu de cache-cache avec l'éléphant aux innombrables noms qui signifient tous la mort (p. 77-79).

La présentation des épisodes qui remplissent l'existence de Chancelade semble illustrer ce principe du jeu. Plusieurs chapitres commencent en effet par un gérondif précisant la manière dont se déroule l'action du titre : le chapitre «Les jours sont passés» commence alors avec les mots «En suivant l'enterrement de son père, par exemple» (TA p. 53), et le chapitre «Aimé» avec les mots «En restant trois jours et trois nuits dans une chambre d'hôtel avec Mina, sans dormir et sans manger» (TA p. 81). Le mot clé donné comme titre de chaque chapitre présente ainsi une nouvelle étape des jeux. Les scènes de la vie de Chancelade sont évoquées par un narrateur qui souligne sa distance à travers des structures hypothétiques : «On pouvait faire un dessin, par exemple» (TA p. 108), «On pouvait avoir un fils aussi» (TA p. 144). Un passage du roman est particulièrement représentatif de cette attitude de la part du narrateur; la naissance du fils de Chancelade est présentée comme une hypothèse et relatée au conditionnel : «Puis l'enfant serait né, et on lui aurait donné un nom. (...) Les années auraient passé très vite, comme ça à regarder l'enfant grandir» (TA p. 144). Le narrateur se présente en position antérieure à l'histoire pour mettre en valeur un moment crucial dans la vie de Chancelade, rattrapé maintenant par la mort à travers la naissance de son fils (TA p. 146). Le joueur est ainsi rattrapé par ses propres jeux; vers la fin de sa vie, il joue au jeu ultime :

> Le petit garçon Chancelade a commencé au dernier jeu. (...) et c'est avec son corps, sa peau, et sa pensée qu'il doit jouer. (TA p. 220)

La passivité extrême du protagoniste, jouant à être et à mourir, envahi par le monde autour de lui et se laissant «être par les choses» et «par les autres êtres», comme le dit Roger Borderie[41], est une constante des premiers personnages lecléziens, mais elle trouve ici une illustration plus systématique. En effet, si les jeux favorisent la tromperie et l'inactivité devant les événements de la vie, les tentatives de communication, qui devraient compenser cette attitude, ne sont que dialogues stéréotypés n'exprimant aucune volonté individuelle (cf. le dialogue avec Mina dans le chapitre «Aimé» et celui avec

---

[41] Roger Borderie dans «Quelque chose de shakespearien» (consacré à *Terra Amata*) in *La Quinzaine Littéraire*, n° 42, 1-15 janvier, 1968, p. 13.

la jeune fille dans la scène de l'embouteillage), car ces tentatives échouent toutes : gestes, langage des sourds-muets, morse, langues étrangères ou inventées, ne sont reproduits dans les chapitres respectifs («J'ai parlé tous ces langages», «En gesticulant», «En disant des mots incompréhensibles») que pour rappeler leur vanité et leur inefficacité. La véritable communication, trouvée dans l'acte sexuel, donne au protagoniste l'impression d'abandonner sa personnalité, sentiment illustré par la métaphore d'une transformation en un immense géant-femme (TA p. 162).

Rattrapé par le jeu et mis à nu devant l'immensité du néant dans les moments les plus intimes de sa vie – la sexualité et la paternité font ainsi figures de rappel de son statut mortel tout comme pour Besson –, il ne lui reste qu'une seule solution : se révolter, sortir de son inactivité. Sa réaction est dramatique et violente : il monte sur le toit d'un immeuble de 29 étages pour injurier le Créateur, lui conférant des noms substituts tirés de notre société actuelle : «Loubet, Coca Cola, Hilton» (TA p. 193). Il crie son désespoir d'une existence absurde qu'il compare à une «assez mauvaise pièce», à une «caricature» et à une «tapisserie» dont il ne verra «pas la fin» (TA p. 197). Son seul remède reste la révolte verbale : noyer son angoisse dans le déluge de mots et de noms, comme le faisait le narrateur dans les chapitres énumératifs sur les jeux. Il énumère ainsi des maladies, des objets, des paroles, comme s'il s'agissait de repousser la mort à l'aide de nouveaux mots dans un «jeu ultime des métamorphoses», où chaque nouvelle tentative de fuite ne constitue qu'un retour à la mort :

> Chancelade s'est fait souris, la mort s'est faite chat. (...) Il s'est fait pomme, elle s'est faite couteau. (...) Il s'est fait cigarette, elle s'est faite briquet. (...) Il s'est fait écriture, elle s'est faite rature. (TA p. 202)

Car le «jeu des métamorphoses» concerne même l'écrivain et son travail, et c'est cet aspect de l'activité littéraire qui est abordé de manière humoristique dans le dernier chapitre du roman. En parallèle à l'existence de Chancelade, où chaque «corps nouveau» rejette «un corps ancien dans l'abîme» (TA p. 146), est évoquée une littérature qui se consomme avec l'apparition des littératures postérieures : «Homère est mort, Dante, Dostoïevski, Pirandello sont morts, et c'est vous qui les avez effacés de la vie» (TA p. 241). Le roman est réduit à un morceau de matière («Ici, le livre cale le pied bancal d'une armoire, là il bouche un carreau cassé», TA p. 241) qui une fois consommé retourne à son origine : «et regardez comment le roman retourne en voltigeant jusqu'à la matière qu'il avait trahie!» (TA p. 242) Le refus de l'écrivain, d'une intrigue personnelle, d'une psychologie individuelle, s'applique maintenant à l'écriture romanesque elle-même dans un jeu de distanciation qui fait écho à celui de Chancelade. «Je ne suis qu'un acteur qui ne sait pas ce qu'il joue», dit-il dans le dernier paragraphe du livre (TA . p. 243), et il clôt son épilogue avec une interpellation au lecteur : «A vous de jouer maintenant.» Car la littérature ne réside pas dans des constructions complexes et élaborées, mais dans la matière, dans les «corps et leurs désirs»; «N'est-ce pas là, ailleurs, dit-il, dans votre regard, le poème».

La clôture de *Terra Amata* semble représentative d'une préoccupation constante à fréquence croissante dans les romans de Le Clézio : comment déplacer les limites du romanesque afin que le roman puisse exprimer un cosmos mouvant et une présence au monde plus qu'un destin personnel? L'errance du protagoniste et l'évocation d'un monde matériel, qui seul régit l'existence des personnages, favorisent une structuration anecdotique et fragmentaire dans les premiers romans de Le Clézio. La conception du monde exprimée dans les trajets des personnages commande simultanément une structure poétique du roman, qui semble s'amplifier au fil des œuvres, avec un goût plus marqué pour les éléments naturels.

Le Livre des fuites ou l'antiroman poétique

Le Livre des fuites constitue une métaphore de tout le projet romanesque de l'écrivain, grâce à une structure et une écriture qui présentent toutes les caractéristiques de sa recherche, à travers une dualité constante. Dualité au niveau textuel, car ce roman comporte deux séries de textes qui s'entrecroisent et qui proposent un dialogue; dualité aussi sur le plan thématique dans un roman où l'analyse s'oppose au poème, où la société occidentale est opposée à l'Orient et aux sociétés dites primitives, à travers des situations toutes aussi poétiques que sociales, et où le silence est opposé au bourdonnement incessant du monde.

Son titre pouvait être conjugué au pluriel pour désigner les romans de Le Clézio; car c'est la fuite qui caractérise son écriture : à la fois celle du romanesque et ses règles et celle d'une certaine société et son idéologie. Dans un roman où le narrateur-écrivain compose pour ensuite mettre en question sa propre création, où il détruit systématiquement à travers l'autocritique ce que le narrateur de l'histoire construit, les contrastes sont multiples et riches et renforcent l'ambiguïté que la structure du roman exprime de son côté.

Le double titre du roman propose d'abord une interprétation double. La pluralité des «fuites» semble suggérer un ton lyrique adopté à l'errance, alors que le sous-titre va à l'encontre de cette interprétation : «roman d'aventures» propose une classification du côté du récit d'actions extérieures, de voyages et de découvertes. En effet, ce roman, que nous choisissons d'appeler le livre de Le Clézio, malgré son caractère «antiromanesque», est à la fois le récit des déambulations d'un personnage à travers le monde et un grand poème sur le monde moderne. Poème parce qu'il valorise les sensations et les scènes immobiles chargées de signification symbolique : un joueur de flûte, un garçon qui regarde le décollage d'un avion, une femme dans une pirogue.

Ces deux dernières scènes sont caractéristiques d'une dualité qui régit tout ce roman. Ensemble elles constituent le lieu de tension qui génère les réflexions existentielles du narrateur et du protagoniste. Il s'agit d'un côté d'un garçon assis sur le toit d'un aéroport, regardant avec émerveillement l'extraordinaire spectacle du monde moderne avec une pensée terrifiante : «Il pense qu'un jour, soudain, sans raison, il y aura cet instant où le long cylindre pâle va éclater en une seule explosion, allumant sur la surface du ciel invisible une tache rouge et or» (LF p. 10). L'autre personnage, également assis et contemplant le monde, constitue l'antagoniste du premier : une vieille femme dans une pirogue, qui incarne l'orgueil et la volonté de tout un peuple, qui porte sur son visage l'inscription «de la vieille charte : quand ce peuple a échangé son âme avec celle de cette terre» (LF p. 142). La tension provenant d'un vécu intense du monde moderne et d'un désir simultané de renouer avec des forces originelles génère le lyrisme du roman et empreint non seulement les situations, mais aussi les personnages choisis.

Jeune Homme Hogan se trouve ainsi à la frontière de plusieurs cultures, de différentes époques : Européen, né en Asie (à Saïgon, Viêt-nam) et portant un nom qui relève de la société indienne (Hogan signifie une habitation des Indiens Navaho), il parcourt le monde entier, transgressant les limites de l'espace et du temps en quête d'une contrée meilleure, à la recherche de l'habitat qui est selon lui «la plus grande et la plus vieille des recherches» (LF p. 169). Cette recherche constitue une constante dans l'écriture leclézienne de cette époque, où l'écrivain s'intéresse surtout à décrire l'aliénation et l'exil des hommes contemporains. Pensant comme Heidegger qu'être, c'est habiter, l'essayiste de *Haï*, présente l'habitat comme critère de vie authentique et oppose les Occidentaux, qui «en créant la ville, (...) ont inventé une nouvelle jungle dont ils ne sont pas les habitants» (H p. 36), à l'Indien qui habite son monde.

En effet, toutes les errances et les rencontres de Hogan sont marquées par le désir constant de s'initier au monde par la contemplation et la fusion : il s'agit «d'être avec» intensément. Ceci explique la valorisation constante de l'anecdote au détriment de grands événements dans les romans de Le Clézio, car les anecdotes possèdent cet aspect fortuit et infime qui permet de mieux illustrer la situation réelle d'un être au monde à la recherche d'une intégration authentique de soi, au moyen de l'errance et de la contemplation attentive.

Au centre de la quête de Hogan se trouve le désir de se libérer des «chaînes» qui «sont partout» (LF p. 88), un désir qui se manifeste dans une fuite de «la ville, la foule, les visages connus» (LF p. 88). La raison de la fuite, restée longtemps vague pour le lecteur, se cristallise dans des images d'emprisonnement destinées à refléter le malaise du protagoniste : une chambre étouffante où le toit semble écraser le personnage, tel «un terrible couvercle de plâtre et de poutres dont on a coiffé les murs, sur quoi la volonté et le désir brisent leur envol». (LF p. 36), et surtout «la ville de fer et de béton» (LF p. 63), leitmotiv symbolisant le malaise existentiel de Hogan. Même la femme est réduite en une «machine au fuselage de fer» dans les scènes intimes du protagoniste. Toute entreprise du protagoniste exprime une fuite de sa situation : fuite de l'enfermement de la ville, fuite du «rythme invincible» de la femme séductrice et procréatrice (LF p. 75), fuite surtout du bruit du monde moderne, du bruit incessant qui empêche la vraie parole. Hogan exprime son désespoir de vivre dans un monde trop bruyant dans un cri transcrit en lettres majuscules («IL Y A DU BRUIT! MAIS PERSONNE! NE DIT JAMAIS RIEN!» LF p. 127) destinées à illustrer une parole étouffée.

Aux cris de désespoir de Hogan, à sa fuite effrénée, répond le silence trouvé dans la musique d'une flûte. Afin de valoriser cette image, Le Clézio répète cette scène à une centaine de pages d'intervalle : au «joueur de flûte à Angkor» à la page 144 se fait écho «Le joueur de flûte au Cuzco» à la page 258. Contrairement au bourdonnement de la ville et du monde moderne, cette musique procure une sensation harmonieuse de pureté : «C'était l'air de la fugue débarrassé de tous ses bruits inutiles» (LF p. 261); l'absence d'élaboration lui assure son efficacité et son effet : «c'étaient des cris qui sortaient des tuyaux de la flûte, pas de la musique» (LF p. 259). C'est cette union avec les forces originelles en l'homme qui permet à cette musique de présenter une schématisation de la vie avec une intensité unique.

En effet, la musique de cette flûte repose sur un seul thème très simple répété; «trois notes ascendantes, puis descendantes, ces six tons éternels qui composaient le monde» (LF p. 260), une schématisation de l'existence humaine qui nous rappelle la conception du poème évoquée dans l'épilogue de *Terra Amata* («Le poème courbe, appuyé sur la terre (...) Les enfants affamés lèvent leurs yeux injectés (...) Le soldat s'agenouille dans la boue (...) C'est toujours le même poème qui n'est pas écrit», TA p. 247). La nostalgie d'un silence originel trouve ainsi son expression dans une musique simplifiée à l'extrême, dans un poème où le thème se répète avec des variations mineures. Ce procédé est courant chez Le Clézio, qui emprunte sa stratégie au primitivisme – nous reviendrons sur cette dimension de son écriture – pour conférer à son écriture une expression plus directe du mouvement de la vie.

Ce qui caractérise ce grand poème sur notre monde moderne que constitue *Le Livre des fuites* est effectivement son évocation constante de situations intemporelles : un flottement du temps est obtenu grâce aux datations floues et variables («Pendant ce temps-là (...) C'était en 1912, ou bien en 1967, ou en 1999», LF p. 58) et à l'insertion d'histoires parallèles à la fuite de Hogan. Le Clézio multiplie les références aux fuites analogues à celle du protagoniste, aux personnages partis à la recherche d'un monde meilleur, ou en quête d'une meilleure connaissance de soi. Pour illustrer la quête de l'absolu, s'intensifiant avec la souffrance, il nous offre le récit du moine bouddhiste Hiuen-Tsang, qui traverse le désert lors de son pèlerinage et s'empreint de sa dureté; la douleur et la cécité le transforment en «un morceau du désert» (LF p. 107). A la dureté d'une quête de l'absolu ne menant qu'au pourrissement de l'homme, s'oppose le récit des ancêtres de l'écrivain, partis en direction de l'Ile Maurice, rêvant d'une existence meilleure. Le journal de bord de ce voyage offre un ancrage historique à travers ses références au calendrier révolutionnaire («Départ le 27 floréal, an 7, Arrivée le 17 fructidor, an 7», LF p. 154).

La multiplication de références historiques contribue cependant à exprimer le refus de la chronologie et le détachement du temps par son ampleur même, comme si l'abolition du temps à travers le mouvement de la fuite tentée par le protagoniste («Je veux fuir dans le temps, (...) Je veux rompre ce que j'ai créé» LF p. 108) était doublée d'une tentative analogue de la part d'un écrivain multipliant les références pour créer le flou et pour se détacher du temps. Quand le protagoniste s'exclame «C'est ce mouvement qui est le vrai mouvement de ma vie : créer et rompre» (LF p. 108), les paroles peuvent aussi bien provenir d'un écrivain jouant à construire et détruire son propre texte. En effet, l'histoire de Hiuen-Tsang interrompt le récit contemporain de Jeune Homme Hogan, et le journal des voyages des ancêtres de l'écrivain est immédiatement suivi d'un panorama de la vie des hommes contemporains : «J'aurai la vie de Rudy Sanchez, assis dans le bar en matière plastique, et qui boit de la bière en écoutant de la musique stridente. J'aurai la vie de Lena Børg, de Laurent Dufour (...)» (LF p. 157). Le collage, qui à plus forte dose dans *Le Procès-verbal* servait à un brouillage de genres et à la multiplication des parallèles, est ici destiné à illustrer une abolition du temps analogue à celle qu'expérimente Hogan à deux reprises en écoutant la musique d'une flûte.

Les niveaux de textes se multiplient dans ce roman lyrique; les situations symboliques sont ainsi doublées d'une structure exprimant un sens analogue : le sentiment de détachement temporel est repris par le maniement narratif avec l'histoire. Tout ceci contribue à créer un texte riche en répercussions et réminiscences, à la manière d'un long poème qui reprend entre chaque strophe un refrain légèrement modifié.

Seulement, ce poème est interrompu par la voix de l'écrivain qui met en cause toute sa création. Les autocritiques – ainsi s'appellent les chapitres où le narrateur réfléchit sur sa création littéraire sur le ton de l'essayiste – ponctuent régulièrement le roman et s'offrent comme une attaque au récit. Après avoir multiplié les références, les images et les situations symboliques, le romancier lui-même pulvérise son propre récit avec des questions brutales : «Est-ce que cela veut dire quelque chose vraiment?» (LF p. 12), «Qui va m'applaudir?» (LF p. 266), «Qu'y a-t-il à donner aux autres, sinon des chaînes, davantage des chaînes?» (LF p. 267). Avec ses interrogations constantes sur l'authenticité et l'efficacité de son entreprise littéraire, le narrateur-écrivain joue à un jeu de dissimulation avec le lecteur lui offrant de vraies et de fausses pistes, ce qui nous ramène vers l'interprétation du titre du roman. Car son «roman d'aventures» contient même un plan du livre, exposé au lecteur dans un des chapitres intitulés «autocritique» et qui peut se lire à la fois comme le plan détaillé du roman et comme un poème :

> J'avais fait le plan, je l'avais écrit en dessinant à la plume sur une feuille de papier :
> *Le bout du monde*
> POÈME
> Roman d'aventures
> Hogan chassé dans la ville. (...) Pourquoi fuit-il? (...) Crime? Honte? Amour? Révolution?
> Les paysages, les flux des paysages. Voyage imaginaire? Alors, quelle différence? (...) Conscience : appel de la conscience. Recherche. Vérité dans le mouvement incessant, dans la *distraction*. (...)

Le Livre des fuites ou l'antiroman poétique 35

> Mélange de chapitres romancés
> de poèmes. Méditation libre
> (Réflexions, notes, mots clés,
> signaux, journal de bord)
> Attention au carcan, système! (LF p. 168-171)

Ce dernier appel au système exprime toute l'ambiguïté de l'écriture que ce roman souligne; car c'est le système même qui est fui par un écrivain qui désire «écrire sans savoir où l'on va (...) sans aucun plan[42]», et pour qui un «art qui se fonde sur une expression organisée est un art mensonger»[43]. Pour lui, l'écriture constitue un de ces remparts qui nous entourent continuellement : «les cinémas, les tableaux, les cartes postales et les livres (...) toujours davantage de murs, des remparts protecteurs» (LF p. 201). Un rempart solide qui n'est destiné qu'au personnage lui-même; car si la fuite de Hogan s'avère être une fuite de lui-même, («Prison mortelle, (...) et masque de ma face, c'est vous que je fuis» LF p. 175), la fuite de l'écrivain est bien celle d'une coexistence avec son moi, elle constitue la possibilité de s'adresser à soi par un «chemin détourné», à l'aide d'une «matière qui s'interpose entre moi et moi» (LF p. 236). Le jeu de dissimulation qui caractérise l'écriture de ce roman (qui est le sujet de l'énonciation «Je veux tracer ma route, puis la détruire» à la page 108, l'écrivain ou le protagoniste?) tend ainsi à souligner une préoccupation existentielle illustrée par le personnage : la fuite d'une ville, d'un pays et d'un système est finalement la fuite d'une conscience individualisante qui le sépare d'un cosmos sécurisant.

Car les fuites expriment toutes cette même ambivalence devant le système et la conscience, qu'il s'agisse de la «fuite de la femme», du «vide», ou de la «fuite aussi pour moi qui écris», de la fuite d'un écrivain qui tente de dissimuler son propre jeu avec lui-même, d'un «écrivain qui ment en écrivant qu'il ment» (LF p. 270). La réponse aux multiples recherches de Hogan et du narrateur ne se trouve ni dans un pays ni dans un système spécifique, mais dans une présence au monde qui lui permet d'être à l'écoute de ce monde, de ses paroles symboliques, de ses notes silencieuses. La musique constitue une permanence dans un univers où tout se meut et disparaît, elle se présente comme médiateur entre l'homme et l'originel. C'est aussi elle qui régit le paysage et le mouvement des hommes :

> C'était le lieu de la musique qui emporte (...) C'était le lieu pour un chant qui se répète, qui endort, pour la voix étouffée du saxophone qui invente continuellement la même phrase, la perd, et la retrouve. (...) Les coups réguliers

---

[42] Le Clézio à Jean-Louis Ezine dans *Ailleurs*, op. cit., p. 51.
[43] Le Clézio à Pierre Lhoste dans *Conversations avec J.M.G. Le Clézio*, op. cit., p. 33.

sont les rues, les rues. (...) Cubes des immeubles élancés, cubes de musique. (...) Automobiles de jazz. (...) Autoroutes vibrantes, électriques, qui montent et descendent! (LF p. 199)

Le mouvement de la musique, son rythme régulier et ses vibrations constantes, se présentent comme l'image de la fusion de l'homme avec le monde dans *Le Livre des fuites*. La musique de la flûte à Angkor est comparée à une «voix de femme (...) éternelle» qui envahit l'espace, s'unit «à chaque chose» pour devenir un regard, «un long regard de conscience qui s'appuyait sur le paysage». (LF p. 147-148) Ce rythme à la fois originel et constamment présent, conférant à chaque anecdote une intensité nouvelle grâce à ses vibrations, semble être la base même de ce roman. Un roman qui refuse la construction romanesque élaborée propose ainsi, à travers un grand poème sur la société et l'homme modernes, une expression plus directe, plus sensorielle et lyrique de notre monde.

Du récit apocalyptique (*La Guerre*, 1970 et (*Les Géants*), 1973) au conte merveilleux intemporel (*Voyages de l'autre côté*, 1975)

Dans le sixième roman de Le Clézio – *La Guerre* (1970) – l'espace est primordial; l'humanité y est réduite à un espace moderne spécifique : la ville. L'espace contribue ici à marginaliser les personnages, prenant lui-même le rôle de protagoniste dans un récit dominé par la description des lieux significatifs. L'espace urbain illustre ici une notion abstraite qui s'incarne dans des éléments concrets tirés de notre vie quotidienne. Car cette guerre évoquée dans le titre est le nom donné à une situation d'angoisse provenant d'une invasion menaçante d'objets, de personnes et de situations marqués d'hostilité, et provoquant un sentiment d'agression permanent[44].

Les lieux mis en scène dans le roman incarnent si bien ce «sentiment d'agression permanent» que les personnages s'effacent devant eux. En effet, les deux personnages qui occupent le roman ont un caractère anonyme et transparent : Bea B., une jeune fille qui abandonne sa carrière de journaliste pour se laisser imprégner des éléments agresseurs qu'elle trouve dans la société afin de mieux pouvoir affronter la guerre qu'elle sent venir, et Monsieur X, sa version masculine, compagnon de route qui ajoute aux expériences vécues par Bea davantage d'agressivité à travers deux objets symboliques, une moto BMW 500 cm^3 et une voiture noire qui lui sert d'arme lorsqu'il va «à la chasse à l'homme» sur l'autoroute. Leur absence de psyché véritable est soulignée par une présentation quasi caricaturale de leurs pensées respectivement masculine et féminine :

Voici ce qu'on voyait, ce qu'on pensait :

ELLE	LUI
Le noir qui va a des milliers de kilomètres, d'un seul coup, qui recouvre toute la terre.	Une nuit après les autres, la terre a tourné et il fait nuit.

(LG p. 134)

Le narrateur dénonce ainsi lui-même ses propres procédés comme une pure invention technique destinée à doter le personnage d'une psychologie, une distanciation ironique permettant de présenter le personnage comme un actant et non comme une personne réelle, tels les personnages du théâtre

---

[44] Le Clézio évoque ce sentiment dans une interview avec Pierre Lhoste: «On vit dans une société en guerre permanente», dit-il, «guerre de la masse contre l'individu, guerre des objets contre l'être humain, guerre des êtres humains entre eux, c'est ce sentiment d'agression permanent qu'il y a autour de moi». Le Clézio à Pierre Lhoste dans *Conversations avec J.M.G. Le Clézio*, op. cit., p. 30.

brechtien. La transparence des personnages, destinés à refléter un sentiment général d'angoisse grâce à leurs fusions avec les lieux qui incarnent une agression, contribue à la mise en valeur des lieux et des objets qui passent alors au premier plan de la narration, supplantant les protagonistes. Il s'agit de lieux communs de la société contemporaine : autoroutes, cafés, magasins, carrefours, boîtes de nuit, rues, aéroports, métro, lieux banals en apparence mais auxquels Le Clézio confère une telle charge émotive que la société décrite se transforme en science-fiction par le biais d'une écriture fantastique.

L'agressivité constitue le principe fondamental qui commande les transformations fantastiques de ces lieux. Une boîte de nuit, lieu de détente et de vie sociale, se transforme ainsi en catalyseur d'agressions individuelles qui, accumulées dans un seul endroit, éclatent en un désir meurtrier (LG p. 102). Les bruits entendus dans une rue contribuent à créer une vision apocalyptique d'un monde en ruine : «Partout les moteurs tonitruants, qui rongent les parois, détruisent les remparts. (...) Un jour, les murailles céderont, et le terrible flot entrera d'un seul bond, il recouvrira le monde en quelques fractions de seconde» (LG p. 114). Par leur ampleur et leur omniprésence, ils constituent l'agent d'une déshumanisation du monde : le monde est ainsi réduit en «une plaque qu'on défonçait» et les désirs sont «des secousses le long d'une machine d'acier» (LG p. 119).

L'accumulation de lieux et d'objets représentatifs confère à ce récit l'aspect d'un reportage. Aucune intrigue ne nous est présentée, seulement une errance au milieu d'un paysage marqué par une guerre invisible. La technique énumérative du narrateur reflète l'attitude du personnage : il s'agit pour lui d'accumuler certains détails d'une société pour pouvoir mieux affronter celle-ci, car «quand on apprend des choses», dit Bea, «on les apprivoise» (LG p. 59). L'errance initiatique de Bea se présente en effet comme l'apprivoisement successif de chaque élément agressif de son monde, comme si la connaissance du détail assurait la compréhension de l'ensemble. Car les descriptions minutieuses des autoroutes, des magasins, du feu de signalisation et de l'ampoule électrique comportent toujours un élargissement, une vue d'ensemble reflétant une vision pessimiste du monde où règne l'agressivité meurtrière. Dans la fusion avec l'objet contemplé, le personnage perce le sens de l'objet. Le poste de radio n'est plus alors seulement un réseau de fils et de bobines, mais contient le «dessin du destin», «le dessin compliqué de tout ce qui s'est passé sur la terre depuis dix mille ans» (LG p. 82).

La technique narrative du roman épouse ainsi le trajet initiatique de Bea; au lieu de s'attarder sur l'évolution d'une histoire individuelle, elle nous fait l'inventaire des perceptions que provoque une société hostile et les regroupe autour d'un mot qui contient à la fois angoisse, menace et défense : la guerre. Cette guerre est tantôt l'autoroute, les voitures, les grands magasins, tantôt un élément abstrait comme la pensée ou les mots.

Ce reportage subjectif d'un monde à la fois fascinant et terrifiant est présenté sur un rythme destiné à illustrer un sentiment d'agressivité et d'invasion. Le rythme mime ainsi le martèlement des perceptions incessantes grâce aux énumérations. A l'image d'un reportage d'un quelconque événement dramatique, la vitesse rapide du récit est maintenue afin de provoquer un sentiment d'alerte. Pour combler cette impression, le style solennel, voire prophétique est parfois utilisé dans des passages où la guerre prend valeur de symbole. «Personne ne restera debout jusqu'à la fin», annonce le narrateur à la première page, «Personne ne sera épargné. C'est cela, c'est l'œil de la vérité.» L'actualité, rappelée à l'aide de références contemporaines, est ainsi constamment accompagnée d'une atmosphère intemporelle. La description de l'autoroute s'achève sur une situation totalement détachée de l'espace et du temps : «Cela se passait en ce temps-là, pendant la guerre anonyme, quand les gens prenaient leurs voitures pour partir dans la nuit à la chasse à l'homme» (LG p. 216). Cette intemporalité est caractéristique de la composition du roman. Entre la première phrase, «La guerre a commencé», et celle qui introduit le dernier chapitre, «Le monde a commencé», la situation semble stagnante. «Personne ne sait où, ni comment», affirme le narrateur dans le dernier chapitre, «mais c'est ainsi, il vient de naître». Le dernier chapitre se présente ainsi antérieur à la situation de la première page, comme si tout le roman relatait un moment unique : la naissance d'un monde.

En effet, ce roman présente à la fois les détails et la genèse de la guerre, et c'est son essence même qui constitue la conclusion de l'avant-dernier chapitre : «La guerre, c'est la destruction de la pensée» (LG p. 283). «La grande bombe blanche», image de notre société actuelle, forme ainsi le symbole d'une destruction s'opérant de l'intérieur de l'homme. Sans psychologiser[45] ou moraliser sur le ton du sociologue, Le Clézio arrive à construire un univers tout aussi menaçant et terrifiant que cette destruction intérieure, en transformant quelques images actuelles de la société contemporaine en scènes fantastiques.

Le Clézio poursuit ce propos en amplifiant son goût pour la science-fiction dans son roman suivant, *(Les Géants)* (1973), lequel à l'origine ne devait

---

[45] Le Clézio, dans un article consacré à Lautréamont, exprime son mépris pour la psychanalyse dont «l'impotence (...) vient surtout de ce qu'elle nous propose des solutions rationnelles et individuelles, là où n'existe que la frénésie et les impulsions collectives» («Les poésies à venir» in *Lettres françaises*, n° 1406, 20 octobre 1971, p. 3).

porter que le signe de l'éclair en guise de titre. Le signe fait figure non seulement de référence actuelle, mais constitue aussi, dans ce roman où le style fantastique dévie parfois vers la science-fiction, un mythe moderne. De la ville moderne mise en scène dans *La Guerre*, la scène se rétrécit ici davantage pour présenter un microcosme de la ville : un immense hypermarché. L'«hyperpolis» loge toute une société et symbolise les règles qui la gouvernent.

L'intrigue, comme dans les romans précédents, consiste davantage à décrire un état qu'à narrer une histoire. Il s'agit d'une situation d'oppression généralisée qui divise la société en deux parties opposées : les esclaves, silencieux, à la merci des ordres des surveillants, appelés les Maîtres. Ces derniers ne se manifestent qu'indirectement à travers leurs outils précieux : les caméras omniprésentes qui filment les moindres «battements de paupière, les mouvements des lèvres, les mouvements des mains» (GEA p. 29), les détecteurs, les micros cachés, et surtout les mots, les messages continuellement transmis afin de paralyser toute toute réflexion personnelle chez les opprimés. Leur arme première est la maîtrise de la parole, leur manipulation efficace du verbe. Les opprimés de leur côté sont présents mais anonymes, transparents au point de refléter leur environnement. Les seuls personnages qui sortent de l'anonymat, qui sont conscients de leur enchaînement, portent des surnoms : Machines est un jeune homme qui range les chariots devant le supermarché et qui porte l'inscription «machines» sur le dos de sa chemise; Tranquilité fait des annonces au microphone. Leurs surnoms expriment mieux qu'un nom véritable leur situation : Machines est réduit à son travail mécanique, Tranquilité se rend compte un jour qu'elle est surveillée et se voit contrainte à communiquer par codes et par des poèmes écrits sur des bouts de papier.

Malgré son réalisme apparent, le roman présente une allégorie moderne sur l'oppression spirituelle de l'homme. Le ton est celui de la fable et du conte moral; les interpellations au lecteur sont nombreuses : du «Je vais vous dire : libérez-vous!» de l'incipit à son écho à la page 305. Le style est solennel et apocalyptique lorsque le narrateur exhorte les lecteurs à prendre conscience d'une situation d'alerte et à se libérer de l'esclavage des Maîtres : «La puissance de la liberté est invincible et terrible» (GEA p. 33), «L'ombre plane sur la terre et recouvre l'espace avec ses deux ailes étendues, dans le genre d'un vautour» (GEA p. 15). Le Clézio multiplie les interpellations solennelles et les images fantastiques à la manière d'un Lautréamont dans *Les Chants de Maldoror*, que nous savons figurer parmi ses lectures préférées. Cette allégorie contient cependant un élément moderne qui est à la base de l'intrigue; la force maléfique est incarnée dans l'électricité, qui commande cette société terrifiante : les caméras, les micros, le détecteur de mensonges qu'on inflige à Tranquilité vers la fin du roman. L'allégorie serait restée pure science-fiction, si ce récit n'avait pas comporté des rappels constants à l'actualité du lecteur.

Car l'histoire de cet emprisonnement se double d'un deuxième texte : un collage de divers textes publicitaires et de commentaires scientifiques sur l'impact de la publicité. Ces textes forment non seulement l'illustration d'une thématique telle qu'elle est pratiquée dans les autres romans, mais constituent un élément de l'intrigue. Les messages publicitaires à effet paralysant, qui provoquent l'emprisonnement des personnages, envahissent ici matériellement le roman à travers la reproduction régulière d'affiches publicitaires et de commentaires. L'insertion de ces textes constitue ainsi un texte parallèle qui contribue à la mise en valeur de l'intrigue tout en actualisant sa thématique. Ces textes contiennent aussi un «message caché» du roman; l'illustration du «libérez-vous» explicite de la première page s'incarne dans une courte phrase ponctuant tout le récit : «il faut brûler hyperpolis». Caché en bas des pages publicitaires, écrit en lettres minuscules, cet appel devient un leitmotiv du roman, motif qui éclate en toutes lettres lors du point culminant de l'histoire : il s'agit d'un projet exprimé par Machines et qui cause l'arrestation et l'interrogatoire de Tranquilité. Ces deux textes parallèles, l'histoire d'un couple travaillant dans Hyperpolis et les affiches publicitaires, mettent en question le niveau de narration en s'interrogeant sur la hiérarchie des textes : en effet, le récit est-il seulement illustré par les affiches publicitaires commentées, ou bien constitue-t-il la description de la situation provoquée par ces textes publicitaires?

La révolte ultime du personnage Tranquilité, le suicide, exprime le pessimisme qui empreint le roman, mais illustre aussi le rôle accordé au langage. Car si les personnages choisissent le refus, le suicide, la fuite ou le silence, solution incarnée par le petit garçon Bogo le muet qui clôt le roman, l'exhortation du narrateur vise la reconquête du langage. Il faut «armer les mots», «parler : mais de l'autre côté du langage», se libérer de manière à voir «l'autre côté des choses» (GEA p. 17). C'est cet investissement positif des mots que l'écrivain tente d'illustrer après ce roman, il se dirige alors vers une écriture toute aussi fantastique et exubérante dans son lyrisme, mais où les terreurs d'une société moderne ont perdu de leur ampleur. Avec *(Les Géants)*, Le Clézio achève son allégorie sur cette société et abandonne le cadre urbain en tant que décor d'un malaise existentiel. La «libération» se réalise dès lors au moyen de voyages vers un nouveau monde imaginaire.

En ce sens, l'année 1975 représente un tournant dans l'évolution romanesque de Le Clézio avec la publication de *Voyages de l'autre côté*. Il ne s'agit plus d'exorciser les peurs associées à une société par une écriture énumérative puisant dans le détail horrifiant une image de l'ensemble, mais de présenter l'envers de cette société à travers une nouvelle conception du langage dont on souligne la fonction magique. Les voyages fantastiques relatés dans ce roman ne se déroulent plus dans des pays lointains et exotiques comme dans *Le Livre des fuites*, mais au cœur même de notre société au quotidien. Ce n'est pas un nouveau cadre qui assure un ton plus optimiste, mais un nouveau regard sur la société, une nouvelle disposition au monde.

Si le temps chronologique et occidental est constamment mis en question à travers des collages et des techniques simultanéistes dans les premiers romans de Le Clézio, ce roman ne semble plus se soucier de se libérer du temps et baigne d'emblée dans une atmosphère intemporelle : c'est à la fois le début des temps et la fin du monde qui s'amalgament dans un présent «éternel». Un prologue qui évoque une situation prénatale et un épilogue qui présente un paysage désertique sont destinés à illustrer cette élasticité du temps.

Le prologue du roman, intitulé «Watasenia», constitue une présentation de l'eau dans son mouvement cyclique éternel; il s'agit d'une situation intemporelle («cela se passait n'importe quand», V p. 14) où «tout était en train de naître», et où l'on vit en osmose avec la mer, matrice de l'univers. On est «à la fois au commencement et à la fin» (V p. 16), dans cette situation qui prépare la naissance. C'est de cette situation que surgit Naja Naja, une sorte de déesse de la nature, qui incarne tout l'univers mais qui «n'est personne». Personnage fantastique qui selon le narrateur «mérite bien son nom», car tel le serpent «elle glisse froidement entre les pierres, les herbes et les gens sans effort», et qui grâce à ses capacités imaginaires peut entreprendre avec ses amis des voyages initiatiques de «l'autre côté» des choses.

Le point de départ de ses voyages est un regard, une fixation du regard qui permet d'entrer dans l'objet regardé. Fixant de toutes ses forces un objet choisi, elle se fait tour à tour vent, étoile, ciel, rocher, arbre, oiseau, flamme, grotte, soleil et sable. Des «ondes presque imperceptibles» assurent la communication avec l'univers, car Naja Naja méprise la parole et nous initie au «pays où on ne parle pas» (V p. 26). Pour accompagner l'héroïne dans ses voyages fantastiques, quelques personnages présentés par leurs surnoms apparaissent : Gin Fizz, Alligator Barks, Yamaha, Sursum Corda; ils sont spectateurs, participent parfois aux expériences de fusion, mais ne présentent aucun trait individualisant et restent des reflets du protagoniste féerique.

Aux voyages merveilleux de Naja Naja s'ajoutent des récits secondaires racontés par le protagoniste, des histoires toutes aussi merveilleuses : l'histoire de Petite Pluie, celle de l'Harmattan, le vent du désert, ou celle de l'île vivante venant au secours du pêcheur. Des histoires à la fois transparentes et magiques qui transportent les auditeurs par leur rythme. Car ce n'est pas le sens des récits qui fascinent, mais la puissance des mots. Tout un chapitre est alors consacré aux mots magiques, des mots trouvés dans notre environnement quotidien : «TRANS-NATAL», «ARENA», «VOLVO», «ZURICH-ABRI-VITA»; une simple inscription sur un camion, «ISOPACTOR», fait l'effet recherché par les amis de Naja Naja : «il n'en finissait pas de résonner dans l'air (...) plein de vie et de puissance, il entrait dans nos corps, il entrait dans nos têtes et bousculait les idées.» Le nom magique forme ainsi l'unique qui contient l'universel, «comme s'il n'y avait jamais eu d'autre nom dans toutes les langues de la terre» (V p. 204), tel le poème dans *Terra Amata*, telle la musique de flûte dans *Le Livre des fuites*.

La narration du roman emprunte son ton au conte de fées, au récit merveilleux peuplé d'images fantastiques et de miracles. Le style comporte cette même simplicité du conte pour enfants, avec des «il y a» descriptifs («Il y a encore des éclairs, (...) Il y a du vent», «Il y a une rue qui monte», V p. 94), avec un «tu» d'intimité destiné à un narrataire participant aux aventures du protagoniste («Tu pars, tu t'en vas doucement. Tu entres dans le tronc d'olivier», V p. 101), à la manière d'un Butor ou d'un Perec concédant au lecteur le rôle du protagoniste[46]. Le «on» fréquent qui désigne tantôt Naja Naja et ses amis, tantôt le lecteur inclus, contribue également au ton du conte de fées. Quant au temps du récit, le présent domine une narration d'événements itératifs et illustre le temps «élastique» que produit un protagoniste capable de glisser «à travers le temps» (V p. 73).

Le merveilleux se présente ainsi comme le remède à l'angoisse et à l'agressivité qui dominaient dans les autres romans. Il ne s'agit plus de vaincre la source de l'angoisse, mais de la dépasser, de transgresser les frontières de la peur à travers l'investissement positif. Naja Naja arrive ainsi à transgresser la crainte de la parole à travers son voyage dans un pays où «on ne parle pas», à vaincre le regard des autres en se fusionnant avec le soleil, devenant elle-même un immense regard. Le propos n'est plus de fuir le monde, mais de l'habiter, de l'investir. Car le cadre de ces expériences merveilleuses n'ont rien de fantastique ou d'exotique; c'est au cœur même du concret et du quotidien que se réalisent ses voyages. Sa force réside dans ce que l'essayiste de *L'Extase matérielle* appelle le «regard actif» : ce n'est pas au moyen de stimulants artificiels que la fusion se réalise, mais grâce au regard et aux sens gardés en éveil permanent.

La valorisation des sens constitue une topique leclézienne primordiale; bien qu'omniprésentes dans les premiers romans, les sensations occupent un rôle plus dominant dans ce roman où elles ne constituent pas seulement une manière de percevoir le monde, mais deviennent une façon de le reconstruire. Le tournant décisif au niveau du ton, devenu plus optimiste et plus gai, s'accompagne d'une valorisation croissante des histoires. Il s'agit toujours d'évoquer une présence au monde et non pas un destin individuel, la

---

[46] *La Modification* (Ed. de Minuit, Paris, 1957) de Michel Butor et *Un Homme qui dort* (Ed. Denoël, 1967) de Georges Perec sont écrits respectivement à la deuxième personne du pluriel et à la deuxième personne du singulier.

structure même de ce roman en est la preuve première, mais une nouvelle tendance à vouloir mettre au premier plan des événements, symboliques ou réels, semble se manifester déjà avec ce roman, une tendance qui trouvera sa pleine réalisation avec son recueil de nouvelles, *Mondo et autres histoires*, publié trois ans plus tard.

Roman de dialogue et de quêtes symboliques :
Désert (1980) *Le Chercheur d'or* (1985), *Onitsha* (1991), *Etoile errante* (1992) et *La Quarantaine* (1995)

Avec *Désert* (1980), Le Clézio annonce un retour à l'histoire comme structure narrative, et en même temps à l'Histoire comme référence thématique. Le goût pour les éléments naturels déjà senti dans *Voyages de l'autre côté* et amplifié dans l'essai poétique *L'Inconnu sur la terre,* trouve son plein essor dans ce roman qui prend pour cadre le paysage du désert. Ce livre, qui valut à l'écrivain le prix Paul Morand, se rapproche davantage de la structure romanesque que ses romans précédents : il comporte une intrigue, qui réside dans la référence historique, un développement et un dénouement. Les personnages demeurent néanmoins transparents, reflétant plus que jamais leur entourage. L'apport de l'intrigue même ne réside pas dans son dénouement, connu d'avance, mais dans son rapport avec le deuxième récit de ce roman.

Car la particularité première du roman est sa structure binaire qui contribue à souligner sa thématique. Deux textes s'entrecroisent et communiquent dans *Désert* : d'une part l'histoire de la colonisation du Maroc, vue par les colonisés, «les hommes bleus», un groupe de nomades, et de l'autre, l'histoire contemporaine d'une jeune fille qui connaît successivement une vie heureuse dans un bidonville sur la côte marocaine et un exil douloureux à Marseille. Les deux textes s'entrecroisent régulièrement à intervalles de plus en plus rapprochés et créent des allusions internes qui nous permettent de considérer chacune des deux histoires dans une perspective plus large.

En effet, Lalla la jeune fille contemporaine, est une descendante des hommes bleus, et Ma el Aïnine, le chef de la tribu, est pour elle un parent éloigné. Les deux récits comportent des allusions aux mythes et légendes communs. Les légendes qui ponctuent le récit des hommes bleus font ainsi apparition dans le récit de Lalla à travers les histoires de sa tante. Certaines références sont même reprises dans les deux récits : une chanson chleuh entendue par Nour dans le désert accompagne ainsi Lalla pendant toute son enfance et réapparaît dans les pensées des deux tout au long du récit.

Le dialogue qui s'instaure entre ces deux textes reflète un dialogue entre deux époques et deux vécus intimement liés, mais il propose aussi une conciliation entre deux genres de structures hétérogènes : entre le récit épique narrant le vécu collectif des hommes bleus et le récit personnel d'un destin individuel. Si nous examinons de plus près le style de ces deux textes, nous constatons cependant des écarts communs aux deux genres : le texte épique présente un style incantatoire et une marge à gauche plus large qui souligne son caractère poétique, le récit de Lalla, roman d'apprentissage traçant les étapes de sa vie, offre derrière sa simplicité apparente un ton poétique qui perce à travers un rythme incantatoire.

En effet, la longue errance des hommes bleus est souvent relatée sur un ton solennel et incantatoire. L'incantation à travers la répétition est fréquente : «Peut-être qu'il parle avec les mots de la lumière», dit-on à propos du discours de Ma el Aïnine, «avec les mots qui explosent en gerbes d'étincelles sur les lames des pierres, les mots du sable, les mots des cailloux qui s'effritent en poudre dure, et aussi les mots des scorpions et des serpents qui laissent leurs traces légères dans la poussière» (DES p. 90). Le rythme incantatoire du récit emprunte ses procédés aux litanies musulmanes énumérant les noms des ancêtres et des événements sacrés; cette référence littéraire permet d'illustrer l'appel au combat et les sentiments religieux qui nourrissent la tribu.

Quant au récit de Lalla, son style étonne d'abord par sa simplicité; une syntaxe naïve, près du langage des enfants, est utilisée pour rendre compte des sentiments de Lalla. Grand nombre de phrases commencent par les structures «Lalla aime» et «ça fait» : «Lalla aime bien cette histoire» (DES p. 80), «Lalla aime beaucoup regarder le ciel» (DES p. 85), «Lalla les aime bien» (DES p. 93), «Lalla aime le feu» (DES p. 133), «Ça fait toujours bien rire Lalla» (DES p. 126), «Ça la fait frissonner un peu» (DES p. 128). Le segment «il y a» abonde : «Il y a aussi cette femme qui fait peur» (DES p.81), «Il y a un endroit où Lalla aime bien aller» (DES p. 88). A ces expressions d'oralité s'ajoute un «comme si» récurrent qui concourt également à exprimer la simplicité de la jeune fille, qui puise dans son entourage immédiat les références et les images : «Ça fait une drôle de musique qui brinquebale et craquette, comme si on était dans un grand autobus déglingué sur une route de terre, ou comme s'il y avait des tas d'animaux et de rats qui galopaient sur les toits et le long des ruelles» (DES p. 85). La simplicité syntaxique de ce récit semble à première vue illustrer l'esprit de la jeune fille, mais elle crée, grâce à sa structure itérative, un rythme incantatoire[47] qui fait écho à celui qui régit le récit des hommes bleus.

La poésie du roman réside encore une fois dans la fixation du regard sur les éléments naturels. Ce ne sont pas les hommes bleus qui sont les véritables personnages du roman, bien qu'ils forment l'intrigue par leurs actions, mais c'est le sujet de leur quête, le désert dont ils sont issus, qui occupe le rôle du protagoniste. C'est le désert qui forme le point de départ et l'arrivée des hommes «nés du ciel sans nuages», portant «dans leurs membres la dureté de l'espace» (DES p. 9). D'où un rythme narratif marqué par l'incantation et par la fixation du regard : il s'agit davantage de faire surgir les sensations que provoque un paysage que de nous décrire le personnage. A l'aide d'images archaïques et de références mythiques, on trace des parallèles entre la sensa-

---

[47] Simone Domange a étudié cet aspect de *Désert* dans *Le Clézio ou la quête du désert*, Imago, Paris, 1993.

tion éprouvée devant une situation concrète et des sentiments collectifs et universels, au lieu de conférer aux incidents une valeur individualisante. Ce dialogue, entre un vécu individuel et l'expérience collective, est mis en valeur à l'aide des rencontres textuelles et culturelles qui caractérisent ce roman. Alors que cette fixation contemplative du poète et du personnage, déclenchant la poésie du texte, était le plus souvent liée à une errance sans but précis dans les premières œuvres de Le Clézio, elle semble se réaliser davantage dans une quête d'absolu à cette époque de sa création.

L'incipit du *Chercheur d'or* ouvre en effet une nouvelle époque dans la narration leclézienne : «Du plus loin que je me souviens, j'ai entendu la mer» (CO p. 13). La rêverie s'associe plus directement au voyage, à un «autre côté» physique à explorer de l'autre côté de l'océan, mais elle offre aussi un style plus personnel, empruntant le ton au genre autobiographique afin de suggérer une parenté entre les personnages et l'écrivain.

Cette parenté est annoncée dès le début par l'épigraphe du *Chercheur d'or*, «pour mon grand-père Léon»; c'est bien l'expérience du grand-père de l'écrivain qui forme l'intrigue de ce roman et non pas celle de l'écrivain lui-même, bien que la rencontre de ce dernier avec l'île Rodrigues, relatée dans *Voyage à Rodrigues* nous laisse deviner l'apport personnel du roman. Le roman est formé comme un roman d'initiation où chaque partie retrace une étape de la vie du protagoniste Alexis. Son enfance, d'abord, est évoquée à travers quelques situations typiques : la maison familiale à l'île Maurice, les soirées de lecture auprès de sa mère et sa sœur Laure, la carte des constellations que lui montre son père, et le rêve de ce dernier de retrouver un trésor qui serait caché à l'île Rodrigues par un corsaire, rêve qui déclenche le même projet chez Alexis. S'opposent à ces scènes idylliques des scènes de la vie des colonisés, que le protagoniste apprend à connaître à travers son amitié avec Denis, fils d'un des travailleurs. Cette première séquence se termine par la chute de l'univers paradisiaque de son enfance, lorsque la maison familiale est ravagée par un cyclone et que son père meurt. La deuxième séquence est consacrée au projet de trouver le trésor du corsaire, où la fatigue physique et la frustration de l'échec sont compensées par la rencontre avec Ouma, jeune fille «manaf», qui l'initie aux secrets de la nature. De nouveau, le bonheur est interrompu par un événement extérieur : la guerre mondiale éclate et Alexis part au front en 1915. La dernière partie évoque son retour à l'île Maurice où il retrouve sa mère aveugle et sa sœur vieillie par les soucis financiers. Il retrouve aussi Ouma, mais elle disparaît peu de temps après, et dans la dernière scène, Alexis se retrouve seul face à la mer comparant son destin à celui de Jason au bord du navire Argo.

La référence mythique est effectivement omniprésente dans ce roman et lui confère une valeur au-delà du simple récit d'enfance. Malgré sa composition extérieure fidèle au genre (auto)biographique, le roman mise surtout sur des situations «poétiques» : le voyage, sur mer cette fois-ci, la contemplation surtout, insistant sur les messages secrets d'un paysage. Au bord de Zeta, en route vers l'île Rodrigues pour la première fois, Alexis contemple les constellations et se demande : «N'est-ce pas le signe qu'a suivi le navire Argo, dans sa course vers l'éternité?» (CO p. 155) Le mythe et l'expérience personnelle se confondent fréquemment sous forme d'images et de situations symboliques; le trésor hypothétique et l'amour impossible se présentent alors comme expressions d'un même désir de conquête et de dépassement de soi : du désir de «se mesurer à l'inconnu, au vide» et de se «révéler», comme le dit l'écrivain dans son journal du roman *Voyage à Rodrigues*.

Selon Le Clézio, *Le Chercheur d'or* constitue la réalisation de son rêve d'enfance d'écrire «un roman d'aventures» à la manière d'un Conrad qu'il admirait tant. Il a utilisé le récit à la première personne pour mêler l'apport personnel au mythe mais aussi au souci social. Le dialogue qu'offre *Désert* entre cultures et époques différentes se poursuit ici grâce aux références mythiques. Car ce roman n'est pas seulement la narration poétique d'une quête intérieure; il est surtout la mise en scène d'une rencontre avec l'Autre, situation privilégiée qui permet à Le Clézio de présenter une approche du monde.

La rencontre avec l'Autre est au centre d'une narration aux accents autobiographiques dans les deux romans qui succèdent au *Chercheur d'or* : *Onitsha* (1991) et *Etoile errante* (1992). Les deux romans ont pour cadre des événements historiques de notre siècle : le premier se déroulant en Afrique du 1948 à 1968, le second racontant l'exil des juifs pendant la seconde guerre mondiale et celle des Palestiniens lors de l'établissement de l'Etat d'Israël.

L'apport autobiographique est peut-être plus important dans *Onitsha*, où la rencontre avec l'Autre est surtout la rencontre avec un père resté jusque-là inconnu. Fintan arrive en Afrique avec sa mère Maou en 1948 pour retrouver un père qu'il n'a jamais rencontré. Son père Geoffroy, médecin anglais travaillant pour l'empire britannique, semble se désintéresser aussi bien de sa famille que de sa carrière; il rêve de retrouver l'emplacement de la nouvelle Meroë décrite dans la légende et fonde son existence sur ce rêve.

Trois narrateurs sont mis en scène pour nous présenter trois versions de cette rencontre, mais surtout pour illustrer trois visions différentes d'une Afrique si différente de celle qu'ils avaient imaginée au départ. Fintan d'abord représente l'aventure et la curiosité à travers ses récits de voyage. «Un long voyage», relatant le voyage en bateau d'une fille nommée Esther, et rédigé par Fintan au bord du bateau, constitue un récit parallèle, une sorte de mise en abyme de sa propre expérience. Car pour lui, la magie de l'Afrique réside dans la sonorité des noms : «L'Afrique résonnait de ces noms que Fintan répétait à voix basse, une litanie, comme si en les lisant il pouvait saisir leur secret, la raison même du mouvement du navire avançant sur la mer en écartant son sillage» (O. p. 31). C'est dans la musique des mots et dans le rythme des mouvements[48] que l'Afrique se révèle à Fintan. Une fois arrivé, ses expériences seront colorées par la magie de cette musique et par ce rythme : les initiations à la nature, à la sexualité et la découverte des vestiges historiques baignent dans une lumière d'enchantement qui survit au froid et à la solitude au collège «loin d'Onitsha», jusqu'au jour où les nouvelles de la révolte au Biafra l'atteignent et détruisent son paradis d'enfance.

L'ancrage mythique et la problématique sociale d'un pays s'incarnent dans le couple que forment les parents de Fintan, représentant respectivement le souci social et la fascination pour le passé mythique du pays. Maou se construit d'abord un bonheur imaginaire dans les poèmes qu'elle adresse à son mari pendant le voyage. Son rêve de vivre heureuse auprès de l'homme qu'elle aime dans une Afrique captivante s'estompe et cède la place à une frustration grandissante : son mari est plongé dans ses propres rêves, la société qu'elle côtoie s'avère fermée à toute différence et à toute critique; sa passion pour la musique et sa conscience sociale sont vite étouffées par le conformisme de cette société. Quant à Geoffroy, son désir de retrouver et remonter à la source de la légende n'aboutit qu'au délire. Car au-delà du mythe et du rêve exotique se cache un message social perceptible non seulement dans le discours de Maou, mais aussi dans un personnage à symbolique sociale : Sabine Rodes, officier de l'Ordre de L'Empire Britannique, qui se présente à la fois comme le connaisseur et l'exploitant de l'Afrique et qui symbolise une société coloniale en voie de disparition. Selon certains critiques, *Onitsha* n'est pas seulement un livre poétique, qui grâce à sa musicalité peut se concevoir comme un morceau de musique avec des thèmes itératifs, mais aussi un «livre politique» qui nous présente «une civilisation bafouée, humiliée, méprisée avant d'être affamée, alcoolisée, déracinée, assassinée», selon Pierre Lepape, qui considère le roman comme une lutte contre «l'oubli de l'Afrique[49]», qui serait aussi, selon lui, l'oubli de notre histoire.

Cette histoire est bien au centre du roman suivant, qui prend pour cadre une époque proche des lecteurs : la seconde guerre mondiale et ses effets sur les peuples juif et palestinien. *Etoile errante* (1992) nous présente le destin de deux filles issues de peuples ennemis mais aux expériences semblables :

---

[48]   Cf. les noirs travaillant sur le bateau pour payer le voyage, «en train de frapper la coque du navire à coup de marteaux, comme une musique, comme un secret langage, comme s'ils racontaient l'histoire des naufrages sur la côte des Krous» (*Onitsha* p. 38).

[49]   Pierre Lepape dans «Le Clézio et l'oubli de l'Afrique» in *Le Monde* n° 14361, le 29 mars 1991, p. 17.

Esther est juive et fait l'expérience de la fuite et du départ vers la «terre promise» alors que Nejma, Palestinienne expulsée de sa terre natale, vit les horreurs des camps de réfugiés. Comme *Onitsha*, ce roman mêle apport autobiographique, histoire contemporaine et mythe dans un style musical souvent incantatoire. La parenté avec *Onitsha* est visible à plusieurs niveaux : le nom du protagoniste juif nous fait penser au mini-récit de Fintan, ce qui nous conduit à considérer le roman comme une suite de celui-ci. C'est toujours l'histoire d'une rencontre, d'un bonheur manqué dans le pays rêvé, mais on y trouve surtout une exploration du mal à travers les temps – de la naissance mythique d'un pays à l'actualité contemporaine – pour comprendre la source de ce mal qui rend les enfants et leurs mères captifs. La légende des Djenoune, deux frères ennemis qui par leur jalousie auraient causé la destruction du pays du «printemps éternel», se mêle ainsi à l'actualité de Nejma pour expliquer la présence de la guerre et de la peste.

Dans ce roman interculturel et intertextuel, le mythe se mêle à l'expérience personnelle et le vécu du personnage se confond avec le vécu collectif d'un peuple. C'est alors avec les yeux de tout un peuple chassé et opprimé qu'Esther, à l'âge mûr, contemple la colline d'où elle s'était enfuie avec sa mère en 1943 : «Esther ne le voyait pas avec ses yeux, mais avec les yeux de tous ceux qui en avaient rêvé, tous ceux dont les yeux s'étaient éteints sur cette espérance, les yeux des enfants perdus dans la vallée de la Stura, emmenés dans les wagons sans fenêtres» (EE p. 301). Car les romans de quête et de voyage de Le Clézio visent surtout à rendre vivante au lecteur cette rencontre, à recréer cet élan d'identification qui caractérise les personnages, qu'il s'agisse d'une Maou devant une Africaine muette, enceinte après un viol, ou d'une Esther lisant le témoignage d'une réfugiée palestinienne : «J'ai rêvé que je savais déchiffrer cette écriture», dit cette dernière, «et que j'avais lu ce qu'elle racontait, pour moi seule, une histoire d'amour et d'errance qui aurait pu être la mienne» (EE p. 307).

L'ancrage social est moindre alors que l'apport autobiographique est davantage souligné dans *La Quarantaine* (1995), qui présente beaucoup de similitudes avec *Le Chercheur d'or*. L'intertextualité dont témoigne ce livre est souvent interne à l'œuvre leclézienne et crée des réminiscences propres au récit autobiographique. Le travail sur le souvenir, illustré par une évocation du passé à travers les dialogues, s'accompagne d'une topique leclézienne récurrente : l'union avec les forces de la nature. Le roman oppose deux frères aux attitudes contraires, l'un médecin consciencieux, l'autre vagabond artiste, fils spirituel d'un Rimbaud qu'il rencontre à deux moments de sa vie. Une anecdote familiale sert de point de départ à ce roman : un ancêtre de l'écrivain qui fut soumis à une quarantaine lors d'un passage à l'île Plate, près de l'Ile Maurice. Dans ce conflit, les deux frères, Léon et Jacques, incarnent deux attitudes différentes : l'un s'enfuit pour rejoindre Suryavati,

Roman de dialogue et de quêtes symboliques 51

une jeune autochtone éduquée chez les sœurs à l'île Maurice, l'autre combat la peste de toutes ses forces.

Ce roman exprime surtout un élan vers l'élémentaire, la nature, l'originel. Léon trouve ainsi son appartenance loin de Paris, qui est «trop étroit pour lui» (Q p. 26) : «Ainsi, c'est de cela que je suis fait», dit-il, «l'étendu vert-de-gris des cannes où sont ployés les coolies, les pyramides de pierres que les femmes ont construites une à une, les doigts écorchés par la lave et les yeux brûlés par le soleil» (Q p. 73). Cette appartenance s'exprime aussi dans un récit parallèle retraçant l'enfance de la mère de Suryavati; comme dans *Onitsha*, ce récit secondaire semble prolonger la quête d'identité du protagoniste, fils d'une Eurasienne. C'est avant tout dans les sensations éprouvées dans un paysage que le bonheur se trouve, dans «le ciel sans nuages, le vent tiède, et les bains de mer» (Q p. 29), dans le rapport intime et harmonieux entre personnage et milieu. La jeune Suryavati, «née des vagues qui déferlaient sur la barrière de corail» (Q p. 99) semble issue de la même famille que les hommes bleus de *Désert* et surtout de la jeune manaf du *Chercheur d'or*. La parenté avec ce dernier est en effet frappante : maints passages nous rappellent les expériences d'Alexis : quand Léon enfant sort la nuit pour écouter le bruit de la mer (Q pp. 28 et 65), le cyclone ravageant l'île (Q p. 94), le dialogue avec Suryavati (Q p. 114). Ce roman est peut-être le plus personnel de Le Clézio, mêlant biographie personnelle et références littéraires à une topique leclézienne dominante : un cosmos mouvant perceptible à travers les sensations et l'attention au détail infime.

Figures du cercle : *Poisson d'or*

Le dernier roman de Le Clézio, *Poisson d'or*, publié en 1997, confirme son évolution d'écrivain dans une œuvre qui synthétise son approche poétique du romanesque par sa structure même, tout en manifestant un goût plus marqué pour l'histoire personnelle, pour cet «art du conteur[50]» qu'il admire tant chez Tahar Ben Jelloun[51]. Si ce dernier roman de Le Clézio paraît certes plus «grand public» que ses premiers, possédant une intrigue fascinante, un discours social et de nombreuses références aux problèmes de notre société actuelle, il demeure non seulement fidèle au projet romanesque de l'écrivain, mais de plus, il synthétise et confirme son projet par sa structure et sa narration mêmes. A première vue, ce roman semble s'opposer diamétralement aux principes des premiers romans lecléziens, à sujet «volontairement mince et abstrait[52]» et surchargés d'anecdotes insignifiantes et de sensations, car *Poisson d'or* est surchargé d'incidents dramatiques à signification sociale. Le Clézio a abandonné les anecdotes à valeur poétique pour les «faits divers» révélateurs des problèmes de notre société actuelle. Malgré cette narration d'apparence plus «traditionnelle», le roman présente une structure tout aussi poétique que *Le Livre des fuites*; plus que le récit d'une aventure, il est surtout un poème sur la condition humaine dans la société actuelle.

La structure circulaire, forme extérieure du récit qui rapproche le roman du poème, caractérise tous les romans de Le Clézio. La clôture des romans se présente souvent comme un écho de l'incipit, qu'il s'agisse d'un Hogan attendant l'autobus, d'Alexis, le protagoniste du *Chercheur d'or*, écoutant «le bruit vivant de la mer qui arrive», ou des hommes bleus de *Désert*, où la fin du roman inverse le mouvement évoqué dans l'incipit[53]. Cette structure en

---

[50] L'écrivain avoue d'ailleurs lui-même que ce roman «était en fait un conte qui devait avoir une quinzaine de pages tout au plus,» mais qu'il «est devenu presque à mon corps défendant, un roman.» Le Clézio dans «Une littérature de l'envahissement, propos recueillis par Gérard de Cortanze», op. cit., p. 35.

[51] Ce n'est certes pas un hasard si *L'Enfant de sable* (Tahar Ben Jelloun, Ed. du Seuil, 1985) figure comme une des premières références littéraires du roman: cf. p. 72-73 évoquant les premiers plaisirs de lecture éprouvés par le protagoniste. Le Clézio a d'ailleurs consacré un article à ce roman de Tahar Ben Jelloun: «La parole vivante du conteur», *Le Monde* n° 12692, 6 sept. 1985, p. 13.

[52] Cf. l'avertissement du Procès-verbal où l'écrivain avoue avoir choisi «un sujet de dissertation volontairement mince et abstrait», *Le Procès-verbal*, Gallimard, 1963, p. 10.

[53] Cf. p. 7: «Ils sont apparus, comme dans un rêve, au sommet de la dune, à demi cachés par la brume de sable que leurs pieds soulevaient.» et p. 411: «Ils s'en allaient, comme dans un rêve, ils disparaissaient.»

Figures du cercle : Poisson d'or

écho confère au récit une circularité et un statisme qui ne sont qu'apparence. Car si le mot circularité est souvent utilisé, le mot «spirale» convient souvent davantage, comme pour nombre de récits poétiques, pour désigner une situation qui semble identique à la situation initiale du roman, mais qui présente un recul, et prend un sens différent après la lecture des 250 ou 400 pages qui séparent l'incipit de la fin. Il s'agit d'un enroulement du récit, où la répétition n'est pas simple répétition mais une façon de creuser des sillons plus profonds dans le sens de l'histoire. C'est cette conception du roman qui confère à la narration un aspect poétique : les anecdotes ne sont pas significatives en tant que telles, mais prennent sens à travers leur récurrence et leur variation mineures destinées à suggérer une évolution. C'est le sens des anecdotes insignifiantes dans *Le Procès-verbal*, se transformant en «Genre» grâce à la répétition.[54] C'est ainsi qu'il faut lire la répétition des scènes symboliques dans *Le Livre des fuites* telle la scène du joueur de flûte qui se répète à une centaine de pages d'intervalles. C'est également ainsi qu'il faut lire la structure de *Poisson d'or*, où les personnages se multiplient pour amplifier les thèmes poétiques. L'errance interminable des peuples sans attaches constitue le leitmotiv du roman; ce leitmotiv est repris tout au long du récit grâce à l'apparition successive de personnages significatifs : Houriya, l'âme-sœur du protagoniste, qui s'enfuit de chez son mari pour vivre comme prostituée, mais qui malgré son nom symbolique n'arrive jamais à vivre cette liberté à laquelle elle aspire; Nono, le boxeur africain qui rêve de gagner le match qui lui permettra d'obtenir sa carte de séjour; Simone, la chanteuse haïtienne qui chante le retour au pays natal, mais qui se drogue pour supporter la violence de son mari; Juanico, le Gitan, dont le travail consiste à repêcher des déchets utilisables aux décharges. A ces personnages types s'ajoutent les «opposants», car le schéma des actants est tout à fait applicable à ce roman qui présente de nombreux points communs avec le conte (personnage de milieu défavorisé mais qui arrive à vaincre les défis et obtient la récompense, adversaires présentés comme des «filets» tendus à un poisson) : la fille de sa mère adoptive et tous ceux qui tentent de s'opposer à sa quête de liberté. Tel un poisson, le personnage se glisse en dehors de tous ces filets (p. 107), pour aller plus loin, à la recherche d'une attache, d'une identité, rencontrant partout les mêmes obstacles, les mêmes défis. Les lieux deviennent aussi les symboles d'étapes vers une connaissance, tout comme pour Hogan; le voyage la conduit successivement à Paris, à Nice, à Boston, et ensuite, de retour à Nice, pour aboutir dans son village natal où quel-

---

[54] «Il s'agit à propos d'un acte quelconque, mettons, fumer une cigarette, de ressentir (...) des millions d'autre cigarettes vraisemblablment fumées par des millions d'autre individus (...). dès lors le geste de fumer devient unique. Il se métamorphose en Genre», PV p. 159.

qu'un l'avait enlevée un jour, lorsqu'elle avait trois ans. Les personnages et les lieux présentent à quelques traits près les mêmes caractéristiques, des variations mineures suggèrent l'évolution de l'histoire. Le thème social prend ainsi plus d'ampleur à travers ces incidents dramatiques exprimant tous le même problème : nous vivons une société injuste et hostile, où nulle paix n'existe.

La forme en spirale du récit contribue à tromper l'attente du lecteur : au moment où l'on croit le protagoniste arrivé au but, ayant enfin trouvé le bonheur, Laïla repart pour vivre d'autres malheurs, comme si elle était destinée à toujours fuir. Une exception à cette règle, valable pour la plupart des romans lecléziens, apparaît à la dernière page du roman, où Laïla trouve enfin l'amour. Car l'expérience de Laïla semble bien rejoindre celle de Hogan, parcourant le monde entier pour arriver au même constat, mais à la différence du *Livre des fuites*, une notion affective se fait jour : la famille, la recherche des origines, en tant que façon de lutter contre le temps impitoyable.

Si cette circularité poétique est caractéristique de ce roman, c'est grâce au rôle accordé aux réminiscences, qui existent aussi au niveau intertextuel dans *Poisson d'or*. En effet, Le Clézio a toujours souligné qu'il ne considère pas ses œuvres comme des romans isolés, mais comme un tout[55]. Il existe donc une répétition de scènes et de personnages de romans antérieurs qui prend un sens tout particulier lorsque nous comparons la scène de *Poisson d'or* avec la scène «originale» d'un autre roman. Maints passages – et personnages – rappellent *Le Livre des fuites* et *Désert* : le vagabondage de Laïla rappelle à certains moments celui de Hogan (elle offre à une aide soignante un livre de Fanon, alors que Hogan tente d'expliquer la philosophie de Foucault à un Indien) Laïla fait penser à une autre Marocaine, immigrée en France, Lalla de *Désert*, et Bea, la journaliste de *La Guerre*, réapparaît avec le même nom et la même profession mais dans une situation sociale différente. La description de la ville moderne rappelle parfois *(Les Géants)* lorsque le ton tourne à la science fiction[56], et comme pour souligner que le mouvement du cercle touche à son point initial, bien que sur un autre niveau, Le Clézio se permet d'insérer dans l'avant dernier chapitre du roman une phrase entière tirée du *Procès-verbal*. Laïla, internée à l'asile psychiatrique, retrouve ainsi l'expérience d'Adam Pollo : «Je suis enfin, maintenant,

---

[55] «Je n'ai pas voulu écrire des romans différents, mais continuer la même histoire, à la fois la mienne et celle des autres, en plusieurs chapitres». Le Clézio à Pierre Lhoste dans *Conversations avec J.M.G. Le Clézio*, op. cit., p. 61.

[56] «A Sheridan, j'étais enfermée dans une cage de verre et de fer, au dessus de la ville et du lac gelé, dans un endroit tellement hermétique que je pouvais croire que j'étais devenue sourde des deux oreilles.» *Poisson d'or*, p. 230.

Figures du cercle : Poisson d'or   55

à l'ombre, assise au frais dans une petite chambre propre, que l'orientation vers le nord protège hermétiquement du soleil[57]» (PO p. 244).

Ce jeu de répétition n'est pas un jeu gratuit. Car si Le Clézio modifie légèremenet cette phrase en utilisant une forme féminine et en remplaçant l'imparfait par le présent, c'est peut-être aussi pour attirer l'attention du lecteur sur la véritable forme de réminiscence qui réside dans ses œuvres. Il ne s'agit pas seulement d'évoquer une continuité thématique grâce à la répétition de personnages et de situations typiques, mais aussi de suggérer cette même continuité à travers les échos du rythme. Si beaucoup vont rapprocher le protagoniste de *Poisson d'or* de celui de *Désert*, grâce à la similitude de leurs noms (Lalla –Laïla), de leurs origines (un quartier défavorisé au Maroc) et de leurs expériences sociales (immigrées à Marseille et à Paris), le véritable dialogue qui existe entre ces deux romans s'obtient essentiellement à travers leurs rythmes syntaxiques semblables. Malgré une différence stylistique nette – les mots familiers abondent dans *Poisson d'or* –, les ressemblances avec *Désert* sont nombreuses : le recours massif au segment «il y a» et à l'expression «ce qui était bien, c'était ...»; dans les deux cas, un rythme lent et solennel, qui, dans *Poisson d'or*, contraste avec la rapidité de l'action, mais qui permet de souligner le thème poétique, à savoir l'errance interminable. L'évocation du départ de Laïla et son amie Hourya vers la France, qui rappelle beaucoup celle des hommes bleus, est à cet égard caractéristique : «C'était ainsi. On partait, on s'en allait, on ne savait pas où, on ne savait pas quand on reviendrait. Tous ce que nous avions connu s'en allait, disparaissait (...)» (p. 86)[58].

Cette écriture en forme d'écho est également perceptible au niveau de la phrase, car ce ne sont pas seulement les grandes structures extérieures qui se répètent avec certaines variations, mais aussi les éléments syntaxiques. Il en est ainsi pour la phrase clé du roman, refrain rechanté à intervalles réguliers pour rappeler le thème et suggérer l'évolution du personnage. Il s'agit de la phrase qui évoque le rapt de Laïla lorsqu'elle avait trois ans.

---

[57] La phrase reprend en totalité celle du *Procès-verbal*, à quelques modifications de ponctuation, d'orthographe et de temps près: «Il était enfin, maintenant, à l'ombre; assis au frais dans une petite chambre propre, que l'orientation vers le Nord protégeait hermétiquement du soleil», *Le Procès-verbal* p. 204.

[58] Cf. «Ils avaient marché pendant des mois, des années peut-être» (p. 12) et la clôture du roman: « Ils s'en allaient, comme dans un rêve, ils disparaissaient» (p. 411). Cette phrase rappelle également l'évocation du départ d'Alexis et sa famille dans *Le Chercheur d'or* après le cyclone qui avait ravagé leur maison: «C'est ainsi que nous partons, ce mercredi 31 août, c'est ainsi que nous quittons notre monde, (...) la varangue où Mam nous lisait l'Écriture sainte (...) et ce jardin touffu comme l'Éden (...)» (CO p. 90).

> Il y a cette rue blanche de soleil, poussiéreuse et vide, le ciel bleu, le cri déchirant d'un oiseau noir, et tout à coup des mains d'homme qui me jettent au fond d'un grand sac, et j'étouffe. (p. 11)
>
> Je voyais la lumière sur une rue très blanche, j'entendais le cri féroce de l'oiseau noir. Ou bien j'entendais le bruit de l'os qui craquait dans ma tête quand le camion m'avait cognée. (p. 41)
>
> Je voyais la rue blanche qui se refermait et le ciel qui disparaissait. (...) j'étais à nouveau dans le grand sac noir qui m'engouffrait (p. 51)
>
> Je n'avais plus peur de la rue blanche et le cri de l'oiseau, il n'y aurait plus jamais personne qui me jetterait dans un sac et qui me battrait. Mon enfance reste de l'autre côté de cette rivière. (p. 67)
>
> La rue blanche comme le sel, les murs immobiles, le cri du corbeau. C'est ici que j'ai été volée, il y a quinze ans (...) pour une histoire d'eau, une histoire de puits, une vengeance. (p. 251)

La structure de cette phrase reflète le mouvement de spirale de la narration : le retour à la situation initiale se fait après la narration d'un long cheminement qui va de l'angoisse obsesionnelle, à la symbolique d'un étouffement permenant («le ciel qui disparaissait»), à une libération de l'angoisse («je n'avais plus peur») et une identité retrouvée («c'est ici que j'ai été volée»). A cette évolution répond la permanence des symboles primordiaux : le soleil meurtrier et l'oiseau noir.

Cette phrase qui revient de manière incantatoire reflète la conception de la poésie qui caractérise l'écriture leclézienne : la force du roman ou du poème réside dans le rythme, dans la magie des réminiscences. De cette conception résulte l'analogie fréquemment évoquée entre l'art du conteur et celui du chanteur. Il apparaît dans ce roman à travers le personnage d'El Hadj, qui évoque «le grand fleuve Sénégal qui roule des eaux rouges et convoie les arbres morts et les crocodiles», d'une voix «tantôt gutturale, tantôt chantante, (...) il chantonnait et se mettait à balancer le haut de son corps, (...) et sa voix devenait aiguë et claire comme une voix d'enfant» (p. 137). En effet, si les derniers romans de Le Clézio soulignent que la magie de la littérature réside dans son rythme et sa musique[59], *Poisson d'or* souligne davantage le lien étroit entre littérature et musique. Le roulement des tambours dans le métro, «comme un chant, comme une langue» (p. 158) devient l'expression d'une colère refoulée (p. 228). Le même goût pour le primitivisme et l'expérience collective apparaît dans ces deux formes d'art qui dans ce roman se présentent comme le salut d'une existence difficile. La

---

[59] Cf. les nombreuses références aux légendes chantées dans *Désert*, l'évocation de «Mam» faisant des lectures le soir pour le protagoniste du *Chercheur d'or*.

Figures du cercle : Poisson d'or

musique devient ainsi une expression universelle qui englobe toutes les expériences du monde :

> Et puis j'ai joué mon morceau, celui où j'aboyais comme les coupeurs de cannes, où je criais comme les marinets dans le ciel au-dessus de la cour de Lalla Asma, où je chantais comme les esclaves qui appelaient leurs grands-pères loas, au bord des plantations, debout dans la mer. (p. 226)
>
> Ce n'était pas seulemenet pour moi que je jouais maintenant (...) : c'était pour eux tous, qui m'avaient accompagnée, les gens des souterrains, les habitants des caves de la rue du Javelot, les émigrants qui était avec moi sur le bateau, (...) plus loin encore, ceux du Souikha, du Douar Tabriket, qui attendent à l'estuaire du fleuve, qui regardent interminablement la ligne de l'horizon comme si quelque chose allait changer leur vie. (PO p. 243)

L'analogie avec la musique de la flûte dans *Le Livre des fuites* et le poème de *Terra Amata* est frappante dans ce passage qui constitue le point culminant du récit. La structure musicale de l'œuvre coïncide effectivement avec le contenu social du roman. Car si le roman contient un message social évident – Le Clézio se montre clairement sympathisant avec tous ces peuples errants et sans attache, et aussi, de manière plus nette qu'avant, avec les femmes opprimées –, le roman constitue surtout l'éloge de ce qui permet d'échapper à cette misère de l'existence qu'il décrit, à la cruauté des hommes, à l'injustice sociale : à savoir la littérature et la musique.

A cet éloge de la musique, perceptible à la fois dans la thématique et dans la structure du roman, s'ajoute la nostalgie d'un univers originel, visible dans une prédominance d'images naturelles destinées à évoquer un paysage urbain; il s'agit là d'une sorte d'embellissement des référents urbains, métamorphosés par le regard du protagoniste. Il en est ainsi pour les voitures que le protagoniste contemple d'en haut d'un grand immeuble parisien : «Il y avait des fumées, et des carrosseries des voitures qui brillaient, toutes petites comme des scarabées» (p. 126). Images modernes ct images naturelles se confondent ainsi pour souligner l'universalité d'un thème : «En sortant de l'immeuble, à la nuit tombée» raconte Laïla au milieu du roman, où elle déambule dans les quartiers défavorisés de Paris, «j'ai vu pour la première fois le camp des Gitans, sur le terre-plein boueux, entre les voix de l'autoroute, pareils à des naufragés sur une île» (PO p. 138). L'autoroute avec «ses huit voies qui sont comme un fleuve» (p. 151) se transforme en univers maritime et les rues sont «de grands fleuves d'eau tourbillonnante semée de rochers» (p. 178). Ces images reflètent un système métaphorique qui tend à valoriser l'élémentaire et l'originel grâce à l'utilisation fréquente d'images animales, végétales et minérales. En ceci, le roman représente parfaitement l'approche poétique du romanesque qui caractérise Le Clézio : tout en amplifiant une thématique humaniste, caractéristique de ses derniers romans, son écriture poétique puise sa force dans un lyrisme des éléments et dans l'incantation magique.

Les derniers romans de Le Clézio semblent proposer une autre réponse à l'angoisse que l'agressivité prédominante des premiers; à la fuite s'opposent maintenant la curiosité et l'élan vers l'autre : on ne cherche plus à fuir l'angoisse mais à l'abolir. Abolir l'injustice et la haine par la rencontre, échanger des expériences pour «abolir le temps, pour éteindre les souffrances et la brûlure des morts» (EE p. 308). Cette transformation s'observe dans la structure des romans, où les collages cèdent la place à une intertextualité plus discrète et plus poétique; la confrontation souvent brutale des textes s'efface au profit d'un dialogue fructueux.

Cette structure modifiée s'accompagne d'une relation différente au temps : il ne s'agit plus de dépeindre la société moderne dans tous ses détails, mais de tracer des lignes entre l'actualité et son inscription dans l'histoire. S'opère ainsi un renversement de perspective : les situations intemporelles d'aliénation qui caractérisaient les premières descriptions de notre société contemporaine cèdent la place à des situations précises, tirées de l'histoire contemporaine, mais qui par leur ancrage à un passé mythique obtiennent une valeur d'universel.

Le refus de l'intrigue au profit d'une présence au monde

Dans les premiers romans de Le Clézio, une certaine originalité expérimentale apparaît : les collages, le brouillage des genres semblent s'inscrire dans le mouvement anticonformiste des années cinquante et soixante, où Robbe-Grillet et Butor donnaient l'exemple. La nouveauté de Le Clézio ne réside donc pas à ce niveau, bien que ces expérimentations contribuent à enrichir le sens des premiers romans; sa véritable originalité réside plutôt dans une nouvelle attitude à l'égard de l'intrigue. Il s'oppose à la mise en intrigue classique comportant l'exposition, l'évolution et le dénouement d'un conflit, en nous présentant des romans sans intrigue, sans conflit, politique, affectif, professionnel ou autre. Le Clézio modifie ainsi l'intrigue romanesque de manière à ce que le roman puisse exprimer une conception du monde, car ses techniques semblent intimement liées aux idées existentielles que ses romans expriment.

Chez Le Clézio, le refus d'une intrigue romanesque est visible à plusieurs niveaux : d'une part dans les expériences affectives et professionnelles des personnages, de l'autre dans les choix narratifs de l'écrivain, c'est-à-dire dans la sélection des scènes et des objets mis en valeur et dans l'évolution qu'il accorde à quelques situations typiques. La mise en intrigue d'un conflit suppose d'abord un personnage se trouvant au centre de ce conflit, portant en lui, par son engagement social, politique ou affectif, les causes du conflit; sa participation au conflit révélée dès les premières pages du roman détermine alors son caractère. Les personnages de Le Clézio «contournent» l'intrigue romanesque classique, et les quelques éléments que l'on pourrait prendre pour les constituants d'une intrigue s'avèrent trompeurs : lorsque l'on croit deviner le début d'une intrigue amoureuse entre Besson et Marthe, ou d'un problème familial pour Adam ou encore l'histoire d'une ambition professionnelle chez Bea ou Alexis, le récit change de sujet, voire même de genre, et nous introduit dans une situation sans aucun lien avec l'intrigue soupçonnée. Une technique fréquente dans les premiers romans de Le Clézio consiste en effet à rompre le pacte de lecture de façon systématique; *Le Procès-verbal* n'est ni le récit d'un amour raté, ni le récit d'une révolte d'adolescent, bien que certains passages tentent de nous en persuader en imitant le genre, et quant au *Livre des fuites*, il n'est pas seulement un roman d'aventures, et son statut romanesque est à discuter.

La technique adoptée pour «contourner» l'intrigue chez Le Clézio consiste souvent en une dédramatisation d'incidents censés être dramatiques. Malgré la présence d'éléments dramatiques, ce n'est pas dans leur sens primaire que ces incidents ont une importance romanesque, mais dans la mesure où ils illustrent diverses attitudes dans le cheminement du personnage : refus de la société, angoisse existentielle, nostalgie des origines. Les thèmes mis en valeur dans le roman traditionnel, l'amour, la sexualité et les ambitions professionnelles, sont alors évoqués avec un maximum de simplicité et présentés comme des éléments très banals et insignifiants dans les premiers romans lecléziens. Leur traitement dans la deuxième moitié de l'œuvre leclézienne est différent : la dédramatisation cède la place à la poétisation. Significative de cette évolution est la présentation des expériences sexuelles des personnages : pour Adam, elle permet de mettre en relief l'incommunicabilité du personnage, alors que dans *Désert* elle évoque un moment de fusion cosmique. Les deux traitements de ce thème se distancient d'une narration classique par une rupture avec le pacte de lecture : la présence de Michèle ne représente en rien un éveil affectif ou érotique chez Adam; quant au Hartani, qui selon la note de l'éditeur permet à Lalla de «découvrir son corps», il ne contribue pas à nous présenter l'initiation sexuelle du protagoniste.

Quant aux choix de carrière ou de partenaire, ils semblent secondaires pour les personnages lecléziens. Besson a un passé de professeur qu'il évoque avec indifférence, Bea quitte son poste de journaliste et ne se soucie guère de sa carrière, Adam envisage plusieurs possibilités pour son avenir sans aucun enthousiasme. Quant à l'amour, les partenaires se succèdent sans laisser de trace particulière jusqu'à *Désert*, où l'indifférence se transforme en désir de fusion cosmique et où l'amour pour une personne se confond avec l'amour pour un paysage et une nature, changement caractéristique sur lequel nous reviendrons. C'est dans sa fonction par rapport à l'intrigue que l'amour subit un traitement atypique dans les romans de Le Clézio : loin d'être le déclencheur d'un conflit, d'une métamorphose ou d'un engagement, il constitue une pulsion vitale présentée à la fois comme un piège tendu à l'homme et comme une conciliation avec les forces cosmiques; d'où l'indifférence à l'égard de la personne choisie pour incarner la pulsion, dépersonnalisée pour mieux illustrer la pulsion elle-même.

La tendance croissante chez Le Clézio à vouloir valoriser le sentiment au détriment de la personne, la situation au détriment de l'action, reflète une conception du monde que ses romans expriment. Car l'enjeu des romans lecléziens n'est pas de nous montrer des destins individuels mais de décrire une présence au monde, d'où la valorisation constante de l'universel au détriment de l'individuel. Les accents primitivistes de l'écriture leclézienne ne se limitent pas aux références explicites aux mythes et aux légendes, mais régissent aussi la structure narrative de ses romans : les anecdotes, les visions et les événements fortuits qui construisent ses romans peuvent ainsi se lire comme une mise en romanesque de cette conception du monde.

En effet, les anecdotes sont au centre des premiers romans de Le Clézio, lesquels présentent tous des personnages errants, flânant dans les rues d'une ville pour capter quelques scènes de la vie. *Le Procès-verbal* est constitué d'anecdotes, de contemplations et de rencontres fortuites : la poursuite d'un chien, avec sa promenade sur la plage et son accouplement dans un centre commercial, la vue d'une lionne dans un zoo, la rencontre avec des soldats américains dans un café, l'assassinat d'un rat blanc. Afin de souligner davantage la structuration anecdotique du roman, un chapitre «mise en abyme» constitue à la fois une accentuation de la technique et une explication : le chapitre N présente successivement huit situations différentes pour aboutir au principe de la «mythisation» et de la métamorphose en «genre» de tout acte. L'acte de fumer devient unique et les anecdotes prennent sens, Adam découvre la «simultanéité» qu'il avait déjà pressentie, à l'occasion de «l'histoire du Zoo» ou du «Noyé» ou au cours «d'autres anecdotes» (PV p. 159). La structure même du roman s'amalgame ainsi à un principe exprimé par le protagoniste; ce principe régit toutes ses rencontres et explique en même temps la construction du roman. Quant au plan du roman présenté dans *Le Livre des fuites*, il met en valeur les anecdotes comme reflets des étapes d'une errance, comme l'expression d'un désir et d'une recherche. «L'Amérique, l'Afrique, l'Asie, l'Australie, les Océans : cela existe-t-il?» se demande le narrateur; aux noms précis de lieux et de civilisations, il oppose des sensations et des expériences universelles : «Paysages nus (...) Chaleur, moiteur, poids de l'air. (...) Odeurs des saisons. Bruits de la mer. Bruits des villes démentes. Rues, rues, toutes les rues. (...) Les mots comme des clous, les mots-habitudes» (LF p. 170). Toutes les visions, les sensations et les impressions se cristallisent alors dans un désir, dans un «rêve ancien qu'on n'a pas oublié, qu'on ne peut pas oublier : traverser l'horizon» (LF p. 170), et l'histoire se réalise au moyen de trois mots de mouvement : «Marche dans la ville à la lumière cruelle», «Départ par tous les moyens», «Recherche de la raison qui contient les hommes» (LF p. 170). Le poème que constitue ce «plan» du roman se présente, tout comme le chapitre N du *Procès-verbal*, comme une mise en abyme du roman lui-même, comme une mise en page poétique de sa structure poétique.

Aux anecdotes symboliques des premiers romans répond une abondance d'histoires parallèles dans la deuxième partie de l'œuvre leclézienne. La musique, déjà importante dans *Le Livre des fuites*, occupe un rôle essentiel dans *Désert*, *Onitsha* et *Etoile errante* et constitue le thème majeur de *Poisson d'or*, entièrement construit sur la conviction de son importance vitale pour l'homme. Le rythme des légendes et des mythes ponctuant le récit principal confère au roman le mouvement d'un poème aux strophes reprenant un thème commun : les histoires fantastiques de Naman le pêcheur se mêlent aux expériences de Lalla dans la nature, tandis que l'histoire de sa tante se confond avec celle de ses ancêtres les hommes bleus. Dans *Etoile errante*, le thème du roman se résume à une mise en abyme allégorique de l'histoire d'un pays. Les scènes se répètent avec des variations mineures, et leur répétition ne permet pas seulement de souligner le contenu du roman, mais aussi d'expliquer le sens de sa structure atypique.

A ce rythme, assurant une structure poétique à la narration de Le Clézio, s'ajoute une mise en valeur de visions symboliques. Le regard constitue en effet un outil essentiel dans la peinture du monde que présentent les romans de Le Clézio, où les visions occupent un rôle primordial : il s'agit de contempler un objet, une personne, un paysage ou une situation avec attention afin d'en tirer toutes les significations. Ces visions, souvent symboliques d'une attitude chez le personnage, d'une disposition au monde, sont saisies dans leur instantanéité et présentent d'emblée une idée synthétique : la vieille femme dans la pirogue et le petit garçon sur le toit d'un aéroport dans *Le Livre des fuites* forment ainsi des scènes instantanées captées par le narrateur et transformées en images universelles et intemporelles par une contemplation attentive.

La structuration anecdotique des romans et la contemplation attentive qui caractérise les descriptions confèrent aux récits de Le Clézio un aspect intemporel qui ne fait que s'accentuer au fil des œuvres. Car la marque principale du refus de l'intrigue est bien sûr la stagnation des personnages : les personnages ne présentent aucune métamorphose, leur situation ne semble pas évoluer. Les récits des personnages lecléziens ont souvent un aspect circulaire : Adam trouve la belle maison dont il rêvait au début du roman dans l'asile psychiatrique au dernier chapitre; Hogan commence et termine son trajet en «attendant l'autobus»; les hommes bleus, issus du désert retournent à l'espace qui les a conçus, dans un mouvement qui inverse celui de l'incipit, ils quittent «la scène» comme ils y sont entrés, «comme dans un rêve» (DES pp. 7 et 411).

Le trajet circulaire, qui constituait aussi un projet chez l'écrivain[60], et une narration en forme de «spirale», particulièrement perceptible dans le dernier roman de Le Clézio, sont les marques extérieures d'une narration qui se donne comme but non de nous présenter le destin individuel d'un personnage, mais de nous faire vivre et sentir une présence au monde, grâce à une présentation cyclique de l'existence. Ces marques font partie des caractéristiques propres au récit poétique selon Jean-Yves Tadié, pour qui la fonction de cette structure est «d'abolir le temps, de nier le progrès de l'intrigue en fermant sur lui-même le monde d'une enfance morte.[61]» La situation initiale et terminale de Hogan est effectivement caractéristique d'une disposition au monde que Le Clézio tente de nous faire vivre à travers son choix narratif; l'attente de l'événement exceptionnel dans le quotidien, la contemplation du détail infime qui révélera la synthèse constituent le point de départ des incidents vécus par les personnages. La mise en romanesque de cette disposition au monde nécessite un remaniement des constituants du roman; il

---

[60] «J'ai longtemps cru que j'allais pouvoir faire (...), une boucle parfaite, et revenir à mon point de départ. Je me suis aperçu que ce serait difficile». Le Clézio à Jean-Louis Ezine dans *Ailleurs*, Arléa, 1995, p. 25.
[61] Jean-Yves Tadié in *Le Récit poétique*, op. cit., p. 119.

faut donc remodeler la constitution du personnage et remanier la présentation de l'espace et du temps pour que l'univers romanesque puisse exprimer une quête intérieure.

Transparence et poésie du personnage leclézien

«Allongé dans une chaise longue devant une fenêtre ouverte (...) dans la diagonale du soleil», le premier personnage de Le Clézio incarne dès son entrée l'attitude caractéristique des personnages lecléziens. Désintéressés de la société, de l'amour et de la vie professionnelle, ils semblent répondre aux topiques du nouveau roman et du nouveau théâtre. Leur interrogation existentielle nous amène à y voir une parenté avec le personnage sartrien ou camusien. Maints critiques ont d'ailleurs fait des rapprochements entre les personnages lecléziens et ceux d'un Robbe-Grillet, d'un Beckett ou d'un Sartre.

Le refus d'une psychanalyse qui «propose des solutions rationnelles et individuelles, là où n'existe que la frénésie et les impulsions collectives[62]», s'accompagne nécessairement d'une conception modifiée du personnage comme outil romanesque. Le propos du narrateur du *Livre des fuites* («De la psychologie! Cela existe-t-il? Comme si l'esprit humain pouvait être réduit à quelques gestes, à quelques mots.» LF p. 55), accompagné d'une parodie de la conception stendhalienne de l'amour, s'illustre dans une nouvelle présentation du personnage étroitement liée au refus de l'intrigue chez Le Clézio. Le personnage leclézien exprime en effet parfaitement la double rupture que propose son écriture : d'une part avec le personnage «psychologisé», de l'autre avec l'antihéros de l'avant-garde qu'il met en scène d'abord pour ensuite s'en distancer. Il est donc difficile à interpréter à l'intérieur d'un schéma sémiotique, car telle l'intrigue, le personnage leclézien n'obéit pas aux règles du genre romanesque. L'attitude antiromanesque qu'il incarne est effectivement caractéristique du remaniement poétique de la matière romanesque que propose Le Clézio à travers son éclatement de l'intrigue. Le personnage n'est plus l'embrayeur d'une histoire; il semble étrangement détaché de tout engagement et nous apparaît parfois plus comme un spectateur que comme un véritable acteur.

Personnage fantôme, personnage existentiel ou encore, depuis quelques années, personnage mythique de romans allégoriques, les étiquettes données au personnage leclézien sont nombreuses et reflètent la complexité de sa construction. Elles sont surtout témoins de l'évolution que le personnage a subie au fil des œuvres. Au premier vagabond, philosophe, déserteur et marginal succèdent des enfants, des nomades et des femmes simples en relation étroite avec la nature. Au-delà des différences apparentes, quelques points communs rattachent les différentes catégories de personnages à une topique leclézienne commune, la métamorphose du personnage nous semble alors révélatrice de la pensée qui régit l'œuvre.

---

[62] Le Clézio dans «Les poésies à venir», op. cit., p. 3.

Transparence et poésie du personnage leclézien 65

Pour Le Clézio, les «personnages des romans sont des personnages éphémères. Et pourtant on sent que celui qui les imagine reçoit d'eux quelque chose qui va au-delà de la vie.[63]» Au-delà de l'évolution sociale et des métamorphoses des personnages, une source constante semble animer ces constructions romanesques; et c'est ce «quelque chose qui va au-delà de la vie» qui constitue la dynamique des personnages lecléziens, malgré leur aspect «fabriqué[64]» et leur absence de profondeur psychologique et d'ancrage social. Une étude plus approfondie de l'évocation de ces personnages, avec leurs gestes, leurs paroles et leurs actes nous paraît donc utile dans la perspective de cerner le rôle du personnage dans l'élaboration d'une esthétique romanesque chez Le Clézio.

Le nom du personnage constitue une valeur primordiale dans la mise en intrigue d'un vécu personnel : il qualifie socialement le protagoniste et il suscite des hypothèses sur son origine, son pays, sa fonction, sa psyché. Parfois il constitue une des qualifications différentielles qui permettent à un personnage d'accéder au statut de protagoniste. C'est un instrument qui, pour reprendre la définition de Barthes, permet de «substituer une unité nominale à une collection de traits en posant un rapport d'équivalence entre le signe et la somme[65]». C'est d'ailleurs cette fonction désignative du nom que les novateurs du XXe siècle mettent d'abord en cause. L'anonymat atteint son paroxysme avec une initiale utilisée pour désigner le protagoniste dans le roman de Kafka[66]; procédé repris par les nouveaux romanciers pour qui le personnage fait partie des «notions périmées[67]». Le nom est devenu superflu, on ne se souvient plus du prénom des protagonistes de *La Nausée* ou de *L'Etranger*, on se contente alors d'initiales ou de pronoms personnels pour les désigner; car selon Roland Barthes : «Toute subversion ou toute soumission commence par le Nom Propre. (...) Ce qui est caduc aujourd'hui dans le roman, ce n'est pas le romanesque, c'est le personnage, ce qui ne peut plus être écrit, c'est le Nom Propre.»[68]

---

[63] Le Clézio à Jean Ezine dans *Ailleurs*, op. cit., p. 60.
[64] Jacques Bersani évoque cette idée dans «Le Clézio sismographe» (où il analyse *Le Procès-verbal*, *La Fièvre* et *Le Déluge*), op. cit., p. 318.
[65] Roland Barthes: «Le nom propre», *S/Z*, Seuil, 1970, p. 101.
[66] Il s'agit du protagoniste du roman *Le Château*, 1926, désigné sous le nom de K.
[67] Alain Robbe-Grillet dans «Sur quelques notions périmées», 1957, repris dans *Pour un nouveau roman*, Les éditions de Minuit, 1961, p. 26.
[68] Roland Barthes: «Le nom propre», op. cit., p. 102.

La filiation kafkaïenne est certaine dans les premiers romans de Le Clézio; les initiales abondent pour désigner des protagonistes dénués de «caractère» : J.H.H. (*Le Livre des fuites*) B.B. et M.X (*La Guerre*), N.N. (*Voyages de l'autre côté*). Elles sont là pour exprimer une filiation à la fois aux écrivains de l'absurde et à la mode expérimentale lancée par les nouveaux romanciers, filiation qui se manifeste aussi bien dans la présentation physique du personnage que dans son comportement, ses pensées et son discours. Cette utilisation particulière de noms paraît cependant exprimer plus qu'une marque de filiation formelle : elle est toute aussi représentative d'une attitude à l'égard du roman. En effet, du premier personnage kafkaïen, existentialiste, ressemblant aux clochards métaphysiques d'un Beckett, aux personnages mythiques des derniers romans, sa conception du personnage a beaucoup évolué. Une analyse des principaux noms qui figurent dans l'univers romanesque de Le Clézio ainsi que de leurs caractéristiques comportementales nous permettra d'en dégager l'originalité.

Existentialistes et mythiques à la fois, les premiers personnages lecléziens expriment un double ancrage littéraire. Les initiales, marques d'anonymat, sont là pour accompagner une existence sans particularité, une situation banale où il n'y a plus «de place pour le je» (LG p. 9). Les noms sont surtout destinés à exprimer un flottement d'identité permettant à un Jeune Homme Hogan de changer d'identité à travers différentes variantes de noms. Lorsqu'un nom est évoqué, sa connotation n'est pas d'ordre social, mais relève d'une réalité lointaine : le mythe, la référence historique. Le nom d'un Adam Pollo se lit alors A. Pollo(n), car le dieu de la poésie, symbole du soleil et de la lumière n'est pas sans importance dans la vie d'un protagoniste en quête de la «mythisation» s'adonnant au culte du soleil. Chancelade est le nom d'un homme préhistorique et Jeune Homme Hogan n'est pas un nom qualificatif, mais la désignation d'une espèce avec une référence indirecte à la culture indienne qui nous permet ainsi de considérer le personnage comme un médiateur entre deux cultures.

Le Clézio manifeste davantage de liberté par rapport aux normes littéraires dans les romans suivants, accordant aux personnages, non des noms culturels puisés dans le patrimoine gréco-latin ou indien, mais des noms d'animaux, d'objets ou d'états d'âme. Que dire d'un personnage avec un nom associé à un serpent, Naja Naja, qui glisse de l'espace réel à l'espace imaginaire sans transition, ou des noms tirés de l'alphabet arabe, Mîm, Noun, ou d'une marque commerciale, Gin Fizz, ou encore du mot qui désigne une étape dans la méditation zen et qui a donné le nom au protagoniste d'une nouvelle pour enfants, Mondo?

Le refus du nom utilitaire et socialement chargé reflète une nouvelle conception du personnage. Le nom ne sert pas à conférer au protagoniste un ancrage social, destiné à créer une illusion de réel, ou à susciter une projection psychologisante selon les normes romanesques traditionnelles, mais il permet de souligner l'arbitraire du personnage, être de papier que seule l'imagination de l'écrivain peut transformer en actant dynamique. En effet, les noms sont étroitement liés au caractère poétique des personnages chez Le Clézio : tels les noms magiques médités par Naja Naja et ses amis dans *Voyages de l'autre côté*, les noms attribués aux personnages lecléziens sont surtout destinés à susciter une rêverie, une contemplation poétique du nom qui supplante sa référence socioculturelle et devient point de départ d'une narration.

La consonance musicale du nom du protagoniste de *Désert*, fille du désert qui saisit les secrets de l'univers à travers le rythme de la nature et pour laquelle une chanson est plus une mélodie et un rythme qu'un texte déchiffrable, n'est-elle pas toute aussi importante que la connotation mythico-religieuse du nom? Car la valeur de Lalla, nom qui désigne la version musulmane de notre Eve biblique, mère d'un peuple et genèse de toute vie, réside précisément dans sa capacité de «faire rejoindre son rythme propre avec celui de la nature» (EM p. 130). Le vécu de ses ancêtres est alors transmis à travers des poèmes chantés et des évocations incantatoires. Le rythme, critère de vie primordiale, régit ainsi sa vie et se transcrit dans les phonèmes de son nom.

Au personnage s'unissant au rythme de la vie, s'oppose le couple Machines-Tranquilité, dont les noms expriment l'ambiguïté d'une société mécanisée. La mécanisation et l'aliénation des personnages se lisent ainsi dans la symbolique transparente des noms : l'homme est réduit à une fonction mécanique au point de porter un nom commun conjugué au pluriel, le désir d'évasion et de paix s'estompe telle la consonne manquante du nom abstrait désignant la jeune fille. Cette transparence symbolique des noms est également visible chez le couple antagoniste de *Poisson d'or*, où Laïla (la nuit) s'oppose à Hourya (la liberté), opposition ironique puisque Hourya est vouée à la soumission aux hommes alors que Laïla trouve cette liberté à laquelle les deux filles aspirent.

La symbolique des noms se présente également sous forme de dialogue chez Le Clézio. La double traduction du mot étoile dans *Etoile errante*, en arabe et en hébreu, Nejma et Esther, permet aux noms des personnages de suggérer la thématique du roman : deux destinées semblables, mais vécues à l'intérieur de cultures et de langues différentes se croisent afin de susciter une compréhension réciproque. C'est aussi le récit de deux quêtes d'identité se réalisant simultanément chez deux personnages différents, et dont l'universalité est soulignée par la référence littéraire; le nom de l'une des filles rappelle en effet le roman de Kateb Yacine, qui relate également la quête d'identité d'un pays[69]. La référence intertextuelle devient davantage histo-

---

[69] Kateb Yacine: *Nedjma*, Editions du Seuil, 1956.

rique dans les derniers romans de Le Clézio. Les personnages secondaires semblent confirmer cette évolution : les personnages irréels, oniriques, fantaisistes accompagnant Naja Naja pour mieux refléter l'héroïne fantastique cèdent la place aux personnages historiques (Ma el Aïnine), littéraires (Rimbaud) et sociaux (Sabine Rodes, observateur anonyme jusqu'à la dernière page du roman Onitsha, où sont révélés sa véritable identité et son rôle social : officier de l'Ordre de L'Empire Britannique). Ils demeurent cependant des reflets du protagoniste, en incarnant une appartenance religieuse et tribale (Désert) ou une attitude devant la vie (La Quarantaine).

Si la transparence du personnage secondaire paraît se justifier par son rôle romanesque, celle des protagonistes est davantage surprenante chez Le Clézio. Une richesse culturelle caractérise la majorité des noms (A. Pollo, Hogan, Lalla) sans qu'elle soit exprimée par une épaisseur psychologique. En effet, la triple appartenance culturelle de Hogan (Européen, né en Asie, portant un nom à connotation indienne) ne contribue pas à la densité du personnage, mais caractérise un personnage flou aux identités constamment changeantes. Son nom présente de nombreuses variations : Jeune Homme, J.H.H., Hogan, Juanito Holgazan, John Traveller, Walking Stick, le personnage vit des métamorphoses surprenantes (il lui arrive même de changer de sexe!). L'identité du «je» narratif est aussi incertaine que celle que suggèrent les variations du nom, car le personnage et le narrateur se confondent ici dans une seule identité narrative exprimant le désir parallèle d'une éternelle reconstruction : «Je veux tracer ma route, puis la détruire» (LF p. 108).

Cette fluidité du nom nous fait penser au personnage féerique d'une nouvelle de Le Clézio qui affirme que «le nom, ça n'a pas d'importance[70]», car aux désignations par le nom Le Clézio, en insistant sur l'universalité du personnage, semble souvent préférer les désignations descriptives, jusqu'à les énumérer (cf. Le Livre des fuites p. 61 : «Jeune fille dont on voit le nombril. Jeune fille avec, écrit sur la poitrine, FLORIDA. Homme à visage écrasé.» etc.). Si les noms des personnages lecléziens sont souvent marqués par la rêverie poétique et la fluidité, l'évocation physique et la description comportementale semblent souligner cet aspect du personnage.

Avec des mots connotant la marginalité et l'animalité, le premier personnage leclézien apparaît d'emblée comme un marginal, un hédoniste, totalement absorbé par le culte du soleil et régressant à l'état animal :

> Il avait l'air d'un mendiant (...). Il était comme ces animaux malades qui (...) vont se terrer dans des refuges (...) Il était allongé dans une chaise longue devant la fenêtre ouverte (...) dans la diagonale du ciel. (...). (PV p. 11)

---

[70] «La montagne du dieu vivant» in Mondo et autres histoires, Gallimard, 1978, p. 137.

Transparence et poésie du personnage leclézien

Le caractère «asocial» du personnage, souligné dans l'incipit du *Procès-verbal*, s'inscrit dans une tendance de l'après-guerre de mettre en scène des marginaux (cf. les clochards de Beckett) pour présenter l'homme nu devant l'absurdité de l'existence. L'inactivité que ce passage illustre est également caractéristique des premiers personnages lecléziens; leurs actes sont répétitifs au point de constituer un rituel : errer dans les rues d'une ville, entrer dans un magasin ou un café, se promener à la plage et se baigner, contempler la fourmilière humaine ou la nature constituent les principales occupations d'un Adam Pollo, d'un François Besson, d'un Chancelade. Cette inactivité renforce d'ailleurs le caractère anonyme des personnages, qui est systématiquement souligné : point d'état civil, point de passé affectif ou professionnel. L'amnésie qui frappe Adam Pollo mime ainsi l'incertitude du lecteur devant un personnage «issu du rien», sans traits caractérisants, ou très peu, sans passé. L'incipit de la nouvelle «Mondo» illustre d'ailleurs cette situation de manière encore plus directe :

> Personne n'aurait pu dire d'où venait Mondo. Il était arrivé un jour, par hasard, ici dans notre ville, sans qu'on s'en aperçoive, et puis on s'était habitué à lui. (...) On ne savait rien de sa famille, ni de sa maison. (M p. 11)

L'anonymat du personnage leclézien constitue plus que le prolongement de la mise à mort d'une «notion périmée», car elle véhicule aussi la philosophie qui anime les personnages : une conception existentialiste de l'homme jeté dans le monde, condamné à la liberté. Toute l'énergie du personnage est alors concentrée dans le désir d'échapper à cette situation contraignante qui l'empêche de vivre en relation harmonieuse avec un cosmos mouvant. Ses «nausées» devant l'absurdité de ce monde sont ainsi compensées par son désir de fusion qui s'accomplit dans des rencontres plus ou moins fortuites, scènes de la vie quotidienne qui lui permettent de s'initier au véritable rythme de la vie : une femme devant la cage d'une lionne, un homme noyé, un vendeur de journaux aveugle, un joueur de flûte.

Le personnage se présente ainsi comme un être ouvert au monde, transparent pour mieux se laisser envahir par son courant. L'évocation des rayons du soleil à la première page du *Procès-verbal* est caractéristique de cette attitude du personnage face au monde : «Le jaune le frappait en pleine face, mais sans se réverbérer : il était immédiatement absorbé par la peau humide» (PV p. 11). Son aspect physique est d'ailleurs tout aussi flou que son passé. Jouant sur les perspectives, le narrateur illustre, à travers différentes optiques adoptées, les modifications d'un personnage «ressemblant de loin à un tout petit enfant, de plus près à un jeune homme, et de tout contre à une drôle d'espèce de vieillard, séculaire et innocent» (PV p. 181). Aux descriptions évoquant en détail le corps d'Adam («une tête (...) un peu pointue par le haut. Les cheveux et la barbe taillés (...) étaient remplis de nœuds et d'escaliers, (...) le buste étroit (...)») succède la remarque laconique : «tout le reste était selon» (PV p. 181). Car si la désinvolture rompt la technique descriptive empruntée aux nouveaux romanciers, c'est pour mieux souligner le but de la description physique du personnage : ce n'est ni d'accorder des traits socialement ou psychologiquement déterminants selon les règles du roman réaliste, ni de souligner l'aspect «plat» du personnage à travers une surabondance de détails concrets selon la mode des années soixante, mais d'illustrer le désir de fusion avec la matière qui anime le personnage à travers une valorisation de détails physiques. Cette tendance ne fait que s'accentuer au fur et à mesure que les romans de Le Clézio mettent en scène des personnages de plus en plus liés à un espace concret.

Afin d'illustrer cette ouverture au monde du personnage, l'errance est choisie comme topique centrale. Elle constitue la trame des romans et permet de présenter une série d'actes initiatiques que les personnages sont amenés à vivre en vue d'une réintégration cosmique : Adam Pollo, François Besson, Chancelade et Hogan présentent tous les qualités du vagabond philosophe en quête d'une relation totale avec la matière, bien que leurs situations sociales et géographiques comportent des variations mineures. Cette permanence thématique et surtout l'itération de leurs actes ont d'ailleurs amené beaucoup de critiques à évoquer le caractère «fabriqué» des personnages lecléziens. Selon Jacques Bersani, «les personnages de Le Clézio ne sont pas les héros d'une aventure, ils sont les «sujets» d'une expérience que l'auteur ne pourrait mener à bien sans eux et à laquelle, en fin de compte, il les sacrifie.[71]» Cette facticité du personnage est d'ailleurs évoquée de manière humoristique dans *Le Procès-verbal* dans un passage pastichant la technique brechtienne : «la vie d'Adam Pollo, c'était bien celle-là. La nuit, allumer les cierges au fond de la chambre, et se placer devant les fenêtres ouvertes, (...)» (PV p. 16), et dans le chapitre E du même roman : «ils n'étaient plus que des moitiés de personnages» (PV p. 52), où le mot «personne» est substitué par la notion romanesque.

D'autres encore voient dans la schématisation du personnage l'illustration d'un inconscient collectif s'exprimant à travers des archétypes et des structures mythiques; c'est le cas de Jennifer Waelti-Walters, s'inspirant de Jung et de la méthode psychocritique de Charles Mauron pour interpréter le trajet des personnages lecléziens à la lumière du mythe d'Icare[72]; sa théorie se destine à expliquer l'omniprésence de l'eau et le caractère hostile des personnages féminins. Cette étude paraît quelque peu réductrice, d'autant plus que l'œuvre leclézienne a beaucoup évolué depuis – l'ouvrage est publié en 1981, mais ne tient pas compte d'une œuvre aussi essentielle que *Désert*

---

[71] Jacques Bersani dans «Le Clézio sismographe», op. cit., p. 318.

[72] Jennifer Waelti-Walters: *Icare ou l'évasion impossible, étude psycho-mythique de l'oeuvre de J.M.G. Le Clézio*, 1981, Ed Naaman, Sherbrooke, Québec, Canada.

– : les personnages féminins ont changé de statut, et sont déjà d'emblée plus complexes qu'une étude purement mythique pourrait suggérer, mais surtout, elle ne paraît pas suffisamment tenir compte du contexte culturel et philosophique de l'écrivain. Car le trajet des personnages lecléziens n'est pas le résultat d'une simple projection mythique ou d'un exercice d'expérimentation formelle, mais il représente et incarne l'approche du monde que toute son œuvre est destinée à illustrer. La pensée que les personnages sont destinés à refléter s'exprime dans les actes, le discours et l'attitude devant la société qu'ils représentent, mais aussi dans la transformation surprenante qu'ils subissent.

Les actes des premiers personnages lecléziens semblent en effet organisés autour d'une thématique centrale; ces êtres transparents qui voient «la mort partout» (DE p. 21) sont obstinés par un seul désir d'évasion qui se réalise dans la fusion avec la matière. Une étude de la structure narrative nous a permis de constater un trajet commun qui se caractérise par quelques actes initiatiques : errer sous la pluie dans une ville, tenter de fuir l'inévitable finalité qui nous guette; qu'elle se réalise durant la canicule (*Le Procès-verbal*), pendant «treize jours» pluvieux (*Le Déluge*), ou dans le courant d'une vie (*Terra Amata*), c'est la même expérience du tragique qui s'exprime sous forme d'un voyage circulaire. Toute rencontre est ainsi destinée à amener le personnage vers une meilleure compréhension de son existence, jusqu'au jour de la révélation qui constitue le point culminant du récit : le discours d'Adam devant la foule, la cécité de Besson, la montée de Chancelade sur le toit d'un immeuble, Hogan arrivé dans le village d'aveugles etc. Cette permanence thématique au niveau du personnage semble être la conséquence d'une conception cyclique de l'œuvre romanesque que Le Clézio a exprimée dans une interview : «Je préférerais vous dire qu'il n'y a pas plusieurs volumes séparés. C'est plutôt une continuité. Je n'ai pas voulu écrire des romans différents, mais continuer la même histoire, à la fois la mienne et celle des autres, en plusieurs chapitres».[73] Chaque roman se présente ainsi comme une nouvelle étape dans l'évolution du même personnage, car les personnages de Le Clézio vivent tous l'aliénation dans une société qui leur semble absurde, et éprouvent des nausées devant le spectacle quotidien de cette réalité. Si dans *Terra Amata*, la fuite est davantage soulignée comme solution, elle devient thème de base dans *Le Livre des fuites*, où Jeune Homme Hogan incarne le vagabond en fuite, à la recherche de la civilisation idéale. *La Guerre* présente un prolongement de ces protagonistes, mais cette fois-ci c'est une jeune fille qui incarne le vagabond, changement représentatif d'une nouvelle attitude et d'un nouveau topos chez Le Clézio : le passage du masculin au féminin est en effet caractéristique d'une fonction

---

[73] Le Clézio à Pierre Lhoste in *Conversations avec J.M.G. Le Clézio*, op. cit. p. 61.

nouvelle attribuée au discours du personnage et d'une nouvelle attitude adoptée face à la société.

Le statisme qui caractérise les personnages lecléziens – passivité extrême devant les difficultés communicatives et affectives (Adam, Besson, Hogan), acharnement dans la poursuite d'une quête impossible (Hogan, Bea, Alexis) – reflètent le rôle à la fois didactique et poétique que Le Clézio confère à ses personnages. Ils ne sont pas construits pour évoluer selon les critères du roman d'apprentissage ou de l'autobiographie, mais destinés à véhiculer une conception du monde. Pour ce faire, Le Clézio pratique une technique directe, utilisant le discours des personnages comme reflet de ses conceptions existentielles; cette technique sera utilisée essentiellement dans la première moitié de son œuvre, mais il se sert simultanément d'une technique indirecte qui consiste à illustrer à travers les attitudes et le parcours du personnage cette même pensée. La disparition progressive du discours «philosophique» au profit d'une mise en scène allégorique est caractéristique de l'évolution de l'œuvre leclézienne.

Le discours des personnages constitue le lieu favori de l'expression philosophique dans la création romanesque. Le Clézio attribue à ses premiers personnages des qualités qui leur permettent d'illustrer un héritage culturel et philosophique : universitaires, parfois enseignants, ils bénéficient d'une culture qu'ils expriment à travers leurs paroles. Adam évoque Parménide dans son dialogue avec Michèle, pratique le déchiffrement herméneutique d'une phrase toute banale (PV p. 55), et se réfère aux différents courants littéraires : l'autobiographie, le surréalisme, le nouveau roman. Son discours est marqué par une certaine connaissance, des notions philosophiques et psychologiques abondent : «communicabilité», «anthropomorphique», «psychose», «univers mythique», «chosifier» (PV p. 220-221). Quant à François Besson et Hogan, ils tentent respectivement d'expliquer le secret de Diogène le cynique à un marchand de journaux aveugle, et de traduire la philosophie de Foucault à un Indien.

La féminisation du protagoniste, qui survient avec *La Guerre*, est caractéristique d'un changement d'attitude malgré une continuité thématique maintenue : le discours philosophique cède progressivement la place à une parole plus poétique, de structure simple et empreinte d'imagination. Bea B. a certes gardé un esprit analytique de son passé de journaliste, mais ses propos sont marqués d'une expression spontanée et orale : «Tu sais, j'ai toujours l'impression d'être en dehors, je veux dire, que les choses se passent très loin de moi, que je ne comprends pas très bien ce qu'on veut de moi» (LG p. 25). Elle exprime ses découvertes sur un ton d'étonnement naïf et enfantin (LG p. 58), son vocabulaire est simple et familier; elle se sert parfois de structures syntaxiques très simples et d'un lexique emprunté à l'enfant («Moi, j'ai tout le temps peur. (...) J'ai peur des rats. J'ai peur des vêtements

Transparence et poésie du personnage leclézien 73

pendus aux portemanteaux. J'ai peur du noir.», LG p. 59), dans un discours où dominent les observations concrètes et les commentaires spontanés.

La simplification langagière se poursuit dans *(Les Géants)*, où les universitaires ont définitivement disparu au profit de travailleurs manuels et de vendeuses. Dans ce roman sur l'oppression spirituelle, les personnages sont constamment surveillés et leur discours se limite à des phrases courtes, écrites sur des bouts de papier. («Je veux partir avec toi.» (...) «Où?» (...) «N'importe où : Cachemire Mexique Nouvelle-Guinée» (...) «Je ne peux pas maintenant», GEA p. 261) La révolte des personnages s'exprime dans la phrase-cri écrite en majuscules par Machines : «ALORS JE FERAI BRULER HYPERPOLIS» (GEA p. 261), révolte refoulée jusque-là et dont le potentiel était illustré par l'insertion de la même phrase en lettres minuscules dans toutes les pages documentaires. L'étouffement de la liberté s'exprime ainsi par l'appauvrissement du langage; Tranquilité, dont l'orthographe déformée reflète un rêve manqué, perd sa seule chance d'évasion lorsqu'on lui interdit d'écrire des poèmes; Bogo le muet refuse d'emblée la parole ressentie comme une arme agressive.

Si les personnages de ce roman semblent suivre le parcours du personnage beckettien, où la déchéance morale s'accompagne d'un appauvrissement verbal, ce roman marque la fin d'une tendance. Car *Voyages de l'autre côté* véhicule une toute autre conception du langage à travers son protagoniste féerique Naja Naja. Le langage est toujours simple et dénué d'ornement, mais ce n'est plus à cause d'une contrainte extérieure comme dans *(Les Géants)*; il constitue au contraire le reflet d'une attitude nouvelle face au monde. Il s'agit de contourner l'oppression spirituelle que le langage illustre par l'évasion : le voyage dans un pays où «on ne parle pas» reflète ainsi le désir d'une communication sans codes ni règles. Le langage est surtout considéré dans sa valeur poétique dans ce roman où les histoires magiques de Naja Naja occupent un rôle essentiel, et où les mots clés sont des mots quotidiens et banals, mais dont la consonance déclenche la rêverie.

La fonction magique du langage, illustrée par Naja Naja et ses amis, s'oppose diamétralement à sa fonction communicative et philosophique, exprimée par un Adam Pollo, et souligne ainsi l'évolution que le personnage leclézien subit au fil des œuvres. Avec *Désert*, l'évolution d'un langage métaphysique et abstrait à une parole poétique et concrète atteint son paroxysme dans les phrases simples et mélodieuses de Lalla et les prières incantatoires des hommes bleus. L'interview donnée par Lalla dans un des derniers chapitres illustre bien la transparence totale de son langage («Pourquoi êtes-vous ici? – J'aime voyager. (...) On dit que vous écrivez des poèmes? – Je ne sais pas écrire.» DES p. 331), une transparence qui caractérise également les paroles des personnages enfant mis en scène dans *Mondo et autres histoires*. Cette évolution importante dans le discours du personnage n'est pas le simple reflet d'une mode «métaphysique» dépassée, mais reflète l'évolution sociale et existentielle du personnage. En 1997, le flâneur philosophe réapparaît partiellement dans le personnage de Laïla de *Poisson d'or*, dont la transformation surprenante (de fille de commission chez les prostitués en jeune fille cultivée dissertant sur des thèmes philosophiques) aurait semblé presque aussi féerique que celle de Lalla, se transformant de femme de ménage en «cover-girl célèbre» dans l'espace de quelques mois, si Le Clézio ne lui avait pas permis de garder un langage du registre familier pour rappeler son origine. Ces transformations soulignent bien la fonction symbolique de ces personnages, dont le trajet reflète plus la dynamique d'un rêve qu'une ascension sociale réelle.

Si le langage des personnages est marqué dans les premiers romans par l'incommunicabilité, et dans les derniers par un investissement poétique, c'est pour mieux refléter les constantes thématiques qui régissent l'œuvre leclézienne. La marginalité et l'inadaptation qui caractérisent les premiers personnages leclézéiens reflètent un malaise existentiel perceptible dans la littérature de cette époque : le comportement et les paroles de ses personnages s'inscrivent en effet dans la lignée de la littérature de l'absurde et illustrent une affinité pour les philosophies existentialiste et heideggerienne. L'amnésie, l'aliénation et l'incommunicabilité des personnages sont donc étroitement liées à une préoccupation constante : dans la scène de la jeune fille sur le vélomoteur du *Déluge*, ce «quelque chose d'indicible» qui «l'aspirait vers l'anéantissement» provoque la nausée existentielle de François Besson. C'est bien la conscience de cet anéantissement de l'homme qui provoque le malaise du personnage leclézien et qui se double d'un intense sentiment de solitude. L'homme, condamné à être libre, est seul dans l'acte de choisir, et c'est cette solitude qui caractérise les premiers personnages leclézéiens et qui détermine leurs actes. En effet, la marginalité d'un Adam Pollo, d'un François Besson ou d'un Chancelade, illustrée par l'amnésie, par le refus de l'intégration sociale et par l'incommunicabilité, constitue une mise en romanesque de cette condition tragique de l'homme. Les échecs sociaux, affectifs et communicatifs, d'un Adam qui déchiquette une phrase jusqu'à la rendre incompréhensible, insensible au besoin concret de Michèle, d'un Besson voyant dans la vie de couple l'anéantissement de sa personne, d'un Chancelade incapable de suivre les raisonnements de son fils, ne sont là que pour illustrer cette solitude et pour rappeler l'impossibilité de la combler. En effet, Adam, Besson, Chancelade et Hogan font l'expérience de l'absorption dans le «on» dont parle Heidegger : l'intégration sociale ou affective renforce le sentiment de solitude, car elle empêche une communication véritable avec le monde. C'est alors pendant l'acte sexuel qu'Adam se sent le plus seul et le plus éloigné de son amie, transposant son être dans une autre réalité, «par exemple sur le corps plombé du requin qui devait décrire dans le monde des cercles des plus en plus grands à la recherche du détroit de Gibraltar» (PV p. 61); car la fuite se présente pour lui comme la seule manière d'échapper à cette «solitude». Cette thématique est explorée à maintes reprises dans les romans lecléziens à travers deux topoï que nous commenterons ultérieurement : le regard des autres, image de l'autrui sartrien, et la référence à la foule.

Dans son refus de l'Histoire, des actes héroïques et de l'intégration sociale (d'Adam le déserteur à Léon le rêveur, en contraste avec son frère «héroïque»), le personnage leclézien incarne bien l'antihéros moderne, plongé dans une existence marquée par l'absurdité. L'héritage kafkaïen et existentialiste est certain chez un personnage dont l'absurdité et la solitude sont doublées d'un sentiment sous-jacent de culpabilité. Une culpabilité d'autant plus difficile à expier que sa cause reste obscure. Les personnages sont alors «étrangers», tel un Joseph K. de Kafka ou un Meursault de Camus, devant les actes qu'ils commettent. Ils éprouvent un sentiment de culpabilité qui s'accompagne d'un désir proportionnel d'expiation ou d'évasion. Adam exprime clairement ce désir dans un discours qui rappelle beaucoup celui de la scène finale de *L'Etranger* :

> J'espère qu'on me condamnera à quelque chose, afin que je paye de tout mon corps la faute de vivre; si on m'humilie, si on me fouette, si on me crache au visage, j'aurai enfin une destinée, je croirai enfin en Dieu. (PV. 103)

Alors qu'Adam Pollo tente d'expliquer sa culpabilité par ses actes asociaux et illégaux, et la projette à travers des actes de provocation (le discours au public suivi de l'exhibition), François Besson éprouve une culpabilité qui semble exister indépendamment de ses actes. Tel Meursault, il commet alors un crime de hasard destiné à expliquer son désir d'expiation, lorsque dans la nuit, l'angoisse l'amène à tuer un vagabond inconnu. Son besoin de repentir, qu'il exprime en empruntant le chemin de l'expiation religieuse (privation, humiliation), n'est donc pas le résultat d'un acte spécifique, mais exprime un sentiment général de culpabilité.

A la culpabilité et à l'aliénation du personnage deux solutions existent, deux façons de marquer une rupture : fuir (*Terra Amata*), (*Le Livre des fuites*) ou anticiper son propre anéantissement dans un désir nihiliste (*Le Procès-verbal* et *Le Déluge*). Faire table rase pour repartir en quête d'une nouvelle existence constitue le point de départ de la majorité des personnages leclézien. Certains le font d'une manière plus démonstrative que d'autres : Adam jette sa moto à la mer pour se faire passer pour mort, Besson brûle tous ses papiers pour effacer les traces de son existence avant de partir, alors que Hogan et Bea disparaissent tout simplement de leur milieu. C'est dans ce qui suit ces départs qu'une différence est perceptible. Alors que les fuites ou les projets d'un Chancelade, d'un Hogan ou d'une Bea représentent surtout un désir d'autoprotection et un instinct de survie, les réactions d'Adam et de Besson se révèlent d'emblée autodestructives. Si Chancelade essaie de se révolter par ses attaques verbales ou par sa course effrénée contre la mort, et si Hogan et Bea essaient de vaincre les terreurs d'une société, soit par la connaissance (Bea), soit par le voyage et la recherche d'une société autre (Hogan), Adam et Besson épousent parfaitement un parcours déjà dessiné, se trouvent ainsi «enfermé(s) dans le dessin[74]» fait par Adam et par Chancelade, et anticipent leur destin anéantissant lorsque leur révolte s'avère inutile.

En effet, les treize tentatives d'un Besson pour vaincre l'anéantissement inévitable, par l'amour, la famille, le travail et l'expiation, ne font que révéler avec une intensité croissante la solitude devant le néant. Le même trajet est emprunté par un Adam Pollo, dont les tentatives d'une réintégration cosmique ne font que le conduire à la folie. L'anéantissement se réalise alors au moyen d'une régression provoquée : Besson rêve d'une vie végétale, Adam s'initie à la vie animale et évoque avec nostalgie un univers utérin sécurisant où «l'on s'endort la tête contre la membrane de caoutchouc « (PV p. 248). Le sommeil utérin constitue la finalité d'Adam Pollo, alors que François Besson commet l'acte autodestructif et nihiliste en s'aveuglant devant le soleil. Pour Chancelade en revanche, l'anéantissement de la personne le guette ailleurs : dans la réintégration involontaire à cet univers à travers l'union sexuelle avec la femme. L'univers utérin chéri par Adam apparaît ici comme une femme-géant menaçant : «Et ce gémissement était répété des millions de fois sur la terre, comme s'il n'y avait partout qu'une seule grande femme à la peau fiévreuse, aux yeux agrandis, aux veines gonflées, dont le cœur battait à se rompre» (TA p. 162). Le changement réside dans la situation du personnage par rapport à l'anéantissement : l'anticipation volontaire des premiers personnages cède la place à la fuite, et plus tard à l'investissement positif et l'intégration cosmique.

Si Adam Pollo, François Besson et Chancelade incarnent des personnages fortuits, sans passé, sans attache familiale ou affective, c'est donc pour mieux rendre compte de la situation de l'homme face à la vie; l'absurdité et la solitude dominent l'existence de ces premiers protagonistes lecléziens, alors que les suivants arrivent à dépasser cette «nausée» existentielle en s'investissant davantage dans un projet salutaire. Il est en effet intéressant de constater un changement de ton et d'attitude à partir du *Livre des fuites* : le vagabond philosophe cède la place à l'aventurier, puis aux femmes et aux enfants. La régression physique et morale, à la manière des personnages beckettiens, disparaît ainsi au profit d'un dépassement et d'un investissement affectif.

Dès lors, la quête de l'absolu s'exprime autrement : le néant ne représente plus un gouffre aspirant le personnage en lui, mais un défi à vaincre. Les personnages ne sont plus des marionnettes, «enfermé(es) dans le dessin» tels

---

[74] Titre d'un chapitre de *Terra Amata*, qui comporte un dessin d'enfant, p. 48.

les personnages naïfs dessinés par Chancelade enfant, mais l'incarnation d'une pulsion. Le personnage se schématise alors davantage pour refléter cette pulsion : il est aspiré par une soif de l'absolu qui dirige ses actes; qu'il s'agisse de Hogan en quête d'un pays idéal, de Bea en quête d'une valeur abstraite, ou de buts plus concrets, tels la ville de Smarra dans *Désert*, le trésor dans *Le Chercheur d'or*, ou l'emplacement de Meroë dans *Onitsha*.

Si Hogan et Alexis incarnent l'homme aventurier en quête de l'absolu, par leur acharnement répétitif, cette amplification d'une pulsion paraît davantage s'exprimer dans les personnages féminins de cette période. Il est en effet intéressant d'examiner les caractéristiques comportementales de ces personnages, qui semblent présenter quelques points communs révélateurs d'un topos littéraire modifié. Lalla, issue du désert, portant en son corps le rythme de cet espace et dans son regard sa lumière, s'oppose diamétralement aux premiers personnages universitaires de Le Clézio. Sa vision du monde ne s'exprime pas à travers un vocabulaire philosophique ou scientifique, mais à travers des «gestes instinctifs qu'elle ne comprend pas» (DES p. 395). Ces gestes instinctifs qu'accomplissement Lalla et Oya (*Onitsha*) lors de leurs accouchements, couper le cordon de l'enfant avec les dents, guider l'enfant vers le sein (O p. 200-201 et DES p. 395), illustrent le comportement de ces personnages. En parfaite harmonie avec la nature, leur vie se règle en fonction d'un rythme biologique; cette harmonie est menacée par une aliénation représentée par le travail et l'exil : pour Lalla, la vie de femme de ménage est une «vie chez les esclaves», Ouma du *Chercheur d'or* refuse une vie «civilisée» comme servante à l'île Maurice et préfère vivre dans une nature sauvage à l'île Rodrigues.

Dans les derniers romans de Le Clézio, l'aliénation n'est donc plus une notion philosophique, mais un vécu concret. A l'aliénation de l'homme dans une société absurde et incompréhensible, soit parce que trop agressive (*La Guerre*), soit parce que trop mécanisée *(Les Géants)*, répond une aliénation plus concrète exprimée dans *Désert* et *Le Chercheur d'or*. Dans *Désert*, les personnages incarnent le lieu dans lequel ils vivent (DES p. 12) et sont expulsés de ce lieu par des conquérants étrangers. Le défi réside alors dans la reconquête du paradis perdu : de la terre des hommes bleus dans *Désert*, du paradis de l'enfance incarné par le trésor du corsaire dans *Le Chercheur d'or* et d'un rêve et d'un pays dans *Onitsha* et *Etoile errante*. Si différents des premiers protagonistes lecléziens, les personnages de ces romans ont tous des fonctions narratives plus classiques que les personnages des premiers romans, de même que leur dimension symbolique est amplifiée. De structure plus simple, ils sont accessibles à un public littéraire plus large et peuvent s'intégrer dans le schéma des actants. Les objets de leurs quêtes présentent une grande similitude (le lieu originel, le trésor merveilleux), les sujets également; les variations résident surtout au niveau de la focalisation qui permet une double, parfois une triple vision des choses. Prenons l'exemple caractéristique de *Onitsha*, qui présente d'une tout autre manière que celle des premiers romans lecléziens le trajet du personnage. Ce roman présente simultanément trois quêtes se poursuivant dans un seul pays : celles de Fintan et ses parents Maou et Geoffroy. Fintan rêve de retrouver l'univers sécurisant dans lequel il vivait avec sa mère, et le père inconnu semble menacer cette existence. Quant à Maou, elle rêve de vivre près de Geoffroy, l'homme à qui elle adressait des poèmes d'amour empreints de tendresse et de désir; à son bonheur s'opposent l'objet de quête de Geoffroy et la société coloniale conformiste et hostile à toute manière de penser différente. Les quêtes s'entrecroisent ainsi pour illustrer des désirs parallèles, qui forment tous l'expression d'un même souhait de dépassement de soi, d'évasion et de conquête.

Au centre de ces quêtes du merveilleux se trouve un objet dont l'allure stéréotypée est flagrante. Les personnages formant l'objet de la quête, le Hartani, Ouma, Oya, apparaissent toujours sous les mêmes traits : ils sont beaux (de manière presque surnaturelle), illettrés et parfois aussi sourds-muets, ils vivent en fusion totale avec la nature. Les objets relèvent des contes de fées : le trésor caché, le paradis terrestre perdu. La fonction poétique des personnages est davantage soulignée non seulement à travers des personnages modèles (l'enfant sourd-muet) mais surtout à travers des situations universelles (l'amour, l'accouchement). Car la simplification des objets de quête est destinée à illustrer la valeur symbolique des quêtes : ce n'est pas l'objet de la quête qui constitue le centre de l'intrigue, mais la quête elle-même, la pulsion vitale qui fait avancer le personnage vers la réalisation de son désir.

A la dépersonnalisation du personnage qui caractérise les premiers romans de Le Clézio, répond la «non-cérébralité[75]» des derniers personnages. Aussi bien le langage que le comportement de ces personnages sont empreints d'une spontanéité et d'une simplicité étonnantes. Une simplification extrême des traits du personnage semble dominer dans les romans qui succèdent à *Voyages de l'autre côté*, où le personnage n'est plus un être morcelé mais l'incarnation d'un désir : les personnages ne comportent ni de complexité affective ou intellectuelle ni de préoccupations existentielles exprimées à travers la réflexion. Cette simplicité s'exprime à la fois dans la description des personnages et dans leur propre discours, leurs traits sont

---

[75] Notion utilisée par Le Clézio dans son interview accordée à Gérard de Cortanze («Une littérature de l'envahissement, propos recueillis par Gérard de Cortanze»), op. cit., p. 20, lorsqu'il évoque son voyage chez les Indiens Embera: «Je voulais cesser d'être quelqu'un de purement cérébral. Je me suis aperçu que je devais tendre vers cela. Que cette non-cérébralité pourrait nourrir mes livres futurs.»

amplifiés et répétés. Les protagonistes mêmes étonnent par une simplicité «anti-romanesque» : ils semblent photographiés une fois pour toutes dans une posture qui ne cesse de se répéter avec de légères variations. Obsédés tous par une quête sans but raisonnable, les personnages expriment plus une pulsion qu'une recherche réfléchie, une schématisation qui fait écho au désir initial d'un écrivain qui aurait «aimé être dessinateur de bandes dessinées» et qui admire cet art qui «permet d'échapper aux mots».[76] Une tentative de transposer l'écriture romanesque de Le Clézio en dessin a d'ailleurs déjà été effectuée[77].

Cette simplification extrême fait contrepoids à toute tradition romanesque analytique et dépasse même le cadre d'une écriture behavioriste où les personnages ne sont présentés que cliniquement. Elle fait plutôt penser à une présentation primitiviste de l'humain simplifiant en quelques traits grossiers le rendu d'un personnage, à la manière d'un Giacometti concentrant le mouvement d'une statue en une position unique, image dévorée d'une seule soif, d'une seule pulsion vitale. Jacques Bersani a d'ailleurs qualifié Le Clézio d'un «Dubuffet du roman[78]», et il semble que l'apport primitiviste soit le plus déterminant dans l'élaboration d'un personnage qui n'est ni exclusivement existentialiste, ni un personnage fantôme, mais qui reflète au fil des œuvres une dissolution significative.

En effet, l'application progressive de traits primitivistes aux personnages constitue une conséquence du morcellement des premiers personnages lecléziens. Une dépersonnalisation destinée à refléter l'absurdité d'une existence que l'homme ne peut contrôler trouve ainsi son prolongement poétique dans des personnages simplifiés à l'extrême, animés par un seul désir. Alors que l'évolution des premiers personnages leclézíens était placée sous le signe de l'anéantissement, l'ensemble de son personnel romanesque illustre mieux la notion de dissolution : le passage d'un «je» spécifique à un «on»/«nous» universel et mythique. Car bien que les premiers personnages soient marqués par l'anonymat et par la transparence, ils illustrent une notion existentielle précise : l'homme nu devant l'angoisse existentielle, alors que les derniers sont totalement absorbés par une pulsion, un désir universel.

Cette dissolution s'annonce déjà dans le premier roman de Le Clézio, où il permet à son protagoniste de se multiplier pour devenir l'essence d'une race : «Peut-être y avait-il, à cette heure, quatre heures moins le quart du matin, 4000 ou 5000 adams, sans contrefaçon possible, en circulation dans

---

[76] Le Clézio à Jean-Louis Ezine in *Ailleurs*, op. cit. p. 19.
[77] Il s'agit du *Procès-verbal* illustré par Baudoin, paru en co-édition Futuropolis/Gallimard, 1989.
[78] Jacques Bersani dans «Le Clézio sismographe», op. cit., p. 320.

la ville» (PV p. 145). Elle explique le caractère flou de l'évocation physique de ces personnages et les variations de leurs noms. Elle se lit surtout dans les jeux des pronoms : à un «il» individualisant succède un «on» et puis un «nous» universel. Adam disparaît ainsi de la narration, lorsqu'il assiste au spectacle d'une noyade, et réapparaît dans la foule de spectateurs englobés dans un «nous» inclusif, dans un passage qui évoque le glissement progressif des pronoms : «Au fur et à mesure qu'Adam s'approchait de l'endroit, il <u>lui</u> semblait découvrir plus d'animation. (...) <u>On</u> n'avait pas dû repêcher le corps depuis bien longtemps (...) <u>on</u> eut le cœur serré par un passage étrange, (...) Et le rivage (...) <u>nous</u> invitait vers eux. <u>Nous</u> franchirions la lisière (...)» (PV p.119-121)[79]. Pour Hogan, c'est la contemplation d'un paysage qui déclenche un processus d'identification transgressant les barrières du temps :

> Je n'ai pas oublié leurs visages maigres, leurs yeux brillants, leurs gestes rapides et sûrs. (...) Quand je marche ainsi, c'est avec eux que je marche. (...) Je suis toujours avec eux. (...) J'ai les pieds déchirés par le silex, les membres rompus de fatigue. Parfois, nous avons si soif que nous mâchons les graines âpres des arbres. (...) Nous avons peur. (LF p. 242-243)

L'identification progressive du protagoniste, mise en valeur à travers l'emploi itératif de la troisième personne du pluriel, débouche sur une solidarité sociale totale. C'est la découverte de l'autre grâce à la contemplation d'un paysage qui provoque la dissolution de son être. En ceci le passage est caractéristique du changement d'attitude que véhicule *Le Livre des fuites* : le personnage concentre davantage son analyse attentive à l'autre, sa situation, son monde, que ceux des premiers romans. Ce désir d'identification atteint la fusion dans *Voyages de l'autre côté*, où l'itération musicale du pronom «on» reflète l'état osmotique des personnages secondaires participant aux voyages féeriques de Naja Naja pour mieux refléter son pouvoir merveilleux. Leur statut de personnage semble alors comporter un degré d'incertitude; Jacqueline Michel considère d'ailleurs les personnages secondaires de *Voyages de l'autre côté*, non comme de véritables personnages, mais comme «des visages, on aimerait dire des «fantaisies», du JE narrateur, occulté dans le ON».[80] La dissolution de leur caractère individuel est cependant destinée à exprimer plus qu'une réverbération du protagoniste, car elle présente également un processus parallèle à celui du protagoniste, abandonnant toute

---

[79] C'est nous qui soulignons.

[80] Jacqueline Michel dans *Une Mise en récit du silence: Le Clézio, Bosco, Gracq*, librairie José Corti, 1986, p. 99.

caractéristique individualisante (elle va même jusqu'à devenir invisible) pour pouvoir se fusionner totalement avec la matière.

La fluidité de l'identité du personnage leclézien se conjugue ainsi par son nom, les pronoms qui le désignent, son évocation physique, mais aussi par son identité sexuelle qui parfois porte confusion. Car Hogan n'a pas seulement des noms qui varient au fur et à mesure que son voyage avance, mais il change aussi de sexe grâce à son passage dans la foule :

> Où est Hogan? Est-ce lui, le premier qui marche vite, qui s'éloigne? (...) Disons que Hogan, c'est celui-ci. (...) Ils entrent dans une grande tache d'ombre et on ne les voit plus. (..) quelque chose émerge de l'ombre, et remonte la rue. Une silhouette de femme, qui va vite et sans bruit sur le trottoir. Quoi, Hogan est devenu une femme? (LF p. 198-199)

L'identité incertaine de ce protagoniste reflète bien l'évolution du personnage leclézien : aux personnages kafkaïens, culturellement déterminés, succèdent en effet des personnages anonymes, simples, sans attache sociale ou culturelle, souvent des femmes simples et des enfants. Certains critiques ont d'ailleurs souligné le caractère androgyne des personnages lecléziens[81] et l'importance du motif du métissage. Le mélange des sexes et des âges permet ainsi à l'écrivain de nous présenter des personnages aux corps adultes (tenant compte de toute la complexité de l'expression du corps), avec un esprit empreint de la pureté et de la naïveté de l'enfant (Lalla), ainsi que des personnages transgressant les contraintes des sexes (Naja Naja) pour s'unir à une terre matrice.

En réponse à une question de Claude Cavallero dans une interview récente[82], l'écrivain lui-même explique cette tendance à la lumière d'une approche du monde marquée par la synesthésie : «Cette synesthésie renvoie notamment à la description que donne le philosophe Hume de l'existence», dit-il, «description selon laquelle l'être ne constitue pas un tout univoque mais subit au contraire une sorte d'émiettement permanent : notre perception du monde, si l'on y réfléchit, est plutôt morcelée... En cela, les person-

---

[81] Hervé Lambert explique comment le fantasme androgynique se développe dans l'oeuvre leclézienne à travers le motif du métissage: «mélange des sexes et des races, motif du mélange des âges avec les nombreux adolescent-enfants», dans «Fuites et nostalgie des origines» in *Sud* n° 85/86, 1989, numéro consacré à Le Clézio, p. 90.

[82] Le Clézio à Claude Cavallero dans «Les marges et l'origine» («Les sens, les données sensorielles, ce sont aussi les émotions synesthésiques qu'éprouvent vos personnages, (...) leur ivresse sensorielle, poussée parfois jusqu'au paroxysme du vertige, constitue une modalité assomptive de leur être au monde...»), op. cit., p. 170.

nages de mes romans ne peuvent être étrangers, c'est vrai, à la leçon du Nouveau Roman, de Joyce avant tout, et de Faulkner, qui s'emploient à nous faire prendre conscience de cette mosaïque, de ce métissage sensoriel constitutif de notre être.» Ce métissage constitue le principe de base des personnages lecléziens, se dépersonnalisant et se multipliant pour mieux rendre compte d'un désir qu'ils sont amenés à incarner. Leur mouvement effréné, l'errance, le voyage, la quête des origines, reflètent ainsi la fuite non d'un pays, d'un système ou d'une pensée, mais d'une conscience individualisante qui s'oppose à leur intégration cosmique. Si leur nom, leur physique et leur comportement sont aussi dépourvus de signification psychologique ou sociale, c'est donc pour mieux refléter la musique, le rythme et la poésie d'une pulsion vitale.

La topographie du roman leclézien

La topographie du roman leclézien reflète une dualité constamment rappelée. La situation du premier protagoniste, réfugié dans une maison en haut d'une colline au-dessus de la ville, entre le ciel et la terre, a suscité maints commentaires sur son évidente symbolique : l'opposition entre une société aliénante et le désir d'atteindre une harmonie cosmique constitue un leitmotiv de la narration leclézienne et détermine les structures spatiales de ses romans. Aux lieux symbolisant le malaise existentiel du personnage répondent ainsi des lieux de quiétude dans une topographie romanesque qui oppose l'ouverture à la fermeture. A la schématisation du personnage, rappelant le goût de l'écrivain pour la bande dessinée, répond effectivement une répartition volontairement simplifiée des caractéristiques spatiales, souvent destinées à véhiculer une dualité primitiviste où l'originel s'oppose au non-originel. L'espace se propose de compenser la transparence du personnage par une fonction élargie, son rôle s'étend même jusqu'à supplanter ce dernier et prendre la place du sujet.

La présentation leclézienne de l'espace semble à première vue s'inscrire dans un courant objectif. Puisés dans le vécu actuel de l'écrivain, les lieux lecléziens sont témoignages d'une époque. Son écriture, de ton souvent réaliste, semble proposer une présentation phénoménologique de l'espace. Son souci de réalisme, qui se traduit, comme dans l'écriture de certains nouveaux romanciers, dans une description minutieuse d'objets et de lieux, ne l'empêche pas de conférer à l'espace un rôle narratif qui symbolise le vécu existentiel du personnage. En effet, l'espace occupe deux fonctions narratives essentielles : la première est au service de l'illusion réaliste (mais nous verrons que c'est un réalisme truqué, destiné à la fois à illustrer une filiation formelle et à s'en démarquer), la seconde, plus importante, détermine les personnages et leur évolution. Ce chapitre propose une réflexion sur la relation qui existe entre la topographie du roman et l'évolution des personnages, afin de déterminer comment cette topographie exprime le programme narratif de l'écrivain.

L'abondance de détails minutieux constitue la première caractéristique de la description leclézienne de l'espace. D'un ton réaliste, Le Clézio brosse des tableaux qui visent l'authenticité à travers une énumération exhaustive des éléments formant un lieu. Les rues, les cafés, les parkings et les supermarchés sont présentés avec une attention au détail relevant de la phénoménologie. Cette écriture résulte d'une perception du réel qui s'inspire de la vision cinématographique. Sa conception de l'art cinématographique, exprimée dans son essai «La magie du cinéma», explique en effet le choix technique dont résultent les tableaux qu'il fait de notre société moderne : «Le cinéma n'est pas en dehors de moi,» dit-il, «il est mon regard, plus grand et plus aiguisé qui perçoit ce qui n'était plus visible dans le réel. La conscience, c'est ce flux d'images qui est en moi, qui fait partie de mon être, avec lequel je juge et je sens, qui donne un sens à tout ce que je perçois, à tout ce que je capture, à une cohésion au réel.[83]» C'est la technique cinématographique qui lui a inspiré une écriture «réaliste»; «Le cinéma, art du réel, m'a donné le goût de la réalité», dit-il dans *Les Cahiers du cinéma*, «il m'oblige en quelque sorte à composer un tableau mécaniste ou phénoménologique de l'homme plutôt que métaphysique.[84]» L'influence du cinéma est d'ailleurs visible à plusieurs niveaux dans les romans lecléziens; elle apparaît directement à travers un vocabulaire cinématographique qui revient de manière fréquente (des indications scéniques de la page 38 du *Procès-verbal* : «28 août, pleine chaleur, plein été; 19 heures 30 minutes : il regarda droit devant lui, au-delà des habitués du bar qui bougeaient au premier plan», à la référence de la page 227 d'*Onitsha* : «Au premier plan, devant Fintan, les arbres se découpaient sur la lumière du ciel», O p. 227), mais elle se reflète également dans une écriture phénoménologique.

Cette écriture est surtout caractéristique des premiers romans lecléziens et suggère, dans *Le Procès-verbal*, une filiation avec le nouveau roman. Elle est même parodiée à plusieurs reprises dans ce premier roman : dans la présentation de Michèle «dont la vue était limitée aux dimensions de la fente du volet, environ 1,5 cm sur 31 cm» (PV p. 57), dans celle d'Adam les «coudes posés symétriquement sur une serviette-éponge, mais en dessous des omoplates» (PV p. 22)[85]. Il s'agit de dénoncer l'arbitraire de la technique réaliste par la surabondance, à la manière des nouveaux romanciers. Tous les détails réalistes accumulés débouchent sur une vision artificielle, ou une «super-réalité» pour reprendre l'expression de Gerda Zeltner[86], vision qui exprime plus le regard de l'artiste sur un paysage que le paysage lui-même. Le passage page 58 du *Procès-verbal* en est caractéristique : la terre est «plantée régulièrement de massifs d'aloès, pour le repos de l'œil et du cerveau», la surface de la mer est «décorée presque symétriquement de crêtes pointues», qui simulent des vagues. La description humoristique d'un paysage qui ne

---

[83] J.M.G. Le Clézio dans «La magie du cinéma», préface des *Années Cannes*, Editions Hatier, 1987.

[84] J.M.G. Le Clézio dans «Film et roman: problèmes du récit», *Les Cahiers du Cinéma*, n° 185, 1966, p. 98.

[85] Ces passages, parmi d'autres, nous font penser à maintes descriptions dans *La Jalousie* de Robbe-Grillet (Editions de Minuit, 1957), comportant la même prédilection pour des adjectifs comme «symétrique», «égal», «perpendiculaire». Cf. par exemple les descriptions des fenêtres pp. 73, 76, 78.

[86] Gerda Zeltner dans «J.M.G. Le Clézio: le roman antiformaliste», op. cit., p. 221.

manque «pas une occasion (...) d'être mélo à bon marché» produit le même effet :

> Le ciel était deux fois trop grand, et la terre, par endroits, particulièrement aux alentours de la ligne de montagnes qui barrait la route à l'horizon maritime, était mal agencée; les couleurs étaient criardes et les volumes souvent ajoutés les uns aux autres dans un drôle de mépris des notions les plus élémentaires de l'équilibre et de la perspective (...) (PV p. 46-47).

Caractérisé comme un modèle capricieux qui refuse de se plier aux lois de l'artiste, l'espace présente ici une réalité en fuite devant l'artiste. Car la surabondance de détails qui caractérise les descriptions phénoménologiques de Le Clézio, est destinée non seulement à rappeler l'arbitraire d'une description réaliste, mais surtout à illustrer la situation du personnage leclézien grâce à une marginalisation du dernier. Son aliénation sociale et morale s'exprime ainsi à travers les choix topographiques : l'espace occupe le premier rôle dans les romans *La Guerre* et *(Les Géants)*, où il contribue à marginaliser les personnages, il se présente également comme protagoniste de *Désert* mais avec une fonction modifiée. Les choix topographiques de Le Clézio mettent en relief l'évolution du personnage dans une écriture qui oppose l'ouverture à la fermeture et qui contribue à effacer les limites entre le sujet et l'objet du roman.

L'errance initiatique de Bea dans *La Guerre* vise à une meilleure compréhension de la société environnante à l'aide d'une identification progressive aux constituants de cette société. Les lieux contribuent ici à mettre en relief la fragilité et la transparence du personnage. Apprivoiser pour comprendre constitue son projet; il faut donc aller «au bout des machines, de tous ces trucs, les radios, les téléphones, les voitures, les avions, les cinémas, les crayons à bille, les machines à laver, les radars» (LG p. 155). Chaque lieu exerce ainsi une force aspiratrice sur le protagoniste, qu'il s'agisse d'une piste de danse ou d'un carrefour filtré par son regard «actif».

> Bea regarde la chaussée de toutes ses forces, pour essayer d'y entrer, pour devenir carrefour. Elle étend son corps sur la surface dure et noire, elle met ses bras en croix, et les voitures et les pieds des gens passent sur elle (LG p. 64).

L'intensité du regard, suggérée par l'itération du verbe regarder (la structure «Bea B. regarde» revient huit fois dans ce court chapitre, ouvrant la majorité des paragraphes de façon incantatoire), est destinée à expliquer le passage d'une action réelle à un acte symbolique. Cette technique est caractéristique d'un roman où les lieux représentent tous un objet d'identification pour le protagoniste; leur description prend alors une ampleur au point de supplanter celle du protagoniste lui-même, comme si ce dernier n'était là que pour refléter les lieux. Ils marginalisent ainsi le personnage pour souligner davantage sa transparence; par leur ampleur ils miment son évolution anéantissante. La marginalisation du personnage au profit de l'espace constitue ainsi une stratégie narrative destinée à exprimer l'aliénation du personnage leclézien : l'espace prend le rôle de l'aliénateur, de l'oppresseur expulsant le personnage de son territoire, un rôle assumé principalement à travers les images urbaines.

C'est le microcosme de la ville qui dans *(Les Géants)* représente l'aliénation de l'homme à travers l'enfermement involontaire. Le pouvoir aliénant s'incarne alors dans un monde fermé sur lui-même pourvu de deux moyens destinés à maintenir le pouvoir : des «caméras cachées (...) qui filment les battements de paupière, les mouvements des lèvres» (GEA p. 29), et surtout une transmission constante de propagande. L'aliénation prend forme non seulement à travers la surabondance d'objets aliénants, une caractéristique que nous commenterons ultérieurement, mais surtout à travers un espace visuel et auditif fermé sur lui-même, empêchant toute intrusion et toute initiative. L'espace fermé se présente ainsi comme l'expression d'un malaise existentiel, d'une inadaptation qui provoque un sentiment d'étouffement. L'image de la ville est prédominante dans cette stratégie; elle concrétise ce sentiment de malaise accompagné de la soif d'un ailleurs. Pour l'aventurier de *La Quarantaine*, «Paris est trop étroit pour lui, toujours les mêmes rues, les mêmes immeubles aux fenêtres closes de rideaux, les mêmes visages fermés» (Q p. 26), et cette fermeture représente une douleur évoquée dans son aspect physique : «Les angles des maisons sont des coins qu'on enfonce dans son corps, le point de fuite des boulevards une lame qui coupe» (Q p. 28). Pour Hogan c'est une chambre qui provoque un sentiment d'étouffement à travers l'image d'un plafond qui s'écrase. Dans *Terra Amata*, qui consacre un chapitre illustré d'un dessin d'enfant au monde «enfermé dans le dessin», un embouteillage est utilisé pour illustrer une «région qui ressemblait à l'enfer» (TA p. 126). A l'enfermement s'ajoute ici un statisme qui provoque une incompréhension désagréable : Chancelade ne sait plus si les personnes autour de lui avancent ou restent sur place; elles sont également dépersonnalisées et s'expriment par des onomatopées et des rires étranges. A la différence de l'enfer sartrien, ce n'est pas tant le regard des autres qui trouble, mais le sentiment d'incrédulité devant un spectacle incompréhensible. L'immobilité accompagnée de l'enfermement se présentent ainsi comme le symbole d'un sentiment d'aliénation.

A cette tendance s'oppose l'enfermement volontaire, image d'un repli sur soi et d'une volonté de régression. Adam Pollo rêve d'une maison idéale dès le début du récit et trouve celle-ci dans l'asile psychiatrique dont «l'orientation vers le Nord protégeait hermétiquement du soleil» (PV p. 204). Dans cet univers parfaitement clos, répondant au désir du protagoniste, l'action se fige à travers l'évocation d'une existence répétitive. Le personnage se replie

La topographie du roman leclézien

sur lui-même, tel un fœtus en «posture de l'œuf» il «s'endort (...) d'un sommeil obscur peuplé d'étranges cauchemars terrestres» (PV p. 248). Le sommeil fœtal, l'image même de l'espace originel, sert ainsi de symbole à un désir nostalgique de régression.

Cette relation ambiguë à un espace aliénant comporte aussi la révolte; l'espace fermé et étouffant se présente donc comme un objet de fuite pour les personnages lecléziens. Fuir, apprivoiser ou transformer l'espace constituent ainsi des étapes dans leur évolution. Dans *Le Livre des fuites*, la fuite apparaît sous la forme dynamique d'un espace à conquérir :

> L'autobus continuait à dévorer la terre mouvante, en faisant rugir son moteur. (...) L'autobus était le grand moteur central qui animait le monde. (...) C'était lui qui faisait avancer les nuages, lui qui tirait les arbres et les rejetait en arrière. (LF p. 46-47)

Un espace sous la domination de l'homme s'oppose ainsi à la marginalisation ressentie dans *La Guerre* et (*Les Géants*). Il devient un objet pour l'homme, un objet que le personnage tente d'apprivoiser et de transformer par le voyage physique ou psychique; la connaissance s'acquiert ainsi par l'exploration physique (Hogan) ou onirique (Naja Naja). Car le but de l'héroïne de *Voyages de l'autre côté* est également la connaissance de l'espace; il ne s'agit plus ici, comme pour Hogan, de découvrir d'autres pays physiquement, mais de vivre à l'intérieur de l'espace quotidien la réalité d'un autre monde. Grâce aux voyages imaginaires transgressant les barrières physiques du temps et de l'espace, Naja Naja fuit l'espace «réel» pour rentrer dans un espace imaginaire plus «vrai». C'est à travers la transformation de l'espace que le personnage se libère d'un espace contraignant. Grâce aux métamorphoses, les lieux quotidiens acquièrent une valeur nouvelle; les rues, les arbres, les montagnes et le désert se transforment, chargés d'une nouvelle magie. La dynamique de cette œuvre réside donc dans une intériorisation de l'espace. En effet, la fermeture ou l'ouverture de l'espace ne correspond pas toujours à un sentiment analogue de stagnation ou de mouvement, ou comme le dit Bachelard : «souvent, c'est au cœur de l'être que l'être est errance. Parfois, c'est en étant hors de soi que l'être expérimente des consistances. Parfois aussi, il est, pourrait-on dire, enfermé à l'extérieur.[87]» Cette expérience correspond bien à celle de nombreux personnages lecléziens : l'errance physique à travers le monde (Hogan), ou à travers la ville (Adam, Besson, Bea) – thème emprunté à Joyce, à Dos Passos et aux nouveaux romanciers, qui à travers l'image de la ville-labyrinthe ont exprimé la déshumanisation du monde moderne –, peut enfin paraître comme

---

[87] Gaston Bachelard dans «Dialectique du dehors et du dedans», *La Poétique de l'espace*, 1957, PUF, p. 194.

une prison lorsque l'errance elle-même devient interminable, alors que le voyage vers l'intérieur constitue pour certains une libération.

L'espace concret cède ainsi la place à un espace parallèle, construit par l'imagination des personnages. L'espace vécu douloureusement par les errants du *Désert* se transforme ainsi par la force imaginaire d'un petit garçon, Nour, rêvant la ville vers laquelle il marche. Il voit alors surgir de la terre aride des «villes extraordinaires aux palais de pierre blanche (...) les grands jardins ruisselants d'eau pure, les arbres chargés de fruits». Dans une sorte de rêve fiévreux, Nour se crée un espace idyllique, «parcourant en un clin d'œil tout l'espace que sa vie ne suffirait pas à reconnaître» (DES p 223). Le même procédé est adopté par Naja Naja, qui grâce à sa force imaginaire arrive à voyager de l'autre côté des choses, qui «peut être à la fois au milieu de la mer de sable, et en même temps de l'autre côté, aux portes de la ville.» Car c'est sa pensée et son «chant monotone qui parcourt réellement l'espace» (V p. 224-225).

Cet apprivoisement de l'espace illustre le désir de fusion cosmique qui anime les personnages lecléziens. Un espace apprivoisé se présente ainsi comme une force nouvelle s'offrant au personnage. Pour Besson la contemplation de l'espace lui permet d'arriver à un état de fusion. Au centre d'un cyclone, il se sent «gagné par le rythme voisin de l'éternité (...) comme si le vent était entré en lui, soufflant à travers son corps à fenêtres ouvertes» (DE p. 172). Tout comme Naja Naja dans *Voyages de l'autre côté*, qui se fusionne avec la mer en imitant les mouvements des vagues, il arrive à un état d'osmose avec la nature en imitant le rythme de la mer par sa respiration. C'est cette même respiration qui permet à Lalla d'affronter les douleurs de son premier accouchement, quand elle «gémit à nouveau, selon le rythme lent de la mer» (DES p. 391). Cette force cosmique, acquise par le rythme de la mer et le souffle du vent, confère au personnage une nouvelle force. Ce n'est plus l'espace qui envahit l'homme, mais l'homme qui marque l'espace par sa présence : «sur chaque pièce de la rue, Besson s'est déposé», peut-on lire à la page 277 du *Déluge*. Le personnage intériorise ainsi les forces de la nature à travers la fusion avec l'espace. C'est cette intériorisation de l'espace qui permet à une œuvre construite sur une idée topographique d'exprimer toute l'évolution du personnage leclézien de manière synthétique.

Désert exprime en effet l'opposition de l'aliénation à la réintégration à travers sa topographie. La composition binaire du récit de Lalla évoque cette situation de manière schématique : «le bonheur» relatant la vie au Maroc s'oppose à «la vie chez les esclaves» en exil à Marseille. Cette répartition volontairement simplifiée des caractéristiques spatiales reflète la composante primitiviste qui domine cette œuvre : la grande ville aliénante est là pour intensifier une quête de l'originel, qui à son tour emprunte ses images topographiques aux mythes. De fait, à l'espace originel dominé par le rythme du vent et la beauté de la lumière, s'oppose l'espace aliénant comme un lieu de déshumanisation. La ville se caractérise alors par des mots ayant connotation avec la misère et la maladie («villes noires», «cité dans les terrains de boue», «chambres creusées (...) pareilles à des tombeaux»), et les personnes s'installant dans la ville apparaissent comme des fantômes dévorés par leur milieu («Peut-être qu'ils ne reviendront pas, ces hommes, ces femmes qui passent comme des fantômes (...) Ils vont dans ces pays étrangers qui vont prendre leur vie, qui vont les broyer et les dévorer.» DES p. 256).

La déshumanisation et l'aliénation qui accompagnent l'image de la ville s'opposent ainsi diamétralement à la réintégration cosmique incarnée à travers l'image du désert. Le désert se présente alors comme l'image du lieu originel; le centre du désert trouvé par le Hartani forme le symbole d'un espace fœtal où règnent le silence et le temps aboli. L'homme retrouve dans le désert une situation originelle qui évoque les débuts du temps : «C'était comme si le monde s'était arrêté de bouger et de parler, s'était transformé en pierre» (DES p. 26). Cette force originelle du désert est donnée comme explication à la fascination qu'il exerce sur les personnages. Il constitue à la fois une nouvelle harmonie pour l'homme et une séductrice attirant son peuple au plus profond d'elle, amenant Lalla à vouloir vivre dans le désert avec le Hartani, lui-même symbole du désert, amenant les hommes bleus à sacrifier leur vie pour trouver l'endroit rêvé de cet espace. C'est également un lieu magique doté d'un pouvoir transformateur : le temps s'abolit et se confond avec le vécu des hommes. La durée de cette marche sans fin paraît alors comme une seule journée interminable, la vision de cet espace aride et monotone est supplantée par celle de la ville rêvée dans l'esprit de Nour et du guerrier aveugle. Espace édénique et originel, le désert se présente surtout comme un sujet concentrique que la narration est destinée à illustrer à travers sa structure; la marche des hommes bleus et le vécu de Lalla forment ainsi des images d'une errance circulaire :

> Les routes étaient circulaires, elles conduisaient toujours au point de départ, traçant des cercles de plus en plus étroits autour de la Saguit el Hamra. Mais c'était une route qui n'avait pas de fin, car elle était plus longue que la vie humaine. (DES p. 22)

L'aspect concentrique de cette errance met en relief le mythique du voyage des hommes bleus, où la quête de l'espace originel s'accompagne d'une atmosphère d'intemporalité. Le récit de Lalla comporte cette même circularité liée à l'originel : elle s'éloigne pour ensuite se rapprocher davantage de cet espace à la recherche du centre du désert. Pendant ses errances, le désert reste présent dans ses pensées, comme un fil qui l'attache au point autour duquel elle tourne.

Cette circularité du récit de Lalla est visible à plusieurs niveaux; non seulement elle est reconduite au point de départ à la fin du récit, mais elle devient elle-même, à travers sa descendance et sa grossesse, symbole des cycles de la nature et du mythe. Habitée par le regard du Es Ser, son père spirituel, et fécondée par le Hartani mystérieux qui avait trouvé «le centre du désert», Lalla vit une grossesse au-delà de l'habituel. Fille de Lalla Hawa, la descendante de Nour, elle met au monde une fille qu'elle appellera également Lalla Hawa. Accouchant près du grand figuier, symbole de l'arbre ancestral, dans une position semblable à celle de sa mère lorsqu'elle l'avait mise au monde, Lalla s'incarne entièrement dans le mythe de la femme-mère de la population entière. Version musulmane de notre Eve biblique, Hawa symbolise en effet la femme-mère de la terre entière, qui recommence sa vie dans une nouvelle femme, après résorption mythique de l'ancienne. Un élément mythique est ainsi donné comme explication au regard énigmatique que le photographe rêvait en vain de figer sur le papier : cette force extraordinaire se transmettant par son regard n'est pas seulement le bonheur d'une jeune primipare, elle constitue avant tout l'expression lyrique de la divinité incarnée dans une femme, une présentation poético-mythique de la genèse de la vie humaine.

L'espace ne se présente pas seulement comme un élément de régie essentiel de ce roman, mais participe aussi à la fois à marginaliser et à valoriser les personnages. La mise en marge de leur statut, leur allure et leur comportement, au profit d'une valorisation de l'espace, contribue à la création de personnages tout aussi fantomatiques que ceux que Lalla avait observés dans la ville. Leur apparition dans le désert à la première page du roman est effectivement empreinte d'un onirisme qui souligne cet aspect fantomatique :

> Ils sont apparus, comme dans un rêve, au sommet de la dune, à demi cachés par la brume de sable que leurs pieds soulevaient. (...) Ils marchaient sans bruit dans le sable, lentement, sans regarder. (...) Il n'y avait rien d'autre sur la terre, rien, ni personne. (DES p. 7-8)

L'appartenance physique à un espace est à la fois évoquée directement et suggérée à travers une description de l'espace qui supplante celle des personnages au point que l'espace et les personnages se confondent : les personnages deviennent ainsi des miroirs de l'espace dont ils sont issus. Cette technique permet d'accorder à un sujet immobile des caractéristiques dynamiques à travers des personnages qui le prolongent. Pour ce faire, Le Clézio confère à ses personnages les caractéristiques du désert : ils ont «la liberté de l'espace dans leur regard» et une peau «pareille au métal» (DES p. 12), et leur marche douloureuse et silencieuse reflète l'immobilité et la dureté du désert. Le personnage est là pour prolonger l'espace par ses gestes, Le Hartani se présente ainsi comme l'incarnation d'une osmose avec l'espace à

La topographie du roman leclézien

travers sa tentative constante d'explorer les odeurs et les couleurs du désert. Lalla porte l'espace en elle et s'y déplace par le regard; c'est «comme si elle était à la fois ici, puis plus loin, là où son regard se pose au hasard» (DES p. 91). Son espace d'origine reste intimement lié à sa personnalité; lors de son exil à Marseille, l'univers désertique reste toujours présent dans son esprit et se transmet par le regard qu'elle pose sur le monde :

> Ses yeux sombres brillent étrangement tandis qu'elle les regarde, et à cet instant-là, il y a peut-être un peu de la grande lumière du désert qui vient sur eux, (...) (DES p. 253)

L'incarnation de l'espace désertique dans le personnage de Lalla permet à cet espace d'être transposé dans l'espace urbain, grâce à la magie de ses yeux qui «jettent un éclat de lumière, comme le reflet du soleil sur les pierres du désert» (DES p. 256). L'univers sombre et sale de la gare prend ainsi les caractéristiques du désert : c'est un lieu de tristesse et de pauvreté, où les voyageurs portent en eux toute l'inquiétude et toute la fatigue des nomades du désert. A travers la présence d'un personnage qui prolonge son espace, deux lieux symboliques d'une errance infinie se confondent et créent ainsi une image intemporelle.

Inversement le personnage se prolonge dans l'espace en lui accordant ses qualités. L'espace devient ainsi un être parlant qui s'exprime «avec les mots de la lumière, avec des mots qui explosent en gerbes d'étincelles sur les lames des pierres, les mots du sable, les mots des cailloux qui s'effritent en poudre dure, et aussi les mots des scorpions et des serpents qui laissent leurs traces légères dans la poussière. Il sait parler avec tous ces mots-là, et son regard bondit d'une pierre à l'autre (...)»(DES p. 90). Ces paroles et ce regard sont bien ceux des personnages miroirs que le roman met en scène; l'espace désertique est ainsi présenté à la fois à travers ses expressions perceptibles aux hommes et grâce à l'exploration que font les hommes de cet espace. L'espace occupe donc une double fonction dans *Désert*; non seulement il permet de qualifier le personnage et de délimiter son comportement, mais surtout il lui confère un rôle poétique en tant que parole déléguée d'un sujet immobile et intemporel.

La relation intime qui existe entre le personnage et le milieu reflète l'évolution de l'écriture leclézienne. Occupée essentiellement au début à décrire l'aliénation de l'homme dans une société technologique et hypercommercialisée, son écriture dans *Désert* s'intéresse surtout à explorer une intégration possible de l'homme dans le monde à travers une réhabilitation des richesses originelles de ce monde : mythes et légendes s'incarnent alors dans des paysages intemporels. L'espace devenu sujet du roman se présente ainsi comme le médiateur entre le personnage unique et son inscription mythique (cf. à la page 11 de *Désert* : «Les hommes regardaient souvent les étoiles, la grande voie blanche qui fait comme un pont de sable au-dessus de la terre», où deux espaces, le désert et le ciel, se fusionnent à travers l'évocation d'une couleur commune); il reflète et incarne ainsi le désir de fusion cosmique qui anime les personnages.

La tentative d'un épuisement du réel que l'écriture de Le Clézio semble à première vue proposer, se démarque pourtant d'une écriture purement descriptive. Il ne s'agit pas seulement de dénoncer l'impossibilité de l'idéal réaliste où de souligner la froideur du monde moderne, mais surtout de faire revivre une matière qui se présente d'emblée comme le sujet principal de son écriture. Car si la topographie qui régit l'œuvre leclézienne oppose l'ouverture à la fermeture pour symboliser un monde aliénant versus un monde originel, c'est pour mieux refléter le désir de l'homme d'une réintégration dans cet espace originel. Les lieux des romans lecléziens, et en particulier celui de l'œuvre synthétisant cette évolution, expriment en effet la pensée qui empreint toute l'œuvre de Le Clézio : la matière est primordiale et son désir de nous y immerger vivants se reflète dans son écriture. Il en résulte une topographie qui ne relève ni du roman social, où le milieu explique le personnage (cf. la topographie zolienne si minutieusement étudiée en vue d'une coïncidence totale avec le message social du roman), ni du roman psychologique, où l'espace symbolise un état d'âme ou une dépendance affective, ni vraiment du nouveau roman, bien que la ville-labyrinthe constitue un thème important dans les premiers romans. La topographie de Le Clézio reflète surtout une quête des origines, perceptible dans l'opposition d'un espace originel à un espace non-originel et dans une poétisation constante de la matière. Il est en effet intéressant de constater que l'étroite dépendance du personnage à son espace n'est pas d'ordre social, mais purement matériel. *Désert* en constitue l'exemple le plus représentatif : les hommes s'y confondent avec leur espace au point de vivre en osmose totale avec celui-ci. L'espace se présente donc comme le catalyseur de ce désir de fusion chez le personnage. Cette fonction explique la préférence grandissante pour les espaces illimités – la mer, le désert – qui reflètent l'affinité d'un écrivain qui affirme ne pouvoir écrire qu'en voyageant[88], mais qui expriment surtout le désir de se libérer d'une inscription temporelle en quête de l'originel.

---

[88] «Il n'y a pas pour moi de grand espoir sans grand espace», dit-il dans une interview accordée à Jérôme Garcin, «J.-M.G. Le Clézio: retour au pays natal», dans *L'Evénement du Jeudi*, n° 333, 21 au 27 mars, 1991, p. 103.

Expressions de l'intemporel

Le temps constitue un principe de base dans l'orchestration romanesque d'une histoire : la chronologie, le rythme narratif, le choix des temps verbaux permettent de rythmer la vie, les sentiments et les gestes d'un personnage. Selon l'idéal réaliste, ils contribueraient également à mesurer d'éventuels écarts par rapport à la réalité. C'est d'ailleurs à cette relation arbitraire entre temps du roman et temps du réel que s'attaquent les novateurs du XXe siècle, se libérant des emplois classiques des temps verbaux et refusant surtout la chronologie comme principe narratif. Le passé simple rythmant un récit événementiel cède ainsi la place à une prose plus descriptive et surtout à un présent intemporel, reflet d'un refus de chronologie qui est aussi refus de causalité. Avec le nouveau roman, on proclame qu'il n'existe «aucun ordre possible en dehors de celui du livre[89]», car l'histoire elle-même n'a «d'autre réalité que celle du récit[90]».

Une temporalisation originale du récit se présente donc comme un moyen de se démarquer du roman à narration chronologique, moyen utilisé surtout dans la littérature d'après-guerre, et qui se manifeste chez Le Clézio par une structuration discontinue du récit. Son refus d'une chronologie réaliste, l'irréalisme des repères temporels et la disproportion qui existe entre la valeur référentielle d'une situation et l'espace temporel qu'on lui accorde dans le récit reflètent l'enjeu romanesque de Le Clézio : la fonction de l'intrigue et du personnage est ainsi soulignée par ses différentes évocations du temps que ce chapitre se propose d'analyser de plus près. En effet, ces techniques reflètent aussi une conception du temps en tant que notion existentielle. Thème exploré dans la littérature de Ronsard à nos jours, en passant par le cycle romanesque entièrement construit sur le thème par Proust, chez Le Clézio le temps constitue également une thématique sous-jacente destinée à véhiculer une approche du monde. Afin de dévoiler cette approche du monde, la deuxième partie de ce chapitre analysera la relation entre le temps et le personnage.

L'éclatement de l'intrigue romanesque traditionnelle s'accompagne chez Le Clézio d'un rythme narratif discontinu. Tout comme la surabondance de détails descriptifs contribue à faire éclater le réalisme initial du récit, les repères temporels rompent toute illusion réaliste. Les datations figurant dans *Le Procès-verbal* ne sont pas de véritables repères temporels chronologiques : en calculant le temps nécessaire qui aurait dû s'écouler pour que le protagoniste puisse vivre les aventures rapportées dans les pages séparant le chapitre B, daté du 28 Août, du chapitre O, daté du 29 août, on constate en

---

[89] Robbe-Grillet dans *Pour un nouveau roman*, op. cit., p. 132.
[90] Ibidem, p. 132.

effet un anachronisme important. Cet anachronisme temporel détruit toute illusion de réel et confère au récit une atmosphère d'intemporalité qui ne fait que s'accentuer vers la fin du roman. Le vécu de Lalla de *Désert* est également un exemple intéressant : déjà enceinte lorsqu'elle quitte son bidonville de la côte marocaine en direction de Marseille, elle trouve ensuite le temps de travailler dans un hôtel, d'être découverte par un photographe et de faire carrière comme cover-girl avant de retourner au Maroc pour accoucher. L'évident anachronisme du récit confère au roman une intemporalité propre au récit merveilleux.

Les variations du rythme narratif, entraînant des ruptures surprenantes et des changements de situation narrative, contribuent également à souligner la valeur minimale de l'intrigue première. Le narrateur se permet en effet souvent d'abandonner le temps initial de la narration pour évoquer un temps plus universel grâce à l'utilisation d'un présent intemporel. C'est le cas du chapitre N du *Procès-verbal*, où le narrateur quitte son protagoniste pour évoquer quelques existences simultanées à la manière du roman-collage. C'est aussi le cas du *Livre des fuites*, où les chapitres intitulés «autocritique» rompent le rythme narratif du roman et créent une distance au récit initial. Ces ruptures sont intimement liées à la conception du romanesque qui régit l'œuvre de Le Clézio : le refus de l'intrigue se reflète dans le refus d'une chronologie imitant le réel, la dédramatisation des scènes est soulignée par une relation disproportionnée entre le temps de l'histoire et le temps de la narration. En effet, les scènes décrivant l'errance sont très longues et occupent beaucoup de place textuelle dans les premiers romans, alors que le récit de la vie des protagonistes se réduit à de brefs résumés. Les actes que commet Adam occupent ainsi une place mineure par rapport à son errance, le vécu antérieur de Bea B. de *La Guerre* est évoqué très sommairement, alors que ses promenades occupent la place principale du récit. *Terra Amata* semble présenter une exception à cette tendance, car ce roman relate de manière chronologique la vie d'un personnage, conférant à chaque chapitre une étape de son évolution. Néanmoins, c'est avec une distance ironique que cette technique est utilisée, car au moment décisif de la vie de Chancelade, la naissance de son fils, la narration ultérieure est supplantée par une narration simultanée à structure hypothétique («les années auraient passé très vite (...) à regarder l'enfant grandir» TA p. 144); le conditionnel utilisé annule du même coup l'illusion de réel provoquée par le reste du récit.

En effet, la véritable progression du récit se réalise non à travers une reproduction chronologique, mais grâce à des silences significatifs : les ellipses. Les ellipses sont implicites chez Le Clézio, la séquence suivante nous fait deviner l'omission d'un incident du récit. Il en est ainsi pour la séquence de la fuite d'Adam, qui aurait eu lieu entre son discours au public (chapitre P) et son internement à l'asile psychiatrique (chapitre R); en témoigne l'omission de la lettre qui aurait constitué le chapitre s'intercalant entre P et R. Ce silence narratif s'accompagne d'un changement de narrateur : l'ellipse narrative est alors comblée par un article de journal, une reconstruction plus ou moins incertaine du temps écoulé entre les chapitres P et R. La rupture entre le protagoniste et le monde est ainsi illustrée par l'éclatement de la chronologie narrative.

Une ellipse partielle, particulièrement significative, couvre un moment clé de l'histoire racontée dans *Désert*. Il s'agit du temps écoulé entre le chapitre narrant la bénédiction du guerrier aveugle et celui qui relate la mort de Ma el Aïnine. L'ellipse couvre la défaite des hommes bleus, qui nous est présentée indirectement à travers les pensées d'un observateur étranger dont le discours objectif provoque un contraste significatif à la scène idyllisant les pouvoirs surnaturels du chef de la tribu. Le temps des hommes bleus, d'allure cyclique et éternelle, est ici remplacé par le temps des conquérants étrangers, marqué par l'efficacité et l'intérêt économique. Afin de renforcer davantage ce contraste, le narrateur énumère les différentes étapes de la défaite et provoque ainsi l'accélération du temps du récit, marqué jusque-là par une lenteur mimant la marche silencieuse et lente des hommes bleus.

Parallèlement, dans ce même roman, le récit de Lalla comporte une ellipse devinée. Entre le chapitre narrant la montée de sa célébrité en tant que cover-girl et celui qui met en scène son départ inattendu, rien ne prépare ce départ annoncé au début d'un chapitre : «C'est comme cela qu'elle est partie, un jour, sans prévenir» (DES p. 382). Entre ces deux chapitres se glisse le récit de la mort de son ami Radicz, écrasé par un autobus en s'enfuyant d'une voiture de police après avoir tenté de voler une voiture. Ce chapitre, marqué par une action accélérée, se présente comme un symbole de ce que Lalla, une fois rentrée dans son pays natal, appellera la «ville meurtrière»; il constitue l'amplificateur d'un malaise sous-jacent malgré l'absence apparente de Lalla. L'action accélérée de ce chapitre rompt un rythme lent et régulier illustrant l'errance de Lalla dans les rues de Marseille et suggère ainsi l'arrivée d'un tournant. Ces ellipses permettent la transition entre deux situations, parfois même deux narrations différentes, mais leur valeur principale réside surtout dans leur symbolique. Elles permettent en effet d'illustrer l'indicible expérience des personnages : la parole qui fait défaut chez Adam, comblée partiellement par celle du journaliste, l'incapacité d'accepter une défaite chez les hommes bleus, remplacée par le constat sec de l'observateur. Outre leur valeur temporelle et symbolique, les ellipses constituent aussi une technique poétique chez Le Clézio, qui préfère à l'évocation concrète d'un couple faisant l'amour, l'érotisation du paysage entourant (cf. le passage à la page 206 de *Désert* commenté dans le chapitre «Le discours du corps»).

Une temporalisation qui mise sur le silence contribue à l'enjeu littéraire de Le Clézio, qui refuse l'intrigue dramatique au profit de l'évocation d'une présence au monde. L'ampleur des scènes descriptives en est caractéristique. En effet, l'anachronisme et la discontinuité de la narration sont compensées par une continuité assurée à travers les scènes d'errance. Occupant une grande place dans les premiers romans lecléziens, ces scènes sont marquées par une certaine lenteur destinée à faire sentir au lecteur la circularité que vivent les personnages-vagabonds de Le Clézio. Souvent la caméra s'immobilise totalement pour capter une scène à travers les yeux du protagoniste. La description minutieuse des objets et des personnages observés par le protagoniste crée ainsi un statisme quasi total du récit, destiné à refléter une contemplation réfléchie plus qu'une action.

Car la fonction du temps réside surtout dans la mise en valeur du statisme des personnages lecléziens. C'est la fréquence de leurs actes qui confère au récit une atmosphère d'intemporalité. A l'immobilité des scènes contemplatives s'ajoute alors une abolition du temps produite par ce que Genette appelle un «récit singulatif[91]», à savoir un récit qui raconte plusieurs fois un acte répétitif. La valeur de ces scènes réside dans leur fréquence et dans leur relation au temps. Les actes des protagonistes lecléziens sont en effet marqués par une répétition régulière : ils se promènent dans une ville, fument des cigarettes, observent ou poursuivent une personne choisie dans les premiers romans, ils contemplent la mer et parcourent l'espace dans les derniers. La banalité apparente de ces scènes est ainsi compensée par leur répétition significative, qui permet aux actes de symboliser la recherche d'un sens plus profond : la répétition des actes insignifiants se présente alors comme un moyen de se fusionner davantage avec l'univers. Elle reflète le désir d'une intégration cosmique, le désir d'arriver à cette «mythisation» du geste individuel qu'évoque Adam dans le chapitre N du *Procès-verbal*. Car selon Adam, la multiplication du geste permet que le temps s'éternise et que l'acte devienne mythe, ce qui explique le sens des anecdotes exprimant la répétition : l'existence itérative des personnages lecléziens se présente alors comme une inscription mythique du personnage, obtenue grâce à la répétition qui universalise l'acte.

La temporalisation du récit léclezien mime ainsi le désir de fusion cosmique qui anime les personnages. Les techniques narratives de l'écrivain reflètent en effet la relation des personnages au temps, une relation marquée par une opposition de l'actualité à l'intemporel, du temps individuel au temps collectif et surtout du temps aliénant au temps originel. Cette opposition est à la base de la tension qui régit la vie des personnages, créant quelques situations typiques, représentatives de l'actualité, de l'aliénation, du temps originel.

---

[91] Gérard Genette dans *Figures III*, op. cit., p. 146.

Expressions de l'intemporel

La double constitution du personnage, à la fois être de son temps et être universel, se lit dans la dualité de sa situation : il se voit tiraillé entre une société aliénante et un désir d'atteindre l'originel. Participant à la guerre d'Algérie comme soldat et aspirant à tout moment à une union cosmique, Adam est à la fois marqué par l'Histoire et par l'intemporel. Lorsqu'il tente de se fusionner avec le cosmos, dans les creux des rochers ou interné dans l'asile psychiatrique, c'est pour abolir le temps grâce à l'immobilité ou à la répétition des actes. A ce temps arrêté et clos répond la reproduction fragmentaire d'une société moderne où les dialogues et les textes de chansons contemporaines transmettent l'atmosphère d'une époque. *Désert* comporte cette même alternance entre un temps historique et un temps mythique. La description de l'errance des hommes bleus dans un espace immense confère à l'histoire une atmosphère d'intemporalité, alors que la référence aux incidents réels datés permet un ancrage historique du récit. Les deux époques relatées dans ce récit permettent une double expression de la dépossession : les hommes bleus dépossédés de leur terre dans un contexte historique précis, le sentiment universel d'aliénation chez Lalla dans une société occidentale.

Des «souvenirs collectifs» permettent à Le Clézio de faire revivre l'actualité de ses récits. Cette technique, qui est à la mode avec les biographies culturelles, et qui atteint une simplicité efficace avec l'ouvrage de Perec[92], consiste chez Le Clézio à évoquer des slogans de publicité, des chansons, des articles de journaux qui caractérisent une époque. Les repères historiques que les personnages nous livrent à travers les dialogues dans les premiers romans – la guerre de Viêt-nam, la guerre d'Algérie, la crainte d'une guerre atomique – nous permettent de situer les histoires comme contemporaines à la publication des romans. Les personnages se manifestent pourtant étrangement désintéressés de ces «souvenirs collectifs»; pour Adam, toutes les guerres se confondent dans une angoisse métaphysique. En effet, les repères historiques sont là pour incarner une sensation d'angoisse, cette insoutenable attente de «quelque chose de déplaisant» (PV p. 54). La participation de Monsieur X à la guerre de Viêt-nam n'a pas de valeur dramatique véritable, mais elle constitue une illustration de la férocité et l'absurdité de l'existence. Celle d'Adam à la guerre d'Algérie ne constitue pas vraiment un élément de sa biographie ou une page d'histoire intégrée dans le roman, mais elle illustre le violent sentiment d'aliénation qui caractérise Adam Pollo. De même, la bombe atomique n'est-elle pas seulement la référence à une préoccupation des contemporains de Le Clézio, elle constitue surtout

---

[92] Georges Perec: *Je me souviens*, Hachette P.O.L. 1978, une collection de «souvenirs collectifs» numérotés, inspirée de *I remember* de Joe Brainard.

l'image nihiliste par excellence, du désir autodestructeur de l'homme, de son angoisse face au néant.

L'abondance de repères temporels actuels contribue ainsi paradoxalement à exprimer l'intemporel. Cette idée est illustrée de manière presque caricaturale dans *Le Livre des fuites*, où les précisions temporelles sont constituées de dates précises («Ces choses-là se passaient en Libye, (...) en l'an 630, 1966, quelque chose comme ça.» LF p. 107, «C'était en 1912, ou bien en 1967, ou en 1999.» LF p. 58). Or, l'impact de ces précisions consiste surtout, à travers l'évocation d'alternatives et de dates postérieures à la publication du roman, à suggérer une abolition du temps.

Le refus de se soustraire au temps historique se reflète dans la perception du temps des personnages, marquée par la biologie et non par l'Histoire. Les repères d'Adam Pollo, amnésique et libéré de tout attachement à la société, sont ceux que la nature lui donne : «midi», «été», «canicule» sont les seuls repères temporels livrés aux lecteurs, alors que pour Lalla, qui ne possède aucune formation scolaire, le monde ne se décrit pas avec des mots mais avec des symboles puisés dans la nature, le temps ne s'exprime pas en jours et en heures mais à travers le paysage et le corps. Biologique, il s'exprime dans le rythme de sa respiration et se confond avec la douleur lors de son accouchement :

> Le temps s'est ralenti à cause de la douleur, il bat au rythme de son cœur, au rythme des poumons qui respirent, au rythme des contractions de l'utérus. (DES p. 393)

Au rythme de la nature et des émotions de Lalla, le temps ralentit et s'arrête. C'est une sensation physique intense qui provoque l'arrêt du temps, qui procure au protagoniste l'impression d'avoir «seulement dormi une heure ou deux», lors de son retour dans le désert (DES p. 387). Cet arrêt du temps constitue un vécu agréable, car il se présente comme l'anéantissement de l'expérience douloureuse du passé grâce à la réintégration physique dans le milieu d'origine. Le retour aux origines anéantit ainsi le temps alors que l'exil, en revanche, le prolonge et rend l'existence insupportable.

Ce refus acharné de l'Histoire, de la précision temporelle et de la biographie provient de la valeur anéantissante du temps. Si le personnage leclézien semble préférer un temps collectif au temps individuel, et un temps originel à l'actualité, c'est parce que le temps se présente pour lui comme l'adjuvant du néant, du pourrissement, de l'anéantissement. Image récurrente d'une mort invisible, le temps se manifeste pour lui surtout par les traces qu'il laisse sur les objets, le paysage, sur l'homme pris au piège de sa douceur. C'est donc à travers l'image de l'usure qu'apparaît la véritable valeur du temps. Pour l'essayiste de *L'Extase matérielle*, le temps est perceptible à travers les traces de l'usure sur les objets, une énumération des objets usés lui permet ainsi de proposer une conception du temps : «Voilà comment le temps devrait être conçu», dit-il à la page 149, «pas de minutes, pas de secondes, mais : le cendrier de verre et les petits grains de cendre, la pièce de monnaie cabossée, la boîte de conserve rouillée (...)». Témoins d'un temps impitoyable, ces objets sont là pour rappeler à l'homme que fuir le temps est impossible. L'usure du temps constitue aussi l'image dominante d'une œuvre qui disserte sur le thème de l'attente constante de la mort : elle se présente comme le principe régissant la structure narrative de *Terra Amata,* où l'énumération des étapes de la vie du protagoniste mime la thématique. Le temps est ici comparé à une guerre où la nouvelle génération devient l'assassin des anciennes :

> C'était inutile d'essayer de s'enfuir, ou d'oublier; parce que cette guerre-là était totale, sans merci. Chaque seconde, un corps nouveau naissait sur une partie de la terre, rejetant un corps ancien dans l'abîme. (TA p. 146)

La vaine tentative de fuir le temps s'explique ici par la douceur d'un temps qui piège; ce temps, qualifié de «bourreau», s'incarne en effet dans tout élément qui devient sujet d'amour, prenant ainsi un nom : «des noms de fleurs, d'arbres, de gouttes d'eau. Ils s'appellent Soleil, Pigeon, Faucheux, Dessus de Lit, Cigarette, Géranium» (TA p. 201). Sa fluidité contribue également à cacher son aspect destructeur; pour Nejma, le temps est comme une «fine poussière qui ne vient de nulle part, invisible et impalpable, mais qui recouvre tout» (EE p. 223). Pour Alexis du *Chercheur d'or*, le voyage sur la mer lui procure l'illusion d'effacer le passé, une illusion qui prend fin lorsque le protagoniste, après avoir vécu dans un temps biologique, fluide et sans limites dans une sorte d'existence édénique à l'île Rodrigues pendant quatre ans, se voit rattrapé par le temps historique quand les nouvelles de la guerre atteignent l'île.

La conciliation de l'actuel et de l'intemporel se présente non seulement comme le rêve qui alimente les protagonistes lecléziens, mais aussi comme un principe régissant la narration. Ainsi la structure même de *Désert* propose-t-elle la mise en œuvre d'une fusion des temps. La dualité temporelle, exprimée par une structure binaire, se présente à travers une opposition significative : le temps occidental est comparé au temps mythique qui empreint la vie des hommes bleus. D'un côté se présente un temps historique et aliénant, illustré dans le récit des hommes bleus par le temps imposé par les conquérants étrangers, et dans le récit de Lalla par l'exil, et de l'autre, un temps mythique incarné dans les récits parallèles – mythes, légendes – survenant tout au long de l'œuvre. Le temps aliénant provoque une impression de stagnation emprisonnante, renforcée par une narration itérative, destinée à évoquer le vécu des hommes dépossédés de leur terre et leur errance de longueur interminable dans un «pays hors du temps» (p. 11). Ainsi les mots du guerrier aveugle ponctuent-ils le récit de manière rythmé : «Est-ce que c'est ici? Est-ce que nous sommes arrivés?» (DES p. 222). La répétition du segment «chaque jour» à la page 208 contribue au même effet, elle mime l'obstination de la marche des hommes bleus, ainsi que leur fatigue accrue : «Chaque jour ajoutait un peu de terre» (DES p. 208); le temps et l'espace parcouru s'amalgament ici dans une seule construction pour que l'immensité du temps soit illustrée par celle de l'espace. Tout comme pour Alexis du *Chercheur d'or* devant l'expérience douloureuse de la guerre, la souffrance et la répétition à l'infini du même acte devenant de plus en plus absurde donnent aux protagonistes de *Désert* le sentiment d'un jour interminable; pour le jeune garçon Nour, l'errance interminable se présente comme «une seule et interminable journée» où les souffrances persistent (DES p. 211). Le récit de l'exil de Lalla paraît également d'une longueur exagérée si l'on calcule le temps réel passé à Marseille, censé être nettement inférieur au temps d'une grossesse. La souffrance et l'aliénation provoquent ainsi une amplification des scènes, transformant quelques mois ou quelques minutes en une souffrance interminable. «Est-ce que le temps existe», se demande l'observateur étranger témoin de la défaite des hommes bleus, «quand quelques minutes suffisent pour tuer mille hommes, mille chevaux?» (DES p. 408).

Au temps aliénant s'oppose un temps originel exprimé à travers la circularité des existences : Lalla rejoint l'expérience de sa mère en accouchant une fille, dans la mort, le cheikh retourne «vers son vrai domaine, perdu dans le sable du désert» et les hommes bleus, après leur défaite, disparaissent «tournés vers le désert (...) comme dans un rêve»; leurs gestes de l'incipit s'inversent tout en s'exprimant par la même syntaxe afin d'évoquer l'idée d'un éternel retour. C'est cette circularité qui permet la pénétration des secrets de l'univers, qui permet la fusion des temps opposés, pour que «le passé, le présent et l'avenir (...) se métamorphosent», comme dit l'essayiste de *L'Extase matérielle* : «Ce que j'ai été, je le suis, ce que je serai, je l'ai été» (EM p. 56).

Cette phrase paradoxale, affirmant la fusion des temps, est illustrée systématiquement dans une œuvre où tout vécu intense de l'actualité s'accompagne d'une évocation de l'intemporel; dans *La Guerre*, les références historiques ne font qu'accentuer l'intemporalité. «Cela se passait en ce temps-là, pendant la guerre anonyme», peut-on lire à la page 216, «quand les gens prenaient leurs voitures pour partir dans la nuit à la chasse à l'homme». Des repères temporels vagues – «en ce temps-là», «guerre anonyme» – caractérisent ce roman qui puise pourtant son inspiration dans l'actualité immédiate des lecteurs; ils permettent ainsi qu'un acte unique (la pratique de la chasse à l'homme par Monsieur X) s'universalise pour devenir un acte collectif. Cette technique est caractéristique d'un roman qui, de la première phrase à la dernière, propose une synthèse des temps à travers des expressions paradoxales; l'on se croit à la fois à la fin des temps, à cause de la présence potentielle d'une guerre atomique, et au début des temps lorsque

Expressions de l'intemporel

le narrateur annonce : «La terre a commencé hier» et «Aujourd'hui est à peine le début de l'ère primaire» (LG p. 284), pour clore ce roman apocalyptique.

La synthèse des temps a besoin d'un espace spécifique pour se réaliser dans les romans de Le Clézio. La fusion à laquelle aspirent les personnages leczéziens, et qui est la base de la dualité de leur situation, se cristallise dans la soif accrue d'un ailleurs. Un paysage vierge se présente ainsi aux personnages comme communication possible avec une époque révolue. C'est l'expérience que vit Hogan dans *Le Livre des fuites*, où le passé s'inscrit dans le paysage qu'il découvre. Se promenant dans ce paysage, Hogan se confond avec la civilisation et les gens qui l'ont peuplé. Le temps est ici comparé à une personne qui se cache «dans les montagnes, sur les plaines où vivent les villes», qui est «entier» et qui «respire» (LF p. 242). Cette personnification lui confère la dynamique d'un être vivant et permet son prolongement dans les personnages qui ont vécu dans ce paysage : leur esprit vit dans le paysage et donne au protagoniste leur souffle de vie. Se fusionnant ainsi avec un espace, le protagoniste adopte le rythme et la marche des hommes qui ont vécu dans le paysage à un tel point que le «je» en fuite devient un «nous» solidaire («Je suis avec eux (...) Nous avons peur.» LF p. 243). La fusion des temps se réalise ainsi grâce à un paysage qui synthétise les époques.

Dans les derniers romans de Le Clézio, le pays «hors du temps» constitue une situation privilégiée : la libération du temps à travers le récit fantastique (*Voyages de l'autre côté*) permet ainsi la transition d'un cadre actuel, destiné à refléter une aspiration vers l'intemporel, à un cadre d'emblée mythique et intemporel. Le voyage se présente comme le moyen d'atteindre ce pays magique. «Il y a un hors du temps, ici, à Rodrigues», constate le narrateur de *Voyage à Rodrigues* (VR p. 14), et lorsque le narrateur de *La Quarantaine* quitte Paris pour «l'autre bout du monde», c'est pour rejoindre «l'autre extrémité du temps» (Q p. 30). C'est ce voyage qui a permis de figer le temps dans *Désert* et *Le Chercheur d'or* et d'attcindre ce «désert immuable et immatériel» dont parle l'auteur de *L'Extase matérielle* :

> Face aux deux étendues éternelles qui n'ont jamais vraiment été, le fourmillement et le scintillement de la vie, de ma vie est sans importance. Ce qui compte, c'est ce désert immuable et immatériel, ce sont (...) ces millions de siècles et d'espaces qui ont été avant, et qui seront après. Ce qui est long, ce qui est insoutenablement long, c'est cette colossale voûte du vide et du noir, cette coupole qui pèse, qui engloutit, qui absout et éternise. Ce vide est ma vraie demeure, ce noir est mon univers réel. Ce temps du temps aboli ne passera pas, et cette existence de ce qui n'existe pas ne se ruinera jamais. (EM p. 226)

La fixation du regard du poète et l'utilisation d'un présent intemporel soulignent le désir d'un temps synthétique, qui abolit le mouvement anéantissant du temps et conduit vers un espace originel. En effet, le caractère figé des personnages lecléziens, illustré par la dualité de certains (Naja Naja et Lalla sont à la fois des enfants et des femmes), dotés d'une sorte de jeunesse éternelle («Naja Naja sait abolir les jours» V p. 73), se voit renforcé par une narration au présent évoquant une existence hors du temps. Les débuts des chapitres de ces romans sont en effet caractéristiques de cette tendance; ils sont descriptifs ou évoquent un acte itératif : «Naja Naja part dans le soleil» (V p. 52), «On sort la nuit» (V p. 58), «Il y a un endroit où Lalla aime bien aller» (DES p. 88). Les phrases tournent à l'incantation, comme s'il s'agissait d'illustrer ainsi le culte du pays merveilleux où le temps s'abolit; tel l'univers magique que Lalla trouve dans la nature où «elle sent qu'elle n'appartient plus au même monde, comme si le temps et l'espace devenaient plus grands, comme si la lumière ardente du ciel entrait dans ses poumons et les dilatait, et que tout son corps devenait semblable à celui d'une géante, qui vivrait très longtemps, très lentement» (DES p. 187). Cet espace magique se présente comme l'amplificateur du lieu et du temps, transformant le vécu singulier en une expérience cosmique et éternelle; c'est ce que certains ont appelé l'élaboration du concept de «minute-siècle[93]», exprimé par un présent intemporel et renforcé par des situations évoquant l'originel. Car c'est bien la restauration de ce temps originel qui constitue le projet d'un écrivain pour qui «écrire un livre, c'est arrêter le temps», c'est «se défendre contre le déroulement du temps, (...) inventer un autre temps, un temps qui est cyclique.»[94]

Le rêve d'une conciliation entre l'actualité et l'intemporel, qui alimente les romans de Le Clézio, se reflète dans la diversité de son approche du temps. Le cadre moderne domine les premiers romans nous rappelant l'actualité par des images de notre société contemporaine : embouteillages, discothèques, centres commerciaux et aéroports forment des indices historiques. La parole des personnages véhicule néanmoins un désir de l'intemporel qui s'exprime par un refus de l'Histoire et dans le goût pour l'élémentaire. Dans la deuxième partie de l'œuvre, cette tension paraît surmontée au profit d'une intégration plus harmonieuse et complète dans l'intemporel. Le cadre relève d'emblée de l'originel : la mer, le désert dominent une narration qui privilégie la description pour créer un sentiment d'immobilité et de fixation. A ces situations originelles s'ajoute alors un discours social accru qui confère

---

[93] Expression utilisée par Elisabeth Ravoux-Rallo dans «Le Clézio et la modernité» in *Actes du congrès national de la société française de littérature générale et comparée*, Presses Universitaires de Mirail, Toulouse, 1989, p. 646.

[94] Le Clézio dans l'émission «Un siècle d'écrivains: J.M.G. Le Clézio», diffusée sur FR 3 le 8 mai 1996.

aux derniers romans une actualité nouvelle. Un ailleurs destiné initialement à exprimer le désir de l'intemporel, se voit attribué un rôle social qui restaure la valeur de la référence historique. Cette évolution des repères spatio-temporels exprime le projet romanesque d'un écrivain soucieux d'intégrer son propre vécu personnel dans une continuité historique, d'où l'atmosphère intemporelle des romans pourtant bien ancrés dans une époque précise. «Ma propre relation au monde passe par les lieux que j'évoque», dit-il, «par ces pays, par ces peuples différents, par cette histoire mouvementée et qui renvoie toujours à la période de guerre. (...) le point commun de tous mes livres, c'est la référence, la désignation d'un point obscur situé dans l'immédiat après-guerre, un point que je ne peux pas voir, mais que je sens au fond de moi, et qui me conduit jusqu'au XIXe siècle, à l'époque de l'esclavage, au temps où l'Occident affirmait en toute quiétude sa domination sur le reste du monde. Si le roman est un isoloir, il doit nous permettre de mieux comprendre. Il doit nous aider à assimiler la genèse de notre propre Histoire.[95]» Le discours social des derniers romans de Le Clézio semble refléter son désir croissant d'intégrer sa propre histoire dans l'Histoire, d'abolir les frontières spatio-temporelles en quête d'une compréhension de soi-même dans le monde. D'où la prédominance du lyrisme contemplatif et non du discours sociologique ou moralisateur dans ces œuvres, marquées surtout par le double désir d'exprimer le mouvement de la vie et l'immobilité originelle.

---

[95] J.M.G. Le Clézio à Claude Cavallero dans «Les marges et l'origine», op. cit., p. 174.

Une narration poétique

La double rupture qu'opère la narration leclézienne, d'une part avec le roman psychologique ou social, et de l'autre avec le roman expérimental, reflète le désir d'élargir le domaine romanesque de manière à ce que le roman puisse exprimer la situation de l'être au monde. L'intrigue romanesque est ainsi «contournée» dans une narration qui, destinée à exprimer plus une présence au monde qu'un destin individuel, compense l'absence de conflit par une valorisation de deux attitudes poétiques. La contemplation et l'attente, exprimées dans une écriture descriptive et illustrée par la topique de l'errance, constituent la mise en scène de la qualité première accordée au personnage : une disposition au monde qui lui permet d'être à l'écoute de ses nombreuses expressions.

La temporalisation du récit vient compléter cet enjeu romanesque : la relation disproportionnée entre le temps de l'histoire et le temps du récit contribue en effet à minimaliser l'intrigue première, les ellipses narratives et les scènes descriptives valorisent l'évocation d'une présence au monde, l'itération des actes reflète le désir d'une intégration au monde au moyen de la contemplation attentive. Une nostalgie de l'intemporel s'observe dans des repères historiques qui contribuent paradoxalement à exprimer le refus de l'Histoire et le désir d'un temps mythique. Elle s'exprime parallèlement dans la perception du temps par le personnage : le refus de l'Histoire s'accompagne ainsi d'une valorisation des repères biologiques, reflet de l'angoisse sous-jacente d'un temps anéantissant. L'évolution de l'œuvre leclézienne tend cependant vers une revalorisation de l'Histoire en tant que moyen synthétisant deux désirs parallèles : la quête d'une origine personnelle passe ainsi par la recherche de l'origine d'un peuple, le temps actuel se comprend à la lumière d'un temps passé resurgi dans l'autobiographie et le récit historique et mythique.

Cette évolution se reflète simultanément dans la dissolution des personnages, dont la transparence et la fluidité sont évoquées par leurs noms, les pronoms les désignant, leur physique et leur comportement, et dans une schématisation délibérée des caractéristiques spatiales qui oppose le non-originel (la ville et tous ces lieux qui s'associent à la modernité) à l'originel (la mer, le désert dont l'immensité reflète l'originel fusionné avec l'immémorial).

Si la narration leclézienne tente de conférer aux repères spatio-temporels une dualité primitiviste où le non-originel s'oppose à l'originel, où l'actualité s'oppose à l'immémorial et de créer des personnages «poétiques» destinés à exprimer plutôt qu'un destin une pulsion vitale, c'est pour mieux illustrer la situation de l'être au monde. Car tous les procédés romanesques de Le Clézio visent à une expression plus directe de ce monde. Il en résulte une narration qui mise sur la contemplation extatique de l'univers au détriment d'actions dramatiques, sur la valorisation constante des caractéris-

Une narration poétique 105

tiques matérielles de ce monde au détriment d'un personnage psychanalysé et une écriture qui vise à travers la concrétisation de concepts abstraits une présentation plus directe et poétique des préoccupations existentielles de l'homme.

Le bouleversement narratif que propose l'écriture de Le Clézio est en effet intimement lié à une conception du monde qui régit sa poétisation du roman. Des personnages délibérément simplifiés afin d'exprimer une soif et une pulsion, des évocations spatio-temporelles constamment reliées à une dualité primitiviste contribuent à véhiculer cette vision du monde. Car si l'écriture leclézienne exprime une recherche constante de formes nouvelles et de structures originales, c'est qu'elle reflète une pensée et une recherche existentielles qui ne peuvent se dissocier des choix techniques de l'écrivain et qui constituent le point de départ de son projet romanesque : «à quoi peut bien servir la littérature», s'interroge l'écrivain, «si ce n'est à cette entreprise de conscience, reconnaître tout ce qu'il y a dans l'homme, tout l'infini de ses possibilités et de ses arrangements avec l'univers?»[96]

Chez Le Clézio, l'orchestration romanesque de cette «entreprise de conscience» révèle une technique davantage poétique que dramatique. L'absence d'intrigue proprement dite favorise la contemplation poétique comme approche du monde. Une contemplation qui révèle au lecteur des images obsédantes qui se prêtent avec plus d'intensité à illustrer la pensée de l'écrivain. Ces images nous intéressent dans la mesure où leur présentation romanesque est caractéristique du projet poétique de Le Clézio, d'une nouvelle écriture romanesque qui se démarque des tendances de la littérature de l'après-guerre. Un rappel des courants de pensées qui ont influencé l'écrivain n'est pas inutile dans cette perspective. Le Clézio en parle peu, mais il avoue parfois ses affinités pour certains philosophes qui ont déterminé son œuvre, notamment Heidegger[97] et Sartre[98]. La narration leclézienne semble en effet portée par quelques idées heideggeriennes : le refus d'une société industrielle étrangère à l'homme qui met l'homme sous sa domination, l'absorption de l'individu dans la masse – le «on» – qui enlève à l'homme son être[99], situation à laquelle il ne peut échapper qu'à travers «l'être pour la mort», la conception de la parole et surtout la transparence de l'être face à un cosmos puissant et envahissant. Il emprunte à Sartre des situations caractéristiques de l'angoisse existentielle de «l'homme condamné

---

[96] Le Clézio dans «La révolution carnavalesque», op. cit., p. 3.
[97] Le Clézio dans «Lire, c'est s'aventurer dans l'autre», *La Quinzaine Littéraire*, op. cit., p. 7.
[98] «Un homme exemplaire», *L'Arc*, op. cit., p. 5-9
[99] *Etre et temps*, Gallimard, 1986, p. 126.

à être libre», ainsi que l'effet du regard d'Autrui révélant l'être comme objet, comme pure facticité. C'est dans la mesure où ces idées déterminent les choix techniques de l'écrivain qu'elles nous intéressent ici et non dans leur développement; car le propos de l'écrivain n'est pas de disserter sur une idée, mais de la «faire exister devant nous à la manière des choses[100]», grâce à une écriture qui mise sur le concret et le sensoriel.

Cette attitude de l'écrivain explique aussi le refus constant du classement catégoriel; tout comme son écriture ne se laisse pas enfermer sous une étiquette générique, l'apport philosophique de l'œuvre reflète sa structure ouverte. Se libérant d'une écriture philosophique traditionnelle, Le Clézio s'oriente vers une expression marquée par des influences non occidentales; un goût pour l'expression primitiviste, déjà perceptible dans *Le Livre des fuites*, se confirme au fil des œuvres. L'évolution vers le dépouillement et la transparence sentie dans les derniers romans de Le Clézio s'accompagne de situations marquées par une dualité primitiviste. Le Clézio explique ainsi sa fascination pour Lautréamont par sa relation à l'art collectif : «J'aimerais bien m'étudier à travers Lautréamont», dit-il, «qui est quand même un des derniers écrivains individualistes qui ait compris ce que peut être l'art collectif, un art qui dépasse l'individu, un art qui retrouve les mythes de la vie collective.[101]» Cet art présenté de manière ethnologique dans *Haï*, apparaît dans les romans de Le Clézio à travers les expressions collectives de notre société moderne : la publicité, les insignes, les chansons, les faits divers; expressions primitivistes modernes.

Si les techniques narratives de Le Clézio empruntent au primitivisme la schématisation du personnage et des situations, c'est pour mieux illustrer une idée philosophique : la subordination d'une conscience individuelle à un cosmos mouvant, l'être entièrement tourné vers l'extérieur sont des idées heideggeriennes qui déterminent non seulement la narration mais aussi les topiques de l'univers romanesque de Le Clézio. Ces idées s'expriment dans une valorisation constante de la matière comme approche du monde, mais aussi dans la référence aux mythologies d'autres peuples. D'où la fréquente utilisation de la rencontre comme situation privilégiée pour le personnage leclézien. Cette rencontre s'est réalisée pour l'écrivain lui-même lors d'un voyage au Mexique, qui lui permit de découvrir la société indienne «Embera». L'apprentissage de leur langue, destiné à mieux communiquer et à s'initier à leur culture, leurs chants, leurs mythes, constituait surtout pour Le Clézio l'initiation à une nouvelle manière de penser. «Ce n'était pas la pre-

---

[100] Maurice Merleau-Ponty dans «Le roman et la métaphysique», *Sens et non-sens*, Gallimard 1996, (Nagel 1966), p. 34.

[101] Le Clézio à Pierre Lhoste dans *Conversations avec J.M.G. Le Clézio*, op. cit., p. 36.

Une narration poétique 107

mière langue non occidentale que j'essayais d'apprendre», dit-il à ce propos, «puisque quelques années auparavant, j'avais essayé d'apprendre le chinois (...) Mais la rencontre avec les Indiens Embera m'a troublé plus profondément, parce que les gens qui la parlaient vivaient d'une manière totalement différente des occidentaux, et qu'en apprenant cette langue, je découvrais tout ce qui me remettait en question.[102]» Cette remise en question constitue surtout le refus d'une rationalité occidentale, perceptible dans la conception du langage et la vision du monde exprimées dans les œuvres de Le Clézio. Ce refus s'accompagne du désir d'altérité, du goût pour l'expérience marginale, celle d'un écrivain prenant ses distances avec le monde médiatique, qui est aussi celle de ses personnages. «J'ai très vite considéré», avoue-t-il dans une interview récente[103], «que ce que j'avais à dire dans la littérature ne pouvait pas uniquement se référer au corps littéraire lui-même, et l'expérience que j'ai pu avoir du monde amérindien notamment – une expérience marginale, vécue parmi des peuples marginaux par rapport à la société moderne et à son corpus culturel –, cette expérience n'a cessé depuis de conforter mes choix : comme option consentie, la marge traduit aussi mon goût pour l'altérité, la différence.»

Ces réflexions de l'écrivain nous amènent à relire ses situations dans une nouvelle perspective : la ville n'est peut-être pas seulement l'expression d'un refus de la société industrielle, le voyage est peut-être aussi plus que la projection littéraire du désir constant d'un ailleurs chez un écrivain qui avoue puiser son inspiration dans le voyage. La rencontre avec l'Autre ne se limite pas au discours social de l'écrivain, bien que ce dernier contribue à expliquer son succès croissant auprès du grand public. Car toutes ces situations, constamment doublées d'une évocation intense de la matière, tendent à rendre vivante une présence au monde, à faire surgir à travers une écriture poétique l'homme au monde, «l'infini de ses possibilités et de ses arrangements avec l'univers[104]».

---

[102] «Plus qu'un choix esthétique», *La Quinzaine Littéraire*, n° 436, 16-31 mars 1985, p. 5.
[103] Le Clézio à Claude Cavallero dans «Les marges et l'origine», op. cit., p. 167.
[104] Le Clézio dans «La révolution carnavalesque», op. cit., p. 3.

Images de fuite et nostalgie d'un ailleurs chez Le Clézio

La ville comme catalyseur de l'angoisse : la psychose urbaine ou la «grande machine à extraire l'âme»[105]

L'espace urbain occupe une place privilégiée dans la topographie leclézienne : expression à la fois de modernité et de désirs originels, il véhicule la dualité caractéristique de la narration de Le Clézio. Car si la ville de Le Clézio semble à première vue illustrer une critique directe de la société, elle constitue surtout une image obsédante de l'angoisse existentielle grâce à une de ses caractéristiques : la foule, symbole à la fois d'uniformité et d'étouffement. Elle paraît certes influencée par les différentes évocations de la ville qu'ont données les écrivains du XXe siècle, mais elle est surtout le reflet d'une écriture qui, à travers un nouvel investissement philosophique et affectif de la topique, confère à cette image une nouvelle actualité.

Lieu stratégique qui permet de classer, caractériser et structurer le vécu d'un personnage, la ville se présente comme le noyau de l'intrigue dans beaucoup de romans du XXe siècle. Qu'il s'agisse de Paris société hiérarchisante chez Zola, lieu d'errances oniriques chez les surréalistes et objet d'un travail sur la mémoire chez Perec et Modiano, d'un Dublin parcouru par les personnages de Joyce ou de New York décrit par Dos Passos et Robbe-Grillet, la ville dans le roman a évolué d'un lieu socialement déterminant à un lieu symbolique destiné à exprimer ou bien le rêve de l'utopie ou bien la déshumanisation du monde notamment à travers la géométrie froide de la ville moderne. Après la poétisation onirique

---

[105] *La Guerre*, p. 101.

valorisant les sensations chez les surréalistes, et les villes «sans âme[106]» des existentialistes, dépourvues de qualités spécifiques pour mieux illustrer des situations et des sentiments universels, les années soixante ont vu l'essor d'une littérature phénoménologique qui met en relief l'anonymat et la destruction de l'individu. L'homme est «chosifié» par une société hypercommercialisée et aliénante. Cette topique sert de point de départ pour une réflexion métaphysique chez Le Clézio. Afin d'évoquer l'aliénation de l'homme, son angoisse face au néant, il transforme ainsi une réalité sociale en élément imaginaire pour mieux exprimer une pensée existentielle grâce à un investissement affectif. Pour ce faire, il emprunte des techniques aussi bien à l'écriture phénoménologique qu'au fantastique, et permet ainsi à la ville d'apparaître comme un lieu de rencontre entre modernité et désirs originels.

Chez Le Clézio, c'est la surabondance qui caractérise d'abord la présentation de la ville : surabondance d'impressions visuelles et auditives reprises dans une écriture mimétique, surabondance surtout d'agressivité incarnée dans des lieux et des objets hostiles. Un embouteillage est ainsi comparé à l'enfer (*Terra Amata*), un carrefour devient un lieu d'assassinats (*Le Livre des fuites*), et partout l'homme est agressé par des caméras (*Les Géants*). Cette agressivité conférée aux lieux et aux objets qui incarnent la ville illustre la fragilité de l'homme dans un univers aliénant. D'où une présentation qui souligne le général et l'universel; les villes de Le Clézio n'ont pas de qualités différentielles destinées à évoquer une atmosphère spécifique (exception faite à cette tendance la topographie de celle évoquée dans *Le Procès-verbal* et *Le Déluge*, où la présence simultanée de la mer et des montagnes rappelle effectivement la ville natale de l'écrivain), elles sont au contraire destinées à incarner des sentiments et des situations intemporels.

Pour Le Clézio, né à Nice, et préférant à Paris une vie simple au Mexique, la ville est à la fois un sujet de fascination et de terreur. «On peut parler de la beauté de l'angoisse,» dit-il à Pierre Boncenne dans une interview[107], mais il rajoute : «il est dangereux de parler de l'angoisse pour l'angoisse parce qu'il y a une sorte de fascination verbale et psychique pour la ... peur. (...) L'univers urbain, mécanique et fascinant, me semble ne donner comme seule satisfaction, en échange du luxe et du confort qu'il nous offre, que cette psychose. Au lieu d'offrir la sécurité, il n'offre que la crainte...». Il va même jusqu'à qualifier ce sentiment d'agression permanent de «guerre», «guerre de la masse contre l'individu, guerre des objets contre l'être

---

[106] Albert Camus: *La Peste*, p. 13.

[107] J.M.G. Le Clézio à Pierre Boncenne dans *Lire, écrire et en parler*, Lire, 1985, p. 82.

humain[108]». La ville constitue ainsi le décor d'une guerre qui a «choisi les lieux qu'habitent les hommes» (LG p. 222). Elle offre une double expression d'agressivité en se présentant à la fois comme un lieu d'agression et un lieu agressif qui s'étale sur une terre vierge. Cette présentation de la ville ne se limite pourtant pas à un simple discours d'écologiste; il s'agit pour Le Clézio d'évoquer une aliénation d'ordre plus général à travers une mise en relief des caractéristiques artificielles de cet espace. En effet, tout est faux et fabriqué par l'homme dans cet univers, qui a réduit la terre en «une plaque de goudron» où «l'eau est de la cellophane» et «l'air est en nylon» et même les arbres sont en caoutchouc, oscillant «dans le vent des ventilateurs» (LG p. 31). Car «la guerre s'est mêlée au paysage de la vie» transformant toute créature vivante en signe de mort : «Là, où il devait y avoir un champ de blé battu par le vent (...) il y a une sorte d'enfer jaune et vert» (LG p. 93).

Un rappel constant des qualités artificielles et aliénantes de cet univers permet à Le Clézio non seulement de critiquer une société hypercommercialisée, devenue trop technique pour répondre aux vrais besoins de l'homme, mais surtout d'illustrer le sentiment d'étouffement permanent qui caractérise ses personnages. Hogan éprouve en effet le sentiment que «la ville, petit à petit le chassait. Elle le repoussait insensiblement, le coinçait avec ses murs, l'épuisait avec ses bruits de volcan, le rendait fou à force des rues droites dont on ne voyait pas la fin» (LF p. 125). Pour mieux illustrer ce sentiment, Le Clézio recourt à une technique de saturation. Saturation linguistique destinée à mimer et à susciter chez le lecteur un sentiment analogue de malaise et d'étouffement, saturation également au niveau de la récurrence d'images représentatives de cette topique.

Une syntaxe martelée contribue à mettre en valeur les objets destinés à incarner la guerre (parkings, autoroutes, supermarchés) dans *La Guerre* et *(Les Géants)*. L'invasion de la ville et l'étouffement de l'homme et de la nature sont ainsi évoqués à travers un rythme imitant une sensation d'étouffement. A la première page de *La Guerre*, une syntaxe simple, énumérative, évoque cette guerre et illustre sa progression :

> Chaque seconde, elle progresse, elle arrache quelque chose et le réduit en cendres. Tout lui est bon pour frapper. Elle a de quantités de crocs, d'ongles et de becs. Personne ne restera debout jusqu'à la fin. Personne ne sera épargné. C'est cela, c'est l'œil de la vérité. (LG p. 7)

A travers cette syntaxe énumérative, la guerre est définie par ses actes et ses armes. Le rythme accéléré des phrases provoque le sentiment d'un dénouement inévitable souligné par un style solennel, voire même «prophétique» :

---

[108] J.M.G. Le Clézio à Pierre Lhoste dans *Conversations avec J.M.G. Le Clézio*, op. cit., p. 30.

«Personne ne sera épargné.» Une syntaxe imitant les sensations que provoque une situation donnée constitue un procédé courant dans l'écriture leclézienne : nous avons vu comment l'écriture énumérative imite la tentative désespérée du protagoniste de lutter contre la mort dans *Terra Amata*. La reproduction directe d'impressions auditives ou visuelles constitue une autre technique mimétique de l'écriture leclézienne. Les affiches publicitaires envahissent ainsi les premiers romans à travers des reproductions partielles ou entières. Quant aux impressions auditives, elles sont particulièrement mises en valeur dans *(Les Géants)*, où le personnage Bogo le muet incarne le refus d'une parole sentie comme une agression. L'attaque auditive à laquelle il est exposé quand, assis sur le parking du supermarché, il entend le flot verbal des passants, s'illustre ainsi par une transcription phonétique des discours entendus, où les syllabes accentuées sont mises en relief à travers un recours aux majuscules. Les paroles sont ainsi présentées exclusivement dans leur matérialité, dénuées de sens communicatif, pour tenter d'expliquer comment, dans l'esprit du petit garçon, leur bruit se confond avec celui des voitures sur le parking.

De la même façon les «bruits» d'une société de consommation apparaissent au lecteur à travers la reproduction de slogans publicitaires («Marchez, achetez, mangez! Aimez-vous! Buvez Pils! Le drink des gens raffinés! Fumez! Vivez!» GEA p. 53), répétés à l'impératif pour souligner leur caractère agressif. La structure même des *(Géants)* reflète la saturation visuelle et auditive d'une société hypercommercialisée grâce à l'insertion d'un texte parallèle constitué de textes publicitaires. Les deux textes forment en effet une unité de signification malgré leur narration différente : les slogans publicitaires illustrent l'intrigue du texte principal, alors qu'un élément du discours des personnages est inséré dans le texte publicitaire[109]. L'interaction de ces deux textes contribue ainsi à une survalorisation du topos (l'homme envahi par les messages publicitaires), destinée à renforcer l'évocation du malaise existentiel des personnages.

Si la saturation auditive et visuelle des personnages est reprise dans une syntaxe et une structuration mimétiques chez Le Clézio, le traitement des objets est tout autre. Car Le Clézio suggère une métamorphose de la valeur première des objets grâce à une présentation souvent fantastique. Il s'agit effectivement d'une coloration thématique et subjective des objets qui représentent un sentiment d'angoisse; les objets fabriqués par l'homme apparaissent ainsi comme menaçants et envahissants : la voiture devient une

---

[109] Il s'agit de la phrase «Il faut brûler Hyperpolis», prononcée par Machines et qui cause son arrestation, phrase qui est reproduite en caractères minuscules en bas des pages publicitaires et qui apparaît en majuscules dans le texte principal vers la fin du récit.

arme meurtrière (*La Guerre*), l'ampoule électrique devient le substitut du soleil pour refléter une société aliénante (dans *Terra Amata* le soleil est «pareil à une ampoule électrique vissée avec démence dans la coupole du ciel.», TA p. 147 et dans *La Guerre,* p. 31, «Le soleil brûle au centre du plafond d'isorel, avec sa grosse ampoule de 1600 watts.»). Cette présentation du soleil, image qui évoque un univers original, et la métaphore simultanément empruntée à un univers technologique, présentent un paradoxe représentatif d'une écriture qui tend à souligner, par sa dualité, la tension de l'homme tiraillé entre l'originel et le non-originel. La transformation fantastique des objets courants de notre société produit en effet une expression de terreur caractéristique du récit de science-fiction. Car si l'ampoule électrique est omniprésente dans les premiers romans de Le Clézio, c'est que l'électricité se présente à la fois comme un symbole du progrès scientifique de l'homme et comme un déclencheur de terreur et de fascination par son pouvoir. Cette référence fréquente à l'électricité se lit à la fois comme une illustration de l'aliénation et du désir nihiliste de l'homme et un rappel du caractère autodestructif de la société moderne, si l'on se réfère à la conception de l'électricité exprimée en particulier dans *(Les Géants)* et *Haï*, qui la veut réductrice de la liberté humaine.

Si l'uniformité et la mécanisation de la société urbaine sont soulignées et même amplifiées à travers une écriture fantastique chez Le Clézio, c'est paradoxalement pour mieux illustrer un phénomène archaïque, une force originelle qui prend forme dans une topique urbaine : la foule. La foule se présente comme l'expression d'une unité originelle, où l'individu est prêt à se souder aux autres sous l'effet d'une pulsion sans objet précis. En nous présentant des êtres totalement absorbés par la masse urbaine, Le Clézio illustre ainsi la négation de l'individualité : Bea se confond alors avec la piste de danse et le dancing devient un catalyseur d'agressivité. Chancelade perd son identité lors d'un passage dans un embouteillage : il se sent absorbé par la foule des automobilistes et lorsqu'il entame une conversation avec une jeune fille, il ne s'appelle plus Chancelade, mais Karl et il est devenu un touriste allemand. L'osmose avec la foule constitue une expérience anéantissante qui prend forme dans une image fantastique :

> La foule se refermerait sur lui comme une bouche et le digérerait voracement. Il glisserait tel un aliment au centre des corridors ondulants, et il perdrait peu à peu sa chair, ses muscles, sa pensée. La bêtise multiforme l'envelopperait et le presserait de toutes parts, suçant sa substance, épuisant goutte à goutte le liquide de sa personnalité. (TA p. 132)

Le fantastique et l'abstraction se mélangent ici grâce à l'image d'un monstre dévorateur; cette image est caractéristique d'une écriture qui se plaît à utiliser le fantastique («digérait voracement», «chair», «muscles») pour évoquer une thématique d'ordre intellectuel, grâce à une juxtaposition surprenante d'éléments fantastiques et de concepts abstraits («pensée», «bêtise», «personnalité»). La topique de la foule reflète effectivement une préoccupation existentielle chez Le Clézio : l'homme est seul face au monde telle «une particule en train de tourner dans le maëlstrom [sic !], entraînée, cahotée, vidée de sa résistance» (TA p. 97). Au lieu de le libérer de sa solitude et de son aliénation, la société moderne occidentale renforce sa solitude. Comme Heidegger, Le Clézio présente la solitude comme l'absence d'une relation authentique avec le monde, et non comme une séparation des autres. Seule la fusion cosmique permet aux personnages lecléziens d'être comblés entièrement. Autrui, qui forme une menace à cette relation, est capable de faire sentir à l'individu une véritable solitude. Cette problématique donne son sens plein aux descriptions minutieuses d'une société urbaine si ultra-sophistiquée qu'elle se rapproche des sociétés d'horreur de la science-fiction. Elles semblent effectivement illustrer parfaitement une idée de Heidegger : «Il y a longtemps que les puissances qui (...) sous quelque forme d'outillages que ce soit, accaparent et pressent l'homme, le limitent et l'entraînent», dit-il, «il y a longtemps (...) que ces puissances ont débordé la volonté et le contrôle de l'homme parce qu'elles ne possèdent pas de lui».[110] D'où une présentation de la ville qui souligne la solitude et le vide, «un vide intense et glacé (...) qui souffle comme un vent le long des rues et des ruelles» (DES p. 296), destinée à souligner l'idée heideggerienne d'une «absorption dans le on» chez l'individu qui tente vainement de trouver une intégration authentique dans le monde, mais qui s'absorbe dans une foule qui ne fait qu'augmenter son sentiment de solitude.

Une topique sartrienne est utilisée de manière systématique pour rappeler cette situation de l'être : le regard des autres. Autrui, ou le «on» heideggerien, privant l'homme de son «authenticité», apparaît non seulement à travers la topique de la foule, mais aussi à travers des personnages imaginaires, des observateurs invisibles. Dans *Terra Amata* ils «étaient partout; les nains au visage d'homme ou de femme vous épiaient sans cesse, du fond des jardins, à travers les vitres des voitures, cachés derrière les arbres, ou bien dans la pénombre. Ils écoutaient. Ils vous volaient sans cesse, vos pensées, vos mots, vos actes, vos passions» (TA p. 146). Ce regard d'autrui se caractérise surtout par son agressivité; dans *(Les Géants)*, il a des «crocs», des «griffes» (GEA p. 26), et s'incarne dans des objets envahissants, telles les caméras qui «filment des battements de paupière, les mouvements des lèvres, les mouvements des mains» (GEA p. 29). Il est omniprésent et envahissant, permettant au «regard de l'autre» de devenir «regard de soi» (EM p. 93); l'homme est devenu «prisonnier de son propre regard» (TA p. 176). La ville se présente ainsi comme le microcosme d'un monde se réverbérant sur

---

[110] Martin Heidegger: «Sérénité», *Questions III*, Paris, Gallimard, 1966, p. 173.

lui-même; voilà pourquoi «Paris est trop étroit» (Q p. 26) pour le personnage leclézien (qui se rapproche en ceci beaucoup de l'écrivain), voilà pourquoi les «angles des maisons» et les «points de fuites» sont comparés à des outils d'agression (Q p. 28).

A l'insupportable enfermement sous le regard des autres, se présentent deux solutions aux personnages de Le Clézio. La première relève d'une idée heideggerienne : le personnage découvre son être en tant que «être pour la mort». Dans la prise de possession de la mort, il assume son propre néant. Les actes autodestructifs des premiers personnages répondent à cette idée : Adam sombre dans la folie, Besson s'aveugle devant le soleil éblouissant. Les objets sont destinés à rappeler aux personnages leur possibilité d'autodestruction. Le soleil se présente comme un élément destructif, dont la lumière blanche et éblouissante et la chaleur intense suggèrent une situation aux confins de la mort (cf. p. 92 du *Livre des fuites* : «l'œil immense, l'œil dément qui plongeait son regard sans pitié au fond de ses prunelles. C'était un appel (...) Il n'y avait pas moyen de résister»), la bombe atomique forme une image moderne de la force autodestructive de l'homme. L'expérience d'Adam devant le spectacle d'une noyade constitue une illustration plus personnelle de l'être qui se découvre en tant que «être pour la mort» : absorbé dans la foule de spectateurs, Adam disparaît de la narration et n'est désigné qu'à travers le pronom «on», dont l'itération souligne l'absorption du protagoniste. En effet, ce n'est qu'au moment où le destin de l'homme noyé se projette sur les spectateurs, que ce «on» se transforme en un «nous» spécifique (PV p. 119-121).

La seconde solution, plus active et riche en valeur dramatique, se réalise dans la cristallisation de la soif d'un ailleurs. *Terra Amata* présente une transition entre ces deux solutions; une étude des caractéristiques comportementales des personnages nous a effectivement permis de constater un changement intervenu après les deux premiers romans. A l'autodestruction se substitue maintenant une volonté de dépassement illustrée par la topique de la fuite. L'anticipation de la mort cède la place au défi et à l'investissement positif qui se réalisent dans le voyage physique ou onirique. La ville n'est donc plus seulement une image du malaise existentiel des personnages, mais se présente d'emblée comme un défi à vaincre. Utilisant une métaphore surprenante, Hogan résume ainsi bien cette relation ambiguë à la ville, qui caractérise les personnages de Le Clézio, par cette question originale : «Est-ce que la terre n'est pas une seule ville immense dont on ne sort jamais?»[111]

---

[111] *Le Livre des fuites*, p. 63.

La fuite impossible

La fuite constitue une topique dominante dans les romans de Le Clézio; elle constitue une solution primordiale pour le personnage au point d'apparaître même dans le titre d'un roman. *Le Livre des fuites* expose directement aussi bien les causes, les moyens et l'objectif des multiples fuites mises en scène par un écrivain dont l'errance personnelle se prolonge dans celle des personnages. «Peut-être faut-il», dit-il, «que je passe par le désert et la mer pour retrouver une ville où je puisse vivre.[112]» Ce besoin du voyage, d'un mouvement physique comme critère de vie, se reflète dans des personnages qui ont toujours l'impression de «courir vers quelque chose[113]», dans une écriture qui favorise les scènes d'errance comme situation romanesque privilégiée pour exprimer une approche du monde.

Car c'est le récit de voyage, surtout celui de Conrad, qui suscita le goût pour la lecture chez l'écrivain enfant, et qui lui donna ensuite l'envie d'écrire. Ses premiers livres, *Un Long voyage* et *Oradi noir*, rédigés à l'âge de 7-8 ans, forment une première expérience avec le genre «roman d'aventures». *Le Livre des fuites* en porte une trace nostalgique dans son sous-titre : «roman d'aventures», *Le Chercheur d'or* constitue la pleine réalisation du rêve longtemps chéri d'écrire un roman d'aventures «à la manière de Conrad»; l'écrivain avoue d'ailleurs que *La Folie-Almayer* avait été une source d'inspiration déterminante pour ce roman[114].

Si la fuite est une topique omniprésente dans les romans de Le Clézio, ce n'est pas seulement en tant que stratégie narrative favorisant les rencontres et les actions dramatiques – les premiers romans sont d'ailleurs marqués par une minimalisation des actions dramatiques – ni en tant que projection d'un refus de la foule chez un écrivain dont l'introversion a suscité maints commentaires chez les critiques[115]. Elle propose au contraire une mise en scène riche et variée d'une préoccupation existentielle : le refus de la mécanisation de la vie, la lutte désespérée contre la mort.

En effet, le point de départ de toutes ces fuites, dont les caractéristiques ne changent guère d'un roman à l'autre (il s'agit de fuir la famille, le métier, l'entourage social, la société), est la volonté de sortir d'un enfermement («Tout commence le jour où il aperçoit la prison» LF p. 35). Enfermement existentiel, incarné dans l'image moderne d'une société urbaine aliénante et étouffante, nous l'avons vu, mais aussi visible dans la circularité de l'exis-

---

[112] Le Clézio à Pierre Boncenne dans *Lire, écrire et en parler*, op. cit., p. 81.

[113] Ibidem, p. 81.

[114] Le Clézio à Claude Cavallero dans «Les marges et l'origine» op. cit., p. 169.

[115] Cf. Jean Onimus dans *Pour lire Le Clézio*, op. cit., p 13 et le chapitre 2, «Un tempérament non actif».

La fuite impossible 117

tence. Toute l'existence de Chancelade se construit sur une série de jeux, jeux qui dans le sens sartrien du mot désignent une acceptation d'attendre la mort. La vanité du jeu se reflète dans la présentation des titres des chapitres (aux premiers chapitres «Sur la terre au hasard – Je suis né» répondent ceux de la clôture «Je suis mort – Et enterré», *Terra Amata*, table des matières), destinée à souligner la circularité de l'existence. Son vécu se retrace dans un dessin (cf. le chapitre «Enfermé dans le dessin»). Quant à Adam, le mouvement cyclique est évoqué dans le paysage et les personnages du chapitre K : l'homme, originaire d'un milieu aquatique (l'utérus évoqué à travers les postures fœtales du protagoniste), puise ses ressources dans la mer (l'évocation des pêcheurs sur le port) et y retourne en mourant (la noyade). Dans ce passage, l'homme noyé constitue d'ailleurs, selon l'écrivain, l'image de l'homme-objet «qui se confond avec la terre[116]». Présenté de manière cosmique dans *Le Déluge*, le mouvement cyclique de la vie est ici évoqué à travers l'image d'une civilisation qui se détruit pour ensuite renaître. Le désir de fuir provient ainsi de la situation tragique de l'homme, incapable d'échapper à son destin circulaire sans être rattrapé par le néant. C'est cette dimension de l'écriture leclézienne qui confère à la topique de la fuite sa pleine valeur et qui, selon Maurice Nadeau, confère à l'œuvre de Le Clézio son originalité et sa richesse. «Parmi les jeunes romanciers d'aujourd'hui», dit-il, «on ne voit personne qui, au même titre que J.M.G. Le Clézio, ait tiré profit avec d'autant d'intelligence des découvertes, trouvailles, innovations ou points de vue des devanciers immédiats pour faire entendre une voix aussi personnelle, (...) pour faire admettre au lecteur ce que celui-ci a appris des romanciers d'environ 1930 : que l'homme se définit essentiellement par sa condition tragique et qu'il doit vivre cette condition en pleine conscience et lucidité.[117]»

Cette conscience du personnage se reflète dans l'acharnement de ses actes d'évasion. La première étape surtout est marquée par la violence : il s'agit de rompre tout lien pour pouvoir tout quitter. Besson brûle ses papiers pour souligner que la décision est définitive : dans l'anéantissement des papiers qui contiennent ses notes personnelles, il réduit au néant les traces de son vécu. Adam jette sa moto à la mer pour se faire passer pour mort. Bea quitte sa carrière de journaliste et s'étonne «qu'on pouvait disparaître aussi facilement» (LG p 27). Car si la fuite s'impose avec tant de détermination pour le personnage, c'est qu'elle incarne une quête d'authenticité et une tentative de nier son inscription dans la lignée des mortels. D'où la récurrence de l'image du voyage, physique ou onirique, qui pour Le Clézio se présente comme la seule manière d'éviter la fossilisation spirituelle :

---

[116] Le Clézio dans «Un siècle d'écrivains», op. cit.
[117] *Le Roman français depuis la guerre*, Gallimard, «Idées», 1970, p. 228.

> Notre univers de béton et de réseaux électriques n'est pas simple. Plus on veut l'expliquer, plus il nous échappe. Vivre au-dedans, hermétiquement clos, en suivant les impulsions mécaniques, sans chercher à transpercer ces murailles et ses plafonds (...); c'est s'exposer au danger d'être perverti, tué, englouti. (...) Partir, nous voulons partir. Mais pour où? Tous les chemins se ressemblent, tous sont des retours sur soi-même. Alors, il faut chercher d'autres voyages. (H p. 11)

La fuite du personnage leclézien demeure cependant énigmatique : le premier chapitre du *Procès-verbal* nous présente un homme en fuite, mais il faut parcourir plus de 180 pages avant que la cause de cette fuite nous soit révélée. Les romans suivants prolongent cette tendance. Car il ne s'agit pas tant d'expliquer les raisons de la fuite que de s'attarder sur l'idée de la fuite elle-même, de la nommer et de la qualifier.

La deuxième étape, plus constructive, consiste en effet à rêver et à créer à travers ce rêve. Le rêve s'exprime à travers une projection affective sur des objets significatifs : une mouette, symbole classique de liberté, dans *Désert* (DES p. 189), un autobus, image moderne, dans *Le Livre des fuites* et le bateau, symbole de voyage, dans tous les romans publiés depuis *Désert*. Cette projection du désir sur un objet choisi permet la concrétisation du rêve. C'est le cas du bateau dans *Le Chercheur d'or*, objet destiné à illustrer le rapport ambigu du personnage au voyage, car il incarne à la fois le rêve de partir et le vécu douloureux d'une errance continuelle pour le protagoniste Alexis. Depuis le jour où il voit pour la première fois le schooner Zeta, toute l'existence d'Alexis s'organise autour du voyage et la chasse au trésor qu'il rêve d'entreprendre. Réalisation d'un rêve, le bateau incarne le désir de changer d'existence et de conception du monde, mais se présente en même temps comme un symbole du malaise vécu par un homme toujours en quête d'un trésor hypothétique. Dans tous les romans de la deuxième partie de l'œuvre leclézienne, le bateau se présente comme porteur d'espoir pour des personnages rêvant d'une vie meilleure de l'autre côté de l'océan. Dans *L'Etoile errante* il s'agit de l'espoir pour tout un peuple de trouver un pays qui serait à eux. Dans les autres romans, le bateau incarne la possibilité de connaître la réalité des pays rêvés (Lalla découvre la réalité derrière les récits de Naman dans *Désert*), ou de connaître une personne existant jusqu'alors seulement dans l'imagination des personnages (Fintan découvre l'identité véritable de son père lorsqu'il arrive à Onitsha en bateau). Symbole intemporel d'un voyage vers un monde nouveau, le bateau constitue un objet à connotation mythique – la référence constante à Jason sur le navire Argo dans *Le Chercheur d'or* souligne cet ancrage mythique – qui inscrit la narration dans un courant primitiviste où la transparence des symboles domine : l'accent est ainsi mis sur la pulsion que la fuite exprime et non sur un projet précis.

La fuite impossible

Parallèlement, dans la première partie de l'œuvre leclézienne, ce même désir et cette même frustration apparaissent, dans les romans à décor urbain, à travers l'image de l'autobus. Tous les personnages fréquentent des arrêts d'autobus, qui leur permettent d'entamer des discussions avec d'autres «en attendant». Le Clézio a évoqué la raison de cette fascination pour «les jeunes filles qui attendent l'autobus», qui «attendent sans penser»[118]. L'arrêt d'autobus se présente ainsi comme l'attente d'une découverte, le moment où l'esprit s'ouvre à une rencontre possible. L'autobus lui-même devient ainsi le lieu d'une ouverture au monde. Cette image est particulièrement mise en valeur dans *Le Livre des fuites* à travers une itération de cette situation symbolique : à la fin du récit, nous retrouvons le protagoniste, dans la même situation – attendant l'autobus – qu'au début. Images d'un désir de voyager chez les protagonistes lecléziens, ces objets – le bateau et l'autobus, images archaïque et moderne – incarnent à la fois l'enthousiasme et toute la frustration des personnages en errance continue, jamais certains d'avoir atteint leur but. Ils permettent également la conciliation de deux univers, en conférant à l'image du progrès technique la symbolique du désir nostalgique de reconquérir un univers originel.

En réponse aux rêves se présente une troisième étape : nommer, nommer la fuite et l'objet de la fuite. Cet acte de nomination, primordial pour le personnage, est suggéré de manière matérielle à la page 171 du *Livre des fuites* présentant une carte d'associations autour du mot fuite :

L'art des pièges	Fuite fugue évasion runaway fugitif fuyard évadé avoiding shunning dodging course route roue le livre des fuites

(LF p. 171)

---

[118] Le Clézio à Pierre Lhoste dans *Conversations avec J.M.G. Le Clézio*, op. cit., p. 82.

La variation autour de la notion de fuite, comportant même des synonymes anglais, mime ainsi matériellement le travail de l'écrivain sur un sujet multiple et riche, ainsi que la situation du protagoniste dans un mouvement de fuite où «tous les chemins se ressemblent» (H p. 11). C'est dans l'acte de nomination que la fuite prend forme et se concrétise; tels le rêve et les mots magiques dans *Voyages de l'autre côté*, la nomination est aussi déterminante que la réalisation de la fuite. D'où la valeur accordée à la variété de noms et de situations multiples reprenant le thème initial dans *Le Livre des fuites*. Car si la fuite est primordiale pour la narration leclézienne, ce n'est pas tant la destination physique qui détermine l'expérience, mais la métamorphose qu'elle provoque chez le personnage. Le but du voyage n'est pas tant un pays («L'Amérique, L'Afrique, L'Asie, L'Australie, les Océans : cela existe-t-il?» LF p. 169), qu'une disposition au monde que le voyage permet de susciter chez le personnage. Pour Hogan, il ne s'agit pas de parcourir les continents, mais d'être sensible aux «paysages nus», à la «terre froide sous le soleil vide», à l'«odeur des saisons», au «bruit de la mer» (LF p. 170).

L'objectif de la fuite ne réside donc pas dans la conquête d'une nouvelle existence, mais dans une libération intellectuelle; il s'agit de se laver d'une culture inculquée à la recherche d'un regard renouvelé et pur. Voyager constitue pour les personnages lecléziens une manière de changer de perspective, de quitter sa personne pour mieux se laisser imprégner des expressions du monde. D'où les nombreuses métamorphoses subies par Jeune Homme Hogan, exprimées dans les variations constantes sur son nom et destinées à souligner l'impossible tentative de «s'abandonner soi-même» (LF p. 241).

> Prison mortelle, sac, chaîne innommable de mon nom inconnu, carcan de mes épaules et masque de ma face, c'est vous que je fuis, et c'est vous que je trouve sans cesse au hasard des millions de miroirs embués qui montent dans le feuillage des arbres. (LF p. 175)

Car la fuite constitue surtout une tentative de s'«extraire du monde», d'abandonner ses propriétés, ses mots, ses idées, de partir en quête d'une nouvelle connaissance. Il ne s'agit pas seulement de rompre tout lien familial, professionnel et culturel empêchant cette libération, mais aussi de refuser tout ce que l'individu a de personnel, sa pensée et sa parole. Adam sombre dans la folie et Besson s'aveugle. Celle qui pousse cet abandon de soi le plus loin est cependant Naja Naja, cette jeune fille qui, grâce à sa force d'imagination, arrive à s'introduire dans toutes choses pour connaître le cosmos. Elle se présente comme le symbole d'une autre relation à la parole et à la pensée, en nous initiant à un pays silencieux où les gens «parlent avec leur corps, leurs yeux, avec leurs mains» (V p. 27), et où «les yeux des gens sont simples et transparents» (V p. 29). Elle incarne ainsi le refus des bruits envahissants du monde et l'ouverture aux «ondes presque imperceptibles,

La fuite impossible

celles qui sortent d'un mégot de cigarette sur le trottoir, ou bien d'une bouteille vide», celles qui permettent une initiation au mouvement cosmique incarné en tout élément : la pluie, les arbres, les oiseaux, les flammes, le vent.

Cette ouverture aux expressions invisibles du monde explique l'absence de progression dramatique qui caractérise les fuites chez Le Clézio. Car la fuite n'est pas nécessairement associée à un mouvement en avant, la fuite en arrière, la nostalgie de l'origine, est tout aussi déterminante pour les personnages. Qu'il s'agisse d'une fuite hors d'une société (Adam, Hogan), ou hors du corps (Naja Naja), elle prend souvent la forme d'une régression. C'est le cas d'Adam, qui adopte un comportement plus près de l'adolescent que celui d'un homme de 29 ans, et qui semble à tout moment exprimer un désir de régression à la fois à travers sa posture (une posture qui «provoquait, grâce au ploiement du corps vers l'avant, la concentration d'esprit nécessaire pour vivre, oui, de vivre tout seul dans son coin, détaché de la mort du monde», PV p. 28), et à travers ses actes (il suit et imite un chien avec une telle assiduité que les rôles du maître et du chien s'inversent, processus qui, pour amplifier l'effet de cette scène, se répète au sujet d'une rencontre avec un rat). Dans le chapitre final arrive pour Adam le moment «de fuir à l'envers, et de remonter les étapes du temps passé», de «rétrograder dans le sang et les pus, jusqu'au ventre de sa mère, où bras et jambes en posture de l'œuf, l'on s'endort la tête contre la membrane de caoutchouc» (PV p. 247-248).

Voyages de l'autre côté constitue une mise en scène lyrique de ce désir de régression vers les origines. Aux voyages oniriques de Naja Naja s'ajoute un prologue, «Watasenia», qui raconte la genèse de l'homme à travers une exploration de l'eau. La nostalgie des origines apparaît ainsi à travers l'image de l'eau et le cycle de l'éternel retour. Ici réside peut-être aussi l'explication de l'image obsédante de l'eau dans les romans de Le Clézio. Car la beauté des descriptions et cette exaltation des personnages lecléziens devant la mer, ne résident-elles pas dans l'évocation du désir nostalgique d'un univers utérin sécurisant ?

> Mais c'était au début, tout à fait au début, et on flottait à l'intérieur de la poche liquide, balle lente qui tombait en tournant sur elle-même. Aucune pensée. La peau sombre et molle était étendue sur le monde, et sous la peau vivait la vraie vie. (V p. 13)

Retrouver cet univers originel et s'unir avec les forces cosmiques se présentent comme le but de l'errance des protagonistes lecléziens, si assoiffés de connaître et de pénétrer l'univers. L'eau, l'origine de l'homme, exerce en effet une grande fascination sur les personnages et le narrateur lecléziens. Enigmatique, belle et puissante, elle aspire ses personnages vers elle. Dans son essai *L'Extase matérielle*, Le Clézio évoque le désir de «pouvoir m'arracher au fantôme de mon corps, et me plonger en elle, me confondre avec elle, nager dans cette mer, flotter, vaquer, me dissoudre». (EM p. 179) Dans l'étreinte passionnelle avec les éléments, le personnage leclézien puise cette force si longtemps recherchée dans son errance. C'est le besoin de cette conciliation avec la matière qui explique pourquoi la fuite en arrière, prenant forme dans des fusions diverses – imitations, voyages oniriques –, est à la base des solutions tentées par les personnages lecléziens.

La caractéristique première de toutes les fuites est en effet leur inachèvement. Au bout de l'errance, les villes merveilleuses demeurent des rêves. Lalla trouve de l'autre côté de la mer une ville qui dévore ses enfants et où souffle le «vent du mal». Hogan, arrivé à destination, ne découvre que des sociétés détruites par les guerres et les maladies. Ce qu'il tentait de fuir, il le retrouve partout, car «les chaînes sont partout» (LF p. 88), la ville idéale n'existe pas. Faisant le tour du monde pour se fuir lui-même, il retrouve toujours l'image de soi.

> (...) c'est vous que je fuis, et c'est vous que je trouve sans cesse au hasard des millions de miroirs (...). Ce que je perds, malheur, je le trouve. Au bout de kilomètres-seconde, au bout du monde, de l'autre côté même du Mékong boueux, je suis là, debout, imbécile et JE M'ATTENDS. (LF p. 175)

Ce passage est significatif de l'aboutissement des fuites mises en scène dans les romans lecléziens : le but premier des fuites n'est jamais atteint, certains personnages, comme Hogan, n'arrivent même pas à se débarrasser de ce qu'ils fuient. La désillusion, qui constitue l'aboutissement de la fuite, confère à ces récits de voyages spirituels ou physiques une circularité qui n'enlève pas pour autant la dynamique de la fuite. Car ce n'est pas le but de la fuite, mais le mouvement même de la fuite qui importe; «Tous les chemins se ressemblent», dit Le Clézio dans sa préface de *Haï* (p. 11), et le personnage éprouve devant ce constat un sentiment d'être parti sans pouvoir arriver, tel Hogan qui s'exclame avec un soupir de désespoir : «Je ne suis nulle part. J'ai quitté mon monde, et je n'en ai pas trouvé d'autre. C'est cela l'aventure tragique. Je suis parti, point encore arrivé» (LF p. 249). Comme Heidegger, les personnages de Le Clézio considèrent que l'être, sans l'anticipation de la mort, est en constant inachèvement; la fuite se présente donc comme une situation permanente.

Si les fuites de Jeune Homme Hogan prennent des noms divers, c'est donc pour mieux refléter son indétermination. Hogan ne cherche pas un pays ou une société spécifiques, mais il est «à la recherche d'un pays qui soit un visage. A la recherche des yeux, du nez, de la bouche d'une femme (LAURE); à la recherche, oui, d'une contrée qui soit un corps» (LF p. 169). L'érotisation du voyage s'inscrit ici dans la tendance à valoriser une pulsion au détriment d'une destination spécifique. N'y a-t-il pas dans cette évocation d'un «pays qui soit un corps» une référence à la nostalgie utérine si bien décrite dans *Voyages de l'autre côté* et *L'Extase matérielle*? Ce passage nous amène vers un autre «roman d'aventures», plus proche des critères réels du genre : *Le Chercheur d'or*. La présence du nom féminin, Laure, dont la consonance évoque le métal précieux recherché par le protagoniste du roman, semble suggérer une continuité thématique perceptible à la lecture des deux romans. Malgré leurs structures si différentes, les deux romans racontent une même fuite, un même désir de dépassement de soi, un même besoin de se manifester comme vivant. Cette pulsion vitale explique l'inachèvement des fuites : la fuite ne se présente pas comme un projet spécifique, mais comme une affirmation de la vie, ce qui permet aux personnages de compenser le tragique d'une vie qui «n'est qu'un passage», un «point mouvant sur la ligne d'évolution du néant au néant» (EM p. 53). L'inachevé se présente ainsi comme un état nécessaire pour l'ouverture au monde, selon l'essayiste de *L'Extase matérielle* :

> J'aperçois aussi cette contradiction : ma liberté a besoin de cadres et de prisons, et pourtant cette liberté est essentiellement inachevée. Je passe mon temps à entreprendre des choses qui n'aboutissent pas, (...) L'inachevé est un type de pensée qui va en s'ouvrant; il est même possible qu'il soit le mouvement normal et efficace de la pensée. (...) J'ai besoin de cette ouverture. J'ai besoin de fuites. Ce n'est pas moi qui fuis, c'est mon image orgueilleuse et hautaine. (EM p. 53-54)

Ce passage nous révèle pourquoi la renonciation à l'objet de la quête est tout aussi importante que la quête elle-même; car si l'écrivain et le protagoniste ont besoin de «tracer une route, puis la détruire» (LF p. 108), c'est que le secret de la fuite réside dans le mouvement même de la quête. Cette pulsion vitale en l'homme ne présente pas seulement le refus d'une réalité, mais elle exprime aussi le désir d'une ouverture sur d'autres dimensions de l'existence, d'une autre disposition au monde. Le double mouvement qu'elle présente, destiné à incarner le double désir en l'homme de pouvoir à la fois défier sa destinée par la fuite en avant et se réintégrer dans le mouvement cosmique par une fuite en arrière, cache un désir commun qui unit toutes les formes données à la topique. Car les trajets des personnages, voyages hors du temps, hors du corps, vers une nouvelle société ou une nouvelle réalité, offrent des rencontres singulières et bénéfiques qui permettent l'apprentissage d'un savoir tout autre. La vanité du voyage explique ainsi sa fonction narrative; plutôt que le sujet d'une intrigue dramatique, la fuite constitue un décor pour la mise en scène d'une rencontre, une métaphore d'une autre approche du monde. La libération devient donc toute autre que celle imaginée au début : il ne s'agit pas de se libérer d'un pays, d'une culture, d'un corps physique, mais d'un blocage destiné à empêcher l'arrivée des «ondes magiques» évoquées dans *Voyages de l'autre côté*. La fuite n'exprime donc plus seulement le désir de se libérer d'une culture et d'une société, mais surtout le besoin de se réconcilier avec la matière et les expressions sensorielles du monde.

La rencontre avec l'Autre

Le refus de la ville comme lieu structuré, de la parole conceptualisante fermée à une source vitale, de la psychanalyse comme présentation trop rationnelle de l'homme, s'accompagne chez Le Clézio de la soif accrue d'un ailleurs. Un ailleurs destiné à incarner une pulsion plutôt qu'un projet dans les premiers romans évolue vers l'expression d'une ouverture au monde à partir du *Livre des fuites*. Pour Le Clézio, «Ecrire plus encore que vivre, c'est aller en avant, c'est marcher, c'est reprendre l'équilibre[119]». Ce mouvement en avant se concrétise dans des situations marquées par l'Histoire et par un souci du social grandissant dans ses derniers romans, où le désir que le roman «nous aide à assimiler la genèse de notre propre histoire[120]» se manifeste clairement. C'est la découverte de l'Autre qui est au centre d'une réflexion sur l'existence et qui génère l'écriture : «C'est le voyage vers l'Afrique qui a, seul, favorisé la découverte du plaisir de l'écriture», avoue-t-il dans une interview[121], en se référant au voyage en Afrique qu'il entreprit à l'âge de huit ans, lorsqu'il, comme Fintan d'*Onitsha*, est allé rejoindre son père. Le voyage favorise en effet la mise en question et la découverte. Car c'est dans les parcours d'une fuite que le changement a lieu; résignation, acceptation positive, révélation salutaire, le résultat des voyages des personnages lecléziens réside dans l'attitude du personnage, allant de la prise de conscience d'une réalité pour certains, comme pour Hogan, à une véritable transformation psychique, comme pour Alexis du *Chercheur d'or*.

Les métamorphoses engendrées par le voyage cachent aussi la «solution» proposée par l'écrivain à ces êtres en quête d'une réconciliation avec le monde. Par «solution» il faut entendre proposition d'un changement d'attitude, car les romans lecléziens suggèrent, à travers une écriture contemplative, des voies explorables au lieu de donner des réponses définitives. Cette «solution» n'est ni un pays, comme l'avait pensé Hogan au départ, ni une philosophie au sens traditionnel du terme. Il s'agit pour l'homme d'acquérir une nouvelle façon de se présenter devant le monde, une nouvelle disposition qui le rend plus sensible à ses paroles. C'est cette disposition qui prédispose pour la connaissance. En effet, l'homme ne peut apprécier la beauté des spectacles du monde si son esprit n'y est pas disposé. Cette attitude, et non pas un voyage autour du globe, détermine si l'homme détient la capacité de décoder un paysage, de déchiffrer les incidents quotidiens. L'absence d'une telle disposition provoque chez l'homme la même

---

[119] Jérôme Garcin: «J.-M.G. Le Clézio: retour au pays natal», op. cit., p. 103.
[120] Le Clézio à Claude Cavallero dans «Les marges et l'origine», op. cit., p. 174.
[121] Jérôme Garcin: «J.-M.G. Le Clézio: retour au pays natal», op. cit., p. 102.

conséquence que l'absence de l'objet recherché : un homme qui vit dans une ville sur la côte peut ainsi passer toute sa vie sans connaître la mer[122].

Cette disposition est une qualité qui se développe progressivement à travers les expériences du personnage. Le vagabondage favorise ce développement chez les personnages lecléziens. L'absence des contraintes extérieures leur permet d'étudier l'univers avec plus de minutie et d'être à l'écoute d'un monde qui leur parle. En se libérant de contraintes extérieures, ils obtiennent la transparence nécessaire pour refléter les couleurs de ce monde, tel Adam devant les rayons de soleil, ou Naja Naja dans ses expériences osmotiques. Ce reflet constant du monde extérieur sur le personnage illustre une idée heideggerienne que Le Clézio ne cesse de développer, non seulement à travers l'éloge d'une matière, mais aussi grâce à une topique primitiviste. Le rêve d'un espace édénique et originel est en effet illustré par les trajets souvent concentriques des personnages (les trajets circulaires des hommes bleus de *Désert*, l'errance sans aboutissement de Hogan dans *Le Livre des fuites*), qui confèrent à l'œuvre leclézienne un aspect primitiviste.

La référence aux mythes, à la façon de vivre et à l'art primitifs ne constitue pas en elle-même l'originalité de l'écriture leclézienne. Explorée sous la forme d'un retour à un monde originel et pur – de Rousseau au contemporain Michel Tournier en passant par Lautréamont qui est selon Le Clézio «un des derniers écrivains individualistes qui ait compris ce que peut être l'art collectif[123]» –, la référence au monde primitif n'est pas une nouveauté en littérature. Lorsque nous avons préféré utiliser le mot «primitivisme» à celui de «mythe» dans notre introduction, c'est pour mieux rendre compte de la richesse de l'écriture leclézienne. Réduire sa narration à une dimension mythique serait en effet ne pas tenir compte de la pensée qui a engendré le choix de cette approche primitiviste chez l'écrivain. Le primitivisme, contrairement au mythe, exprime en effet le désir d'un retour vers des facteurs primitifs, des expressions originelles et directes, chez un artiste *conscient* de ses choix de simplification et d'universalisation. Présent déjà dans la vision du monde des premiers personnages lecléziens, le primitivisme de Le Clézio devient plus manifeste dans les derniers romans; il se définit davantage avec un effet plus direct sur la construction des personnages, sur la structure des romans et surtout sur le choix de situations délibérément simplifiées autour

---

[122] «Vous savez qu'à Nice, il y a des gens qui ne voient jamais la mer, qui mènent une vie totalement citadine et qui prennent un autobus longeant la mer sans jamais la regarder.» Le Clézio à Pierre Boncenne dans *Lire, écrire et en parler*, op. cit., p. 82.

[123] Le Clézio à Pierre Lhoste dans *Conversations avec J.M.G. Le Clézio*, op. cit., p. 36.

de quelques scènes cruciales et universelles de la vie, situations destinées à illustrer la relation de l'homme au monde.

Une quête des origines semble déterminer tous les trajets des personnages lecléziens, qu'elle se réalise dans un cadre moderne, où l'intimité avec la matière compense l'aliénation du personnage dans une société mécanisée, ou qu'elle se réalise dans un voyage vers des sociétés dites primitives, à la recherche d'une nouvelle disposition au monde. Deux étapes semblent déterminer cette quête des origines : d'abord la découverte et la curiosité, où la sympathie et la solidarité s'expriment dans un élan d'identification, et ensuite, l'inscription du vécu individuel dans une référence collective, grâce à l'élaboration d'une écriture qui mélange récit individuel et récit historique. De cette évolution témoignent particulièrement cinq romans : *Le Livre des fuites* (qui sera étudié à la lumière de l'essai *Haï*) et *Désert* pour ce qui concerne la première étape, *Le Chercheur d'or*, *Onitsha* et *Etoile errante* pour ce qui concerne la deuxième. Ces romans illustrent des étapes vers une plus profonde connaissance du monde et de soi; ils incarnent l'intérêt croissant pour des cultures primitives qui s'exprime dans une sympathie grandissante, allant de la curiosité et de la fascination à une volonté de solidarité sociale très importante, dont témoignent simultanément les articles de presse de l'écrivain[124]. Afin de suivre ces étapes et nous permettre de mieux comprendre les raisons et l'évolution de la référence primitiviste de Le Clézio, ce chapitre se propose d'étudier deux questions. Il s'agit tout d'abord d'analyser l'optique choisie pour mettre en scène la rencontre avec une autre culture, optique qu'on trouve respectivement chez le voyageur étranger d'abord, chez l'indigène ensuite (*Le Livre des fuites*, *Désert*). La seconde partie de cette étude, consacrée aux romans *Le Chercheur d'or*, *Onitsha* et *Etoile errante*, s'intéresse à la fonction de l'insertion d'éléments primitivistes dans un genre historique et autobiographique. Tous les trajets évoqués reposent sur une dualité spatiale que l'écriture leclézienne ne cesse de répéter; les personnages errent ainsi entre deux univers : d'un côté, un univers angoissant et aliénant, et de l'autre l'univers mythique et édénique constituant la source originelle à laquelle les personnages aspirent. Cette dualité permanente semble représentative d'une nouvelle attitude face au monde que voyages et quêtes se destinent à illustrer dans les romans de Le Clézio.

Le Livre des fuites marque le point de départ d'une nouvelle ouverture sur le monde, aussi bien à travers sa double narration qu'à travers la mise en scène de rencontres multiples. En même temps, l'espace urbain limité des pre-

---

[124] Cf. par exemple «Rien ne peut vraiment être beau», *Le Monde*, n° 12556, 26 avril 1985, p. 26 (à propos de la situation éthiopienne) et «Un projet monstrueux» (à propos des menaces qui pèsent sur la forêt guyanaise), *Le Monde* n° 12151, 12 mai 1987, p. 2.

miers romans s'élargit vers un espace plus vaste comme reflet d'une soif accrue d'un ailleurs chez le personnage. Ce changement s'explique en partie par l'expérience que venait de vivre l'écrivain : en 1966, il découvre les cultures et les sociétés orientales en accomplissant son service militaire en Thaïlande. Enseignant à l'Université du Nouveau Mexique à Albuquerque, Le Clézio découvrira ensuite la société indienne et effectuera un séjour chez les Indiens Embera entre 1969 et 1973. Cette dernière expérience a profondément influencé son écriture. «Je ne sais pas trop comment cela est possible», dit-il, «mais je suis un Indien. (...) Quand j'ai rencontré ces peuples indiens, moi qui ne croyais pas avoir spécialement de famille, c'est comme si tout à coup j'avais connu des milliers de pères, de frères et d'épouses» (H p. 5). La rencontre avec une culture autre, avec une approche du monde si différente de la vision rationnelle, cartésienne de notre société occidentale, constitue le sujet apparent ou sous-jacent de plusieurs de ses œuvres. *Le Livre des fuites* est une mise en romanesque de cette première rencontre avec l'Autre; deux ans plus tard, Le Clézio publiera une présentation sous forme d'essai, *Haï*, en 1971.

Au centre des ces livres, exposant la rencontre de l'homme occidental avec une culture dite primitive, se trouve la question de l'intégration de l'homme dans le monde. Deux univers culturels et deux conceptions du monde sont respectivement présentés aux lecteurs et comparés dans *Haï*. Ce livre se présente comme un essai d'ethnologie comparée ou chaque élément culturel est traité sous sa présentation dans deux sociétés : la société des Indiens Embera d'un côté, la société occidentale de l'autre. Ici sont abordées des questions telles que : l'homme et sa communication avec le monde, sa relation au corps et à la société, son expression artistique. La ville occidentale est comparée à une jungle et l'homme occidental à une personne en exil (H p. 36), contrairement à l'Indien, qui habite son monde et qui accède à la connaissance de celui-ci en vivant le monde et non en s'interrogeant sur lui. Pour accéder à cette connaissance, il faut apprendre le silence pour que le monde puisse nous parler. L'Indien s'unit au monde non pas par le langage mais par le chant, car le chant est l'âme de l'Indien et lui permet de s'incarner dans un autre homme. Il s'initie au monde surtout à travers la pratique d'un art très étranger à la conception occidentale de l'art : il s'agit d'un art collectif et non individuel qui consiste à libérer l'objet artistique de la matière et non à le déformer. L'art indien est un art qui s'unit à la vie et s'oppose par ce fait à l'art occidental, tel qu'il est utilisé par exemple dans la publicité moderne, destiné à contrôler les hommes.

En guise d'illustration, conférant au livre l'allure d'un reportage, quelques photos d'œuvres d'art des deux sociétés trouvent leur place. Un lecteur européen habitué à une conception occidentale de l'art, où l'art est individuel et acquiert sa valeur grâce à son aspect unique, sera bien étonné de trouver, comme représentant de l'art occidental, un ensemble d'affiches

La rencontre avec l'Autre 129

publicitaires. Adoptant une optique indienne sur l'art occidental, l'essayiste bouleverse ainsi la présentation traditionnelle du thème, procédé original qui témoigne de sa fascination profonde pour la société indienne.

Le Livre des fuites présente la version romanesque de cette rencontre. C'est le personnage, par sa constitution, ses itinéraires et ses rencontres, qui illustre ici une nouvelle approche de la société primitive. La structure et les images du roman sont également révélatrices de cette nouvelle thématique que les oppositions géographiques, culturelles et philosophiques contribuent à souligner. En effet, déjà par son nom et son origine, Hogan porte en lui le tiraillement culturel qu'il éprouve dans ses voyages[125]. Son voyage est une fuite qui devient rencontre[126]. C'est paradoxalement cette rencontre avec l'Autre qui lui permet d'accéder à une meilleure connaissance de lui-même. Ce cheminement se réalise par étapes dans *Le Livre des fuites*. Etapes géographiques qui évoquent l'expérience d'une fuite autour du monde – le Viêt-nam, le Japon, le Mexique, l'Amérique du Nord – sont présentées successivement. Quelques noms sont donnés comme repères – Tokyo, Moscou, Londres, New York, New Delhi, Nice, Bangkok, Lima, Mexico –, étapes destinées à évoquer le mouvement de la fuite («Je veux fuir dans le temps, dans l'espace. Je veux fuir au fond de ma conscience, (...) Je veux rompre ce que j'ai créé, pour créer d'autres choses, pour les rompre encore.» LF p. 108), mouvement incessant qui est repris dans la structure saccadée de la double narration de ce livre. Car si l'écrivain nous expose son plan du roman, c'est pour conclure qu'il vaut mieux ne pas «faire de plan», mais «écrire comme cela vient. Alterner. Laisser fuir hors de soi. Poème! Conte! Pensée! Dialogue!» (LF p. 172) Expressions multiples d'une recherche, les étapes décrites constituent des fragments de rencontres, des pensées, des rêves, tous destinés à exprimer le désir d'atteindre, un jour, au «bout du monde», le pays rêvé. A chaque fois, c'est l'aspect interminable du voyage qui est souligné afin d'illustrer la signification de cette topique : une sensibilisation progressive du personnage à s'ouvrir à la rencontre, qui seule permet la découverte de soi.

Dans *Le Livre des fuites*, la rencontre avec l'Autre se réalise progressivement et non pas comme une révélation brusque et totale. Hogan se heurte à des obstacles qui l'empêchent d'arriver à la communication et à l'échange désirés. L'étranger qui s'approche de l'Indien, avec des paroles apprises dans la langue de ce dernier, pour connaître ses secrets, rencontre d'abord la

---

[125] Cf. le commentaire sur le nom du personnage dans le chapitre «Transparence et poésie du personnage leclézien».

[126] Il se rapproche en ceci de l'écrivain qui lui-même avoue qu'il ne fuit pas la France, mais se sent «aspiré par le Mexique», Le Clézio à Jean-Louis Ezine dans *Ailleurs*, op. cit., p. 55.

méfiance. Cette volonté du touriste de s'approprier une langue est considérée par l'Indien comme une tentative de violer sa culture, où la parole est magique et signe d'appartenance. C'est cette désillusion linguistique qui amène Hogan à constater l'impossibilité d'une coexistence totale avec ces peuples, qu'il voudrait tant connaître.

Si cette communication s'avère impossible, c'est que le langage des Indiens, intimement lié à leur expérience collective, ne peut s'apprendre par un étranger. Expression d'une conception du monde profondément ancrée dans leur société et leur manière de vivre quotidienne, le langage des Indiens est un langage qui s'apprend en le vivant. D'ailleurs, Le Clézio a lui-même pu constater, après avoir vécu la satisfaction de s'être initié à la langue des Indiens Embera, que le langage que les Indiens employaient pour communiquer avec lui, était une sorte de construction adaptée à «l'étranger» pour faciliter la compréhension et l'échange : «Bien entendu, malgré tous mes efforts, je n'arrivais pas à dépasser un certain savoir,» avoue-t-il dans un article publié dans *La Quinzaine Littéraire*, «celui de la communication purement utilitaire, et c'est cette frustration continuelle, ce désir continuel qui transformaient les mots anciens que j'avais en moi. Puis je me suis aperçu au bout de ces trois années que ce peuple indien, si raffiné et si tolérant dans son apparente barbarie, avait même inventé une langue pour moi, pour me faciliter la communication.[127]» Cette conscience explique pourquoi la rencontre avec le peuple indien se présente souvent comme une rencontre silencieuse, se réalisant à travers le regard, les gestes et la musique. La vaine tentative de l'étranger de communiquer avec l'Indien, de lui apporter, par exemple, des concepts linguistiques européens à travers un ouvrage de Foucault (Hogan tente vainement de traduire et d'expliquer à un Indien le titre *Les Mots et les choses*), exprime l'impossibilité d'une transposition directe des concepts culturels si ancrés dans leur contexte de création.

La véritable communication entre l'explorateur européen et l'Indien se réalise donc tout autrement. Seules la contemplation et l'observation des hommes et des femmes qui forment cette société permettent à Hogan de découvrir les secrets d'une culture qui lui semble impénétrable. Car sur le visage de l'Indien est inscrite son histoire collective.

> Sur le visage nu de cette femme debout au centre de sa pirogue, il y a l'orgueil, la volonté. Sur son masque inamovible, modelé selon le moule ancien de sa race, est écrit le texte de la vieille charte : quand ce peuple a échangé son âme avec celle de cette terre. (...) Sait-elle seulement qu'elle est victorieuse? (...) Elle ne le sait, ni l'ignore, car elle est elle, et ce fleuve est elle, et chacun de ses

---

[127] Le Clézio, à propos de l'apprentissage de l'Embera Phedda dans l'article «Plus qu'un choix esthétique», *La Quinzaine Littéraire*, op. cit., p. 6.

> gestes est noble, parce qu'il n'est pas gratuit. Elle décrit son destin, sa civilisation. (LF p. 143)

La parfaite union entre un personnage et son peuple se décrit ici à travers des lexiques relevant des sentiments originels et primitifs («l'orgueil» et «la volonté»), ainsi qu'à travers une référence à l'art primitif («masque» et «moule ancien de sa race») pour évoquer son visage. L'évocation du visage de la femme exprime ainsi l'inscription de cette personne dans un cadre collectif grâce à une schématisation primitiviste qui enlève au personnage présenté tout aspect individuel au point de le transformer en archétype. Cette présentation du personnage indien explique aussi pourquoi tout échange doit se réaliser avec une attitude de respect et d'humilité. Il ne s'agit pas de pénétrer une société par l'interrogation directe, car le langage lui-même est un secret auquel l'homme doit s'initier par un travail patient, mais de s'en approcher par une attitude silencieuse. Cela exige une nouvelle disposition de la part de l'explorateur, qui doit se mettre à l'écoute des paroles du paysage exploré. Tel est aussi le sens de l'errance de Hogan; flâneur observateur en vagabondage constant, il tente de saisir les vibrations de toutes les terres qu'il parcourt. Tout comme Bea filtre le mouvement destructeur de notre société civilisée, Hogan réalise cette même activité dans un cadre plus large. Prêt à s'identifier avec d'autres façons de vivre et de penser, il devient porte-parole d'une autre civilisation où la langue a gardé sa valeur magique. Porte-parole surtout pour témoigner d'une civilisation dont on a violé la parole et le pays. C'est à travers le vécu d'un paysage marqué par la destruction d'un envahisseur étranger, que Hogan arrive à se fusionner spirituellement avec le destin de ce peuple, à vivre ses terreurs et ses chagrins.

> Je marche au milieu du paysage fabuleux et c'est dans le temps que je marche. (...) Dans les champs, au bord des routes, maintenant, il y a ces petites croix, et je me souviens de tout. C'était hier, c'était aujourd'hui. (...) Quand je marche ainsi, c'est avec eux que je marche. (...) Nous parlons par gestes, nous chuchotons en marchant. (LF p. 242-243)

La solidarité grandissante du protagoniste s'exprime d'abord à travers une mise en valeur des autres (répétition des pronoms «eux» et «leurs») et s'achève sur une identification totale avec eux lorsque le «je» égocentrique devient un «nous» solidaire. Au moment où Hogan commence à évoquer les souffrances d'un peuple qu'il connaît spirituellement, l'histoire ne se décline plus à la troisième personne du singulier, propre au récit d'aventures traditionnel, ni à la première personne du singulier selon le genre autobiographique, mais à la première personne du pluriel, comme reflet d'un vécu collectif. La transition du récit individuel au récit collectif se réalise ainsi progressivement grâce à la sympathie croissante du protagoniste pour ce peuple. Suivant la trace et le vécu de ces hommes, le protagoniste s'initie à leur sphère d'expérience pour se confondre totalement avec celle-ci; cette initiation inclut également la lutte pour sa liberté, la préparation pour une bataille finale qui se termine en horreur. Le récit qui avait commencé par l'évocation d'un peuple que le protagoniste ne pouvait oublier, se termine ainsi par l'affirmation de son omniprésence qui se confond avec l'existence du protagoniste.

> C'est là que nous sommes morts, tous, les uns après les autres, la peau crevée par des dizaines de balles. (...) Nous n'avons pas été enterrés. Ce sont les vautours, les loups et les fourmis qui nous ont mangés. Et pourtant, nous sommes là, toujours. (LF p. 244)

La fusion avec l'Autre, sa lutte et sa souffrance, ne peut se réaliser qu'à travers une initiation silencieuse qui a pour lieu un paysage. C'est dans le paysage que se rencontrent les expériences individuelles formant ensemble un vécu collectif, expression d'une interminable lutte pour la vie. Hogan semble ainsi conclure que l'unique possibilité de vivre l'Autre réside, non pas dans l'échange verbal, mais dans l'exploration physique d'un paysage qui incarne l'histoire d'un peuple. Car la fuite est interminable et intemporelle, elle «va d'un bout à l'autre du temps, mais elle ne sort jamais des limites du paysage de pierre» (LF p. 245).

L'impossible rencontre verbale exposée dans l'histoire s'exprime dans la structure décousue du roman. Aussi bien pour le protagoniste que pour le narrateur, il s'agit de tracer une route pour la détruire ensuite. Le constat permanent d'échec chez le narrateur exprime en même temps une étape nécessaire vers une nouvelle connaissance. Selon l'essayiste de *Haï*, l'homme doit apprendre à renoncer à l'utilisation rationnelle et fonctionnelle du langage qui caractérise l'homme occidental. Les deux quêtes simultanément exposées dans *Le Livre des fuites*, celle d'un Hogan rêvant d'une fusion avec le monde à travers l'initiation aux autres cultures, et celle d'un écrivain à la recherche d'une écriture originelle, libérée des conceptions linguistiques occidentales, reflètent une conception du langage qui nourrit toutes les œuvres de Le Clézio. La publication de *Haï* nous amène en effet à repenser la structure et les questions narratives et poétiques du *Livre des fuites*; ne s'agit-il pas là de proposer, non des réponses, mais des pistes possibles aussi bien à un Hogan égaré dans la multitude des rencontres possibles, qu'à l'écrivain en quête de l'expression totale et originelle? Grâce à une comparaison – dissimulée derrière le ton de l'ethnologue – de deux sociétés, notre société occidentale et celle, encore proche de la nature, des Indiens Embera, Le Clézio nous amène surtout vers une mise en question d'une conception du langage. Renversant les normes artistiques occidentales, en présentant des affiches publicitaires, art collectif, comme l'illustration de l'art occidental, Le Clézio propose un changement d'optique permettant à l'explorateur occidental de voir les sociétés primitives, non à travers des recherches et des documents réalisés par des étrangers, mais à travers leur propre art, expressions intimes et directes d'un vécu originel et universel. C'est dans la transmission d'un nouveau langage, où les mots et les choses se répondent, que réside le sens de cette rencontre.

En effet, cette mise en valeur de l'Autre à travers sa propre expression artistique prédomine les œuvres qui succèdent au *Livre des fuites*. Il est effectivement caractéristique que le chapitre qui évoque l'appartenance de l'homme indien à sa terre (LF p. 244), se termine par une chanson populaire, art collectif par excellence qui, par son oralité et son omniprésence dans la vie quotidienne d'un peuple, permet de transmettre les traditions culturelles de ce peuple d'une génération à l'autre. L'intertextualité leclézienne, au départ un élément ludique destiné à brouiller les pistes pour tout critique cherchant dans ses références une marque de filiation, acquiert une valeur symbolique plus importante dans les œuvres suivantes, où elle se présente comme l'indice d'une inscription culturelle et idéologique de l'œuvre.

Cette approche prédominante chez Le Clézio nous permet de saisir davantage les raisons de la construction binaire du roman *Désert*, publié en 1980. Avec ce roman, la rencontre avec l'Autre, s'inscrivant dans l'actualité des lecteurs, devient plus concrète. Grâce à une nouvelle optique, Le Clézio propose ici une autre manière de lire un chapitre de l'histoire de la colonisation.

Posant comme thème de départ un espace, déjà annoncé par le titre, Le Clézio semble poursuivre, dans *Désert*, la question de l'appartenance évoquée dans *Le Livre des fuites*. La rencontre, se réalisant dans et à travers un paysage dans ce dernier, est de nature beaucoup plus violente dans *Désert*. L'affrontement entre les peuples originaires du désert et les conquérants étrangers est vu à travers les yeux des premiers. Le regard sympathisant du narrateur du *Livre des fuites* cède la place à un regard actif, deux fois présenté dans ce récit à deux narrations, dualité narrative destinée à refléter deux manières diamétralement opposées de concevoir l'espace et le temps. Notre lecture du roman s'intéresse donc particulièrement à analyser comment l'ancrage spatio-temporel de l'intrigue reflète une nouvelle optique choisie. De cette nouvelle optique résulte un nouveau rôle accordé à l'intertextualité dans ce roman à source historique. Car la rencontre avec l'Autre se réalise non seulement à travers la rencontre concrète des cultures, mais aussi à travers des rencontres textuelles qui dans *Désert* se manifestent par une référence constante aux littératures anciennes : mythes, légendes et chansons populaires.

La première caractéristique de *Désert* est la dualité de la narration du roman. Le sens de cette structure binaire de l'œuvre, soulignée par la mise en page du livre (une marge plus large du côté gauche, destinée à suggérer un autre genre, distingue le récit des hommes bleus du récit de Lalla), est étroitement lié à une vision du monde qui, déjà présente dans *Le Livre des fuites* et *Haï*, détermine fortement l'écriture leclézienne de cette époque.

Deux manières de vivre et de concevoir le monde forment effectivement l'arrière-plan de la narration dans *Désert*. D'une part, le vécu collectif de tout un peuple, son histoire avec ses moments d'espoir et de désespoir, et de l'autre, le vécu individuel de l'exil, de l'aliénation et le rêve d'un retour au désert d'une descendante de ce peuple. L'optique choisie pour raconter cette histoire est intimement liée à la conception même de l'Histoire et de l'art telle qu'elle est évoquée dans les essais de Le Clézio. L'art collectif, présenté sous forme de photographies d'objets indiens et de reproductions d'affiches publicitaires occidentales dans *Haï*, est dans *Désert* mis en valeur grâce à l'évocation de mythes et de chants, qui contribue à une inscription mythique et collective de l'expérience des hommes bleus. Le récit individuel de Lalla, également inscrit dans un arrière-plan historique, comporte aussi, malgré sa narration personnelle propre au roman d'apprentissage, une référence à un vécu collectif dans le sens que le protagoniste représente tout un peuple souffrant de l'exil et de l'aliénation.

Le premier paradoxe dans ce roman réside dans le contraste frappant entre le tragique du thème et le ton paisible de l'écriture. En effet, le roman débute par le récit très poétique des hommes bleus et leur quête de la ville idéale. Rien dans cette évocation paisible du lieu et des personnages ne nous invite à croire que ce roman offrira le récit d'un événement historique sanglant. La datation du récit nous fait cependant deviner la réalité historique; il s'agit de raconter la conquête française du Maroc du sud, aboutissant à l'établissement du Protectorat français au Maroc, et de nous présenter simultanément le résistant Mohammed el Fadel, dit Ma el Aïnine, fondateur de la ville de Smara. Ce dernier, dépourvu de l'agressivité qu'on attribue normalement à un chef de révolte, apparaît comme un personnage divin, un sage respecté et adoré par les hommes bleus. Ce n'est que vers la fin du récit que la vision occidentale de cet homme nous est présentée; après avoir lu le récit de sa marche vers la cité de paix, le lecteur a du mal à reconnaître en lui un «sauvage, un fanatique, qui dit à ses guerriers avant le combat qu'il va les rendre invincibles et immortels, qui les envoie à l'assaut des fusils et des mitrailleuses simplement armés de leurs lances et de leurs sabres» (DES p. 357). Le regard admiratif que les hommes bleus posent sur lui est illustré à travers une mise en valeur des expressions qu'utilisent les hommes bleus pour célébrer ce personnage. Dans l'esprit du jeune garçon Nour, protagoniste de ce récit, Ma el Aïnine apparaît comme le seul sauveur capable de «calmer la colère de la foule d'un geste de la main» (DES p. 38). Sa posture et son attitude devant les demandes à l'aide des hommes bleus sont décrites de manière à rappeler le sage attendant l'inspiration divine :

La rencontre avec l'Autre 135

> Peut-être qu'il cherchait la réponse à l'angoisse des hommes dans le plus profond du ciel nocturne, dans l'étrange buée de lumière qui nageait autour du disque lunaire. (DES p. 38)

Rythmé régulièrement par les prières et les incantations, et coloré par les rêves et les espoirs du jeune garçon Nour, le récit obtient une allure poético-épique et onirique, qui contribue à souligner chez les hommes bleus un sentiment religieux très fort, mêlé à un besoin intense de manifester leur appartenance à une terre menacée par l'invasion étrangère. En effet, l'exaltation au combat et à la résistance se fait non à travers des discours de propagande politique, mais à travers une demande de bénédiction dans une prière faisant l'énumération exhaustive de grands hommes bénis dans leur tribu.

> Dieu, ô Dieu, donne-nous la bénédiction de tous les seigneurs de la terre, ceux qui ont connu le secret, (...) Lalla Fathima, Sidi Ahmed al Haroussi, qui répara une cruche cassée, Sidi Mohammed, celui qu'on appelait Al Azraq, l'Homme Bleu, qui enseigna la voie au grand cheikh Ma el Aïnine, (..) et tous les seigneurs de la terre, de la mer et du ciel... (DES p. 63)

La référence aux litanies musulmanes souligne l'inscription à la fois mythique et historique de l'expérience des hommes bleus. Le mélange de mysticisme («secret», «bénédiction») et de références aux personnages de la tribu fait ressortir la caractéristique leur récit : l'appartenance très profonde à une terre et à une tribu est si intimement liée au mysticisme et à la religion que les deux références semblent se confondre sous l'ampleur d'une évocation répétitive, solennelle et pourtant d'une grande simplicité. Car selon Le Clézio, l'exil et l'errance s'accompagnent du besoin d'exprimer son appartenance d'une façon intense et efficace à travers un rythme particulier, une forme poétique adaptée, celle de l'incantation. Il prend comme exemple la poésie du poète arabe Mahmoud Darwich : «Comme les Amérindiens devenus étrangers sur leur propre terre, les Arabes de la Terre Sainte n'ont plus que l'incantation», dit-il, «ces mots, ces noms qui reviennent inlassablement, et qui disent ce que sont les villes, les champs de blé, les oliviers, les toits des maisons, les puits.[128]» Cette force spirituelle du rythme explique la magie des noms évoqués, référence éternelle au point d'être comparée «aux yeux des constellations» (DES p. 63).

Au centre de la mise en scène de cet événement historique se trouve la question de l'appartenance et de la violation. Si les hommes bleus sont chassés de leur territoire, ce n'est pas seulement par une force militaire plus sophistiquée et plus efficace que leur résistance plus spirituelle que militaire, mais aussi par une conception de l'espace très différente de la leur. Pour les

---

[128] Le Clézio dans «Les Noces palestiniennes», article consacré au poète Mahmoud Darwich dans *NRF* n° 500, Sept. 1994, p. 87.

hommes bleus, l'homme naît d'un espace et vit à la merci de ses caprices. Sa vie est intimement liée à cet espace qui est à la fois objet de souffrance et d'amour. Son destin est inscrit dans le désert où les garçons apprennent «à marcher, à parler, à chasser et à combattre, simplement pour apprendre à mourir sur le sable» (DES p. 23).

Le rythme du récit traduit cette conception de l'espace et du temps des hommes bleus. Leur errance, hors du temps, n'a ni début, ni fin; ils ont marché «pendant des mois, des années, peut-être» (DES p. 12). L'incertitude des repères temporels s'oppose à la vision du conquérant, soucieux de datations précises et d'indications spatiales exactes. Cette différence se fonde sur deux conceptions de l'espace diamétralement opposées. A la relation poético-religieuse des hommes bleus s'oppose une conception militaire et économique qui ne considère pas cet événement comme une guerre spirituelle, mais comme un partage de ressources entre les grands pouvoirs européens.

> Le vieux cheikh est resté seul (...) sans comprendre que ce n'étaient pas les armes, mais l'argent qui l'avait vaincu; (...) Savait-il seulement que, pendant qu'il priait et donnait sa bénédiction aux hommes du désert, les gouvernements de la France et de la Grande-Bretagne signaient un accord qui donnait à l'un un pays nommé Maroc, à l'autre un pays nommé Egypte? (DES p. 356)

Le discours objectif de l'observateur, qui intervient pour constater le partage des pays du tiers monde par des occidentaux cyniques, décèle une morale évidente qui n'est pas nouvelle dans la littérature[129]. L'originalité de Le Clézio est de s'être contenté, jusqu'à ce moment avancé de l'histoire, de la vision des hommes bleus en la présentant comme la seule valable. Cette exposition tardive des «réalités historiques», présentées simultanément avec le dénouement tragique des hommes bleus, confère ainsi au récit poétique de l'errance un après-goût amer : l'inscription historique et politique de l'événement rompt le rythme enchanteur du récit de l'errance et souligne ainsi le message social du roman.

Quant au récit de Lalla, son style est personnel au point d'imiter la musicalité et le naturel de la jeune fille à travers une syntaxe orale simple. Son vécu est pourtant loin d'être unique : son exil à Marseille constitue une expérience douloureuse partagée par des milliers de compatriotes et symbolise une aliénation allant au-delà du cadre maghrébin. Malgré cette vision subjective, le récit comporte une dualité semblable à celle du récit des

---

[129] Cette séquence fait en effet penser à la scène de *Ruy Blas*, de Victor Hugo (acte III scène 2), où le protagoniste s'en prend à la gourmandise des hommes politiques.

hommes bleus. Une dualité exprimée de façon très schématique d'abord, à travers l'opposition du «Bonheur» à «La vie chez les esclaves» pour qualifier respectivement sa vie dans un bidonville au Maroc et son exil à Marseille. Cette distinction simplifiante n'est pourtant pas le signe principal d'une dualité omniprésente dans l'œuvre; cette dualité réside surtout dans un dialogue qui se réalise entre les deux récits de ce roman si riche en intertextualité. L'intertextualité du *Désert* ne se limite pas à la référence historique et mythique omniprésente dans la narration. Il existe également une intertextualité interne à l'œuvre qui réside dans la récurrence des situations; certaines situations acquièrent ainsi une résonance nouvelle lorsqu'elles sont reprises dans le second récit (celui de Lalla). Elles présentent des lieux communs qui permettent de lier les personnages de deux récits par un même vécu.

Une parenté est effectivement soulignée entre Lalla et la femme de Ma el Aïnine, d'une part à travers leur nom en commun, mais surtout à travers des vécus semblables : leur attitude devant la mort d'une personne aimée en est particulièrement représentative. Au spectateur inconnu, dans lequel on reconnaît Lalla, qui assiste à la mort de Radicz («Pas très loin de là, à la lisière du parc des palmiers, il y a une jeune femme très sombre, immobile, comme une ombre, qui regarde de toutes ses forces» DES p. 371), répond la vision de la femme de Ma el Aïnine, lors de la mort de son mari («Lalla Meymuna est immobile, assise, près de l'homme qu'elle aime, enveloppée dans son manteau noir, et elle ne voit plus rien, elle n'entend plus rien.» DES p. 378).

Ces attitudes semblables soulignent la parenté et le vécu commun des personnages. Nous apprenons en effet que Lalla est une descendante de la tribu Al Azraq et de Ma el Aïnine. C'est à travers sa tante Aamma que Lalla apprend l'histoire de ses ancêtres, une histoire qui se présente comme une référence sacrée, permettant à l'homme une vie au-delà de la sienne. Car au-delà des générations et des lieux existe une référence culturelle commune qui s'exprime à travers les mythes, les légendes et les chansons. Afin de relier les deux textes, certaines légendes et chansons apparaissent ainsi simultanément dans les deux récits. Il s'agit d'une part de la légende d'Al Azraq, racontée respectivement par Ma el Aïnine à Nour et par Aamma à Lalla, référence à un passé enfoui qui inscrit les vécus des deux personnages dans un ancrage mythique commun. De manière analogue, un thème musical commun rythme les deux récits : il s'agit d'une chanson chleuh entendue par Nour un jour au cours de sa longue errance dans le désert, que Lalla a apprise toute petite et qui hante leurs pensées depuis.

> C'était une voix de jeune femme qui chantait dans la langue chleuh, une chanson douce qui bougeait dans l'air et qui répétait tout le temps la même parole, ainsi : «Un jour, oh, un jour, le corbeau deviendra blanc, la mer s'asséchera, on trouvera le miel dans la fleur du cactus (...) il n'y aura plus de

venin dans la bouche du serpent, et les balles des fusils ne porteront plus la mort, car se sera le jour où je quitterai mon amour. (DES p. 224)

L'évocation du paradis retrouvé, des souffrances anéanties, reste cependant imaginaire («le miel dans la fleur du cactus») et illusoire («ce sera le jour où je quitterai mon amour»). Car l'importance de la chanson ne réside pas dans ses paroles – c'est aussi le cas d'une autre chanson évoquée par Lalla (il s'agit de la chanson «Méditerranée», dont le protagoniste ne connaît ni les paroles ni le sens du titre, mais qui lui procure une joie magique) – mais dans le rythme berçant (emploi itératif du futur) et rassurant, qui permet aux mots magiques de conférer aux personnages une force nouvelle, à la manière des prières des hommes bleus.

Ces références internes sont dictées par un désir commun qui relie les deux textes. Le rêve de trouver la ville édénique, le centre du désert, accompagne en effet tous les personnages du roman. Lalla abandonne sa carrière de cover-girl afin de retourner dans le désert des hommes bleus et d'y donner vie à un nouveau descendant du peuple. Cette quête commune s'exprime également dans des structures narratives analogues. Les deux textes alternent de manière régulière tout au long du récit, mais l'alternance se fait plus rapidement vers la fin du roman. Au début, de longs passages évoquent respectivement les situations des hommes bleus et celle de Lalla (60 et 135 pages), et un rythme très lent nous introduit dans leurs univers; vers la fin du roman, de très courts passages (10 à 15 pages) nous racontent des fragments d'expériences. Une séquence semble particulièrement représentative du miroitement réciproque de ces récits, qui est souligné par une narration et un rythme semblables; il s'agit des chapitres cinq et six évoquant respectivement les pensées de l'observateur étranger dans le récit des hommes bleus et la mort de Radicz dans le récit de Lalla. Deux tendances frappent le lecteur ici : une narration accélérée pour souligner que le point culminant du récit s'approche, mais aussi une nouvelle focalisation qui rompt le rythme du reste de ce récit. Le chapitre cinq présente les pensées de l'observateur étranger; elles complètent le récit avec une vision étrangère sur la défaite des hommes bleus. Dans le chapitre six, la mort de Radicz est racontée par un narrateur anonyme alors que le protagoniste semble absent. Ces écarts communs par rapport à la tendance dominante du roman semblent suggérer le sens du récit : au moment d'une souffrance extrême, les personnages ne sont présentés qu'indirectement, pour mieux faire ressortir le message social d'un roman qui tente de rendre à un peuple opprimé sa parole violée.

Une structuration et une narration qui juxtaposent deux visions de l'Histoire, tout en privilégiant la première, proposent en effet une nouvelle présentation de la rencontre avec une autre civilisation. En alternant diverses évocations d'un même événement – celle d'un observateur occidental, celle d'un jeune garçon participant à la croisade des hommes bleus, et celle d'une jeune fille contemporaine, descendante de ce peuple – Le Clézio nous amène à reconsidérer notre conception de l'Histoire, tout en évitant un message idéologique trop simpliste. Il s'agit bien de se mettre du côté des envahis et des opprimés, mais sans tomber dans le piège d'une simplification idyllique. Car le ton fantastique, parfois même féerique du roman, obtenu grâce à l'utilisation des prières et des légendes, ne l'empêche pas d'être un roman réaliste. La description de la souffrance des hommes bleus dans le désert et l'évocation du séjour de Lalla à Marseille, les quartiers qu'elle fréquente et l'hôtel où elle travaille, contribuent à renforcer l'ancrage social du roman.

Grâce à une structure en dialogue, entre le passé et le présent, entre deux systèmes de valeurs totalement différents, ce roman semble proposer au niveau textuel le dialogue qui échouait dans l'histoire. Le dialogue qui se devine entre *Haï* et *Le Livre des fuites*, se réalise ainsi dans *Désert* à travers sa narration même. La structure binaire du roman ne permet pas seulement de concilier deux genres, mais de faire une inscription du passé dans le présent à travers les personnages : les problèmes socioculturels de l'actualité sont ainsi présentés à la lumière du passé historique d'un peuple. En laissant le personnage représenter un peuple et une histoire, Le Clézio rapproche son histoire des mythes et des légendes auxquels il fait référence à l'aide d'une technique primitiviste. Le récit exprime simultanément une subjectivité et une actualité susceptibles de fasciner un large public, grâce à sa valorisation de sensations individuelles et concrètes et à sa référence à notre actualité.

Dans *Désert*, le vécu collectif et individuel est évoqué dans une narration double : la narration collective (le mythe, la chanson et la légende) est régulièrement complétée par une narration individuelle (le récit de la vie de Lalla). Cette fusion du vécu collectif et du vécu individuel est davantage soulignée dans *Le Chercheur d'or*, grâce au recours à une narration qui emprunte sa structure à un genre particulièrement subjectif : l'autobiographie. En effet, bien que l'œuvre ne raconte pas le vécu de l'écrivain lui-même, mais, en partie, celui de son grand-père, le récit répond à certains critères du genre (coïncidence entre héros et narrateur, récit de la vie du protagoniste)[130]. Ce qui nous paraît intéressant dans ce roman, c'est de voir comment un genre, souvent associé à un vécu individuel et subjectif, est ici

---

[130] Selon la définition de Philippe Lejeune, l'autobiographie est un «récit rétrospectif en prose qu'une personne réelle fait de sa propre existence, lorsqu'elle met l'accent sur sa vie individuelle, en particulier sur l'histoire de sa personnalité», ce qui exige une coïncidence d'identité entre auteur, narrateur et protagoniste, une perspective rétrospective et l'histoire d'une personnalité. *Le Pacte autobiographique*, Seuil, coll. Poétique, 1975, p. 14.

utilisé pour exprimer les interactions entre le vécu individuel et l'expérience collective chez un personnage, à travers une écriture où se mélangent les genres autobiographique, historique et mythique. C'est surtout l'apport mythique qui confère à cette écriture son originalité, lui permettant de se démarquer fortement de l'approche psychanalytique du genre.

Dans *Le Chercheur d'or*, le récit de la recherche impossible d'un trésor hypothétique se caractérise surtout par sa référence constante aux mythes et à l'Histoire, destinée à inscrire dans une réalité collective le vécu subjectif du protagoniste Alexis. Ces références proposent une nouvelle voie dans le cheminement d'un personnage à la recherche d'une connaissance de lui-même et du monde. L'optique de notre lecture sera de définir comment les récits collectifs, mythiques et historiques contribuent à proposer une nouvelle approche du monde chez le protagoniste, comment son voyage initiatique à travers la littérature et les mythes reflète son évolution personnelle. Quelques rencontres clés sont déterminantes dans ce cheminement et constituent des étapes initiatiques pour le protagoniste : la rencontre avec la magie de l'écriture, les mythes et les légendes d'un côté, sa rencontre avec l'amour et l'injustice sociale de l'autre. Ces deux univers sont intimement liés dans ce récit, ce qui se reflète dans la pluralité générique du roman.

Dès le début du récit, un accent est mis sur l'importance des références littéraires et mythiques dans la vie du protagoniste. Sa rencontre avec la littérature, à travers les lectures que faisait sa mère pour lui et sa sœur tous les soirs, occupe la majorité du chapitre deux du roman. Cette littérature est associée essentiellement à «la voix de Mam» et semble puiser toute sa magie dans sa musique qui «Seule reste (...), douce, légère, presque insaisissable» (CO p. 25). L'évocation de ces moments de lecture est marquée d'une forte coloration affective; il est en effet difficile de distinguer la magie due à l'atmosphère entourant la mère de celle provenant des histoires elles-mêmes. La lecture du *Journal des voyages*, de l'*Illustrated London News* (CO p. 32) et des histoires bibliques est ainsi colorée affectivement par la voix de Mam, les commentaires de sa sœur Laure et surtout par la nostalgie du narrateur adulte rêvant de retrouver le paradis perdu de sa toute petite enfance, incarné dans la voix maternelle et les histoires fantastiques qu'elle raconte. Cette coloration affective permet à ces histoires de devenir des symboles qui déterminent son cheminement. A la voix douce et musicale de la mère se mêle celle du père évoquant les explorateurs, les signes des constellations et surtout l'histoire du vieux corsaire et de son trésor caché. C'est à travers l'enseignement du père qu'il apprend à connaître les constellations à l'aide d'une grande carte épinglée sur le mur du bureau. Depuis ce moment, l'univers céleste et l'univers marin se confondent pour exprimer le même rêve : trouver le trésor. Lorsque Alexis écoute les histoires des voyageurs marins, leurs noms lui paraissent comme des «noms

La rencontre avec l'Autre 141

magiques», «les noms des étoiles, comme les dessins des constellations» (CO p. 48). Ces rêveries déclenchées par la contemplation des cartes nous rappellent la technique analogue du *Cœur des ténèbres* de Conrad[131]; dans *Le Chercheur d'or*, la projection des rêves à travers les récits et les cartes s'explique de manière affective, conformément à la tradition autobiographique.

Ce récit allégorique d'un voyage vers la connaissance de soi comporte de nombreuses références mythiques et se fonde sur un mythe que le narrateur lui-même évoque fréquemment. L'histoire de Jason et la quête de la Toison d'or est évoquée en parallèle avec l'aventure d'Alexis. Sa quête du trésor fusionne avec celle de Jason, lorsque au bord du Zeta un soir, il contemple le ciel nocturne.

> Maintenant, le soir envahit la rade de Port Victoria, et il me semble que je suis tout près de l'endroit où le ciel rencontre la mer. N'est-ce pas le signe qu'a suivi le navire Argo, dans sa course vers l'éternité? (CO p. 155)

La fusion des deux expériences, l'histoire mythique et la recherche du protagoniste, est évoquée à travers l'image du ciel et la mer constamment mêlés. Alexis sur le navire se sent «comme suspendu entre le ciel et la mer» (CO p.145), son destin est «marqué dans la mer, sur l'écume des vagues, dans le ciel du jour, dans le dessin immuable des constellations» (CO p. 162). Le mythe et l'expérience personnelle se confondent également dans l'esprit du protagoniste sous forme de deux cartes qui se superposent : celle du corsaire et celle des constellations.

Ce choix d'une référence mythique pour évoquer un vécu personnel, Le Clézio l'explique dans le journal de ce roman, *Voyages à Rodrigues*. Il explique là comment le vécu de son grand-père a commencé à prendre forme grâce au mythe de Jason. «J'ai pensé souvent à Jason», dit-il, «à sa quête en Colchide, comme la raconte Valerius Flaccus. J'y ai pensé plutôt par hasard, parce que l'aventure des passagers du navire *Argo* me semblait d'abord très différente de celle de mon grand-père. Pourtant, c'est ici, à Rodrigues, que j'ai le mieux ressenti tout cela : Jason errant à la recherche d'un hypothétique trésor, allant toujours plus loin, se jetant dans les tempêtes meurtrières, dans les combats, rencontrant même l'amour dévorant de Médée, tout cela me semblait plus réel à présent, sur cette île,

---

[131] Le Clézio avoue l'influence que Conrad a exercée sur lui, surtout pour la rédaction du *Chercheur d'or* : «et cette mémoire de l'origine, qui hanta mon enfance sous la forme d'une malle contenant les papiers de mon grand-père dont l'accès était interdit, est passée dans l'écriture en passant par le prisme de Conrad.» Le Clézio à Claude Cavallero dans «Les marges et l'origine», op. cit., p. 169.

grâce à la mémoire de mon grand-père. Que voulait Jason? Le pouvoir, le rêve de l'or, ou la vérité d'un accomplissement magique? Qui l'avait investi de ce rôle, qui l'avait jeté hors de lui-même, sur ce navire de lumière dont la poupe ne cesse pas d'avancer dans le ciel? N'était-ce pas la vérité de l'aventure, lorsque l'on se joue soi-même sur le lieu du coup de dés. Cela et d'autres choses encore, qui ont pour nom : l'extrémité, la fin des terres, l'inconnu, l'autre versant du monde, le monde nouveau. (...) L'aventure de mon grand-père, c'était cela, non pas la quête de la Toison d'or, ni celle des rixdales du Pirate, mais la fuite devant sa destinée (comme un navire fuit la tempête), et sa propre prise au piège (Jason envoyé à une mort certaine par son ennemi Pelias). C'était se mesurer à l'inconnu, au vide, et dans les dangers et les jours d'exposition et de souffrance, se découvrir soi-même : se révéler, se mettre à nu» (VR p. 59-60). En associant ainsi l'expérience personnelle au mythe, l'écrivain confère au vécu du grand-père une expression primitiviste : des concepts relevant des forces originelles («amour», «pouvoir», «rêve de l'or», «extrémité») se cristallisent dans le rêve «d'un hypothétique trésor». Ces lexiques «primitivistes», qualifiant l'aventure du grand-père, révèlent également le sens que Le Clézio accorde à cette aventure, destinée à incarner une volonté de se dépasser et de vivre l'extrême dans une fuite en avant qui défie la mort, pour se montrer vivant, pour se découvrir.

Cette dimension de l'aventure d'Alexis explique pourquoi sa quête est constamment doublée de celle de Jason. Elle nous permet également de mieux comprendre la schématisation de certaines situations, notamment le rôle qu'occupent les personnages féminins, délibérément simplifiés afin d'incarner une pulsion chez le protagoniste. Parmi ces personnages, Laure, la sœur du protagoniste, occupe une place privilégiée. Elle présente le symbole de la sœur et de la fille dévouée, toujours prête à apporter aide et consolation, toujours fidèle à son entourage familial. Son double se rencontre dans un personnage féminin à caractère symbolique : Ouma, jeune fille sauvage rencontrée lors d'une chasse au trésor et dont il tombe profondément amoureux. Fille orpheline des manafs, peuple opprimé et chassé, elle est l'opposée de Laure. Ce personnage se trouve en même temps à mi-chemin de deux cultures : élevée dans un couvent français, avec une éducation qui aurait pu lui permettre une vie «civilisée» à l'île Maurice, elle préfère vivre au milieu des manafs, en relation harmonieuse avec la nature. La méfiance réciproque des deux filles l'une pour l'autre traduit l'appartenance du protagoniste à deux cultures. Pendant toute son existence, il côtoie les indigènes comme ses égaux tout en restant un privilégié de la société. Cette relation ambiguë à son entourage social s'exprime ainsi dans ses rencontres féminines : Laure et Ouma, femmes idéales issues de deux cultures différentes, illustrent le double désir d'une intégration sociale et d'une relation plus authentique au monde, qui ne peut s'obtenir qu'à travers une relation privilégiée avec la nature.

Dessinées pour refléter le désir du protagoniste, ces femmes constituent des personnages irréels et mythiques : archétypes de la sœur douce et dévouée d'un côté, de la fille sauvage, chaleureuse, sensuelle et initiatrice aux secrets de la nature de l'autre. Leur présence est constante ou fugitive selon le désir qu'elles incarnent. La mystérieuse Ouma disparaît lorsque Alexis la désire au plus fort. Laure, en revanche, symbolise la sœur fidèle, toujours présente pour aider et consoler. Figures magiques entourant le protagoniste dans sa quête comme des adjuvants symboliques, ces femmes perdent leur magie lorsqu'Alexis, vers la fin du récit, prend conscience de l'impossibilité de sa quête : l'existence paradisiaque avec Ouma ne dure guère plus d'une journée et l'enchanteresse disparaît pour toujours. Laure, fatiguée par une vie astreignante et des soucis financiers, se transforme en vieille fille amère, une ombre de sa mère mourante. Les références au mythe qui qualifient le récit du protagoniste déterminent ainsi ses rencontres féminines. De même que son voyage physique se confondait avec le mythe de Jason, la légende du corsaire et la carte des constellations, ses expériences affectives semblent colorées par ce même désir de fuir vers le fantastique pour donner ainsi sens à son existence.

Les références aux mythes et la valeur allégorique des rencontres féminines, qui confèrent à ce récit son aspect onirique, sont cependant complétées par un certain réalisme destiné à rappeler l'ancrage social du roman. La description du voyage en mer et de la souffrance physique éprouvée lors de la chasse au trésor s'opposent ainsi aux rêveries romantiques du protagoniste. Au milieu d'une existence paradisiaque, hors du temps, avec Ouma, Alexis est brusquement replongé dans le temps et rattrapé par la réalité lorsque l'annonce de la première guerre mondiale lui parvient. L'introduction du temps historique, à travers l'engagement d'Alexis dans l'armée anglaise sur le front de France, fait contrepoids au temps irréel et mythique dans lequel baigne le reste du récit. Cette technique d'alternance est caractéristique de la dualité du roman : aux moments éternels et paradisiaques succèdent des moments inscrits dans la société et dans l'Histoire, l'Histoire se présentant chez Le Clézio comme l'antagoniste d'un univers pur et originel par sa référence constante à la guerre (*Le Chercheur d'or, Etoile errante*) et à la violation (*Désert*). Le dernier chapitre de la partie intitulée «Enfoncement de Boucan» est représentatif de cette dualité : il débute par la découverte de la carte du corsaire et celle des constellations et se termine par la révolte des travailleurs et la tempête réduisant la maison familiale à un tas de ruines. Aux injustices sociales, aux difficultés financières du protagoniste se mêle constamment le rêve nostalgique d'un recommencement exprimé par le recours aux mythes et légendes. Le départ de la maison familiale est donc un moment déterminant du roman, car il ne constitue pas seulement la fin d'une période dans la vie du protagoniste, mais aussi la fin d'une relation particulière avec un univers imaginaire transmis par sa mère.

> C'est ainsi que nous partons, ce mercredi 31 août, c'est ainsi que nous quittons notre monde (...) nous perdons tout cela, la grande maison du Boucan où nous sommes nés, la varangue où Mam nous lisait l'Écriture sainte, l'histoire de Jacob et de l'Ange, Moïse sauvé des eaux, et ce jardin touffu comme l'Éden avec les arbres de l'Intendance, les goyaviers et les manguiers, le ravin du tamarinier penché, le grand arbre chalta du bien et du mal. (CO p. 90)

La juxtaposition des éléments réels (la maison, la varangue, les manguiers) et des éléments mythiques et littéraires (Jacob, Moïse, l'Éden) dans une seule phrase est en effet caractéristique de la narration de ce roman. Le récit personnel et la légende se confondent ici grâce à un objet symbolique qui incarne à la fois l'enfance du protagoniste et son univers romanesque : «le grand arbre chalta du bien et du mal» évoque à la fois une référence réelle (l'arbre) et la projection de son univers mythique et littéraire (l'expression biblique «du bien et du mal») sur un élément naturel de l'enfance. Cette clôture de l'évocation de l'enfance du protagoniste est en ceci représentative de la dualité qui régit le roman – l'autobiographie versus le mythe, l'Histoire versus le temps originel – et qui lui confère sa dimension poétique.

Avec *Le Chercheur d'or* s'annonce une nouvelle forme de narration chez Le Clézio. La double évocation d'une expérience individuelle et d'un vécu collectif est déjà présente dans *Désert* à travers une structure binaire et un ancrage mythique. L'originalité de «l'autobiographie» leclézienne est de présenter, dans un récit fortement subjectif, un ancrage collectif non à travers l'Histoire[132], mais à travers une appartenance culturelle aux mythes, aux légendes, aux récits d'aventures et d'amour. Le récit personnel, marqué par une référence à la fois culturelle et historique, littéraire et sociale, permet à Le Clézio de présenter, dans une écriture sensorielle et subjective, des

---

[132] Il s'agit là d'une stratégie fréquemment utilisée dans la littérature contemporaine, lorsqu'il s'agit de présenter le vécu individuel d'un personnage marqué par l'histoire collective. Une narration qui prend comme sujet la seconde guerre mondiale peut ainsi servir d'ancrage et d'explication au vécu actuel du protagoniste. *W ou le souvenir d'enfance* (1975) de Georges Perec, où le narrateur adulte cherche dans l'évocation simultanée de son enfance pendant la guerre, privée des parents, et d'un récit allégorique sur la seconde guerre mondiale, l'explication de sa vie actuelle, est un exemple d'une quête d'individualité qui se réalise à travers le récit d'un événement collectif.

préoccupations universellement humaines. Cette tendance est marquante dans les œuvres suivantes où l'apport socio-historique est amplifié. *Onitsha*, publié en 1991, davantage autobiographique que *Le Chercheur d'or* (l'évocation d'une enfance privée d'un père travaillant en Afrique fait en effet penser à l'expérience personnelle de l'écrivain), raconte à la fois la quête d'un père, resté jusque-là imaginaire pour le protagoniste, et la quête du passé d'un peuple.

En effet, l'Histoire et les mythes se confondent aussi ici avec le vécu des personnages. Fintan assiste aux retrouvailles de ses parents Maou et Geoffroy en Afrique, et complète les deux visions de l'Afrique qu'ils représentent avec la sienne. Les deux rêves représentés par ses parents échouent sur une réalité et se transforment ainsi en résolution ou en fièvre. La désillusion de Maou, face à un mari plongé dans ses propres préoccupations et ses propres rêves, et à une société coloniale hostile à tout étranger, se transforme en volonté de transformer la société, d'abolir les injustices sociales par la négociation. L'échec de cette tentative l'amène à la décision de partir, alors que pour Geoffroy, la quête de l'emplacement de la nouvelle Meroë se termine par la fièvre, la perte de son poste et l'obligation de partir. L'univers imaginaire s'écroule pour donner lieu à une prise de conscience nouvelle.

La discontinuité entre la réalité sociale et l'évocation mythique du pays s'exprime dans les rapports ambigus avec certains personnages. Ainsi, à mi-chemin entre le monde du colonisé et celui du peuple opprimé, entre la légende de son peuple et sa situation actuelle, se trouve Oya, la jeune fille sourde-muette convoitée par les hommes blancs. Par sa constitution et son rôle romanesque, elle semble incarner l'idée de tout un peuple. Muette, elle est un enfant de la nature, qui rentre d'ailleurs dans la lignée des enfants merveilleux que l'on trouve dans les derniers romans de Le Clézio – le Hartani dans *Désert*, le frère d'Ouma dans *Le Chercheur d'or* –, mais elle est aussi symbole d'une Afrique réduite au silence par la colonisation. Offrant son corps aux colonisateurs et travaillant pour Sabine Rodes, un officier de l'Ordre de l'Empire Britannique, elle incarne un peuple exploité par les colonisateurs. Sa maternité semble ainsi impliquer un symbolisme social, l'enfant n'est pas né d'un amour entre deux êtres, il est le fruit du viol d'une terre vierge par des colonisateurs. Personnage à la fois mythique et social, Oya est présentée successivement comme une «reine» par Sabine Rodes et comme une «pauvre fille» par Maou, dont la conscience sociale est toujours soulignée. Elle constitue également le lien entre un peuple du passé (le peuple d'Arsinoë) et une civilisation actuelle (la société africaine). Entre ce personnage mythique et Maou, la conscience sociale incarnée, se réalise une rencontre fructueuse et s'installe une sympathie grandissante autour de l'attente d'un enfant : symbole d'un avenir autre.

La rencontre se réalise ainsi, comme dans *Le Livre des fuites*, à travers le regard et le vécu commun. Elle est également exprimée, dans ce roman à structure musicale, à travers une initiation à un rythme, à une musique. Fintan s'initie à la société africaine en apprenant à marcher pieds nus dans les champs avec son ami Bony. Il découvre l'injustice sociale de ce monde à travers un bruit régulier, rythmant son voyage en bateau : le bruit des Africains «en train de frapper la coque du navire à coups de marteaux» (O p. 38) pour payer leur voyage en travaillant. Ce bruit incessant apparaît en effet comme l'incarnation de l'exploitation : «C'est le bruit de l'injustice», dit l'écrivain[133], «du colonialisme, du racisme.» C'est par l'évocation de ce rythme incessant, de la musique d'un pays et d'un peuple que l'écriture de Le Clézio contribue à lutter contre «l'oubli de l'Afrique[134]» et l'oubli de notre Histoire.

C'est aussi à travers des références littéraires et mythiques que Le Clézio rythme le récit d'une rencontre plus proche de notre actualité dans *Etoile errante*. En effet, la véritable rencontre entre Esther, la juive, et Nejma, la Palestinienne, se réalise à travers l'écriture, grâce à un cahier échangé. L'intrigue du roman se résume dans un récit allégorique, la légende des Djenoune, destinée à expliquer l'éternelle souffrance des victimes des guerres et de la haine raciale. Son intertextualité est riche et suggère un élargissement du conflit sur des cultures différentes[135]. Déjà les noms des protagonistes inscrivent leurs vécus dans une expérience plus vaste : le nom d'Esther, surnommée Estrellita par son père, est présenté dans une chanson péruvienne servant d'épigraphe au roman; Nejma, la réfugiée palestinienne, nous fait penser à l'héroïne de Kateb Yacine, destinée également à incarner une situation politique et sociale difficile[136]. Toutes les deux sont des étoiles errantes – «étoile» est en effet la signification de l'un et de l'autre nom – à la

---

[133] Le Clézio à Jérôme Garcin dans «J.-M.G. Le Clézio: retour au pays natal», op. cit., p. 102.

[134] Expression utilisée par Pierre Lepape dans son article «Le Clézio et l'oubli de l'Afrique», op. cit., p. 19.

[135] Madeleine Borgomano évoque la symbolique intertextuelle du titre de ce roman: «Le titre du roman peut être lu comme l'allégorie de sa construction rayonnante. Il apparaît immédiatement comme intertextuel et interculturel (...). L'étoile, en tant que symbole, est sursaturée de significations. Par elle, ce roman est une oeuvre ouverte, autour duquel (sic!) rayonnent les routes de l'imaginaire.» Dans «Rencontres dans les romans de J.M.G. Le Clézio, et spécialement *Etoile errante*, utopie diégétique, réalité textuelle», *Point de rencontre: Le Roman. Actes du colloque international d'Oslo*, Conseil norvégien de la recherche scientifique, Oslo, 1995, p. 180.

[136] *Nedjma*, Kateb Yacine, op. cit.

La rencontre avec l'Autre 147

recherche d'un pays; ce vécu individuel symbolise un problème global à la fois social et existentiel : la souffrance d'une errance sans fin. Cette rencontre entre peuples errants est aussi génératrice d'art : c'est à la suite de sa rencontre avec Esther que Nejma décide d'écrire ses expériences au camp de réfugiés pour laisser un témoignage, «pour abolir le temps, pour éteindre les souffrances et la brûlure des morts» (EE p. 308).

La rencontre avec l'Autre et la quête des origines s'expriment simultanément dans la structure narrative et dans les trajets des personnages chez Le Clézio. Partant d'une technique de comparaison dans *Le Livre des fuites* et *Haï*, Le Clézio se dirige vers une narration dotée de cette même dualité que les visions illustrées. Dans *Désert* Le Clézio inscrit ainsi le vécu collectif d'un peuple dans le vécu individuel d'une jeune fille, intimement liée au passé de son peuple. En même temps, le caractère universel des personnages se confirme dans une narration où la réalité historique et sociale se confond avec un ancrage mythique. Afin de conférer à ces vécus un degré d'individualité, Le Clézio emprunte sa technique d'écriture à un genre fortement subjectif, l'autobiographie, technique qui lui permet de présenter un cheminement universellement humain et en ceci fascinant, comme la vie d'un personnage singulier. Cette technique, utilisée d'abord dans *Le Chercheur d'or*, se développe dans les deux romans suivants, où l'apport historique et social se précise et confère aux œuvres une actualité répondant au besoin collectif du lecteur d'inscrire et de comprendre sa propre histoire dans une histoire universelle.

La rencontre avec l'Autre constitue un moment privilégié dans le cheminement du personnage leclézien. Si un message social est perceptible dans les romans de Le Clézio, ce n'est certes pas à travers un discours moralisateur. Car bien que les sympathies de l'écrivain se situent clairement du côté des faibles et des opprimés, il refuse une schématisation idyllique réduisant l'étranger rencontré à un «bon sauvage[137]». Son discours est au contraire une évocation poétique qui mise sur l'universel à travers le mythe, sur la solidarité à travers l'évocation de passions communes. D'où l'utilisation d'une technique primitiviste, soulignant plus les contours que les détails pour évoquer ces passions, d'où un besoin simultané de l'expérience personnelle au détriment de l'Histoire, malgré la présence

---

[137] Le Clézio, dans l'article «Un projet monstrueux», *Le Monde*, op. cit., p. 2, répond à certains critiques l'accusant de mettre en scène de «bons sauvages»: «Qu'on ne m'accuse pas de resservir le cliché du bon sauvage! Les Indiens du Guyane ne sont ni bons ni sauvages. Mais comme la plupart des peuples dont le nombre est réduit, et qui ont su préserver un contact étroit avec la nature, ce sont certainement des gens qui valorisent les qualités individuelles et les rapports humains plutôt que le profit et la compétition.»

dominante de celle-ci dans ses derniers romans. Cette expérience personnelle est moins réflexion et introspection que contemplation et sensations; elle exprime surtout une attention constante aux multiples expressions du monde. Car si la rencontre avec l'Autre est primordiale chez Le Clézio, c'est que l'homme se définit par cette rencontre; sa relation à cet autre monde lui confère sa consistance. Cette rencontre permet la découverte d'une nouvelle conception du monde et du langage qui détermine la création romanesque de Le Clézio. Il en résulte une narration romanesque délibérément schématisée autour d'une opposition de l'originel au non-originel, destinée à valoriser cet Autre et cet ailleurs symboliques d'une attitude. Chez Le Clézio, ce n'est pas seulement l'enfance qui se présente comme la métaphore d'une vision du monde[138], d'une disposition qui permet à l'homme d'être à l'écoute de ce monde, mais cet Autre semble également présenter la métaphore non seulement d'une approche du monde différente de la rationalité occidentale, mais aussi d'une autre conception du langage, où les mots détiennent le pouvoir magique d'une expression originelle.

---

[138] En parlant de l'oeuvre de Jerome David Salinger, Le Clézio évoque la possibilité d'utiliser l'enfance comme métaphore d'une attitude face au monde: «le monde de l'enfance ainsi abordé», dit-il, «n'était rien d'autre qu'une métaphore de l'émerveillement éprouvé face au bouddhisme zen.» Le Clézio dans «Une littérature de l'envahissement, propos recueillies par Gérard de Cortanze», op. cit., p. 29.

L'extase matérielle comme connaissance du monde

Si les topiques de la ville et du voyage forment des éléments de régie incontournables dans la narration leclézienne, et si leur évocation à la fois réaliste et fantastique suscite la fascination du lecteur, c'est qu'elles véhiculent paradoxalement le désir d'une relation nouvelle avec la matière. Les fuites du personnage expriment une nostalgie des origines, un désir de fusion matérielle qui imprègne toute l'œuvre de Le Clézio et qui forme le credo de son écriture : pour l'essayiste de *L'Extase matérielle*, «le secret absolu de la pensée est sans doute ce désir jamais oublié de se replonger dans la plus extatique fusion avec la matière, dans le concret tellement concret qu'il en devient abstrait.[139]»

En effet, la connaissance du monde ne s'acquiert pas à travers l'analyse mais, selon Le Clézio, «par l'affolement consenti envers chaque pièce, envers chaque homme, chaque arbre, chaque poussière» (DE p. 37). Primordiale pour le personnage, sa relation à la matière est à la base de son approche du monde. C'est à travers les choses, le corps et les sensations physiques que s'exprime cette approche chez un écrivain qui affirme que «la matière est la seule intelligence de l'homme, sa seule vérité, sa technique» (IT p. 283). La valorisation de la matière comme moyen de connaissance s'exprime dans une écriture qui favorise le contact avec la matière comme approche du monde, car «l'homme doit peu à son cerveau», dit-il dans *L'Inconnu sur la terre*, «moins encore à son langage. (...) Ses mains ont besoin de contact avec les choses de la terre» (IT p. 284). Cette pensée régit toute l'œuvre de Le Clézio et apparaît de manière constante dans les évocations lyriques de la matière. C'est d'abord dans *L'Extase matérielle*, publié en 1967, que Le Clézio nous présente une vision du monde où la matière apparaît comme la

---

[139] *L'Extase matérielle* p. 53.

seule réalité, un constat qui ne comporte pas d'originalité en lui-même, mais c'est la transformation romanesque de cette idée qui confère à l'écriture leclézienne son originalité. Car pour Le Clézio, il s'agit de faire vivre la matière, de nous y immerger vivants à travers une évocation sensorielle du monde.

Si toute l'œuvre de Le Clézio est entièrement construite sur cette relation multiple de l'homme à la matière, ce rapport est à la fois conflictuel et source de plaisir pour le personnage leclézien. Prisonnier de la matière dont il est issu, il est à la fois fasciné et dégoûté par elle. Les personnages lecléziens évoluent en effet dans un univers «chosifié», où les objets prennent un pouvoir terrifiant. La parole même est «chosifiée», car les mots «ne servent plus à rien d'autre qu'à eux-mêmes; ils sont collés aux choses» (EM p. 276). En même temps, la matière leur permet une initiation à une nouvelle connaissance et à de nouvelles expériences.

La relation à cette matière se cristallise dans deux topiques obsédantes chez Le Clézio : les objets et le corps. Leur présentation dans ses romans constitue le sujet des chapitres suivants qui essayeront de démontrer comment cette conception de la matière influence les choix techniques de l'écrivain. A cet effet, le chapitre suivant se propose d'analyser la présentation des objets, leur relation aux personnages, mais surtout leur rôle narratif, afin de dégager en quoi réside l'originalité de Le Clézio à une époque où l'écriture «objectale» marque la littérature. Une étude du discours du corps reviendra ensuite sur les effets de ce discours sur le rythme narratif, et tentera de mesurer l'évolution de la topique au fil des œuvres.

Le rapport de l'homme aux objets : fascination ou «chosification»?

Situés dans une société de consommation et de progrès technique, les personnages leczéniens sont toujours entourés de choses. Des choses fascinantes qui suscitent la curiosité et l'envie et des choses répugnantes, terrifiantes, suscitant un sentiment d'horreur et de dégoût. Elles sont omniprésentes dans la narration, parfois même envahissantes, témoignant d'une époque et d'une société.

Les objets occupent de multiples rôles dans les romans leczéniens. A première vue, ils se présentent comme les témoignages d'une société, assurant des «effets de réel» dans une écriture à tendance réaliste. Cette fonction est pourtant loin d'être leur fonction principale, car les descriptions minutieuses et «réalistes» des embouteillages, des cafétérias, des discothèques et de tous ces lieux que fréquentent les personnages leczéniens, ont pour but non seulement de créer une atmosphère de vraisemblance – car le réalisme de Le Clézio se révèle trompeur –, mais surtout de conférer aux choses une valeur affective et une nouvelle fonction romanesque, grâce au rôle très particulier qu'elles occupent dans l'existence des protagonistes.

Une survalorisation des objets caractérise en effet l'écriture leczénienne, qui emprunte sa technique à l'inventaire pour souligner leur présence : énumérations d'objets qui se trouvent dans un lieu, listes des courses sont alors présentées au lecteur pour contribuer à cette tendance. Cette écriture provoque un sentiment de froideur, de neutralité narrative comme reflet d'une société déshumanisée; c'est le cas des *(Géants)*, où l'aliénation de l'homme est évoquée justement à travers une fausse relation aux objets. Il s'agit là d'une technique qui est le fruit de la tendance phénoménologique perceptible dans la littérature des années cinquante et soixante, et qui consistait à présenter les choses «froidement» sans épithètes affectives susceptibles de les humaniser, sans jugement ni sentiment, afin de les priver de toute relation affective à l'homme, de leur «cœur romantique», selon la formule de Roland Barthes. Cette nouvelle approche des choses atteint son paroxysme quand vers la même époque la société de consommation envahit la littérature. Georges Perec publie en 1965 *Les Choses*, un roman où les choses ne sont plus là pour servir l'homme : elles remplacent l'homme et dirigent sa vie, l'homme devient, par l'emprise des choses dans son existence, «chosifié». Cet écrivain incarne d'ailleurs parfaitement cette nouvelle tendance dans la littérature, où les choses ne sont plus un décor, mais forment la trame du roman. Son projet autobiographique se construit ainsi entièrement autour de l'évocation d'objets : son enfance est évoquée à travers la description de quelques photos[140], son vécu à travers la description

---

[140] Dans *W ou le souvenir d'enfance* (Denoël, 1975), Georges Perec commence la reconstruction romanesque de son enfance en contemplant et en analysant des photos.

de lieux[141], et ses sentiments à travers l'énumération d'objets qu'il aime et qu'il n'aime pas[142].

L'originalité de Le Clézio n'est donc pas de nous présenter une société de consommation à travers une description minutieuse et exhaustive d'objets, bien que cette société forme un élément important de l'intrigue en tant que symbole d'une aliénation plus générale chez l'homme. De fait, l'écriture phénoménologique cède la place à un discours beaucoup plus affectif dans les romans de Le Clézio. Les choses n'y sont pas privées de leur «cœur romantique», mais au contraire humanisées à travers leur fonction poétique. En même temps, les choses ne sont plus sous la domination de l'homme. Changeant de statut par rapport à l'homme, les choses obtiennent un rôle narratif dynamique : les rôles s'inversent, et les choses s'apprêtent à dominer l'homme. Cette situation est évoquée explicitement dans *(Les Géants)* et dans *La Guerre* grâce à la mise en scène d'une société de consommation, où l'homme est marginalisé par les objets qui l'entourent, mais elle est aussi suggérée dans toute l'œuvre romanesque de Le Clézio par l'omniprésence des objets. De toute part, le personnage leclézien, telle Bea dans *La Guerre*, est entouré d'objets, attirants ou hostiles («Le monde était infiniment compréhensible, vaste, ouvert, plein de choses à manger, de choses à toucher, ces choses à aimer ou à haïr, de choses. Il n'y avait jamais RIEN. (...) Au-dessus, au-dessous, devant, derrière, à gauche, à droite, il y avait DES CHOSES.» LG p. 147).

L'omniprésence des objets est soulignée à travers une écriture qui favorise les inventaires. Les listes énumératives du premier chapitre du *Procès-verbal* (une liste des courses chez le protagoniste) et de *L'Extase matérielle* (EM p. 147) semblent s'inscrire dans la tendance expérimentale des années soixante. L'inventaire du dernier («la pièce de monnaie cabossée, la boîte de conserve rouillée, le briquet en métal, portefeuille en matière plastique imitation crocodile, le crayon à bille vidé (...)» EM p. 149) nous rappelle l'inventaire que fait Perec des objets sur sa table de travail[143]. Une différence essentielle est pourtant perceptible : les objets énumérés par Le Clézio sont tous précédés d'un article défini qui suggère un degré d'intimité, alors que chez

---

[141] Dans *Penser/Classer* (Hachette, 1985) sont regroupés des textes caractéristiques de cette approche: l'essai «Trois chambres retrouvées» évoque des lieux fréquentés par l'écrivain de façon descriptive. L'inventaire exhaustive est également un procédé fréquemment utilisé pour retracer le vécu de l'écrivain: «Notes concernant les objets qui sont sur ma table de travail» du même ouvrage en constitue un exemple caractéristique.

[142] «J'aime, je n'aime pas» in *L'Arc* n° 76, 1979, p. 38.

[143] Cf. «Notes concernant les objets qui sont sur ma table de travail», in *Penser/Classer*, op. cit., p. 17.

Perec, les objets sont précédés d'un article indéfini suggérant un aspect d'anonymat, une distance entre les objets et celui qui regarde. Le Clézio confère à ces objets énumérés non seulement une intimité avec celui qui les regarde mais aussi un sens symbolique : dans le passage de *L'Extase matérielle*, ils sont tous là pour rappeler à l'homme le temps et l'usure («Voilà comment le temps devrait être conçu : pas de minutes, pas de secondes, mais :» et suit l'énumération de 15 objets, EM p. 149-150).

Chez Le Clézio, l'objet n'est plus seulement un décor et un outil pour l'homme, mais il se présente comme une référence au même niveau que l'homme : le temps n'est pas mesuré par le vécu de l'homme, mais par l'usure perceptible des objets. Leur rôle narratif va même au-delà d'une référence : pour souligner leur emprise sur l'homme, ils occupent le premier plan de la narration, au point de renverser une hiérarchie traditionnelle où les objets sont sous la domination de l'homme. Le désir des objets, qui provoque en l'homme une dépendance affective et le «chosifie», se vérifie grâce à un déplacement d'optique qui permet aux objets d'être personnifiés, dans *(Les Géants)* par exemple :

> Elle ne voit plus. *On* la voit. Les objets durs et méthodiques la regardent tout le temps. (...) Ils veulent la conquérir, la soumettre, comme cela, d'un coup de leur regard rouge, entre deux battements de leurs paupières d'acier. (...) ils ont décidé de renverser l'ordre de la réalité. Les objets regardent la jeune fille par ses yeux, et ce sont eux les hommes, tandis que la jeune fille est une chose. (GEA p. 118-119)

Le renversement de la hiérarchie de domination est ici suggéré à travers une nouvelle optique plaçant l'homme sous le regard de l'objet. Ce renversement de situation nous explique la présence des inventaires des objets représentatifs de la société de consommation, destinée à refléter un monde froid et hostile et à souligner l'aliénation des personnages. Par leur surabondance et leur présence envahissante, ils suggèrent également la dépendance de l'homme à la matière.

Tous les personnages lecléziens sont effectivement profondément liés aux objets qui les entourent. Leur rapport aux choses se caractérise par une très forte charge affective qui s'exprime d'une part dans un désir de conquérir et de se prolonger dans les choses, et de l'autre dans une attitude de protection contre un agresseur; ce rapport ambigu est dû à la double valeur des objets, qui incarnent à la fois plénitude et angoisse.

Les choses sont d'abord primordiales aussi bien dans la narration que dans l'existence des personnages. L'absence de lien affectif véritable qui caractérise les personnages lecléziens semble en effet compensée par un attachement profond aux objets. Les objets supplantent ainsi parfois le rôle des personnages secondaires et apparaissent comme des compagnons fidèles, toujours présents, parfois même comme un prolongement des personnages. C'est le cas d'Adam Pollo et de son journal intime, ainsi que de Bea B. et de son «Semainier pratic»; le journal intime, par sa présence, par la reproduction fidèle des pensées du personnage, en devient une expression concrète.

La collection se présente ainsi comme la compensation d'une parole manquante : Anna du *Déluge*, dont l'échec communicatif se reflète dans sa manière indirecte de communiquer avec Besson (elle choisit le magnétophone), collectionne tous les objets rouges qu'elle trouve, («N'importe quoi, pourvu que ce soit rouge (...) des tissus, des cartons, des bouts de papier, des boîtes de cigarettes, (...) même les bouts de cotons avec du sang» DE p. 54), comme s'il s'agissait d'exprimer à travers ces objets symboliques sa pulsion suicidaire, comme si les choses pouvaient assurer une expression plus directe et concrète qu'une parole jugée vaine.

En tant que refuge contre un monde menaçant, l'objet affectivement chargé constitue un prolongement des personnages à la fois nécessaire et constructif. Il permet au personnage d'exprimer ses pensées lorsque la parole ne sert plus à rien. Il véhicule aussi le rêve d'une nouvelle existence à travers les désirs qu'il engendre. En projetant son désir sur un objet, le personnage arrive à transformer, sinon son existence, au moins sa propre conception de cette existence. Nous avons vu comment le bateau permet de cristalliser le désir de conquête et de dépassement de soi, et comment l'autobus, si chéri par les premiers personnages de Le Clézio, constitue un objet qui incarne l'attente et une ouverture au monde. Cette projection affective sur les objets permet aux personnages de vivre certains objets comme bénéfiques et porteurs d'espoir. Cependant, le rôle principal des objets chez Le Clézio est de refléter les forces destructrices de la société qu'ils incarnent. Les objets sont alors présentés comme reflets d'une société qui provoque l'aliénation de l'homme, grâce à une écriture qui pratique une inversion des rôles traditionnels, plaçant l'homme sous la domination des objets. L'homme est ainsi absorbé par les objets dans un mouvement d'osmose, «chosifié» par sa dépendance à ces mêmes. Il leur emprunte leurs qualités et renonce à ses qualités humaines, tels les clients du supermarché Hyperpolis, devenus plus uniformes que les marchandises qu'ils convoitent. Cette relation aux objets se transmet de génération à génération selon Adam dans *Le Procès-verbal* : «Les parents chosifient leurs enfants,» dit-il, «ils les traitent en (...) objets qu'on peut posséder. Ils donnent cette psychose de l'objet à leurs enfants»(PV p. 220-221).

Le Clézio évoque cette transformation de l'homme face à l'objet comme une dégradation non pas due à la grossièreté du profit et des jouissances mais «parce qu'ils vous limitent à vos seuls désirs, et font de vous l'objet de vos objets» (IT p. 132). Dans *(Les Géants)*, cette idée est illustrée à travers l'image fantastique de la bouche d'un géant-vampire qui attire les clients vers lui à travers des ordres répétés sur un rythme saccadé («Obéissez!

Obéissez! Marchez, achetez, mangez! Aimez-vous! (...) Fumez! Vivez! Mourez!» GEA p. 53). Car pour expliquer le pouvoir que détient ce supermarché sur l'homme, Le Clézio confère aux objets eux-mêmes un pouvoir hypnotique : les clients de l'hypermarché qu'il décrit ne peuvent en effet que suivre un chemin tracé d'avance et effectuer les ordres émis par les objets :

> Autour d'elle, les gens empilaient les objets dans les chariots de métal avec frénésie. Ils avaient des visages sérieux, contractés, et leurs paupières battaient de façon anormalement lente. (...) Personne ne savait ce qu'il faisait. Comment l'auraient-ils su? Ce n'étaient pas eux qui saisissaient la marchandise, elle se collait d'elle-même à leurs mains, elle attirait les rayons des yeux et les doigts des mains, (...) (GEA p. 52-53)

L'inversion des rôles est ici suggérée non seulement à travers la transformation fantastique de la situation, mais aussi grâce à un changement de sujet. Initialement accordée au protagoniste, la place du sujet est ensuite conférée aux personnages secondaires et enfin aux objets, pour illustrer un processus d'anonymisation accompagné simultanément d'une «chosification». Cette technique se double d'un changement de ton, car au moment où les objets prennent la place du sujet («elle se collait d'elle-même à leurs mains»), le récit réaliste se transforme en écriture fantastique et onirique.

Afin de souligner cette «chosification» des hommes, Le Clézio accorde aux personnages les qualités propres aux objets : ils deviennent des produits et des machines. La mulâtresse que rencontre Hogan est «une machine faite femme, aux rouages inconnus, au corps dangereux, au rythme invincible», ses gestes et ses paroles sont mécaniques. Dans la fusion avec elle, Hogan rentre dans une «carapace de fer» et habite «la machine au fuselage de métal» (LF p. 75). L'inversion des identités illustre la robotisation de l'homme dans une société où la nature humaine cède la place à la mécanique. Ce mouvement osmotique exprime cependant plus qu'une déshumanisation de l'homme, il suggère également une transmission des forces destructrices des objets à l'homme lui-même. En effet, dépossédé et agressé par les objets, l'homme à son tour, exprime envers autrui cette même agression qu'il a subie. Ainsi un objet à allure agressive s'offre à l'homme comme une arme; c'est le cas de la moto de Monsieur X dans *La Guerre* ainsi qu'une limousine noire qui lui permet de jouer à «la chasse à l'homme», la nuit, sur les autoroutes. La férocité de l'homme est ici évoquée à travers la puissance maléfique de la voiture grâce à un jeu de comparaison entre le chauffeur et la voiture : Monsieur X se confond avec sa voiture et, se cramponnant au volant, sa voix devient rauque comme le grondement du moteur (LG p. 216). L'arme agressive et meurtrière que la voiture représente ici exprime ainsi toute la force destructrice de l'homme contre lui-même : l'autodestruction de l'homme à travers l'objet qui le dépossède devient alors une image de l'homme en fuite de lui-même. Moyen de concrétiser une angoisse existentielle, la voiture est dans les romans lecléziens omniprésente dans les situations provoquant l'angoisse des protagonistes[144].

L'osmose du personnage avec l'objet ne s'exprime pas seulement à travers la déshumanisation du personnage, réduit à un outil fonctionnel ou à une arme agressive, mais aussi à travers une personnification des objets. L'objet, rendu vivant, paraît davantage terrifiant par le fait qu'il emprunte à l'homme le privilège de pouvoir agir. L'immense supermarché où se promène Tranquilité dans *(Les Géants)* n'est plus seulement un piège dessiné pour attraper l'homme, mais se transforme d'abord en visage, celui des hommes constructeurs du magasin, et ensuite, par le biais d'une écriture fantastique, en bouche de vampire :

> On suivait beaucoup de chemins qui avaient été tracés d'avance, par quelques hommes à esprit acharné. Ils avaient dessiné leur plan (...) et c'était le dessin même de leur visage, (...) et la bouche, ouverte, puits profond aux gencives roses, (...) qui dévorait la foule (...) (GEA p. 53)

L'inversion des rôles confère aux objets un rôle élargi dans les récits lecléziens : les objets ne sont plus de simples décors d'une société industrialisée et hypercommercialisée, mais ils créent leurs propres mythes. Les objets se détachent ainsi de leur utilité primaire et vivent leur propre vie en tant que sujets de la narration. Un objet destiné à accompagner et prolonger un personnage peut ainsi se détacher du personnage qu'il accompagne et devenir lui-même personnage dans un récit. Un tel objet, c'est la cigarette, omniprésente dans les premiers romans de Le Clézio. Elle constitue un compagnon fidèle et illustre un passe-temps vital dans l'existence des vagabonds chômeurs que sont Adam Pollo, Besson, Chancelade et Bea B. Pour Adam Pollo, elle devient même l'illustration d'un concept philosophique, lui permettant d'expliquer «le mécanisme (...) de la mythisation». Fumer devient ainsi «Genre» (PV p. 159) et la cigarette devient mythe. Mythe moderne qui exprime une nouvelle conception du temps chez l'homme moderne. La cigarette accompagne ainsi le personnage leclézien pour lui rappeler la vanité de sa course contre la mort : il ne peut échapper à l'écoulement impitoyable du temps, à moins de transgresser les limites de ce temps. La fuite physique à travers le voyage n'offre qu'une illusion de lutte contre le temps, alors que la fuite onirique, tel le voyage imaginaire de Naja Naja, constitue une libération véritable des contraintes temporelles. En effet, dans la dernière scène de ce roman, le personnage entre dans une

---

[144] Cf. «Dans une région qui ressemblait à l'enfer» dans *Terra Amata* p. 126, ainsi que les nombreuses références à l'autoroute et aux carrefours dans *Le Livre des fuites* et *La Guerre*.

dimension extra-temporelle, fusionne éternellement avec les éléments et abandonne la cigarette à sa solitude.

> Et un jour, après avoir beaucoup cherché, tu entres dans la grande salle d'un café, plein de bruits et de lumière, tout est dur et repousse, (...) et soudain tu tressailles, une sorte de trouble remue à l'intérieur du corps : sur une table verte, isolée comme une île, il y a une cigarette qui fume toute seule dans un cendrier de fer. (V p. 293)

La «solitude» de l'objet permet ici de décrire le détachement du personnage de la matière d'une manière originale; il ne s'agit pas de nous présenter un personnage seul constatant l'absence d'un objet, mais d'une situation inverse : l'objet abandonné par l'homme est décrit dans sa «solitude». L'inversion des rôles est ainsi suggérée non seulement à travers une mise en valeur de l'objet, mais aussi grâce à l'absence du personnage que l'objet était censé accompagner.

La libération d'un objet incarnant l'état périssable de l'homme constitue pour Naja Naja aussi une victoire sur toute une société où l'homme devient le produit d'un système auquel il doit obéir. Le personnage de Le Clézio, «chosifié» par son désir d'objets, rattrapé constamment par le temps, rêve d'une libération totale de cette terreur provoquée par les objets. Cette libération nécessite cependant une autre attitude face à l'objet : il doit écouter le langage des objets pourqu'une réconciliation puisse se réaliser. Dans la société indienne, les hommes ont un autre rapport aux objets, que Le Clézio évoque dans *Haï*. Là les objets banals et quotidiens deviennent des œuvres d'art grâce à l'attention que l'homme lui prête. Les objets ont leur propre langage, perceptible pour l'homme qui est à son écoute.

> Quel est le secret de ce langage? Que veulent dire au monde ces objets, ainsi sans repos, avec leurs phrases toujours identiques, avec leurs signes inamovibles? (H p. 119)

Cette attitude de la part de l'homme permet une relation toute autre aux objets que celle vécue par l'homme prisonnier de la société commercialisée. Au lieu d'être sous la domination des objets, c'est au contraire lui, qui libère l'objet et lui confère sa valeur par son travail d'artiste. En effet, la vie des statues indiennes se trouve à «l'intérieur du tronc des arbres jusqu'à ce que la main de l'homme les libère.» (H p. 131) Inversement, les objets fabriqués par l'homme sont parfois libérés par l'action de la nature : «Je crois que beaucoup d'objets fabriqués par l'être humain (...) sont grandis par la destruction,» dit Le Clézio dans une interview[145]. «Quand la nature les prend, quand la rouille apparaît, que tout se tord, que ce qui était fait pour

---

[145] Le Clézio à Jean-Louis Ezine dans *Ailleurs*, op. cit., p. 86-87.

servir devient inutile, incompréhensible, presque absurde, il me semble que ces objets deviennent alors des sculptures, des statues.» C'est dans cette transformation poétique des objets que réside la possibilité d'une réconciliation entre l'homme et les objets, une possibilité d'«unir l'homme aux autres hommes que sont les objets, les plantes et les animaux.» (H p. 135)

Afin de suggérer l'aliénation de ses personnages, Le Clézio confère aux objets la place première dans la narration. Sa description minutieuse et ses énumérations des objets expriment le malaise de l'homme moderne étouffé par les objets envahissants. Son inversion des rôles, conférant aux objets cette domination sur l'homme, constitue le prolongement d'une tendance littéraire de son époque; sa présentation n'a cependant pas la sobriété et la neutralité propres aux nouveaux romanciers, car ici les objets prennent vie grâce aux personnifications, ils sont «animés» par le regard des personnages qui les entourent. En même temps, leur rôle élargi dans la narration leur permet de se substituer aux personnages : occupant la place première du roman, ils deviennent les sujets de leur propre récit et de leurs propres mythes et provoquent l'expulsion du personnage dans un monde mécanisé et rationalisé, une inversion des rôles suggérée à travers le déplacement de l'optique et la transformation fantastique des situations.

Cette nouvelle technique permet de présenter aussi bien l'effet de séduction que l'aspect envahissant des objets. La projection affective sur l'objet – l'objet devient parole et ouverture sur le monde – exprime la dépendance affective des personnages et suggère leur «chosification» : le personnage se dit et se réalise à travers les objets. Les angoisses et les plaisirs qui caractérisent la relation du personnage aux objets sont en effet révélateurs d'une conception du monde. La matière se présente ainsi comme mesure d'une relation «authentique» au monde, une relation qui subira une certaine évolution au fil des œuvres lecléziennes. L'effet aliénant des objets, si dominant dans les premiers romans, semble en effet s'atténuer au profit d'un investissement affectif dans les derniers. Cette évolution, perceptible dans toute rencontre que fait le personnage avec la matière, est d'autant plus complexe et plus significative dans le discours du corps.

Le discours du corps

Les personnages lecléziens sont inscrits dans une matière qui les rend vivants, malgré leur ancrage philosophique et mythique destiné à illustrer une certaine approche du monde. Leur existence, si centrée soit-elle sur les questions existentielles, est remplie de préoccupations matérielles. A la fin du premier chapitre du *Procès-verbal*, il s'agit pour le premier protagoniste leclézien de trouver de quoi manger, et ses premières notes transcrites contiennent une liste d'achats. Les perturbations extérieures ou physiques des personnages occupent une grande place dans la narration leclézienne : la folie, les malaises et les frôlements avec la mort sont fréquents dans des récits qui comportent relativement peu de dramatique extérieure. La dramatique «intérieure» des premiers romans s'accompagne souvent d'une expression physique analogue : Adam sombre dans la folie, Besson devient aveugle, Tranquilité se suicide.

L'expérience physique du personnage est davantage soulignée dans la deuxième partie de l'œuvre leclézienne. Le discours du corps n'est plus une simple illustration de la situation du personnage, telle la folie d'Adam et la cécité de Besson, mais il reflète une approche du monde à travers une narration faite de sensations concrètes rendues vivantes pour le lecteur. L'approche «matérialiste» de l'écrivain, qui s'exprime dans sa peinture des objets, se prolonge ainsi dans une valorisation du corps.

Cette conscience accrue du corps, qui caractérise les personnages lecléziens, reflète en effet une conception du corps qui le veut plus résistant, plus puissant et plus lié au courant de la vie que l'intellect. Pour Le Clézio, «tout ce que nous portons de grand et de beau est dans notre peau, dans nos ligaments, dans nos fibres nerveuses» (EM p. 47). C'est cette conception qui explique la résistance mystérieuse du corps dans *L'Extase matérielle*.

> Comment mon corps (...) qui est le maître de cet esprit pas particulièrement attaché à la vie, a-t-il la force, le courage d'exister? Où trouve-t-il donc la foi pour se battre? (...) Voilà ce qui devait nous rendre à la fois fiers et inquiets; car, cela est sûr, si notre chair avait la lâcheté de notre esprit, nous tomberions en pourriture dans la minute même. Mais notre chair est forte; elle se bat. Elle a une volonté implacable, qui n'est pas celle de la raison, mais du courant même de la vie. (...) La beauté de la vie, l'énergie de la vie ne sont pas de l'esprit, mais de la matière. (EM p. 46-47)

Une vision du monde qui oppose un intellect étranger au courant de la vie à un corps capable de fusionner avec ce courant caractérise le vécu des personnages lecléziens. Elle dicte aussi le choix de techniques narratives, destinées à évoquer un vécu physique. La force du corps, cette puissance issue de la matière, est exprimée à travers des situations cruciales et universelles qui illustrent la relation de l'homme aux forces cosmiques et originelles. Afin de définir le rôle du corps dans le projet poétique et romanesque de Le Clézio, ce chapitre se propose d'analyser quelques situations romanesques où le corps est au centre de la narration et se présente comme la métaphore d'une approche du monde.

La présence du corps et des besoins purement physiques est surprenante dans les premiers romans lecléziens, tellement marqués par la réflexion philosophique. Volonté de réalisme chez un écrivain qui vise l'authenticité, la description du corps est bien plus qu'une qualification du personnage au sens traditionnel. En effet, la description physique des personnages ne souligne pas de traits caractérisants, susceptibles d'inspirer la sympathie du lecteur, mais présente au contraire une physionomie banale : Adam, Besson, Chancelade et Hogan se ressemblent tous par leur manque de traits propres au héros d'une aventure, les personnages féminins sont banals, sans charme particulier. C'est leur relation étroite à la matière qui les rend particuliers et fascinants. Dans Le Procès-verbal, les gens accomplissent leurs «trois ou quatre fonctions génétiques (...) chaque jour» (PV p. 81) dans l'éternelle course inconsciente contre la mort, alors que Bea de La Guerre expliquerait bien tous les tourments des hommes à partir d'un problème somatique et propose des articles sur «l'universalité des viscères. Les organes cachés qui commandent la vie» (LG p. 26). Le Clézio a d'ailleurs construit tout un recueil de nouvelles sur ce principe : La Fièvre relate ainsi comment un dérangement physique influence la vie des hommes. Cette dépendance de l'homme à la matière est fréquemment illustrée par une valorisation du physique dans l'écriture leclézienne.

Elle s'exprime tout d'abord à travers une présentation anatomique du corps : au lieu de nous présenter une vision globale du personnage, Le Clézio nous décrit le physique des personnages de manière anatomique et fragmentaire. Cette affiliation de l'homme dans une réalité matérielle, concrète et tangible revient comme un leitmotiv dans les romans de Le Clézio. Dans une analyse de La Fièvre, Raymond Jean évoque cette conscience du corps qui est à la base des actes et des attitudes des personnages lecléziens, et souligne en même temps la vision du romanesque et la filiation avec Lautréamont dont témoigne cette technique[146]. La présentation

---

[146] «Cette façon de saisir la vie à travers les informations venues du corps constitue déjà en elle-même une vision originale du réel. Mais elle est surtout un témoignage d'une conviction qui semble fortement ancrée chez Le Clézio: celle qu'il n'y a rien à dire, rien à décrire, rien à raconter qui ne soit d'abord à quelque degré la manifestation de la réalité biologique de l'homme. (...) C'est en même temps une sorte d'exploration poético-pathologique de la réalité, comme il arrive chez Lautréamont pour qui un cheveu, un ongle, un frémissement de la peau, développant des proportions monstrueuses, deviennent le moyen d'une agression, d'une communication ou d'une prise de

Le discours du corps 161

du premier protagoniste leclézien se démarque de la peinture traditionnelle des personnages, par le refus de présenter l'entité de l'homme, sa personnalité, ses caractéristiques morales et physiques, et par une valorisation simultanée de ses constituants purement matériels : ses membres, ses artères, ses cellules. Il ne s'agit pas de souligner des traits caractérisants, mais de dresser un inventaire. Renonçant à la description purement réaliste, Le Clézio ne respecte pas non plus le discours objectif, du type behavioriste, à focalisation externe stable. Lorsque Adam nous est présenté allongé sur la plage, il est à la fois vu du dehors, son allure et ses actes sont rapportés dans une écriture réaliste, et présentés de manière poétique : le narrateur rentre à l'intérieur du corps du protagoniste afin de décrire son anatomie, d'abord à l'aide d'une écriture réaliste, voire scientifique, qui se transforme ensuite en une évocation poétique.

> Adam Pollo avait une tête longue, un peu pointue par le haut. (...) Ainsi camouflé, il se trouvait pris au milieu d'une multitude d'autres taches, (...) ressemblant de loin à un tout petit enfant, de plus près à un jeune homme, et de tout contre à une drôle d'espèce de vieillard, séculaire et innocent. Il respirait à cadence rapide. A chaque inspiration, les poils autour de son nombril se redressaient et accusaient la présence d'environ deux litres d'air, qui pénétraient dans les bronches, dilataient les bronchioles, écartaient les côtes, (...). L'air s'insinuait partout, tiède, chargé d'odeurs et de parcelles microscopiques. (...) Au plus profond d'Adam, c'était l'agglomérat de cellules, de noyaux, de plasma, d'atomes aux combinaisons multiples, (...). Les atomes d'Adam auraient pu se mêler aux atomes de la pierre, (...) (PV p. 180-182)

Dans une posture qui exprime le repli sur soi, le premier personnage leclézien est présenté dans une situation à la fois typique et symbolique. Une focalisation externe est soulignée explicitement par le «zoom» de la caméra narrative rapporté («de loin», «de plus près» et de tout contre»). Procédé qui confirme une rupture avec la présentation classique de la physionomie du personnage, où l'on préfère une vision harmonieuse de l'être; cette technique, au lieu de rechercher des traits spécifiques individualisant le personnage, souligne le général et le flou de la vision («pris au milieu d'une multitude d'autres taches»). En effet, cette description anatomiste du personnage le présente non pas comme un individu particulier, mais comme un ensemble de cellules constituant un spécimen de la race humaine. Voilà une présentation qui fait écho à une idée du personnage propre à cette époque, à savoir que «l'époque actuelle est plutôt celle du

---

possession du monde.» Raymond Jean, dans «L'univers biologique de J.M.G. Le Clézio» in *Cahiers du sud*, n° 382, 1965, p. 286-287.

numéro matricule[147]». Le pastiche du genre réaliste et scientifique aurait pu être l'unique intérêt de ce texte si ce n'était la dernière phrase («Les atomes d'Adam auraient pu se mêler aux atomes de la pierre»), conférant à cette présentation du corps du protagoniste une valeur poétique, caractéristique de la conception du soma qui détermine l'écriture leclézienne de cette époque. La dualité du discours du corps, où évocation poétique et pastiche du style scientifique alternent, contribue à illustrer un être tiraillé entre son besoin de se libérer de la matière et son désir de fusion matérielle.

En même temps, cette présentation provoque aussi un effet de fragmentation qui écarte toute possibilité d'avoir une idée de totalité. Non seulement le corps change d'aspect en fonction de l'optique choisie, mais la vision elle-même n'est jamais complète. Cette technique s'oppose à une caractérisation classique visant une mise en valeur des traits particuliers d'un personnage, traits illustrant ensemble une totalité harmonieuse. En effet, dans l'écriture leclézienne, les détails sont rarement harmonieux et souvent contradictoires. Cette présentation fragmentaire du corps peut se lire comme l'expression de la vision fragmentaire des personnages. Le monde est devenu pour Adam «un miroir à facettes innombrables» (PV p. 71). L'incapacité d'Adam de conceptualiser se trouve ainsi transposée au niveau de la description du corps du protagoniste. Le Clézio prolonge ainsi le refus des nouveaux romanciers qui consiste à nier aussi bien le «caractère» que l'ancrage social du personnage, mais se distancie des ces derniers par une poétisation de la matérialité de l'homme.

En fait, la description anatomique et fragmentaire du corps permet surtout de souligner la dépendance des personnages à la matière. Les sensations physiques – les souffrances dues à la chaleur ou à l'effort, les malaises telle la fièvre – sont décrites avec minutie dans la narration de Le Clézio. Ces sensations se présentent comme des critères de vie; le corps humain et les situations vitales qui l'accompagnent révèlent alors une expérience existentielle. Car pour Le Clézio, toutes les expériences qui constituent la vie s'expriment par le soma, une idée qu'il illustre en qualifiant les différents types de peau : «peau de jeunesse, de la maturité, de la vieillesse (...) peau des appartements et des plages, peau de copulations et de crimes» (EM p. 308). En effet, la naissance, les rapports sexuels, l'accouchement et la mort deviennent des moments privilégiés pour exprimer, à la fois à travers l'attitude des personnages et le rythme de la narration, les interrogations existentielles qui se présentent à l'homme qui tente de comprendre sa place dans le monde.

Moment de souffrance extrême, et en même temps acte vital dans ce qu'il peut avoir de plus complet et de plus positif, la naissance se présente comme

---

[147] Alain Robbe-Grillet in *Pour un nouveau roman*, op. cit., p. 28.

Le discours du corps 163

un mouvement en avant : l'être veut se lancer dans la vie et la dévorer. L'arrivée du fils de Chancelade, dans le chapitre «J'ai peuplé la terre» dans *Terra Amata*, est évoquée à la fois à travers le plaisir des parents d'assister au développement de l'enfant et à travers la douleur que provoque son arrivée : les douleurs physiques de l'accouchement chez Mina, la douleur de Chancelade à la pensée d'une vie qui se consomme.

> Les années auraient passé très vite, comme ça, à regarder l'enfant grandir. (...) La vie s'installerait ainsi plus profondément à chaque seconde, et ça serait passionnant à voir. (...) Les mains tendues dans l'air cherchent à accrocher la lumière, les bruits, les images. La bouche veut sucer, le ventre veut se gonfler, les poumons se gorger d'air, et tout le corps veut déjà vivre, avidement, comme s'il n'y avait pas une seconde à perdre. (...) Et peut-être même que la mort est déjà là, au fond du regard trouble, dans l'urine qui se répand sur le matelas, ou bien dans les rides rougeâtres des mains aux ongles striés. (TA p. 144-145)

La temporalité de ce passage semble avoir une fonction symbolique. Subitement, on passe d'une narration «ultérieure[148]», classique, à une narration «simultanée[149]», où le moment de la narration se confond avec le moment narré : le narrateur s'identifie aux parents témoins du grand événement en évoquant l'hypothèse d'un avenir au moyen du conditionnel répété. Il souligne ainsi l'importance de la situation qui constitue pour le protagoniste une mise en question de lui-même. La situation elle-même est rapportée au présent à travers une énumération des activités du nourrisson, rendues d'autant plus vivantes par l'emploi itératif de l'infinitif («La bouche veut sucer, le ventre veut se gonfler»). Le passage mime ainsi le mouvement en avant d'un enfant se lançant dans la vie. Simultanément est évoquée l'omniprésence de la mort, soulignée par l'itération de la préposition «dans», comme si l'évocation d'une pulsion vitale ne pouvait se faire qu'accompagnée d'un rappel de la mort. La joie et le désir de se lancer dans la vie, opposés à l'angoisse associée à l'idée des générations qui se succèdent, confèrent une dualité au texte, qui est renforcée par la temporalité de la narration. Ce passage est en ceci caractéristique de la narration de *Terra Amata*, toujours liée à cette dualité de l'existence.

La naissance est en effet une expérience ambiguë pour les personnages lecléziens : le petit corps qui inspire la vie à pleins poumons commence aussi son chemin vers la mort. Cette problématique, omniprésente dans le récit de *Terra Amata*, où tout moment de l'existence du protagoniste

---

[148] Notion utilisée par Genette dans *Figures III* (op. cit.), p. 229, pour désigner la position du narrateur par rapport à l'histoire.

[149] Ibidem.

constitue un rappel de la finalité incontournable de l'homme, s'exprime aussi dans le roman *Etoile errante* à travers un effet de contraste, destiné à mettre en valeur la maternité. La découverte de la grossesse d'Esther s'accompagne ici de l'annonce de la mort du père de l'enfant.

Ce vécu ambigu des personnages, tiraillés entre le désir de se lancer dans l'existence et le refus d'en accepter la fin, est systématiquement rappelé à travers le discours du corps chez Le Clézio. Suggérée avec la naissance, cette idée prend davantage de signification dans les scènes d'amour. Dans leur rencontre avec le mouvement dynamique de la vie, les personnages sont amenés à accepter ou à refuser ce dernier. Devant la possibilité de procréer et de prolonger l'espèce, les premiers protagonistes lecléziens refusent l'idée de se ranger dans la lignée des mortels. Puissance vitale et enchanteresse, l'amour est vécu pour ces personnages en quête de réalisation de soi comme une force invincible et incontournable. Besson, dans les bras de Marthe, se sent «à l'intérieur d'un wagon en train de rouler en grande vitesse, tiré par une locomotive invisible». Paralysé par la crainte d'être pris au piège mortel, il s'enfuit lorsque la relation devient sérieuse.

> Mais c'était trop tard, son visage blanc vint vers lui. A mesure qu'il approchait, il sentit comme un vide qui avançait, un vide vertigineux qu'il ne pouvait jamais combler. (...) Et le bruit régulier du souffle mortel emplit ses oreilles, le forçant à respirer lui aussi, à être vivant, à connaître des choses. (DE p. 165)

Associé à la fois à un «vide vertigineux» et à un «souffle mortel», l'amour est présenté à la fois dans son aspect dynamique et à travers son effet néfaste sur l'homme. Convaincus, comme Schopenhauer, que l'amour est un «piège tendu à l'homme pour perpétuer l'espèce», les premiers personnages lecléziens abordent toute relation intime avec beaucoup de prudence, cherchant à garder la plus grande distance possible. Waelti-Walters, dans son interprétation mythique de l'œuvre leclézienne, souligne l'omniprésence de la femme-piège dans les romans lecléziens en affirmant que le seul moyen de communication entre les deux sexes semble être l'acte sexuel[150]. Dans les

---

[150] «Chez Le Clézio, c'est l'aspect redoutable de la femme qui domine jusqu'au roman qui a précédé *Voyages de l'autre côté*. (...) Dès *Le livre des fuites* le protagoniste qui fuit les villes de l'Europe identifie la ville avec la femme, et voit en elles un piège, un dédale où l'homme se perd. (...) La femme est immense, parfaite, dure, imprenable pour l'homme inadéquat. Elle est la femme des panneaux-réclame, qui domine la ville, véritable symbole de la société moderne, et qui détermine la consommation et, partant, le comportement de tout le monde, par son habilité à manipuler les désirs.» Jennifer Waelti-Walters dans *Icare ou l'évasion impossible. Etude psycho-mythique de l'oeuvre de J.M.G. Le Clézio*, op. cit., pp. 18, 22, 24.

Le discours du corps

premiers romans de Le Clézio, la femme se présente en effet souvent comme l'incarnation de ce piège, une enchanteresse qu'il faut fuir; car selon le narrateur du *Livre des fuites*, «connaître c'est mourir (...) connaître des femmes c'est entrer dans l'ordre mortel» (LF p. 241). Cette conception confère à la femme l'aspect d'une machine, dont le jeu est comparé à un mouvement mécanique.

> Après, tout devint mécanique. (...) Dans la chambre allumée, puis éteinte, selon un rythme inconnu, il n'y eut plus d'homme, ni de femme mulâtresse. Il y eut une sorte de tourbillon, ou de lutte qui traçait de grands mouvements horizontaux. (LF p. 78)

Union avec un rythme sans merci, évoquée à travers les images modernes d'un wagon ou d'une machine, la rencontre avec la femme constitue pour les premiers personnages lecléziens un obstacle à une intégration «authentique» dans le monde. Adam Pollo, Besson, Chancelade et Hogan sont terrifiés par le pouvoir qu'exerce sur eux la fusion avec la femme et tentent de fuir. Un Eros associé à Thanatos les guette constamment à travers leurs rencontres féminines : pour Chancelade, les «bourreaux» du temps «s'appellent aussi Mina. (...) Le crime est peut-être là, dissimulé dans le souffle calme qui soulève lentement ses seins» (TA p. 201). Adam, lors de ses rapports avec Michèle, a «l'esprit concentré ailleurs, par exemple sur le corps plombé du requin qui devrait décrire dans le monde des cercles de plus en plus grands» (PV p. 61). Refusant la fusion humaine, qui l'amènerait un jour à être remplacé par son fils et le rendrait mortel, Adam préfère une fusion cosmique, une union avec des forces originelles et éternelles où rien ne vient «rompre cette étreinte, l'ôter à cet encerclement, ni même la mort (...)» (PV p. 62).

Ces deux fusions juxtaposées dans un même passage du roman illustrent parfaitement l'attitude des premiers protagonistes lecléziens, tiraillés entre deux expériences : la fusion humaine d'un côté, considérée comme un piège, et de l'autre la fusion cosmique qu'ils recherchent passionnément. Ces personnages ne sont pas seulement en marge de la société, mais aussi en désaccord avec leur corps. Le corps, tout comme la société, leur paraît une prison étouffante; en refusant la femme et la vie de couple, ils tentent de se libérer. Cette ambivalence affective des personnages caractérise les premiers romans de Le Clézio, mais s'efface dans les derniers.

Si dans les premiers romans lecléziens le désir d'une fusion matérielle implique une ambiguïté pour les personnages, tiraillés entre une société mécanisée et une nature originelle, les personnages des derniers romans, où la narration valorise les scènes puisées dans la nature, semblent en revanche vivre en parfaite communion avec la nature. Cette nouvelle valorisation de la nature s'accompagne aussi d'une conception du corps modifiée. Les expressions physiques de l'être ne sont plus considérées comme un élément qui dérange mais, au contraire, comme une force vitale. La pulsion terrifiante et paralysante dans la première partie de l'œuvre leclézienne est devenue une expression de la fusion avec le monde dans la deuxième. Lorsque Lalla et le jeune Hartani du *Désert* s'enfuient de leur bidonville vers le désert pour créer ensemble une famille, ils vivent leur première expérience sexuelle, sous le ciel étoilé du désert, comme une fusion avec les forces cosmiques.

> La lumière des étoiles tombe doucement comme une pluie. Elle éclaire maintenant le champ des pierres, et près de la bouche du puits, l'arbre calciné devient faible comme une fumée. La terre n'est plus très plate, elle s'est allongée comme l'avant d'une barque, et maintenant elle avance doucement, elle glisse en tanguant et roulant, elle va lentement au milieu des belles étoiles, tandis que les deux enfants, serrés l'un contre l'autre, le corps léger, font les gestes d'amour. (DES p. 206)

L'omission de l'acte d'amour dans la narration première, au profit d'une forte érotisation du paysage, contribue ici à souligner le lien étroit qui existe entre la nature et le vécu des personnages. Pour les enfants du désert que sont les actants de cette scène d'amour, aussi bien les sensations que les expériences spirituelles sont profondément ancrées dans tout ce qui les entoure : la terre aride du désert, les arbres, les constellations. Pour Lalla cette étreinte est comme un voyage «en plein ciel», qui lui permet de fusionner avec les forces cosmiques et de retrouver les légendes de ces ancêtres. Serrée contre le Hartani, contemplant les étoiles du ciel, «il lui semble qu'elle est si près, comme dans la chanson que chantait Lalla Hawa, qu'il lui suffirait de tendre la main pour prendre une poignée de la belle lumière étincelante» (DES p. 207). La fusion humaine n'est plus opposée à la fusion cosmique, comme dans les premiers romans, mais se présente comme un prolongement de celle-ci. Le Clézio utilise cette même technique dans *Le Chercheur d'or* où les expériences physiques et spirituelles se fondent dans une image poétique («et sa chaleur est en moi, immense, plus forte que tous ces jours brûlants sur la mer et dans la vallée. Comme nous glissons, comme nous nous envolons dans le ciel nocturne au milieu des étoiles, sans pensées, silencieux et écoutant le bruit de nos souffles unis comme la respiration des dormeurs.» CO p. 208). Le discours du corps prend ici sa pleine valeur comme expression lyrique d'une approche du monde. Il est en effet intéressant de comparer ces scènes avec les autres scènes d'amour des romans précédents, beaucoup plus explicites et plus brutales. La description de «la machine au fuselage de métal» dans *Le Livre des fuites*[151] cède la place à une description lyrique du cosmos englobant les jeunes amants, où la

---

[151] *Le Livre des fuites*, p. 76.

Le discours du corps

scène d'amour, absente de la narration première, s'exprime lyriquement par l'érotisation du paysage et du cosmos. Les promesses de la note de l'éditeur de *Désert*, suggérant le récit d'une initiation sexuelle[152], se révèlent ainsi trompeuses dans un récit où les actes cruciaux des personnages sont poétisés grâce à une inscription mythique et cosmique de l'expérience.

Ainsi, dans *Désert* et les romans suivants, le discours du corps devient discours de la nature, expression de son mouvement vital. L'homme, qui était tiraillé entre ses besoins intellectuels et physiques dans les premiers romans, vit maintenant en parfaite harmonie avec la nature et avec son corps. La fusion totale avec la nature est évoquée de façon plus directe encore dans *La Quarantaine*, où la projection sexuelle sur une terre («Je sens dans la pierre le corps de Surya» Q p. 142) et l'accouplement avec cette dernière rappellent le Robinson de Michel Tournier[153]. Si le désir explicite se projette sur un paysage, l'acte sexuel réel avec la jeune fille n'est qu'indirectement suggéré à travers l'érotisation de la nature («Les vagues cognent profondément, la pierre tremble sous moi», Q p. 156). L'occultation des actes sexuels des personnages et simultanément l'érotisation de la nature contribuent à présenter la sexualité non seulement comme une pulsion issue de cette même nature, mais comme l'expression directe des forces cosmiques.

La parfaite union entre les personnages et les forces cosmiques s'exprime également dans une situation qui illustre par excellence la fusion avec la vie : l'accouchement. Dans les moments d'extrême douleur et d'angoisse, les personnages féminins de Le Clézio cherchent souvent un endroit éloigné de la civilisation et des hommes pour mettre au monde leurs enfants. Lalla retourne dans le désert après un séjour à Marseille et s'installe au pied d'un arbre pour attendre la délivrance. Quant à Oya, cette jeune fille muette et sauvage, symbole des peuples africains opprimés par les conquérants blancs, elle s'enfuit sur une pirogue pour se sentir en sécurité au moment d'accoucher son enfant, car «sur l'eau, elle n'avait plus peur et la douleur était plus supportable[154]» (O p. 197). La fusion avec le cosmos est totale dans ce moment intense de l'existence : les contractions de l'utérus et la dilatation du col utérin se présentent ici comme l'expression des forces vitales cosmiques; c'est la nature qui provoque l'accouchement et qui le mène à terme :

---

[152] Celle-ci évoque en effet «son amour pour le Hartani, un jeune berger muet qui lui fait découvrir son corps».

[153] *Vendredi ou les limbes du Pacifique*, Gallimard, 1967.

[154] Cette phrase fait aussi penser au «retour à la nature» qui caractérise l'approche de l'accouchement aujourd'hui.

> L'eau du fleuve coulait le long de l'épave, cela faisait une vibration continue qui entrait dans le corps d'Oya et se joignait à l'onde de sa douleur. Les yeux ouverts sur la lumière, Oya attendit que le moment arrive, tandis que chaque vague de douleur soulevait son corps et refermait ses mains sur le vieux tuyau rouillé au-dessus d'elle. Elle chantait une chanson qu'elle ne pouvait pas entendre, une longue vibration pareille au mouvement du fleuve qui descendait le long de la coque. (O p. 198)

L'omniprésence de l'eau en mouvement, évoquée à travers divers lexiques associés à l'élément liquide («eau», «fleuve», «coulait», «vague», «tuyau»), et un retour constant au mouvement du fleuve permettent d'ancrer l'expérience humaine dans une expérience cosmique, grâce à un symbole qui évoque un état originel. Tout comme dans la scène d'amour de *Désert*, on assiste à une omission partielle de la référence réelle – on parle de l'eau du fleuve qui coule, suggérant indirectement la rupture de la poche des eaux chez la jeune femme –. La fusion totale entre le vécu physique du personnage et l'expérience cosmique s'exprime ici également par une poésie du détour.

L'inscription de cette expérience physique intense dans une vision cosmique confère au personnage une sérénité particulière. Couchée dans une pirogue, sur l'eau, Oya semble s'associer entièrement aux «vagues» que forment les contractions de l'utérus. Lors de l'arrivée du bébé, elle fait instinctivement les gestes nécessaires pour la survie de celui-ci : elle coupe le cordon avec ses dents et guide l'enfant vers ses seins. L'accouchement se présente ainsi comme un moment où le cosmos confère à la femme la force nécessaire pour affronter l'épreuve. Ici la parfaite collaboration entre le personnage et les forces cosmiques s'exprime dans le fruit de cette union, un enfant protégé par le cosmos, détenant sa force et sa magie, un petit «astre rouge dans un nuage de placenta» (O p. 200).

Ancré dans une expérience cosmique, le vécu physique des personnages lecléziens devient une manière de s'approcher du monde pour l'écouter parler. Ces expériences intenses, unies aux forces de l'univers, confèrent aux personnages une nouvelle plénitude. La sérénité du personnage face aux difficultés de sa condition (cf. les hommes bleus dans *Désert*, Ouma dans *Le Chercheur d'or*,) s'explique par cette étroite relation aux forces cosmiques qui caractérise les personnages des derniers romans. Cette sérénité est à la fois acceptation du destin et confiance en soi : les personnages de ces romans respectent les lois de la nature tout en les défiant.

Le respect de lois naturelles et cosmiques constitue aussi une acceptation du parcours de l'homme. Loin de fuir l'inévitable fin de l'homme, les personnages des derniers romans lecléziens attendent la mort avec sérénité et confiance, n'éprouvant plus aucune crainte pour cette nature à laquelle ils retournent. La mort est aussi déjà présente dans les paysages où ils vivent :

Le discours du corps

Esther voit la mort dans le ciel, les pierres, les pins et les cyprès, et Nejma, son âme-sœur palestinienne, assiste à la mort progressive de tout un village de réfugiés et la compare à «une fine poussière qui recouvre tout» (EE p. 223). La mort, omniprésente dans la matière, la nature et le corps, ne présente plus cette angoisse vécue par les premiers protagonistes. Cette mort que Chancelade rencontrait partout, même «dans le regard trouble» d'un bébé, est devenue un moment naturel où l'homme retourne à son origine, dans une dernière fusion définitive avec l'objet de son désir.

> La lumière du soleil brille sur les murs et les remparts de la ville, sur les temples des îles, sur la pierre noire qui porte le signe magique. C'est loin, c'est fort et étrange, au cœur du rêve de Geoffroy Allen. Puis la lumière décroît. L'ombre entre dans la petite chambre, recouvre le visage de l'homme qui va mourir, scelle pour toujours ses paupières. Le sable du désert a recouvert les ossements du peuple d'Arsinoë. La route de Meroë n'a pas de fin. (O p. 250)

Le parallélisme suggéré entre la mort de Geoffroy et le destin du peuple d'Arsinoë confère au récit une dimension mythique qui caractérise la vision du monde des derniers romans. L'évolution du discours du corps chez les personnages lecléziens réside en ceci : il s'agit en effet de dépasser le vécu individuel, angoissant et paralysant, afin de pouvoir intégrer un vécu personnel dans une expérience collective. C'est cette inscription de l'existence individuelle dans une réalité collective qui explique les techniques choisies – poésie du détour, érotisation du paysage pour mieux souligner l'ancrage cosmique d'une pulsion physique – en vue d'un investissement poétique des scènes cruciales de la vie du personnage.

Si la matière est évoquée de manière obsessionnelle chez Le Clézio, c'est pour mieux faire contrepoids à une idée que toute l'œuvre semble refuser : la soumission du physique à l'intellect est systématiquement refusée par une écriture qui souligne à tout moment l'importance d'une harmonie entre soma et psyché. Les perturbations chez l'homme – la fièvre, les malaises, la folie – forment ainsi des rappels qui sont nécessaires puisque destinés à montrer un déséquilibre entre le soma et la psyché. Ils «ne sont pas des accidents» mais «les signes de la nécessité de s'exprimer» (H p. 41). En effet, pour Le Clézio l'enfermement intellectuel implique une coupure avec les forces vitales de l'existence : au lieu de se ressourcer, l'homme épuise ses réserves et va vers son autodestruction. Le protagoniste de la nouvelle «Martin», du recueil *La Fièvre*, incarne cette idée de manière grotesque : il s'agit d'un enfant surdoué, un génie précoce, fondateur de sa propre école philosophique à l'âge de douze ans, mais incapable d'affronter les défis physiques des garçons de son âge. Son constat d'échec devant les défis de la vie l'amène à reconsidérer son approche du monde, une approche du monde égocentrique caractérisée par la régression et le désir de «vivre dans son propre corps, ne vivre que de soi, que dans soi, se faire caverne et y habiter» (F p. 154). Le repli sur soi qui caractérise beaucoup de protagonistes lecléziens se présente comme une réponse défensive aux agressions du monde, une tentative de dominer le monde à travers la maîtrise de son corps. Créant un système qui les place au centre du monde, ils tentent de s'assurer contre l'exclusion, comme ces «analystes qui croient être les maîtres de labyrinthes qu'ils ont inventés» et les politiciens qui ne conçoivent le monde «autrement que par un enchevêtrement d'intrigues dont ils sont le centre» (IT p. 132). Cette attitude explique le sentiment permanent d'enfermement éprouvé par le personnage, qui souffre d'une difficulté d'affirmer son identité dans un monde senti trop envahissant. Les malaises physiques reflètent ainsi la crainte de se laisser absorber par le mouvement de la foule ou de la femme, l'angoisse de ne plus pouvoir tracer les limites de soi.

Selon Le Clézio, une autre forme de refus, à savoir la négation des désirs et la maîtrise de soi, permet un accroissement de la sensibilité. Afin de se libérer du corps, le personnage essaie d'en devenir le maître en refusant ses désirs et les appels de son corps. Pour l'écrivain, il s'agit là d'une négation apparente, puisque les privations sont volontaires; le jeu devient «affirmation totale de soi» (IT p. 92). La maîtrise de soi naît avec la cessation des habitudes du corps, à travers des actes comme la tempérance, la chasteté, le jeûne, l'abstention et le silence, et présente «une aventure qui vous entraîne au plus vivant de vous-même». C'est elle qui offre à l'homme «des quantités de douleurs, des quantités de caresses»; le changement de rythme de sa respiration et les battements de son cœur amènent l'être à se mettre à l'écoute des sensations. C'est aussi elle qui lui donne la force d'être lui-même.

> Sous la pression très grande des désirs et des jouissances, ce qui reste au fond de soi et ne se montre pas au regard des autres, cela se charge. C'est une force telle qu'elle se mêle aux rythmes de la vie, au métabolisme, aux impulsions nerveuses, à la circulation du sang. (IT p. 93)

Cette aventure, d'un corps devenu sensible à ses besoins pour mieux pouvoir les diriger et les maîtriser, reflète le rêve d'une harmonie possible entre la psyché et le soma de l'homme, entre son milieu extérieur et ses aspirations. Cette fusion est évoquée dans *Haï* à travers la conception indienne du corps, où le corps et l'âme ne font qu'un, le visage et la peau expriment la vie intérieure d'une personne. Les Indiens «vivent dans l'art, ils se sont confondus avec la peinture» (H p. 121), grâce à leurs traits magiques dessinés sur la peau. Ce désir d'une harmonie psychosomatique explique l'évolution de l'écriture leclézienne vers la valorisation de l'expression physique. Ce désir est surtout visible dans l'acuité des sensations des personnages : l'odorat supplante ainsi la réflexion dans *Le Déluge* («Il sentit la densité de l'odeur de la faim, le goût de la farine et de la levure légère

Le discours du corps

envahir ses membres comme une pierre en fusion. Le parfum avait empli le ciel tout entier, (...) tout était devenu pain,» DE p. 198), et au narrateur d'énumérer les odeurs dans *L'Inconnu sur la terre* (p. 104). Le toucher devient une initiation aux secrets cosmiques pour Daniel dans *Mondo et autres histoires* (M p. 159) et la chaleur accablante est omniprésente pour rappeler aux personnages son pouvoir anéantissant que ce soit pour Adam Pollo, pour les nomades de *Désert* ou pour Geoffroy dans *Onitsha*.

Cette valorisation croissante de l'expression physique se reflète dans les malaises des derniers personnages lecleziens. Alors que les malaises des premiers personnages étaient d'origine intellectuelle, les personnages des derniers romans, souvent des aventuriers à la recherche d'un objet ou d'un endroit magique, sont confrontés aux forces de l'univers qui leur apprennent les limites de leurs corps et de leur psyché. La folie n'est plus alors un résultat d'aliénation sociale et psychologique, mais la conséquence d'un désir trop intense et irréalisable. La fièvre, dont la récurrence s'accroît dans ces romans, est la conséquence physique de l'exaltation et de l'extase. L'extase, qui était au départ une notion abstraite, vécue intellectuellement par un personnage cherchant à travers la contemplation à comprendre l'univers, est devenue une expérience physique. Elle est étroitement associée à l'objet du désir : la ville rêvée des hommes bleus du *Désert*, la passion démesurée d'Alexis pour le trésor et pour Ouma et celle de Geoffroy pour le peuple d'Arsinoë. En effet, c'est la quête physique, la marche et la fatigue sous un soleil impitoyable, qui provoquent les malaises (fortes fièvres et évanouissements) chez ces personnages. Pour Le Clézio, «La fièvre, la douleur, la fatigue, le sommeil qui arrive sont des *passions* aussi fortes et aussi désespérantes que l'amour, la torture, la haine ou la mort» (F p. 7), et le narrateur du *Livre des fuites* se distancie d'une approche analytique de l'amour à travers le pastiche (LF p. 55). L'expérience physique est ainsi valorisée au détriment de l'intellect pour mieux incarner une pulsion, pour souligner surtout que ce n'est pas la spécificité de cette «passion» qui est déterminante, mais son intensité.

Chez Le Clézio, le discours du corps exprime la relation ambiguë du personnage à la matière. Une présentation anatomique du corps privilégie l'aspect discontinu, fragmentaire et incomplet de l'homme, comme expression d'une vision morcelée, alors que la poétisation de ce même – permettant un ancrage des expériences individuelles des personnages dans une réalité collective – reflète en revanche une aspiration à l'unité. Ce discours exprime surtout le vécu difficile de l'homme à la recherche d'une réconciliation avec lui-même et avec son entourage, en évoquant l'impossible rêve qui anime les personnages et dirige leurs actes, celui d'une fusion totale entre soma et psyché.

Afin de souligner cette dépendance affective à la matière, Le Clézio procède à une poétisation des situations cruciales et universelles de l'homme. Situations intenses, dénuées de réalisme, dont la symbolique est d'ordre existentiel : la naissance constitue un élan vital (chez l'enfant) et le rappel de la mort (chez le père); l'acte sexuel et l'accouchement sont destinés à exprimer la fusion avec une force originelle et cosmique. La description poétique de l'accouchement se démarque surtout des discours féminins – souvent très réalistes et cruellement détaillés sur ce thème – par la forte valorisation de la nature. En effet, la nature est omniprésente au point de supplanter la narration première; l'amour est décrit à travers l'évocation des caractéristiques érotiques d'une terre, l'accouchement est suggéré à travers une description du mouvement de l'eau. Si la nature constitue un leitmotiv chez Le Clézio, c'est pour proposer à travers la sollicitation des sens une libération de la conscience prisonnière des personnages. La poétisation des expériences physiques et la valorisation des «passions» que sont ces expériences, au détriment de vécus intellectuels (telle la fièvre présentée comme une passion aussi intense que l'amour), visent une réhabilitation de cette pulsion si vitale pour l'homme. Un être entièrement tourné vers l'extérieur, envahi par la force de cet extérieur, est ainsi présenté à travers un discours du corps qui est surtout un éloge de la matière.

La nostalgie d'une parole originelle

La conception de la matière comme moyen de connaissance primordiale se reflète aussi dans la conception de la parole en tant que notion et moyen. Car «le langage est dans la matière» (MY p. 24), selon l'essayiste de *Mydriase*. Cette phrase paradoxale résume bien l'aspiration de l'écriture leclézienne et de ce fait aussi la dualité qui caractérise sa relation à la parole : le refus croissant de la conceptualisation au profit d'une parole poétique libérée s'exprime à la fois dans l'écriture de Le Clézio et dans le rapport des personnages à la parole.

Une conception spécifiquement leclézienne du langage se manifeste en effet dans le choix de techniques narratives et le vécu des personnages. Leur parole se démarque de la tradition romanesque en ce sens qu'elle ne sert pas à qualifier les personnages et leurs relations entre eux, mais à illustrer une conception du langage comme reflet d'une approche du monde. En effet, dans le discours leclézien l'efficacité de la parole ne réside pas dans son rôle didactique ou communicatif. Le Clézio considère d'ailleurs le dialogue comme un artifice se justifiant surtout «sur une scène de théâtre, mais beaucoup moins dans le roman», d'où l'importance mineure accordée aux dialogues dans ses romans[155]. Ses romans illustrent bien cette conception : les quelques dialogues qui s'y trouvent, contribuent rarement à la compréhension de l'intrigue; leur rôle consiste plutôt à illustrer l'incommunicabilité du personnage ainsi que son approche du langage. Car la conception et la pratique de la parole sont intimement liées dans les romans de Le Clézio. Elles illustrent ensemble l'évolution de la conception du langage qui s'exprime au fil de ses œuvres. Si le discours métalinguistique des premiers romans lecléziens semble s'inscrire dans une mode propre à son époque, où l'on se plaisait à intégrer des réflexions métalinguistiques dans le roman, les réflexions de l'écrivain diffèrent considérablement de cette tendance, marquant ouvertement le refus d'une approche structuraliste.

Son œuvre semble effectivement illustrer avec une intensité croissante le rejet des théories linguistiques prédominantes à son époque. En premier, la notion saussurienne de «signe» associée à celles d'un «signifiant» et d'un «signifié» semble mise en question. «Qui parle de signifiant et de signifié?» s'exclame le narrateur du *Livre des fuites*. «Pourquoi détacher par l'analyse ma parole du mouvement réel? Tout cela est faux.» (LF p. 236) Le rapport arbitraire entre le signe et son référent, entres les mots et les choses, ne constitue pas une évidence pour le narrateur de *Haï* qui, à travers la peinture d'une société indienne, nous présente une conception primitiviste du langage, où l'acte de nommer ne consiste pas à classer en catégories

---

[155] Le Clézio à Cavallero dans «Les marges et l'origine», op. cit., p. 170.

conceptuelles, mais à reproduire, voire recréer le monde. Le langage est magie; dans l'acte rituel du baptême s'exprime l'unité mystérieuse entre mot et chose.

Cet acte magique a provoqué maintes critiques et réflexions. Gerda Zeltner qualifie Le Clézio de «scandaleusement anti-saussurien[156]» et prend comme exemple un passage de *Terra Amata*, ou le narrateur se plaît à distribuer des noms propres à chaque insecte («Il y a le moustique Sepia, le moustique Darius, le moustique Ananda. (...) Le cafard Bryant» TA p. 13), à chaque plante («l'olivier Gilbert, le cactus Anatole» (TA p. 14), ainsi qu'à tout élément vivant sur terre afin de donner à chacun leur «identité magique» (TA p. 13).

La désinvolture de l'écrivain à l'égard des règles de la linguistique moderne s'accompagne du rêve utopique d'un langage total, celui qui détermine les stratégies narratives de Le Clézio. L'aspiration à une unité entre le mot et la chose caractérise ainsi une écriture qui recherche un langage originel lié aux éléments. En effet, deux présentations du langage évoquées parallèlement, mais dont l'une semble se manifester davantage dans la deuxième partie de l'œuvre au détriment de l'autre, sont prédominantes dans la narration leclézienne. D'une part, la parole apparaît sous la forme négative comme l'illustration d'un échec de communication, du désir impossible d'une union entre l'homme et le monde, et de l'autre, sous sa forme dynamique en se référant à une conception primitiviste du langage. Ces deux conceptions du langage sont illustrées par la situation des personnages, tiraillés entre le désir de vivre en communion avec les autres hommes et le besoin de s'affirmer comme individu singulier. En rupture avec le monde qui les entoure, leur discours est en marge de la norme de la communication et des habitudes et exprime le rêve d'un langage pur et originel. Simultanément, l'écriture de l'écrivain exprime cette même dualité à travers son évolution. Prolongeant l'approche des nouveaux romanciers, Le Clézio dans ses premiers romans accorde une place importante au discours métalinguistique. Cette «aventure de l'écriture», selon la formule de Ricardou, n'est cependant pas une préoccupation permanente de son écriture; très présente dans la structure du *Procès-verbal* et du *Livre des fuites*, elle cède la place à une réhabilitation de la dimension lyrique du langage dans les derniers romans.

Cette double valeur du langage, à la base de la tension de beaucoup de personnages lecléziens, est d'ailleurs illustrée par Le Clézio sous la forme de deux types de langage opposés : le premier, à valeur lyrique, permet de recréer les choses à travers son caractère musical, l'autre, celui de

---

[156] Gerda Zeltner dans «J.M.G. Le Clézio: le roman antiformaliste», op. cit., p. 218.

l'intelligence, est un langage utilitaire qui sert à exprimer les sentiments des autres à travers des slogans publicitaires ou politiques. «Il y a le langage qui est utilisé pour essayer de refaire les choses, les recréer», dit-il, «le langage qui a un caractère musical ou d'incantation (j'aime assez l'idée selon laquelle le langage ne sert qu'à soi-même pour se bercer). Et il y a un autre langage qui est justement celui de l'intelligence, le langage utilitaire où il s'agit de mettre en mots ce que les autres sentent pour pouvoir être «public-relation» : c'est le langage publicitaire, le langage des slogans, de la politique, de la sociologie, de tout ce qui tourne autour de l'homme et qui a l'air de le servir, mais, en réalité, se sert de lui.[157]» Cette dualité du langage constitue le point de départ d'une réflexion sur la parole dans les romans lecléziens : l'homme désire conquérir le langage pour exploiter ses richesses, mais se trouve à son tour conquis et terrorisé par le langage envahissant de la société. Le monde est ainsi divisé en deux, une ségrégation qui constitue l'intrigue des *(Géants)*, entre ceux qui dominent le langage et ceux qui sont sous sa domination.

Chez Le Clézio cette opposition est étroitement liée à la conception du langage et la vision du monde qu'elle représente. Dans cette optique trois présentations de la parole sont particulièrement significatives et méritent une analyse approfondie : la parole-arme qui domine, possède et détruit l'individu, la parole vaine, celle d'une communication impossible et la parole magique capable de fusionner un vécu individuel et un vécu collectif. Ces étapes, perceptibles dans le discours des personnages, semblent illustrer le refus croissant d'une parole conceptualisante et la recherche simultanée d'une parole poétique libérée.

Une parole initialement destinée à l'enrichissement intellectuel et social se présente en revanche comme une source de conflit pour les premiers personnages de Le Clézio. Afin d'expliquer cette méfiance à l'égard de la parole, Le Clézio emprunte un discours d'ethnologue et se réfère aux légendes. En effet, si la parole, seul privilège qu'a l'homme sur les animaux, est présentée comme un outil à utiliser avec précaution, c'est que, selon l'essayiste de Haï, cette distinction est le résultat d'une lointaine catastrophe ayant engendré la chute d'une société édénique où les hommes et les animaux possédaient les mêmes facultés expressives. «Il y a chez tous les Indiens ce sentiment, (...) de la culpabilité du langage,» dit-il, et il continue : «L'Indien sait quel est ce terrible privilège (...). Les animaux, les choses ne parlent pas. Autrefois, ils parlaient. Tout le monde parlait, même les pierres. Puis quelque chose à rompu l'équilibre, une catastrophe a détruit l'ordre de la compréhension.» (H p. 30) L'évocation d'une société d'avant Babel, originelle et harmonieuse, sert ainsi d'explication mythique de la méfiance

---

[157] Le Clézio à Pierre Boncenne, in *Lire, écrire et en parler*, op. cit., p. 85-86.

du personnage à l'égard d'un privilège non-originel. Car ce privilège représente aussi une communication interrompue entre lui et les forces de l'univers qui s'incarnent dans la matière.

Cette conception magique du langage explique ainsi la présentation de la parole fonctionnelle comme un pouvoir à la fois constructif et autodestructif. L'utilisation du langage, destinée à mieux se situer, en contrôlant le mouvement du monde, dévie le plus souvent vers la terreur et la destruction dans les romans de ton science-fictionnel de Le Clézio. Ces romans présentent un langage transformé en outil tactique d'une attaque guerrière : pour les «Maîtres» du langage des *(Géants)*, une première tactique, destinée à contrôler et à opprimer l'homme, consiste à priver l'homme de sa sensibilité auditive. Les flots de paroles envahissantes et convaincantes l'empêchent d'entendre sa propre voix et ses propres désirs. Cette tactique emprunte sa stratégie au discours publicitaire qui, pour souligner son importance, est inséré directement dans le roman. Cette parole dominante et non-originelle est surtout destinée à incarner une société ennemie du silence, où «celui qui ne parle pas va peut-être mourir.» (H p. 33) C'est effectivement en insistant sur leur aspect envahissant que Le Clézio présente ces mots doux et magiques, créateur d'un faux sentiment de plénitude, de faux besoins et de fausses expressions :

> Mots gigantesques qui recouvrent les murs de cent mètres de haut, comme ça avec leurs lettres rouge sang. Mots hurlés dans les haut-parleurs dans les corridors des avenues, et leurs consonnes roulent comme les éclats de tonnerre. Mots qui entrent à l'intérieur du corps, et bondissent, rebondissent, en déclenchant les mécanismes de l'âme. Comment les oublier? (H p. 38)

Avec des lexiques connotant l'agression à la fois visuelle et auditive («gigantesque», «hurler», «tonnerre», et «consonne» qui évoque une articulation «dure») et le meurtre («rouge sang»), le narrateur confère aux mots un pouvoir d'agression illimité; l'adjectif «gigantesque» nous rappelle en effet les «géants» du titre, qui font référence aux hommes derrière la machine publicitaire évoquée dans ce roman. Il présente ainsi les mots comme des armes mortelles qui «volent dans l'air des villes à la recherche des proies» (H p. 38). Leur action est comparée à celle d'une mitrailleuse dans *La Guerre* pour Bea, qui constate son impuissance face aux attaques des mots : «les mots tirent leurs rafales de mitrailleuse autour de moi», raconte-t-elle à Monsieur X, «et c'est un miracle que je n'ai pas encore été transpercée.» (LG p. 197) A la vitesse de «projectiles», les paroles atteignent l'homme et rentrent en lui «cherchant des organes à tuer» (GEA p. 51). Leur mission meurtrière est accomplie avec précision et vitesse.

La nostalgie d'une parole originelle

> Les mots veulent tuer, ils cherchent à vaincre les hommes. (...) ils frappent à grands coups sur les tympans et sur les rétines, ils enfoncent dans le cerveau mou les poinçons qui laissent des traces. (H p. 89)

En tant que sujets personnifiés, les mots obtiennent ici un pouvoir agressif et destructif, souligné à travers le syntagme «vouloir + infinitif» et l'emploi itératif du présent, techniques qui semblent destinés à illustrer un mouvement continu et persévérant à l'image d'une armée attaquant l'ennemi. La transcription phonétique des paroles des clients d'un supermarché contribue de manière analogue à souligner le caractère agressif du langage; dans *(Les Géants)* l'enfant Bogo le muet se bouche les oreilles – il a si «peur des bouches» (GEA p. 51) – pour suggérer que dans ce monde violent et chaotique, victime de Babel, la seule solution possible pour l'homme réside dans le silence.

En réponse à ce langage opprimant et meurtrier, Le Clézio propose en effet une solution active; il faut répondre aux attaques en détournant l'arme de l'agresseur. Pour ce faire, il faut se mettre «de l'autre côté du langage aussi, du côté de ceux qui le fabriquent» (GEA p. 17), c'est reconquérir le langage. Dans une préface au style prophétique, l'écrivain incite «les esclaves» à prendre possession du langage au lieu de se contenter d'utiliser les «mots pour obéir, les mots pour asservir, les mots pour écrire des poèmes et des philosophies d'esclaves» (GEA p. 17). Tout le chapitre d'introduction constitue une incitation à armer les mots pour se libérer d'une oppression verbale, une incitation qui implique la possibilité de transformer le langage de manière à ce qu'il serve l'homme et non pas le contraire, d'aller de «l'autre côté» du langage (GEA p. 17).

La reconquête du langage nécessite pourtant une vision globale qui fait défaut chez les premiers personnages de Le Clézio. Leur vision très fragmentaire de leur situation se traduit en effet dans l'incapacité de dire cette situation. Cette difficulté d'élaborer des synthèses s'exprime dans un langage simple et direct; leurs paroles se réduisent ainsi à des cris : les cris au secours d'une jeune fille tentant de se dire dans une forme romanesque mais qui choisit le magnétophone comme ultime possibilité de communiquer ses pensées avant d'être réduite au silence définitif par le suicide *(Le Déluge)*. C'est aussi le cri de folie d'Adam, et de révolte de Hogan. Cri qui communique un malaise existentiel, cri qui exprime aussi la frustration de parler dans un monde sourd où les hommes n'arrivent pas à communiquer. Au milieu d'une foule écoutant de la musique de jazz, Hogan exprime son désespoir ainsi :

> POURQUOI! ILS NE DISENT RIEN! (...) ILS SONT! MUETS! (...) ÇA ME FAIT MAL! CE SILENCE! PAS MOYEN! D'ENTENDRE UN MOT! IL N'Y A! PERSONNE! JAMAIS PERSONNE! (LF p. 128-129)

Le caractère abrupt de ce passage – ponctuation orale exprimant la respiration du sujet de l'énonciation, syntaxe orale, orthographie symbolique où l'emploi des majuscules est censé évoquer le cri du personnage – souligne l'expression directe et naïve du personnage. Il s'agit en effet d'une sorte de cri originel de désespoir («Ça me fait mal!», «Ils ne disent rien!»), cri qui reflète aussi un désir de réintégration dans le monde par l'apprentissage du silence. Cette communication impossible est une problématique dominante dans les romans lecléziens, les personnages se parlent sans arriver à se comprendre; constamment envahis par l'agression venant de l'extérieur, ils n'arrivent pas à exprimer leurs pensées intimes. Pour illustrer cette réalité, Le Clézio se sert de dialogues fragmentaires entendus au café, comme reflets d'un monde chaotique. La discontinuité de la parole est ainsi transposée au niveau textuel par absence de liaisons :

> pas forcément moderne, il est dans la lignée des
> moi, après. J'en ai marre, on s'en va dis?
> Jeudi quand il pleuvait, eh bien, ça a marché
> ployé à la Cité je décharge des caisses deux
> pour mettre un disque pas la peine d'en parler
> Alors j'ai pris une bonne douche. Il m'a dit
> Il vous raconte des histoires, d'accord, elles sont bonnes, mais on s'en lasse il n'y a plus
> réalistes, hein, de Monnier, de Henri Monnier, par exemple. (PV p. 172)

A la manière d'un Apollinaire, Le Clézio présente des fragments de phrases détachés de leur contexte afin de reproduire la discontinuité et le désordre ressentis par le protagoniste. L'assemblage des phrases entendues illustre ainsi la conscience d'une parole incapable de rendre compte de la complexité de la réalité. Cette idée est évoquée explicitement dans l'introduction du *Déluge* («Les mots remplaçaient dans un ordre arbitraire les morceaux de réalité», DE p. 19), et constitue un leitmotiv dans *Le Livre des fuites*. La vanité de la parole devant la vie réduit celle-ci à un élément superflu de l'existence de l'homme. «Rien, pas un dessin, pas un mot écrit sur le papier n'ont réussi à sauver», constate le narrateur du *Déluge*, «les cartes et les dictionnaires sont affreux, car jamais ils ne sont complets; il existe toujours quelque chose qui s'en va, qui échappe.» (DE p. 248) En effet, si la parole est présentée comme le symbole d'un monde chaotique, c'est qu'elle n'est pas seulement mensongère, mais elle est aussi étrangère à la vie. Adam incarne ainsi le refus de la fonction communicative du langage en s'adonnant à l'analyse grammaticale et philosophique de la phrase «Quelle heure est-il?», lancée par Michèle. Placé dans un chapitre qui souligne l'incommunicabilité des personnages à travers des monologues parallèles, ce passage illustre l'inefficacité d'un langage fermé sur lui-même. Telle est également l'expérience de Chancelade et Mina, essayant tour à tour différentes techniques pour communiquer – morse, langues étrangères ou inexistantes, langages extraverbaux – sans arriver à une compréhension réciproque.

Au silence des premiers protagonistes lecléziens répond une autre forme de refus – qui serait plutôt un dépassement du langage – celle de Naja Naja et Lalla. Le protagoniste de *Voyages de l'autre côté* nous présente un pays silencieux où les hommes «parlent avec leur corps, leurs yeux et leurs mains» (V p. 27), tandis que Lalla l'analphabète, voulant dédicacer ses photos, n'écrit pas son nom, mais dessine le signe de son peuple. Le langage est redevenu magique, signe d'identité intransformable et inviolable. Le mépris de l'Indien devant l'étranger qui essaie de lui parler dans sa langue devient compréhensible : «qu'est-ce que c'est que cet étranger qui veut voler des mots», pense-t-il (LF p. 254); le langage est signe d'appartenance et de ce fait un code fermé. Car c'est grâce à sa valeur magique que la parole a gardé sa richesse unique dans les sociétés primitives. La voix de l'Indien «est sa propriété, son âme même» (H p. 70). Dans la société industrialisée, en revanche, cette voix a perdu sa richesse en se limitant à sa valeur fonctionnelle.

La conception magique du langage confère une autonomie au langage par rapport à l'utilisateur; l'écriture comme par magie transforme la réalité de celui qui écrit. L'écriture constitue la découverte d'un paysage merveilleux, d'un univers auto-créateur pour Besson qui découvre avec fascination une «chose qui marchait toute seule sans qu'on sache comment, et qui avançait, avançait, décrivait, raturait, poinçonnant l'écoulement du temps. (...) chaque assemblage de points avait volé un peu de la substance de la vie et la gardait avec lui, sous forme de miniature.» (DE p. 126) Le texte d'un enfant intégré dans *Le Déluge* illustre cette fascination «naïve» pour la création textuelle; il s'agit d'un texte authentique provenant de l'écrivain enfant, qui narre les voyages d'un personnage nommé «Oradi Noir». L'écriture devient ainsi un moyen de découvrir le monde, d'échapper à une réalité astreignante à travers le voyage imaginaire. Elle incarne surtout le refus obstiné de la mort, refus qui caractérise tous les personnages de Le Clézio; pour Chancelade, «la mince pellicule de papier» résiste «face au vide (...) comme si elle avait été de marbre» (TA p. 50). Ecrire constitue aussi le prolongement de l'acte magique de nommer : nommer non pas dans le sens linguistique, qualifier par le nom, mais dans le sens heideggerien du mot, où «nommer est appel», un «appel» qui «appelle à venir[158]».

Si cette résistance de l'écriture s'avère pourtant illusoire, s'il suffit d'un rien, «quelques flammes, un peu de chaux vive, la gueule ouverte d'une

---

[158] Martin Heidegger: «La parole», *Acheminements vers la parole*, Gallimard, 1976, p. 22.

poubelle, ou bien l'oubli, et le livre est disparu» (TA p. 241), c'est que la création individuelle n'est pas faite pour résister au courant de la vie. L'art individuel, destiné à laisser une trace de l'artiste, est à la merci de l'effet destructeur de l'analyse et de la conceptualisation de son art, une situation que Le Clézio évoque de manière humoristique dans l'épilogue de *Terra Amata* :

> Homère est mort, Dante, Dostoïevski, Pirandello sont morts, et c'est vous qui les avez effacés de la vie, à chaque fois. (...) Chaque fois que vous avez dit, loi, bonheur, espace, année, amour, c'était autant de coups de couteau que vous avez donnés dans la chair de ces hommes. (...) Tous ces romans, tous ces poèmes, tous ces films et tous ces tableaux que vous avez faits sans y penser, en étant simplement vivants, n'ont servi qu'à gommer les autres œuvres qui étaient la chair et le sang de ceux-là. (TA p. 241)

La création littéraire se consomme ainsi à mesure de sa conceptualisation; ces mots, qui étaient au départ «la chair de ces hommes», sont devenus des concepts dénués de vie. Le rêve du langage idéal s'exprime ainsi à travers le refus d'une conceptualisation du poétique. L'idée d'une littérature consommée par la conceptualisation fait également penser à une préoccupation constante de la critique littéraire, celle de la survie d'une œuvre aux innovations postérieures, ou comme Ricardou l'avait formulé de façon assez brutale dans une intervention lors du colloque de Strasbourg : «les ouvrages de Flaubert, de Proust, de Joyce, et aussi de Roussel et de Poe, périment (...) une certaine littérature.[159]»

Le refus d'une littérature et d'un art individuels répond au refus des personnages de s'insérer dans la lignée des hommes mortels. Tout comme Chancelade voit son fils lui succéder, l'art individuel et les romans sont remplaçables et périssables; d'où une valorisation croissante d'expressions collectives dans les romans de Le Clézio, où l'art collectif se présente comme la seule assurance de l'homme contre la mort. En effet, c'est vers la même époque que Le Clézio publie, dans *Haï*, des réflexions sur l'art individuel occidental qu'il compare à l'art collectif rencontré dans les sociétés indiennes. Cet art collectif refuse l'égocentrisme de l'art individuel, qu'il compare à un langage «où a manqué tout à coup la musique, et le cri» (LF p. 55).

L'opposition de l'art collectif à l'art individuel faite par l'ethnologue du *Haï* et par le narrateur du *Livre des fuites*, fait écho à la recherche des protagonistes lecléziens, tiraillés entre l'intégration sociale et l'intégration

---

[159] Jean Ricardou in *Positions et oppositions sur le roman contemporain*, Actes du colloque de Strasbourg, op. cit., p. 22.

La nostalgie d'une parole originelle   181

cosmique. En effet, la parole stérile du personnage est là pour montrer qu'une autre attitude vis-à-vis de la parole est nécessaire : il doit cesser de vouloir conquérir le langage pour s'ouvrir à lui, pour que le monde lui parle, car «le monde n'est pas muet. (..) il a des voix pour parler, des noms qui chantent les noms et les verbes» (H p. 102). Cette ouverture constitue surtout l'apprentissage du silence : l'homme doit «ôter» ses mots à lui (H p. 34). Le silence permet à l'homme de cesser d'interrompre un autre discours qui lui est constamment communiqué, une musique mêlée au rythme de la vie que Le Clézio évoque dans son article «Lettre à une amie thaïe[160]».

> Dans la nuit chaude, à l'intérieur de l'enceinte du temple, les baraques de la foire sont dressées. Devant l'une d'elles, hommes, femmes et enfants, assis par terre, regardent le spectacle extraordinaire des acteurs masqués figés dans une pose frémissante, tandis que la musique résonne dans les haut-parleurs, rythmes accélérés de l'Auk Phasa, (...) musique qui s'est mélangée aux bruits du monde, rythmes magiques qu'on n'entend plus, silence qui me force à oublier mes propres mots, qui demande que j'écoute, que je cesse enfin d'interrompre ce qui m'est sans arrêt communiqué.

Si l'homme est seul, c'est que «par le langage, l'homme s'est fait le plus solitaire des êtres du monde, puisqu'il s'est exclu du silence» (IT p. 38). Les tentatives vaines des personnages pour trouver une parole efficace sont là pour proposer une autre expression, originelle et intimement liée à la vie, un langage qui ne peut émerger que lorsque l'homme se tait. «Quand on a appris à parler, que reste-t-il», se demande l'essayiste de *Haï*, «Apprendre à se taire, voilà» (H p. 34), car une «absence d'écriture» constitue surtout une «possibilité d'autres écritures» (H p. 34). Dans l'écriture leclézienne le rêve utopique d'un langage originel est étroitement lié à la référence primitiviste. Le désir d'un langage qui peut «s'agrandir» pour «faire rejoindre le langage et le monde[161]» a amené l'écrivain à s'intéresser aux sociétés dites primitives, à leurs légendes, à leurs mythes. Cette parole, exprimant les préoccupations universelles de tout homme, est comparable à un poème.

> Le poème courbe, appuyé sur la terre, le poème au ventre vivant. (...) Le soldat s'agenouille dans la boue, et le sang coule lentement de sa bouche. C'est toujours le même poème qui n'est pas écrit, l'histoire qu'on chantonne tout bas, celle qu'on rêve aussi. Partout, autour de moi, et de vous aussi, tous les

---

[160] Le Clézio dans «Lettre à une amie thaïe» in *Le Figaro Littéraire*, le 6-12 janvier 1969, p. 13. Ce passage, légèrement modifié, est repris dans *Le Livre des fuites*, p. 142.

[161] Le Clézio à Pierre Lhoste dans une interview publiée dans *Les Nouvelles Littéraires* («Je fuis l'Europe des esclaves»), le 29 octobre 1970, n° 2249, p. 7, idée reprise *Conversations avec J.M.G. Le Clézio*, op. cit. p. 101.

gens lisent ces mots étranges et proches, ils les écrivent avec leurs gestes, ils les marquent avec leurs corps et leurs désirs. (TA p. 242)

L'évocation d'une poésie collective et universelle ainsi que la référence aux gestes originels («chantonne», «gestes», «corps», «désir») nous font penser à l'intertextualité de Le Clézio, si riche en allusions aux chansons populaires, aux légendes et aux mythes, reflets du rêve d'un langage originel capable d'englober toute l'expérience de l'humanité. Ce langage poétique, en fusion totale avec le mouvement de la vie, résulte d'une nouvelle manière de concevoir le langage et sa structure. En effet, cette parole emprunte son langage à la nature et aux mythologies et nous livre une parole puisée dans une matière qui exprime constamment la vie; c'est un poème qui est «autour de nous, dans l'air, dans les nuages, dans le feuillage des arbres vus de loin, dans la mer, dans l'herbe foulée d'une piste. Aussi dans les rues d'une très grande ville, entre les murs des immeubles, avec les mouvements des voitures, les klaxons, les lumières, la foule» (IC p. 59-60).

La parole reflète la même dualité qui détermine le discours du corps et des objets chez Le Clézio. Chez lui, la reconquête de la force originelle du langage constitue le but à la fois des personnages et de l'écriture, d'où l'expression croissante du refus d'une parole conceptualisante au profit de la quête d'une parole poétique libérée. Cette tendance provoque une polarisation autour du rapport à la parole : une parole non-maîtrisée provoque un sentiment d'asservissement chez les personnages des premiers romans, alors que Naja Naja, Lalla et les personnages suivants incarnent, par le refus d'une parole fonctionnelle et conceptualisante, une parole libérée, redevenue magique.

Si la relation à la parole est conflictuelle pour les personnages de Le Clézio, c'est que le langage humain est «en rupture par rapport à l'uniformité silencieuse du monde[162]». Toute l'œuvre de Le Clézio aspire à restituer ce lien avec le monde à travers l'évocation d'un silence originel, un silence qui permettrait à l'homme d'être à l'écoute d'une parole primordiale, selon l'idée heideggerienne d'une parole qui «exige que nous arrivions à laisser dans le silence la mise en chemin appropriante[163]». Cette idée explique la référence croissante de l'écrivain à la conception «magique» ou préscientifique du langage, une conception qui s'exprime dans les situations romanesques, non seulement à travers le refus ou le dépassement du langage, mais surtout grâce à la transformation imaginaire du langage «fonctionnel» et «conceptuel» en outils d'agression et de domination.

---

[162] Le Clézio à Pierre Boncenne dans *Lire, écrire et en parler*, op. cit., p. 86.

[163] Martin Heidegger, «Le chemin vers la parole», *Acheminements vers la parole*, op. cit., p. 255.

La nostalgie d'une parole originelle

Parallèlement s'exprime, à travers un langage direct et abrupt (*Le Livre des fuites*), à travers la mise en valeur d'un art collectif et universel – le mythe et la légende –, le désir d'un langage total qui serait capable de reproduire le monde et les sensations, un langage où les «mots rejoignent les odeurs, les goûts amers et sucrés des feuilles d'herbe» (IT p. 40).

Pour un lyrisme nouveau

Les situations romanesques chez Le Clézio visent à illustrer, à travers une écriture sensorielle et intense, la situation ambiguë de l'être au monde. Si ses descriptions réalistes et fantastiques de notre société ne se réduisent pas en un simple discours d'écologiste, c'est qu'elles illustrent une idée philosophique. Constituant bien plus qu'une expression de la mise à mort du désir authentique – à travers une exagération poussée jusqu'au fantastique des traits et des situations caractéristiques de cette société –, elles s'intègrent dans une stratégie romanesque qui vise à illustrer un être aspiré par l'extériorité. Cette situation heideggerienne est illustrée par quelques images obsédantes de ses romans : la ville devient ainsi symbole d'agression, de mouvement destructeur, grâce à une image primitiviste, la foule. Les objets se transforment en maîtres vis-à-vis de l'homme à l'aide d'une écriture phénoménologique et fantastique. La révolte agressive des personnages face à cette aliénation s'explique à la fois philosophiquement (volonté de libération du regard des autres) et psychanalytiquement (angoisse devant la réintégration dans l'univers utérin, qui prédomine dans toutes les expériences amoureuses des premiers protagonistes), mais elle exprime surtout le désir d'une fuite en arrière vers l'expérience originelle. L'être est constamment envahi par la matière; les expressions du corps supplantent les passions et les pensées et permettent à Le Clézio de manifester son refus d'une psychanalyse qu'il estime réductrice. Quant à la découverte de l'Autre, elle se confond avec un paysage et une nature destinés à incarner plus un appel qu'un échange intellectuel. Alors, une cristallisation poétique se réalise : d'Adam à Nejma, cette rencontre fructueuse entre cultures et conceptions du monde différentes génère l'écriture.

 Ce traitement atypique des situations cruciales de l'homme illustre un écrivain soucieux d'intégrer une réflexion sur l'existence dans le romanesque, non à travers l'essai ou l'exposition, mais à travers une transformation poétique des situations. Pour Le Clézio, la philosophie et l'écriture sont indissociables et ne peuvent s'enfermer sous des étiquettes génériques. Il dit en effet à propos de l'écriture sartrienne : «Quand il écrit *La Nausée*, il n'est pas un philosophe qui cherche à rendre ses idées attrayantes, ni un illustrateur. (...) dès l'instant qu'il utilise le langage, il est à la fois poète, moraliste et critique.[164]» Cette réflexion nous rappelle les mots de Merleau-Ponty, selon lequel «tout change lorsqu'une philosophie phénoménologique ou existentielle se donne pour tâche, non pas d'expliquer le monde ou d'en découvrir les «conditions de possibilité», mais de formuler une expérience du monde, un contact avec le monde qui précède toute pensée *sur* le monde. (...) Dès lors la tâche de la littérature et celle de la philosophie ne peuvent plus être séparées.[165]» Cette conscience explique les transgressions des lois génériques opérées par Le Clézio. Dans «l'essai» *L'Extase matérielle*, il juxtapose ainsi des méditations sur des situations quotidiennes, des poèmes et des inventaires; *Haï* dissimule derrière l'apparente approche ethnologique un désir et une éthique dont un peuple devient la métaphore, alors que *L'Inconnu sur la terre*, également classé dans la catégorie «essai», constitue une réflexion poétique sur les phénomènes du monde tels qu'ils se présentent dans leur matérialité.

Alors que l'écrivain «exemplaire» (y aurait-il dans cet adjectif une légère critique de la part d'un écrivain qui valorise la poésie au détriment de l'exposition rationnelle?) expose une philosophie à travers des situations dramatiques ou didactiques, Le Clézio traduit une vision du monde à travers une évocation poétique de ce monde. Sa stratégie est intimement liée à l'idée heideggerienne d'une conscience tournée vers l'extériorité; c'est en déplaçant l'accent de l'homme à la matière que l'écriture de Le Clézio devient poétique. Le sujet des ses romans devient un regardant destiné non pas à s'exposer mais à refléter le monde. Cette situation est illustrée de manière à rappeler le cinéma épique dans *Désert*, où l'immensité de l'espace et l'allure fantomatique des personnages illustrent la situation de l'être : son impuissance et son inconsistance devant la puissance du cosmos.

Ces topiques héritées de la philosophie de Heidegger expliquent aussi le recours à une technique primitiviste chez Le Clézio : si les personnages paraissent schématisés autour d'une posture fixe, dévorés par une seule soif, et si les évocations spatio-temporelles de Le Clézio semblent suggérer une opposition primitiviste distinguant une société et une époque perverties d'une société originelle, la matière est en revanche nuancée et rendue

---

[164] «Un homme exemplaire», op. cit., p. 6-7.

[165] Maurice Merleau-Ponty dans «Le roman et la métaphysique» in *Sens et non-sens*, Ed Nagel, Paris, 1966, p. 36.

Pour un lyrisme nouveau 187

vivante à travers une multitude d'expressions sensorielles. Le désir constant d'une fusion matérielle chez le personnage reflète ainsi le propos de l'écrivain : faire revivre une matière à l'aide du regard du personnage à travers une ouverture des sens. C'est cette disposition au monde qui confère à l'écriture leclézienne son lyrisme.

Car si la soif d'un ailleurs constitue un leitmotiv dans les romans de Le Clézio, c'est que cet ailleurs représente une attitude à l'égard de la matière et surtout à l'égard du langage qu'il est censé incarner. Il est en effet caractéristique que cet ailleurs évoqué pour la première fois dans *Haï*, semble déterminer la dualité spatio-temporelle de tous les romans à partir de *Désert;* la continuité de cette schématisation des données spatio-temporelles nous amène en effet à considérer cet ailleurs comme une métaphore d'une certaine approche du monde, d'une certaine façon d'exprimer l'être au monde.

La valorisation de la société indienne est effectivement intimement liée à l'approche de la parole qu'elle incarne. Pour Le Clézio, le langage authentique est lié à une attitude spécifique, à un regard susceptible de faire surgir du monde un nouveau langage, à une société capable d'abolir les limites entre la pensée et le monde, entre le regard et ce qu'il regarde : «ce qu'on appelait intérieur», dit le narrateur de *Haï*, «ce qu'on appelait la pensée, n'était que l'extérieur du monde» (H p. 19).

C'est cette restauration d'une conception présocratique du langage, à travers une écriture qui aspire à l'unité entre les mots et les choses, qui désire nous immerger dans une matière vivante et «faire rejoindre le langage et le monde[166]», qui permet aux romans de Le Clézio de nous donner une évocation poétique de l'être au monde et par ce fait même proposer une nouvelle conception du romanesque. En ceci réside l'audace de l'écriture leclézienne, qui exprime un éloge de la matière et un appel aux sens au moment où règne en France une poésie intellectuelle marquée par l'expérimentation formelle. En se référant à une idée heideggerienne de l'être au monde, et à une conception indienne du langage, Le Clézio emprunte des topiques à la matière pour créer une poésie sensorielle destinée à conférer au roman une expression plus authentique de l'être. Ce projet explique l'étonnement de l'écrivain lorsque ses premiers romans, expérimentaux et provocateurs, sont par la critique opposés aux derniers «romans paisibles». «Je ne crois pas écrire des livres paisibles», répond-il en se référant à ses derniers romans. «Pour moi ils sont encore plus provocateurs et beaucoup plus violents que ce que j'écrivais à cette époque-

---

[166] Le Clézio à Pierre Lhoste dans «Je fuis l'Europe des esclaves», *Les Nouvelles Littéraires*, op. cit., p. 7.

là. Simplement, c'est une autre provocation, un autre type de violence. Ce sont des règlements qui sont beaucoup plus profonds.»[167]

En effet, la présentation volontairement simplifiée du personnage et des données spatio-temporelles ainsi que le refus de l'intrigue au profit d'une contemplation du monde s'intègrent dans le projet poétique de l'écrivain, entièrement organisé autour du désir de «se replonger dans la plus extatique fusion avec la matière» (EM p. 53). Car dans cette fusion immédiate réside le secret du langage : «Il n'y a pas de plus grande extase,» dit-il, «de plus indéfinie jouissance que celle du présent. Je vis. (...) C'est ce mystère plus que tout autre que j'aimerais délayer. Car il porte en lui la clé du langage, et peut-être même la raison originelle.» (EM p. 40-41) La tentative du personnage de déchiffrer la matière en la vivant se reflète dans une poésie marquée par la nostalgie d'une conception présocratique du langage, se démarquant nettement des théories linguistiques modernes. De ce désir provient aussi le caractère entièrement poétique de l'œuvre leclézienne : même les ouvrages intitulés «essais» ont des structures qui les rapprochent plus du poème que de l'essai au sens traditionnel, ce qui nous a amené à les qualifier d'«essais poétiques».

L'écriture leclézienne mise sur des expressions sensorielles, illustrations d'une relation intime avec le monde et susceptibles de reproduire les sensations vécues par le personnage. L'apprentissage du silence, l'appel aux sens et au regard disponible forment le point de départ d'un lyrisme nouveau, qui puise sa force non dans des formes apprises, mais dans une langue acquise par la contemplation et les sensations tenues en éveil, une langue originelle qui est «une autre langue, qu'on parlait avant sa naissance. Une langue très ancienne, qui ne servait à rien, qui n'était pas la langue du commerce des hommes avec les hommes. Pas une langue de séduction, pour suborner ou pour asservir. C'était d'elle que venaient ces mots : fluides, vent, cruche, orpheline, rails, dormir, cœur, constellé, cygne, lasciate, buée, galbe, opale, viens (...) Ils étaient une danse, une nage, un vol, ils étaient du mouvement» (IC p. 62). Une langue qui a su garder sa valeur magique et une poésie qui sait transmettre les vibrations de cette langue sont au centre de l'enjeu poétique leclézien et forment le sujet d'étude des chapitres suivants : les techniques typographiques, le rythme et les images de l'écrivain seront analysés en vue de cerner comment cette conception du langage détermine les techniques poétiques de Le Clézio. Toutes ces techniques reposent sur une conception spécifique du regard : sa fonction narrative et poétique forme la conlusion de notre étude.

---

[167] Le Clézio dans «Un siècle d'écrivains», op. cit.

Techniques typographiques de Le Clézio

Une intrusion «adjectivale» dans la première phrase du *Procès-verbal* nous introduit dans un univers romanesque valorisant les procédés ludiques : le «il y avait une petite fois» du conteur fait infraction aux règles du conte et appelle le sourire du lecteur. Le pastiche, la parodie et les références intertextuelles confèrent aux premiers récits lecléziens un ton humoristique et expérimental. Jeu non gratuit, puisque la parodie s'intègre alors dans l'intrigue du personnage (Adam n'évoque pas le surréalisme pour faire des jeux de mots mais pour exprimer un malaise dans un monde trop chaotique) et le pastiche remet en question l'efficacité d'une certaine littérature (le discours philosophique parfois accusé d'inefficacité communicative).

Dans cette volonté de renouveler le genre romanesque, à l'aide de techniques ludiques et expérimentales, s'intègrent les techniques typographique et iconographique prédominantes dans les premiers romans lecléziens, alors que plus discrètes dans les derniers romans, marqués surtout par la transparence et la simplicité apparentes du style. Les premiers romans expriment en effet une recherche constante de nouvelles techniques expérimentales, destinées à exprimer de façon plus directe une expérience existentielle. Cette voie ludique et expérimentale témoigne d'une tendance de l'époque, et c'est d'ailleurs cet aspect de son écriture qui amena les premiers critiques à classer Le Clézio parmi les «nouveaux romanciers». Le Clézio évoque lui-même cette recherche d'originalité dans une interview récente. «Il m'importait alors», dit-il, «de manifester une certaine recherche d'originalité, ce que l'époque des années soixante, marquée on le sait par une mise en question des normes romanesques, encourageait d'ailleurs.[168]» Mais il explique en même temps les raisons de l'effacement progressif de l'écriture expérimentale si présente dans ses premiers romans, car il ajoute : «j'ai toujours été intimement convaincu que pour l'écrivain les possibilités de novation réelle demeurent infimes : la nouveauté potentielle réside dans la disposition, l'assemblage singulier d'éléments préexistants, plutôt que dans l'invention pure.»[169]

En effet, l'originalité de l'écriture leclézienne ne réside pas dans le fait d'avoir transgressé les règles typographiques du roman, puisque Rabelais pratiquait déjà le calligramme, Apollinaire l'avait revalorisé au début de ce siècle, le collage avait été exploré par les futuristes italiens et avait connu un essor important dans la littérature grâce aux surréalistes. Les années soixante ont également connu une revalorisation des jeux formels dans la littérature, avec OULIPO (Ouvroir de Littérature Potentielle), groupe littéraire fondé par Queneau en 1960, dont l'enjeu consistait à imposer à la création littéraire des contraintes formelles, souvent inspirées de combinaisons

---

[168] Le Clézio à Claude Cavallero dans «Les marges et l'origine», op. cit., p. 166.
[169] Ibidem p. 166-167.

mathématiques. L'originalité de Le Clézio réside plutôt dans l'intégration qu'il fait de tels procédés techniques en vue d'une nouvelle esthétique romanesque. En effet, les techniques typographiques de Le Clézio sont intimement liées à son projet poétique et romanesque : recréer une écriture qui rend compte du lien entre le mot et la chose à travers une mise en page originale des mots. Ce chapitre s'intéresse à la situation narrative qui accompagne les infractions aux normes romanesques et typographiques opérées par Le Clézio; une analyse de leur fonction par rapport à l'intrigue nous permettra ainsi de définir comment cette technique s'intègre dans le projet poétique de l'écrivain.

Le regard et la saisie immédiate d'une vision occupent une place primordiale dans l'écriture de Le Clézio. Les contemplations des personnages déclenchent des rêveries, des réflexions, des anecdotes symboliques. D'où l'importance accordée à l'expression iconique chez Le Clézio, expression destinée à souligner non pas l'arbitraire des mots, mais la relation intime entre mot et chose. Le désir de novation se double constamment du rêve d'un langage originel, total et transparent. La présentation iconique des mots, qui illustre l'impression visuelle immédiate du lecteur, tend chez Le Clézio à reproduire une expérience profondément subjective et intimement liée à l'intrigue du roman. Car si le mystère de la vie «porte en lui la clé du langage» et si «chaque mot, comme un clou», doit «permettre de fixer un peu plus durablement cette toile», le propos de l'écrivain est de «choisir ces clous, ni trop faibles, ni trop blessants» (EM p. 41). Et à l'écrivain de cet essai d'évoquer comme référence le dictionnaire et de dresser des inventaires de mots. Il ne s'agit pas d'utiliser des phrases ou des «expressions qui déjà construisent» (EM p. 41), mais des mots tout banals tirés d'un dictionnaire. Ce passage de *L'Extase matérielle* est caractéristique de la technique prédominante dans les premiers romans de Le Clézio. Au lieu de lier et de créer des ensembles structurés, le mot est isolé pour exprimer le discontinu et la vision fragmentaire des protagonistes. Les listes énumératives sont fréquentes dans ces romans; la description se veut détaillée et exhaustive, comme celle des trouvailles d'un petit garçon à la plage :

> un petit garçon en maillot de bain (...) compte avec ses doigts les ordures refoulées par le courant. Il trouve :
> une peau de banane
> une demi-orange
> un poireau
> un bout de bois (...) (PV p. 150)

ou celle d'un Hogan faisant l'inventaire de la diversité physique de l'espèce humaine, lorsqu'il rédige des notes sur tous les passants dans une rue :

> Fillette avec un sparadrap sur chaque genou.
> Homme qui ressemble à Hemingway.
> Homme avec tache de vin sur la cuisse.
> Femme qui a la tuberculose (...) (LF p. 61)

L'inventaire des listes rompt la linéarité du texte romanesque, grâce à l'absence des liaisons explicatives qui sont de rigueur dans le roman traditionnel. Ce détachement d'un contexte provoque une mise à nu, un isolement du mot qui souligne la conception présocratique du langage que les romans de Le Clézio visent à illustrer : une conception selon laquelle le mot détient en lui-même tout son potentiel significatif et n'a pas besoin d'être rattaché à un ensemble, seule sa présence suffit à l'évocation. Tout comme le personnage devient archétype, le mot devient expression unique, d'où l'absence de caractérisation et de contexte explicatif. Un passage du *Procès-verbal* est particulièrement révélateur d'une telle conception illustrée à l'aide d'une technique typographique. Il s'agit du chapitre M où Adam s'émiette en des milliers d'adams pour incarner l'humanité entière de façon mythique.

> Ils étaient groupés sur les points stratégiques du monde; ils dressaient des cartes, dénommaient les terres, écrivaient des romans et des atlas : les noms des lieux qu'ils peuplaient s'alignaient :
>
> | | | | |
> |---|---|---|---|
> | Ecclefechan, | Ecosse | 55.3.N | 3.14.W. |
> | Eccles | Angleterre | 53.28.N. | 2.21.W. |
> | Eccleshall | Angleterre | 53.28.N. | 2.21.W. |
> | Echmïadzin | Arménie | 40.20.N | 44.35.E. |
> | Echternach | Luxembourg | 49.48.N | 6.25.E. |
> | Echuca | Victoria | 36.7.S. | 144.48.E. |
> | Ecija | Espagne | 37.32.N. | 5.9.W. |
> | Ecuador, rep. | Amérique du sud | 2.0.S. | 78.0.W |
> | Edam | Hollande | 52.31.N. | 5.3.E. |
> | Eddrachillis | Ecosse | 59.12.N | 2.47.W. |
>
> et leurs noms emplissaient les livres sur les tablettes des cafés :
> «Revd. William Pountney
> Francis Parker
> Robert Patrick (...)
> C'était parmi eux qu'il fallait chercher. On aurait tout trouvé (...)
>
> (PV p. 143-144)

Une disposition typographique rappelant l'index d'un atlas contribue ici à priver le nom de toute charge affective susceptible de lui conférer un degré d'individualité. Les noms propres semblent prolonger la technique utilisée pour les noms géographiques, ce qui suggère une étroite relation entre la technique typographique utilisée et l'idée illustrée par le passage : une universalisation de l'être humain se reflète ainsi dans une mise en page du nom qui lui enlève sa capacité caractérisante propre au discours romanesque traditionnel. Cette approche emprunte au théâtre une autre disposition destinée à évoquer cette même situation du personnage dans un passage du *Procès-verbal*, où un assemblage de spectateurs est présenté.

Il ne resta plus qu'un groupe de cinq personnes. C'était :
Hozniacks.. pêcheur
Bosio.. pêcheur
Joseph Jacquineau............................ retraité
Simone Frère.................................... mère de famille
Véran.. sans profession
(PV p. 127)

Cette présentation des noms des personnages, avec une ligne ponctuée pour relier le nom à la fonction, s'apparente à l'affiche de la pièce de théâtre ou du film, où les noms des acteurs sont suivis de leur rôle. La disposition des noms peut alors se lire comme une manière de souligner le caractère factice d'un personnage, réduit à l'incarnation d'un rôle à la manière du théâtre de Brecht. Elle peut également illustrer une uniformisation de l'existence humaine, propre à la société moderne, réduisant l'homme à un outil. Cette idée est davantage explorée dans un passage analogue du *Déluge*, où les personnages sont présentés d'abord par leur fonction et ensuite par leur nom («Chef de chantier : Candéla. Machinistes : Miraulac, Zediaf, Douski (...)», DE p. 220); le nom du protagoniste s'insère ici dans une des rubriques, où la consonance étrangère des autres noms souligne son aliénation. Une typographie qui pratique l'alignement des noms, pour mettre en relief la fonction des personnages au détriment de leurs caractéristiques, peut ainsi illustrer la mécanisation et l'aliénation de l'homme dans une société moderne. Le passage du *Procès-verbal* semble cependant avoir une signification plus profonde; il succède au chapitre K, où le protagoniste, devant le spectacle d'une noyade, se confond avec les autres spectateurs sous l'effet d'une pulsion originelle. L'expérience d'une absorption dans la foule, un effacement total de l'individualité, s'exprime ainsi à travers l'alignement. Cette technique contribue non seulement à priver le nom de sa valeur affective, mais aussi à renverser la hiérarchie du roman traditionnel, en accordant explicitement une importance égale au rôle du personnage (son métier) qu'à sa véritable identité (son nom propre). La mise en page reflète ici une tendance dominante chez Le Clézio, à savoir l'effacement de l'individualité au profit d'une valorisation de l'universel.

L'isolement du mot est également une technique fréquemment utilisée par Le Clézio pour suggérer l'effacement et la discontinuité. Au centre du drame du premier protagoniste leclézien se trouvent en effet son amnésie et son incommunicabilité. Cette amnésie s'exprime non seulement à travers les réflexions du protagoniste, qui sont rarement livrées au lecteur dans un roman où la focalisation externe domine, mais surtout à travers une mise en valeur de l'absence : absence de renseignements sur le protagoniste présenté, absence matérielle provoquée par des éléments manquants dans le texte. Aux trous de mémoire d'Adam répond en effet une typographie mettant en relief l'incomplet et l'absence. Au début du récit, des reproductions d'affiches présentent des noms incomplets, nous laissant deviner le reste du mot :

```
«Squa    ld  ATCH
         Bar de band et James W Brown
         Fem in
         MARTI
                 ritif» (PV p. 78)
```

Incitant le lecteur à reconstruire le mot, ce texte illustre le processus d'interprétation du lecteur qui, à partir de bribes de sens potentiel, se construit un ensemble signifiant. Quelques pages plus loin, le processus est explicité à propos des noms incomplets «DERMY» et «SEILLE», où l'évidence du second fait ressortir l'énigme du premier. La reconstruction du mot à partir de quelques lettres, plus ou moins déterminantes pour l'interprétation, semble illustrer l'expérience d'Adam et de tous les protagonistes des premiers romans lecléziens, tentant de déchiffrer un monde à multiples facettes qui leur parle constamment.

Alors qu'il s'agit pour le premier protagoniste d'une amnésie croissante, d'une annulation progressive de références l'attachant à une vie sociale, les liens manquants sont progressivement comblés dans la deuxième partie de l'œuvre leclézienne. Les signes deviennent lisibles et compréhensibles : dans *Le Chercheur d'or* Alexis arrive à comprendre les signes gravés sur les montagnes à force de les contempler. La résurgence d'un sens est suggérée par des lettres qui se complètent pour à la fin former un mot entier. D'abord présentée seule et ensuite dans un ensemble sans encore former un sens, la lettre S mime, dans *Le Livre des fuites*, cette construction progressive de sens :

S S SI SI SIL SIL SILEN SILEN SILENCE SILENCE (LF p. 72)

Si le manque et l'incompréhension constituent des préoccupations majeures pour les premiers personnages de Le Clézio, leur plus grand défi réside dans leur besoin simultané d'exprimer l'expérience indicible. Faute d'une communication verbale réussie, ils pratiquent presque tous la rédaction d'un journal intime. Pour reproduire son aspect, Le Clézio utilise des techniques conventionnelles telle la marge, une marge plus large à gauche pour que le texte du journal se détache du reste (*La Guerre, Onitsha, La Quarantaine*), mais aussi des techniques nouvelles tels les mots rayés destinés à transposer les hésitations du protagoniste.

> Le reste, c'est du luxe. ~~Je voudrais bien aller aux USA, on dit que c'est possible de vivre comme ça là-bas, et d'avoir du soleil dans le Sud, et rien d'autre à faire qu'écrire, boire et dormir. Je pense aussi, rentrer dans les ordres, pourquoi pas?~~ J'ai connu autrefois un type qui faisait de la céramique. (PV p. 164)

Ces ratures, censure imposée par le rédacteur du journal intime, constituent une matérialisation d'un courant de conscience, qui permet au lecteur de connaître les différents niveaux de conscience du protagoniste. Au lieu d'utiliser un discours indirect libre, capable de traduire un courant de conscience à travers des phrases spontanées et désordonnées, l'écrivain se présente en éditeur d'un texte se voulant authentique. Pour souligner davantage l'aspect matériel du texte, il fait intercaler entre les paragraphes des blancs destinés à reproduire les pages manquantes. «Certains passages (...) font défaut», nous explique «l'éditeur» du journal d'Adam, «Ils ne seront donc pas reproduits et leur absence sera indiquée par des espaces blancs, sensiblement pareils en longueur et en qualité aux originaux.» (PV p. 162) La coupure se pratique le plus souvent au milieu d'une phrase pour rendre réelle une page manquante.

Cette matérialisation constitue une tentative d'exprimer de façon plus directe l'idée de manque que celle qu'un discours intérieur aurait pu donner. La relation étroite entre le signe – «manque» – et le signifié, reproduite à travers les espaces blancs, s'intègre ainsi dans une écriture qui tend à valoriser une conception magique du langage, où la relation entre le mot et le référent est directe et transparente. L'évocation de certains mots tend ainsi à illustrer simultanément le mot et sa situation : sa situation matérielle mais également son contexte affectif. Afin d'évoquer l'aspect matériel et l'inscription que porte le journal intime de Bea, Le Clézio recourt aux majuscules et aux guillemets ainsi qu'au centrage de l'écriture. Son journal est présenté comme «un petit livre recouvert de matière plastique bleue, sur lequel était écrit en lettres dorées :

SEMAINIER «PRATIC» (LG p. 28)

L'isolement du mot au centre de la ligne permet ici de souligner son aspect matériel. Le surgissement réel du mot est ainsi transposé à l'espace textuel à l'exception d'un aspect (l'écriture dorée) dont l'omission s'impose pour des raisons pratiques. Un processus analogue est utilisé dans (*Les Géants*), où le nom d'une station-service est reproduit par la forme du logo lui-même, présenté de manière verticale :

           G
           U
           L
           F
(GEA p. 217)

A la frontière du texte et de l'image se situe une écriture qui tente de visualiser l'impression immédiate du protagoniste à l'aide d'une transgression de la linéarité du texte. Une page plus loin, l'évocation du nom débouche en effet sur la présentation iconique, lorsque le même mot, présenté horizontalement cette fois-ci, est entouré d'un cercle pour évoquer son inscription sur les pompes à essence de la station-service. Inversement, le signe se présente parfois exclusivement dans une fonction iconique qui le prive de toute valeur textuelle; c'est le cas des lettres x, i, z dans *La Guerre*, qui détachées totalement d'un signifié, sont destinées à reproduire les traces de pneu d'une automobile :

xxxxxxxxxxxxxxxxxxxxxxxxxxxxxxxxxxxxxxxxxxxxxxxxxxxxxxxxxxxxx
iiiiiiiiiiiiiiiiiiiiiiiiiiiiiiiiiiiiiiiiiiiiiiiiiiiiiiiiiiiiiiiiiiiiiiiiiiiiiiiiiiiiiiiiiiiiiiiii
zzzzzzzzzzzzzzzzzzzzzzzzzzzzzzzzzzzzzzzzzzzzzzzzzzzzzzzzzzzzzz
(LG p. 115)

Afin de mimer l'émergence d'un mot, Le Clézio se sert parfois d'une disposition originale des paragraphes. Un passage du *Déluge*, infraction flagrante aux lois typographiques du roman, est particulièrement caractéristique de cette technique. Car il ne s'agit pas seulement de rendre compte de l'évocation matérielle du mot, suggérée à l'aide de majuscules, mais aussi de transposer l'émergence réelle du mot à l'espace textuel. Pour ce faire, Le Clézio insère une marge au milieu du texte d'où apparaît le mot surgi dans l'entourage physique du protagoniste.

Les trottoirs et les rues, autour de lui, étaient toujours déserts. Sur leurs étendues glabres, il y avait écrit quelque chose de triste qui ne pouvait s'effacer. Comme tracées à la main dans la poussière, comme dessinées avec de
la boue, les lettres   apparaissaient. Tout
à l'heure, quand les   **M A N G E R**   gens sortiraient de
table et quand les   chats s'endormiraient à côté
de leurs poubelles, le signe maléfique s'effacerait. Mais pour l'instant, il était là.
(DE p. 197)

Cet éclatement de la linéarité, qui confère à un mot du texte une marge et une typographie distinctes, permet ici de transposer au texte un vécu subjectif. La douleur provoquée par la faim, chez un Besson faisant l'expérience du mendiant, explique pourquoi le protagoniste ressent l'omniprésence du mot qui incarne son besoin vital. Cette expérience physiquement douloureuse, transformant la vision de l'espace physique autour du protagoniste de manière subjective («tout était devenu pain» DE p. 198), est ici exprimée à travers une transformation subjective de l'espace réel.

Une stratégie plus hardie encore consiste non pas à insérer un mot à forte connotation affective au milieu d'un ensemble textuel, mais à l'intégrer à l'intérieur du mot lui-même. Alors que le passage du *Déluge* vise à reproduire la vision subjective d'un espace, un passage tiré des *(Géants)* matérialise la déformation des mots par leur utilisateur. La séduction qu'exercent les mots doux et réconfortants des slogans publicitaires est ainsi présentée à travers la double valeur des mots : le sentiment qu'ils véhiculent et l'intention du sujet de l'énonciation apparaissent ainsi simultanément à travers la superposition des mots :

> Ils veulent habiter chaque mot du langage des hommes, et le rendre pervers. Les mots s'ouvrent sur les pages des livres et révèlent la chenille qui les habite. On voit un mot, sur la page d'un livre, et il s'ouvre et on lit ceci :

<pre>
    ARRRE
    HAINE   CAL puissance ME
    ARBRE
</pre>

(GEA p. 169)

Cette superposition de deux références, le sens premier du mot et l'intention cachée du sujet de l'énonciation, illustre une conception de la parole selon laquelle celle-ci est capable de recréer, par sa simple présence, tout son potentiel sémantique et affectif. La transgression des normes typographiques du roman vise ici à reproduire de manière plus directe et authentique le potentiel caché des mots qui incitent la rêverie (arbre) et le confort (calme). Il ne s'agit plus seulement de transgresser les normes typographiques du roman, mais de vouloir visualiser le contexte psychologique qui accompagne un mot à travers des assemblages significatifs de mots. Une superposition de mots qui se destine à visualiser les secrets d'une stratégie publicitaire s'intègre ainsi parfaitement dans la thématique du roman.

La visualisation iconique vise à souligner un rapport intime entre un référent et l'impression subjective qu'il produit chez Le Clézio. *(Les Géants)* constitue un inventaire de telles stratégies : transcriptions phonétiques qui mettent l'accent sur l'agressivité des mots, agrandissements des caractères qui soulignent leur impact sont utilisés afin de matérialiser la relation subjective des protagonistes au langage. La monotonie des messages est soulignée par la fragmentation itérative des mots, qui leur enlève leur sens et les transforme en onomatopées :

«S SC SCH SCHW SCHWE SCHWEP SCHWEPP SCHWEPPE SCHWEPPES»

peut-on lire à la page 90 des *(Géants)*, alors que l'impact de tous ces messages auditifs est reproduit à travers un assemblage de lettres qui forment à première vue un texte incompréhensible.

> A un moment donné, la jeune fille vit devant ses yeux l'extraordinaire paysage plein de signes. Elle le vit de toutes ses forces, et elle sut qu'elle ne comprendrait jamais. C'était à peu près ainsi :

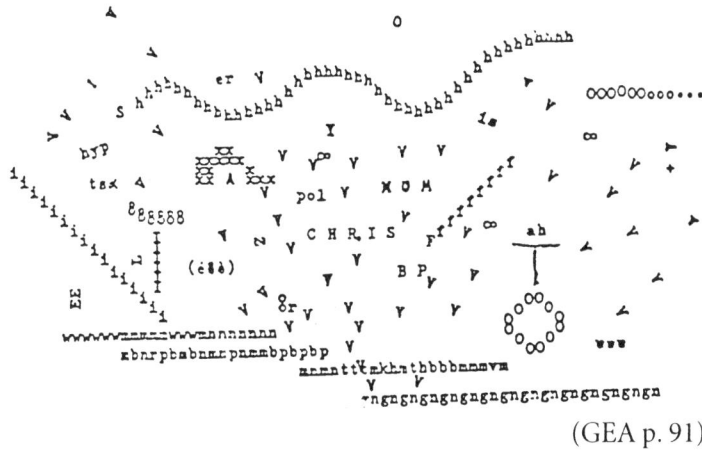

(GEA p. 91)

La transposition de cette perception subjective d'un «paysage plein de signes», qui éblouit et fascine, offre au lecteur un texte à la frontière de l'icone défiant sa capacité d'interpréter. Certaines syllabes se regroupent pourtant pour former un mot : il s'agit de «hyp» «er» «pol» «is» dont la référence est dissimulée dans le brouhaha des signes. Comparé aux mots superposés, qui illustrent l'intention cachée des mots, ce texte peut se lire comme une mise en page de l'impact de ces messages incessants, destinés à empêcher le récepteur de déchiffrer le message réel des paroles. L'intrigue du roman se remarque à la fois par la dualité de son discours (un texte narratif accompagné d'un texte publicitaire) et par des techniques typographiques destinées à amplifier l'effet de cette dualité. Tout comme les textes publicitaires illustrent l'intrigue et y participent, la typographie contribue également à valoriser cette intrigue : il s'agit non seulement de rendre réel l'impact des paroles publicitaires, à travers une matérialisation de leur aspect séduisant et imposant, mais aussi de reproduire la situation réelle des protagonistes. Grâce à la création d'un texte tout aussi incompréhensible et polysémique que l'entourage du personnage, Le Clézio illustre l'expérience d'un personnage jeté dans un monde de signes énigmatiques.

A la polysémie illimitée, délibérément amplifiée pour souligner le désarroi du personnage, répond une technique inverse pratiquée dans *Voyages de l'autre côté*. La fragmentation graphique du sens atteint ici son comble dans un passage où la présence des signes assure un aspect textuel sans pour autant constituer un texte. Il s'agit d'un passage qui reproduit la communication pratiquée dans un pays où la parole est abolie.

> Dans le pays où va Naja Naja, les mots n'ont pas le temps d'exister. Ce sont les idées qui brillent dans les yeux, qui explosent sans cesse sur les maisons, dans les arbres. Des animaux très prompts, invisibles, qui basculent leur vol tantôt à gauche, tantôt à droite.
>
> "   ,   ."
> "   !"
> "   !   !"
> "   ."
> "?"   (V p. 29)

Le rêve d'un langage total et universel se présente ici à travers un renversement de la hiérarchie narrative : quelques signes d'exclamation, d'interrogation et d'hésitation sont alignés comme dans un dialogue romanesque traditionnel, mais au lieu d'accompagner des mots, ils les remplacent. Il ne s'agit plus d'isoler les mots dans une nudité exprimant leur caractère unique, mais de reproduire un langage pur, libéré à la fois de signifiants et de signifiés. Ce texte-limite propose ainsi la revalorisation d'un silence originel à travers le dépouillement total.

Si le graphisme seul constitue un dépouillement total de l'écriture, sa présence peut aussi conférer aux mots qu'il accompagne un sens nouveau, voire transformer totalement son sens et son utilisation premiers. Une mise en page particulièrement originale de l'inventaire des mots apparaît dans un passage du *Déluge*, qui présente la vue d'un cimetière :

(DE p. 33)

La substitution des noms propres aux noms communs, dénués de valeur affective, nous amène à interpréter ce passage comme la mise en page d'une conception magique du langage, telle qu'elle apparaît pour Chancelade dans *Terra Amata*. «Ils ont chacun leur nom, (...) leur identité magique», constate le narrateur dans le premier chapitre de ce roman. Tout objet devient unique comme une personne, Chancelade en est profondément convaincu lorsqu'au moment de l'enterrement de son père, il fait substituer à l'inscription du nom de son père sur le tombeau, un nom commun (TA p. 62).

La magie évocatrice des signes est également illustrée par un recours aux représentations iconiques, particulièrement visible à partir des *(Géants)*, où l'iconographie semble s'affirmer comme stratégie romanesque. Comme titre pour ce roman, Le Clézio avait effectivement prévu seulement un graphisme, le signe de l'éclair qui précède le titre entre parenthèses sur la couverture du roman, où l'électricité est la base de l'intrigue. La transgression des règles typographiques se fait maintenant plus rarement, au profit d'une valorisation de représentations iconiques. Déjà dans *La Guerre*, l'insertion d'un signe iconique dans le texte permet de mimer la contemplation du poète devant un objet :

Tout à fait au sommet de la bulle de verre, il y a écrit quelque chose. C'est :

Ampoule électrique, ampoule électrique, sauve-moi! Viens à mon aide. Permets que j'entre dans ta sphère de silence (...)» (LG p. 80)

Dressé en haut d'un texte poétique, ce dessin de l'ampoule, donné comme un cachet au milieu de la page, présente la matérialisation de l'objet de culte de manière surprenante. Les phrases qui le précèdent décrivent froidement son aspect extérieur sur un ton réaliste, alors que le dessin permet la transition à un ton poétique. Le dessin semble mimer la vision du poète contemplant l'objet de sa poésie, il s'agit donc de matérialiser la fascination du narrateur grâce à une reproduction quasi photographique d'une vision. Il s'agit également du cachet matériel d'un contribuant à l'intrigue, d'une trace laissée par un élément déterminant une époque. Le poète se sert ainsi d'un symbole fréquemment rencontré dans notre société afin d'évoquer une époque. Le signe iconique se présente en effet souvent comme un indice temporel dans les romans de Le Clézio : le signe de l'éclair renvoie à une époque et à une génération dans *Les Géants*, alors que le signe d'une tribu permet dans *Désert* de renvoyer à l'appartenance mythique du protagoniste. Il qualifie également l'approche du langage représentée par Lalla, dont l'analphabétisme est compensé par la force évocatrice d'un signe magique.

Mais comme Lalla ne sait pas écrire, elle dessine seulement le signe de sa tribu, celui qu'on marque sur la peau des chameaux et des chèvres, et qui ressemble un peu à un cœur :

(DES p. 332)

Cette utilisation du signe iconique comme symbole d'appartenance reflète le recours croissant aux techniques primitivistes qui déterminent l'écriture leclézienne à cette époque. Du signe verbal isolé pour mieux exprimer sa charge symbolique, Le Clézio se tourne d'abord vers le signe non-verbal d'emblée magique, pour s'intéresser ensuite aux représentations iconiques pures : des dessins d'objets et de situations souvent universels. Ces dessins semblent en effet illustrer ce même rêve d'une expression artistique magique et universelle : quelques traits simples sont destinés à évoquer des situations universelles. C'est ainsi que le narrateur de *L'Inconnu sur la terre* crée des illustrations aux réflexions poétiques qui constituent ce livre, illustrations qui s'intègrent parfois matériellement dans le texte.

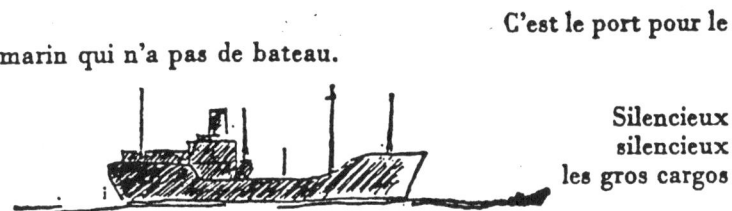

C'est le port pour le marin qui n'a pas de bateau.

Silencieux
silencieux
les gros cargos

Quand les bateaux des pêcheurs de thon arrivent de Salerne, de Sète, d'Agde, fatigués, avec toutes leurs côrdes, leurs mâts, leurs filets rouges mouillés par l'eau de mer, et les marins qui ont un visage couleur de terre cuite, on aimerait bien partir, oui, on aimerait partir.

Quand on voit un avion très haut dans le ciel, son fuselage éclairé par le soleil, et il avance droit sans faire de bruit. Ça ne donne pas envie de voyager. Simplement on le suit des yeux, on est content d'être là où on est, et lui là où il est, si loin l'un de l'autre. C'est beau les avions haut dans le ciel au-dessus de la mer.

Écrire, ça serait tout à fait bien si on pouvait en même temps voir ce qu'on écrit, si les mots pouvaient bouger et changer de place comme les oiseaux, voyager.

(IT p. 76)

Il s'agit ici de mimer les mouvements des mots à l'image du vol des oiseaux, une comparaison illustrée avec un dessin qui s'intègre dans le texte. Cette intégration de l'image dans le texte confère au texte une nouvelle charge poétique, elle permet qu'autour du mot s'établisse une «marge du silence qui l'isole au milieu (mais non à l'écart) du parler quotidien[170]». L'investissement poétique du texte au moyen de cette marge du silence est mimé dans un poème calligraphique dans *Voyages de l'autre côté*, où une phrase qui représente l'horizon présente un texte à lire dans deux sens :

ƎMƎЯTXƎIVAJƎⱭƎJIⱭOMMIⱭЯAↃƎЯUⱭROUEDUSOLEILARRETEEAUBORDDELESPACE

(V p. 267)

A lire aussi bien de gauche à droite que dans le sens inverse, cette phrase défie la lisibilité par sa transgression totale des lois typographiques. Pour Jacqueline Michel, il s'agit d'une présentation qui «iconise les deux côtés de la «vitre» : la figure du bruit et la figure du silence du mot, la parole et son silence.[171]» Intégration typographique d'une réflexion métalinguistique, la technique vise ici à mimer une limite franchie : la phrase-horizon suggère l'ouverture vers une autre utilisation du langage. L'intégration de l'image et du calligramme dans le texte poétique coïncide en effet avec une conception modifiée des expressions typographiques chez Le Clézio; l'expérimentation typographique semble en effet s'atténuer au profit de quelques procédés classiques : une marge à gauche plus large destinée à indiquer un changement de narrateur et parfois aussi d'époque (cf. *Désert*, *Onitsha* et *La Quarantaine*), caractères italiques pour indiquer un nouveau genre, souvent lyrique. On ne s'exprime plus par le détour typographique, mais par une valorisation d'expressions simples et directes. En témoigne un deuxième livre de caractère ethnologique publié en 1990, *Sirandanes*, qui se diffère de *Haï* par son effacement du narrateur, qui se manifeste seulement dans la préface pour expliquer ses raisons de publier un recueil de devinettes mauriciennes. En guise d'illustration à ces devinettes, reproduites en version originale avec traduction française, sont donnés des motifs de broderie traditionnelle, «comme on en voit partout dans les îles de l'océan Indien :

---

[170] Gérard Genette: *Figures II*, p. 150.
[171] Jacqueline Michel in *Une Mise en récit du silence: Le Clézio, Bosco, Gracq*, op. cit., p. 73.

sur les rideaux, le linge de maison, les robes des petites filles» (S p. 94), motifs qui représentent des scènes de la vie quotidienne : hommes et femmes qui travaillent aux champs, femmes portant un bébé sur le dos. Le dessin s'intègre ainsi directement dans le propos ethnologique du livre et souligne simultanément son expression primitiviste. Car ce recueil est bien une tentative d'évoquer «un univers primordial», où les «végétaux, les animaux, les hommes et les éléments sont encore très proches les uns des autres», et de montrer «sous l'apparence rassurante d'un jeu, une sagesse ancienne, nourrie par les racines d'un peuple tout entier» (S. p. 14 et 18). A l'intertextualité et à la suggestion dissimulée dans la disposition typographique répond donc une expression directe de sentiments et de vécus universellement humains, puisée dans l'art narratif et iconique primitif. Cette tendance à vouloir intégrer dans le texte une expression iconique directe et immédiate, à la fois illustration et prolongement du texte, se reflète dans le dernier livre de Le Clézio, publié avec sa femme Jemia : *Gens des nuages*[172]. La mise en page, la couleur et l'aspect du papier, le découpage des photos épousent ici si parfaitement le contenu du texte qu'ils semblent en être le prolongement (cf. la photo de la porte à la page 12, intégrée dans le texte pour illustrer la porte qui s'ouvre sur un mystère, la matérialisation d'une tentative pour «donner une plus grande réalité, à ce rêve de retour», GN p. 12, et la photo d'une route à la page 18, révélant un pays où «chaque détail du paysage se liait au suivant selon la logique impeccable du rêve», GN p. 21).

Les techniques typographiques et iconiques de Le Clézio semblent confirmer la dualité de son écriture : moderne par son goût pour l'expérimentation, mais en même temps destinée à illustrer une conception préscientifique du langage. Le but de cette stratégie est de suggérer une fusion entre le vécu et le verbe, entre les mots et les choses. L'écriture leclézienne dénonce l'effet des mots et des structures, mais elle exprime en même temps leur magie : l'éclatement de la linéarité, les superpositions des mots et l'instauration d'une marge à l'intérieur du texte contribuent à souligner une rupture avec la norme romanesque, mais ces techniques demeurent en même temps étroitement liées au discours du roman, aux sentiments des personnages.

Ces procédés s'intègrent dans les techniques narratives utilisées pour illustrer une approche du monde. L'absence d'intrigue et de psychologie se reflète dans une mise en page schématisée autour d'une idée dominante; des caractères agrandis pour évoquer l'impact des mots et une marge au milieu des mots et du paragraphe pour évoquer l'émergence d'associations contribuent à l'effet mimétique auquel aspire l'écriture de Le Clézio. Une

---

[172] Cf. Jemia et J.M.G. Le Clézio: *Gens des nuages*, Stock, 1997.

conception préscientifique du langage, perceptible dans la technique primitiviste de l'écrivain, s'illustre également dans la mise en page d'un silence originel : silence fait de mots manquants ou rayés, silence provoqué par l'éclatement total de l'enchaînement des lettres, silence qui mise sur la suggestion plutôt que sur le dire. La mise en page et l'iconographie des textes lecléziens contribuent ainsi à créer une «mise en marge du silence» qui relève les mots de leur niveau référentiel et leur confère une valeur magique.

De la saturation à l'incantation : une étude du rythme de Le Clézio

Plus qu'une opposition, ces concepts destinés à caractériser le rythme syntaxique et narratif de Le Clézio expriment surtout une évolution qui est caractéristique de cette écriture. Si maints critiques ont pu remarquer un rythme «martelé» et une saturation de la phrase dans les premiers romans de Le Clézio[173], c'est une structure incantatoire qui caractérise les derniers[174]. Tout comme les vécus existentiels sont souvent illustrés par des répartitions volontairement simplifiés des caractéristiques spatiales chez Le Clézio, le rythme illustre le même enjeu : on évoque ainsi la ville, devenue «une machine à extraire l'âme[175]», dans une écriture où dominent le martèlement et la saturation nominale pour mettre en évidence une situation d'étouffement, et son opposé, un ailleurs originel, où l'homme serait en communion avec la nature et les forces cosmiques, dans un rythme incantatoire.

La fascination que provoque l'écriture leclézienne, et qui explique indéniablement le succès de l'écrivain auprès d'un public plus large ces dernières années, provient d'un rythme narratif capable de traduire des impressions souvent sensorielles et subjectives. De fait, les romans de Le Clézio sont poétiques non seulement dans la mesure où l'intrigue dramatique se trouve supplantée par des contemplations, mais surtout grâce à un rythme poétique résultant de sa conception du romanesque. En effet, pour Le Clézio, «le propre du roman n'est pas de donner à voir une réalité plus ou moins bien construite. C'est un peu comme dans la danse. (...) si on la photographie, on reste en dehors. Tandis que la lecture d'un livre, souvent, donne l'impression d'entrer dans la danse. Il y a un mouvement des mots et du langage, un rythme.[176]» Diamétralement opposée à l'essai philosophique, qu'il pastiche souvent dans ses premiers romans pour mieux s'en démarquer, qu'il transgresse surtout avec son *Extase matérielle* plus poétique que philosophique, se trouve une écriture qui vise la musicalité plus que le didactique et le dramatique. «Je voudrais faire seulement ceci», exprime le narrateur de *L'Inconnu sur la terre*, «de la musique avec les mots.» (IT p. 309) Car pour Le Clézio, un grand romancier est surtout un grand musicien; c'est ainsi qu'il qualifie Proust et Claude Simon, ces grands «musiciens» qui lui ont donné envie d'écrire. Proust surtout est «un musicien de mots, un musicien de phrases, et d'images, de regards», et il

---

[173] Cf. les études de Conrad Bureau et de Gerda Zeltner, op. cit.

[174] Cf. les remarques de Simone Domange dans *Le Clézio ou la quête du désert*, op. cit.

[175] *La Guerre* p. 101.

[176] Le Clézio à Jean-Louis Ezine dans *Ailleurs*, op. cit., p. 30-31.

avoue que la fascination pour ce dernier fut déclenchée «par une seule petite phrase. (...) C'était la phrase évoquant le timbre de la sonnette du jardin qui retentissait à l'arrivée de Swann, dans *Du côté de chez Swann*.[177]» L'importance primordiale accordée au rythme de la narration est intimement liée à la magie que le rythme représente dans le discours leclézien. Selon l'essayiste de *L'Extase matérielle*, le rythme est un phénomène omniprésent qui offre à l'homme la possibilité d'atteindre une harmonie avec la nature.

> Tout est rythme. Comprendre la beauté, c'est parvenir à faire coïncider son rythme propre avec celui de la nature. Chaque chose, chaque être a une indication particulière. Il porte en lui son chant. Il faut être en accord avec lui jusqu'à se confondre. Et ce ne peut être une démarche de l'intelligence individuelle, mais de l'intelligence universelle. Atteindre les autres, se précipiter en eux, *retourner* en eux; il s'agit de mimétisme. (EM p. 130)

Cette présentation du rythme prolonge la conception préscientifique du langage illustrée par l'écriture leclézienne : au rêve nostalgique d'un langage originel s'ajoute le désir d'un rythme romanesque capable de fusionner avec celui de la vie. Tout comme l'écriture iconique vise souvent une matérialisation des perceptions auditives, destinée à mimer et à provoquer par leur forme une sensation, le rythme de l'écriture leclézienne vise surtout à un effet mimétique. Le rythme emprunte ainsi à la danse une magie évocatrice; les secrets d'un continent se révèlent à Fintan à travers le rythme des noms : «L'Afrique résonnait de ces noms que Fintan répétait à voix basse, une litanie, comme si en les disant il pouvait saisir leur secret, la raison même du mouvement du navire avançant sur la mer en écartant son sillage.» (O p. 31) Afin d'atteindre ce rythme magique, l'écrivain doit «briser une certaine résistance des mots[178]», acte qu'il qualifie d'agressif : «Ma première tentative fut de nature agressive», dit-il, «il s'agissait de briser les moules afin de déboucher sur un langage nouveau motivant l'élément sonore, ou bien utilisant une accumulation, créant une tension électrique, ou encore de modifier le vocabulaire par référence aux écritures subliminales (...)[179]».

Chez Le Clézio le rythme se destine à souligner un lien intime entre le mot et la chose; d'où son recours fréquent à un rythme mimétique et sa volonté constante de privilégier la valeur magique du mot par sa fréquence et sa

---

[177] Le Clézio à Claude Cavallero dans «Les marges et l'origine», op. cit., p. 168-169.

[178] Le Clézio à Claude Cavallero dans «Les marges et l'origine», op. cit., p. 167.

[179] Ibidem, p. 167.

De la saturation à l'incantation 207

situation syntaxique. Car la fonction du rythme semble se concentrer sur deux actions lyriques : mimer le mouvement des pensées, des sensations et des actions pour rendre réelles et provoquer chez le lecteur des sensations analogues (à la manière d'un Fintan recréant la magie d'un pays à travers sa diction), et instaurer des marges de silence chargées de signification lyrique. Ces deux fonctions déterminantes du rythme forment le sujet de ce chapitre qui vise à démontrer comment ces fonctions s'intègrent dans le projet poétique de Le Clézio.

Depuis une vingtaine d'années, l'écriture leclézienne évolue vers une transparence qui attire un public grandissant. Grâce à une simplicité apparente, que certains ont rapprochée d'un courant «minimaliste» dans la littérature contemporaine[180], sa phrase offre au lecteur une lecture aisée. Une étude stylistique effectuée par Conrad Bureau confirme d'ailleurs cette impression. Dans son étude comparative des textes de Le Clézio, de Gide et de Proust, s'intéressant surtout à la complexité et à la longueur des phrases, il constate chez Le Clézio une abondance de phrases courtes peu complexes, ainsi que des phrases réduites à un seul monème[181]. Son inventaire de la complexité des phrases dans *La Guerre* constate une grande fréquence de phrases avec la structure : sujet + prédicat sans subordination ou avec une subordination primaire ainsi que de syntagmes nominaux. La grande fréquence de coordinations qui régit cette œuvre confère à la narration un rythme martelé qui correspond à l'enjeu du roman[182]. Conrad Bureau prend comme exemple l'utilisation exhaustive du segment «Il y a» pour énumérer les objets de la guerre et les questions que l'homme se pose :

---

[180] Ce rapprochement est souligné à plusieurs reprises par Madeleine Borgomano, qui emprunte une notion à la peinture pour qualifier le style de Le Clézio, et selon qui «Le tournant pris par l'écriture de Le Clézio, en se simplifiant et en se rapprochant de l'enfance, s'inscrit dans une importante tendance contemporaine vers une écriture minimaliste, et l'on pourrait citer pêle-mêle, en exemples, l'évolution de Marguerite Duras, celle de Tournier, le succès de Christian Bobin, celui des livres d'Annie Ernaux (...)», «Rencontres dans les romans de J.M.G. Le Clézio, et spécialement *Etoile errante*, utopie diégétique, réalité textuelle», *Point de Rencontre: Le Roman*, op. cit., p. 179.

[181] Conrad Bureau dans *Linguistique fonctionnelle et stylistique objective*, fait une étude stylistique comparative de *Combray* de Proust, de *La Guerre* de Le Clézio et de *La Porte étroite* de Gide.

[182] Cf. le chapitre intitulé «Images de fuites et nostalgie d'un ailleurs» où nous avons commenté la fonction de ce rythme dans la présentation de la ville chez Le Clézio.

> Il y de la vapeur, de l'électricité, des nuages, des éclairs, (...) Il y a maintenant des machines grandes comme des montagnes, que rien ne peut tuer (...) Il y a tant de formes. (LG p. 184-185)

Un segment qui s'associe habituellement à une syntaxe orale et à un style simple est ici destiné à évoquer une surabondance thématique, à grouper des mots différents autour d'une idée commune, la guerre; des objets, des noms authentiques de villes et de produits sont ainsi juxtaposés dans le but d'une saturation nominale. Sous la forme interrogative (Y a-t-il?), le même segment est utilisé pour exprimer la recherche de quiétude et une fuite en avant : «Où se cacher? Ou? (...) Y a-t-il un lac aux eaux transparentes, glaciales, un lac pur comme un miroir en haut d'une montagne, un lac de silence où l'on pourrait plonger et se laver? (...) Y a-t-il une route de bitume qui aille droit devant elle (...)?» (LG p. 18-19) Ce même segment, nous l'avons vu, permet dans un autre contexte de conférer à un texte très simple un rythme poétique propre à l'incantation (cf. *Désert* p. 88-89 : «Il y a un endroit où Lalla aime bien aller», «Il n'y a plus de chemin sur le plateau.», «Il n'y a pas d'arbre, ni d'herbe (...)», «il y a quand même quelque chose de lui qui est sur le plateau de pierres (...)», «Il n'y a que l'homme bleu du désert (...)»). *Désert* se démarque en effet de *La Guerre* par la valorisation de l'incantation, forme poétique qui symbolise la quiétude obtenue par la force magique du rythme. Ce roman représente en ceci bien l'évolution de l'écriture leclézienne à travers l'exemple d'un segment syntaxique; destiné initialement à illustrer la saturation de l'homme moderne par la surabondance, il devient le symbole d'une quiétude que l'homme peut acquérir dans la fusion avec un rythme originel.

Malgré sa simplicité apparente, la phrase leclézienne tend à suggérer des sentiments polarisés à travers la surabondance. Un sentiment d'agression est ainsi évoqué, nous l'avons vu, à travers une syntaxe énumérative où la coordination domine; virgules, conjonctions de coordination, points de suspension et le segment «il y a» permettent une juxtaposition qui vise l'inventaire exhaustif. Cette technique, particulièrement exploitée dans *La Guerre* et *(Les Géants)*, débouche souvent sur une saturation nominale destinée à évoquer le caractère agressif du langage. Un passage du *Déluge* utilise ainsi la phrase comme une métaphore de l'esprit confus du protagoniste; la phrase même qui présente cette métaphore est tout aussi longue et complexe que celle qu'évoque la métaphore.

> Le langage a repris son ballet dément, les mots se traversent, s'ajoutent, se divisent. Ils zèbrent la nuit sans cesse, pareils à des fusées d'artifices. Immotivés, dépourvus de sens, ils se suivent et se répètent continuellement, traçant toujours la même image. L'esprit de cet homme est identique à une

longue phrase, dont on croit à tout instant trouver la fin, mais qui rebondit interminablement, grâce à des chevilles, à des prépositions, des adverbes, et qui s'écrit et se décrit de plus en plus vite. (...) et cette phrase progresse, devient colossale, jusqu'au point précis où, faute d'un dixième de seconde, l'esprit n'a plus le pouvoir d'en saisir le sens, et, après une explosion de mille déséquilibres, sombre dans le gouffre du néant, culbute dans la folie, la nuit, le tourbillon brutal et résonant. (DE p. 266-267.)

Cette phrase, à subordination plus complexe que ce qui est habituel chez Le Clézio, tend à souligner par sa structure même la pression qu'elle exerce sur l'homme : l'énumération des verbes, les adjectifs rajoutés et la comparaison confèrent à cette phrase une complexité destinée à exprimer un sentiment d'agression permanent. Pour Gerda Zeltner cette phrase se lit comme «une simple manifestation vitale, une surenchère qui vous coupe le souffle jusqu'à l'épuisement ou même l'anéantissement.[183]» Un besoin constant «d'armer les mots» (GEA p. 17) se manifeste dans des tirades interminables destinées à compenser le constat d'absurdité qui accompagne les premiers personnages de Le Clézio (cf. Chancelade faisant l'inventaire des collectionneurs dans *Terra Amata*). Il ne s'agit plus seulement de mimer un vécu subjectif, mais de répondre aux agressions du monde à travers une attaque verbale. Le rythme narratif du *Livre des fuites* illustre cette stratégie, grâce à une structure morcelée soulignée par un discours souvent agressif. Un Autrui agressif est ici attaqué directement par des exclamations et des injures. «Ce n'est plus par des pierres ou des tringles qu'il rejette l'attaque», dit Gerda Zeltner, «mais au moyen de mots – qui, pour lui, sont faits de la même substance que la réalité. Pour Le Clézio, écrire représente donc tout d'abord une violente défense. Ses tirades de mots interminables sont la contre-pression contre l'énorme pression envahissante du monde.[184]» Afin de compenser l'agressivité du monde, le protagoniste s'adresse à la société avec des exclamations et des interpellations, tel Hogan s'adressant à l'univers urbain («Imbécile laideur des villes râpées étalées sur le sol! LF p. 231, «Ville de fer et de béton, je ne te veux plus. Je te refuse», LF p. 63), ou à toute une société («Touristes, missionnaires, explorateurs, journalistes, prospecteurs, colons, (...) JE VOUS HAIS!», LF p. 256). Le narrateur emprunte cette même technique pour s'adresser aux romanciers et aux romans eux-mêmes.

> Romans qui marmonnent, romans qui radotent comme de vieilles femmes. (...) Romans psychologiques, romans d'amour, romans de cape et d'épée, romans réalistes, romans-fleuves, romans satiriques, romans policiers,

---

[183] Gerda Zeltner dans l'article «Jean-Marie Gustave Le Clézio: le roman antiformaliste», op. cit., p. 223.

[184] Ibidem, op. cit., p. 221.

romans d'anticipation, nouveaux romans, romans-poèmes, romans-essais, romans-romans. (LF p. 56)

La division en sous-catégories de l'objet attaqué permet au narrateur d'exprimer avec ampleur une critique violente et directe. L'attaque verbale se réalise ainsi grâce au morcellement de l'adversaire, devenu alors plus facile à attaquer. Ce discours, favorisant une critique directe au détriment de l'ironie, s'intègre dans le propos de ce roman qui aspire à une expression plus directe du malaise de l'homme. Il est caricaturé dans un chapitre construit exclusivement d'insultes isolées, où se trouvent pêle-mêle des insultes liées aux différences raciales ou géographiques («Sale nègre!» «Sale juif!» «Provincial!» «Gitane!» «Méridional!» «Yankee!» «Oriental!» «Arabe!»), politiques («Fasciste!» «Réactionnaire!» «Capitaliste!» «Impérialiste!») et sociales («Paysan!» «Fils à papa!» «Profiteur!» «Snob!» «Bourgeois!» «Pêcheur!» «Aristo!» «Intellectuel de gauche!») et des noms («Butor!» «Al Capone!»). Ces insultes débouchent toutes sur une seule insulte répétée («Menteur! Menteur! Menteur!» LF p. 81-83), qui fait référence au métier d'écrivain, traité de «sale comédien» par un narrateur qui dans une «critique de l'autocritique» évoque un «écrivain qui ment en écrivant qu'il ment» (LF p. 270).

Ce passage nous rappelle l'article que Le Clézio consacra à Céline la même année que celle de la publication du *Livre des fuites,* où la technique de l'insulte est présentée comme l'expression d'un langage «en marge», langage créateur d'un autre monde[185]. Bien que profondément différente de l'écriture célinienne, l'écriture leclézienne nous propose également un langage «en marge[186]», brisant les moules du topos romanesque traditionnel, renouvelant les stratégies poétiques. Le morcellement du texte par les exclamations, les interpellations et les insultes crée un nouveau rythme

---

[185] «Le véhicule de cette insulte continuellement hérissée contre nous, c'est un langage en marge, bien entendu. L'argot célinien n'a rien à voir avec celui du roman populiste ou du roman policier. Ce peut être l'argot de la guerre comme dans *Casse-pipe* et *Guignol's Band*. Mais dans le *Voyage, Mort à crédit* et *D'un château l'autre*, c'est véritablement une autre langue qu'invente Céline, un code secret, dont nous sommes délibérément exclus. Avec la fermeture du langage, nous devinons le système célinien: le refus n'est plus seulement une attitude devant le monde, il est l'invention d'un *autre* monde.» Dans «Comment peut-on écrire autrement?» in *Le Monde*, n° 7494, le 15 février, 1969, supplément.

[186] Claude Cavallero a étudié le phénomène de la marge comme principe fondamental dans la création romanesque de Le Clézio dans sa thèse *J.M.G. Le Clézio ou les marges du roman*, Université de Rennes, 1992.

romanesque qui peut se lire comme une construction parallèle à la fuite narrée dans le roman; réponse à un monde agressif, ce rythme se présente surtout comme une manifestation vitale.

En effet, si l'énumération agressive est considérée par Conrad Bureau comme l'expression formelle d'une fuite de la multiplicité de la société moderne, il nous semble cependant qu'elle suggère plus que le malaise de l'homme dans une société envahissante, elle semble surtout illustrer le rythme vital qui existe en tout homme. L'énumération des guerres à la page 130 dans *La Guerre* («Les Anglais se battaient contre les Portugais, les Portugais contre les Espagnols (...)») ressemble en effet beaucoup à celle des générations mises au monde dans *Le Déluge* à la page 256 («Céline avait mis au monde Marguerite; Marguerite avait mis au monde Jeanne; Jeanne avait mis au monde Eleonore (...)»). Ce rythme se présente donc comme l'incarnation d'un désir de vivre associé à deux situations diamétralement opposées : mettre au monde et se défendre contre l'anéantissement.

Afin de souligner cette polarisation de son écriture, Le Clézio fait s'opposer aux sensations d'étouffement, provoquées par la saturation nominale, des moments de quiétude, de repos et d'harmonie à travers un rythme destiné à mimer le mouvement de la nature. De fait, les éléments naturels se présentent comme médiateurs entre l'homme et le cosmos; c'est en s'initiant au rythme de la nature que le personnage atteint une quiétude à travers la contemplation silencieuse et la respiration : le personnage doit apprendre à respirer selon le rythme des éléments. C'est en apprenant à respirer avec la mer et le vent que François Besson acquiert du cosmos une force nouvelle. La quiétude représentée par les vagues de la mer est illustrée par une syntaxe qui évoque les mouvements des vagues :

> Les corpuscules s'agglomèrent, les pieds de bois poussent, les couleurs vibrent comme des sons. Rouge, rouge. Noir, rouge. Ocre, rouge. Blanc, blanc, rouge. Rouge, noir, rouge. (...) Les poussières recouvrent les fentes, le temps se farde. Une seconde. Poussière. Une seconde. Poussière. Une seconde. Poussière. Une seconde. Poussière. (DE p.275)

Mimétisme subjectif du rythme d'un paysage, la phrase vise ici à suggérer l'effet calmant des vagues contre la grève, s'implantant dans la respiration régulière du protagoniste, grâce à une syntaxe nominale itérative. L'évocation des couleurs vibrantes fait en effet penser à une mer toujours changeante, les couleurs imitent ainsi le bruit de la mer, car les couleurs, comme la mer, créent des vagues chez Le Clézio («Puis les vagues de certaines couleurs. Orange orange. Violet. Gris.» DE p. 271). La structure de la phrase imite le mouvement de la mer au point d'enlever aux mots leur sens, au profit du rythme qu'ils engendrent dans leur ensemble syntaxique. Une syntaxe mimétique, qui met en valeur le sensoriel, véhicule ainsi une approche préconceptuelle du langage, où les mots n'ont de sens que par l'effet que leur sonorité et leur rythme produisent.

Au mimétisme auditif s'ajoute un rythme destiné à refléter une vision subjective. Les visions oniriques de Chancelade sont ainsi mimées par une syntaxe destinée à exprimer une logique non-diurne. Les fragments oniriques sont présentés dans des séquences juxtaposées afin d'abolir toute structuration causale et chronologique :

> /Les loups sont noirs / sont noirs / «Maman» / Glisser sur le dos / nager / la vase / L'eau se ferme / Le ciel est une flaque noire / «J'étouffe» / «Je ne peux plus respirer» (...) (TA p. 67)

Afin de souligner la fluidité du rêve, la ponctuation disparaît au profit de traits séparant une séquence d'une autre. Une sensation de déplacement onirique est provoquée à travers des infinitifs (glisser, nager), alors que l'absence de logique diurne est à la fois évoquée par des réflexions et des énonciations répétées partiellement et renforcée par l'absence de hiérarchisation qui caractérise la phrase sans ponctuation.

Intimement liée au mouvement vital qu'est celui de la respiration de l'homme, la phrase leclézienne n'est pas seulement mimétisme d'une sensation, mais elle est aussi créatrice de sensations en elle-même. Cet art consiste à créer une attente chez le lecteur, de l'essouffler jusqu'à ce qu'il éprouve le besoin de reprendre souffle. Pour ce faire, il peut par exemple utiliser un style particulièrement solennel : «Besson l'avait attendu depuis des années, depuis des siècles peut-être (...) Tout avait été tracé pour aboutir à ce point unique (...)» (DE p. 247), procédé qui s'amplifie avec *La Guerre* et *(Les Géants)* pour s'atténuer ensuite. Il peut également amplifier l'effet d'une sensation en rajoutant de nouveaux adjectifs à la phrase : «(...) et les cris, et les cris rauques, et les cris rauques et humains fusaient,» (DE p. 268). Le phénomène stylistique qui domine cette stratégie est cependant la répétition; il s'agit de poser comme point de départ une structure stable autour de laquelle s'ajouteront d'autres éléments destinés à élargir l'activité du référent. Le «il y a» magique de *La Guerre* et de *Désert* s'intègre dans cette stratégie; l'évocation d'un Besson devant ses adversaires emprunte également une technique semblable grâce à la répétition d'une préposition :

> Toute sa volonté durcie, Besson lutta contre le soleil avec ses yeux ouverts. Il lutta contre le feu, contre l'eau et contre la terre, ainsi sans bouger. Contre les hommes et contre les bêtes. Contre les pierres, contre l'air, contre le vide béant où grouillent les planètes. Il se dressa contre eux tous, (...). (DE p. 249)

Itérative jusqu'à l'incantation, la phrase tend ici à souligner l'intensité d'une situation statique à travers une immobilisation du récit, obtenue à travers la répétition d'une préposition. La syntaxe énumérative de Le Clézio

De la saturation à l'incantation

rapproche effectivement son écriture de l'incantation, une technique que l'écrivain évoque à plusieurs reprises dans ses textes. Il la présente d'abord comme une expression poétique profondément liée à l'identité de l'Indien ; c'est une «répétition continuelle de la même phrase musicale, comme s'il n'y avait qu'un chant possible, une seule musique» (H p. 65), un rythme intense qui est aussi «une autre forme du silence» (H p. 65) et dont l'effet est comparé à une drogue qui «fait connaître le surréel» (H p. 72). Cette technique permet en effet de conférer au texte une charge affective dont nous avons constaté l'importance dans *Désert*, où l'incantation assure une expression poétique et intense d'appartenance. L'utilisation de l'incantation crée un rythme martelé et suggestif destiné à provoquer une identification affective.

L'itération d'un mot clé permet en effet un isolement du mot et lui confère sa valeur magique, grâce à son inscription musicale. Les mots «ville» dans *Le Livre des fuites* et «lézard» dans *Terra Amata* font partie des ces mots qui grâce à leur inscription musicale retrouvent ainsi une valeur magique. Il en est de même pour les verbes «marcher» et «apparaître» et le «comme» comparatif qui, dans le premier chapitre de *Désert*, sont repris avec des variations mineures pour évoquer les visions différentes d'une même scène, (cf. «Ils *sont apparus*,» p. 7, «Ils *étaient apparus*», p. 9, «d'autres femmes *apparaissaient* aussi, p. 14 et «Ils *avaient marché* ainsi pendant des mois», p. 12, «les hommes, les enfants écartaient les broussailles et *marchaient* sur le lit du fleuve, sans parler» p. 409, «*comme* dans un rêve» p. 7 et 9, «*comme* nés de la vallée» p. 14, «*comme* s'ils sortaient d'un rêve» p. 409[187]). L'itération peut concerner un syntagme (cf. le «il y a» magique dans *Désert* et *Voyages de l'autre côté* et le «ce qui est bien»), ou une phrase entière, telle la phrase de l'incipit de *Désert* partiellement reprise pour évoquer un mouvement inversé dans la clôture du même roman («Ils sont apparus, comme dans un rêve au sommet de la dune (...)» p. 7 et «Ils s'en allaient, comme dans un rêve, ils disparaissaient» p. 411), ou même une scène évoquée à travers ses lexiques caractéristiques (cf. la scène du rapt de Laïla dans *Poisson d'or*, évoquée à la page 11 et reprise ensuite p. 41, 51, 67, 227, 251 avec les mêmes thèmes – la rue blanche, le cri de l'oiseau noir, le sac étouffant –), éléments répétés qui se présentent souvent comme une cristallisation d'un sentiment prédominant dans le roman : l'errance dans le récit des hommes bleus, l'émerveillement de Lalla devant le spectacle de la nature, l'angoisse de Laïla.

Cet aspect incantatoire de l'écriture leclézienne constitue un élément unifiant de son projet poétique, qui permet non seulement aux incidents relatés à l'intérieur du même roman de s'enchaîner dans une continuité, mais qui permet aussi de souligner une continuité rythmique liant les

---

[187] C'est nous qui soulignons.

romans entre eux. C'est justement pour souligner cette continuité musicale et rythmique que Le Clézio fait insérer dans son dernier roman une phrase entière tirée du *Procès-verbal*[188].

Au rythme suggestif obtenu grâce à l'itération syntaxique et à la surabondance nominale répond une technique inverse qui est tout aussi dominante dans l'écriture leclézienne. La suggestion par le silence se reflète dans une mise en page qui bouleverse les règles de la logique causale. Ce silence est également suggéré par des absences significatives dans la syntaxe leclézienne, absences qui déclenchent rêveries et associations. Il existe en effet un grand nombre de phrases privées de sujet ou exclusivement nominales dans l'écriture leclézienne. Ces phrases sont destinées à conférer aux actions et aux sujets mis en scène une nouvelle charge lyrique. Les phrases à l'infinitif permettent la création d'un espace intemporel, alors que les phrases nominales permettent une valorisation nouvelle des images à travers une fixation contemplative sur une situation.

L'utilisation de l'infinitif confère un aspect onirique à certains passages des romans lecléziens. Hervé Lambert a d'ailleurs souligné «une obsédante rêverie de l'infinitif» chez Le Clézio : «L'infinitif est le monde idéal pour la rhétorique d'un inconscient en pulsion de fuite :» dit-il, «hors du nombre, du genre, hors du temps, il est l'expression idéale d'une présence pure, transparente, tout en exprimant un souhait, un désir : «Partir et devenir autre». Infinitif de souhait, désir d'infinitif.[189]» La dépersonnalisation des phrases est en effet une constante de l'écriture leclézienne, visible surtout dans son affinité pour le pronom «on». Mais l'infinitif constitue plus qu'une libération du nombre et de la personne, il est également une libération du temps et exprime ainsi le rêve du primordial qui régit la syntaxe leclézienne.

Ce rêve s'exprime à travers un rythme syntaxique qui se lance toujours en avant. L'infinitif fréquemment utilisé dans *Le Livre des fuites* en est représentatif. Dans ce livre à rythme saccadé, le récit de l'éternelle fuite des personnages et de l'écrivain est régulièrement ponctué par de courtes phrases interrogatives à l'infinitif se référant à l'acte de fuir et de créer : «Où aller, où plonger, dans quel vide, où enfouir sa tête entre les oreillers de pierre? Qu'écrire sur la feuille de papier(...) Comment échapper au roman?» se demande le narrateur aux pages 12 et 13. L'acte de fuir et d'écrire est ici représenté dans son caractère incertain et dans sa potentialité. Aux incertitudes de ces premières pages du roman répond plus loin le constat d'un mouvement de vie continu.

---

[188] Cf. *Poisson d'or* p. 244 et *Le Procès-verbal* p. 204.

[189] Hervé Lambert dans «Fuite et nostalgie des origines», *Sud*, op. cit., p. 86.

De la saturation à l'incantation

> Fuir, toujours fuir. Partir, quitter ce lieu, ce temps, cette peau, cette pensée. M'extraire du monde, abandonner mes propriétés, rejeter mes mots et mes idées et m'en aller. Quitter pour quoi, pour qui? Trouver un autre monde, habiter une autre ville, connaître d'autres femmes, d'autres hommes, vivre sous un autre ciel? (...) Fuir : fuir la fuite même, nier jusqu'à l'ultime plaisir de la négation. Entrer en soi, se dissoudre, s'évaporer sous le feu de la conscience, se résoudre en cendres, vivement, sans répit. (LF p. 88)

L'infinitif assure ici l'expression simultanée du rêve et de l'intemporel. Le mouvement de quête et de fuite est saisi dans l'acte de se réaliser. L'intemporalité des actes est davantage soulignée à travers l'absence de la personne (à l'exception du pronom réfléchi «me» et du pronom de la troisième personne «soi» qui constituent des références vagues). Cette absence de personne évoque une rêverie universelle qui incite le lecteur à prendre part à la pensée associative.

Afin de reproduire la création d'une pensée, l'écrivain utilise un rythme qui mime la spontanéité d'associations qui caractérise cette pensée. Le verbe à l'infinitif se présente ainsi comme le déclencheur de toute une réflexion se développant autour d'un acte spécifique évoqué. Associées surtout au thème de la fuite et de la création littéraire dans *Le Livre des fuites*, les phrases à l'infinitif semblent cristalliser un désir dans la narration leclézienne. Elles forment le point de départ d'un projet d'écriture dans *L'Inconnu sur la terre*.

> Écrire seulement sur les choses qu'on aime. Écrire pour lier ensemble, pour rassembler les morceaux de la beauté, et ensuite recomposer, reconstruire cette beauté (IT p. 10).

Incitant à rêver, les verbes à l'infinitif s'intègrent dans l'enjeu poétique de cet essai. Ils expriment parallèlement la création du désir et l'objet du désir lui-même : «La lumière pour cette seule raison : voir, aimer» (IT p. 88), «Être vivant, ainsi, depuis l'origine, c'est d'avoir faim.» (IT p. 42) En position d'objet ou de sujet, l'infinitif confère à la phrase une mise en valeur de l'action exprimée par le verbe, alors que les phrases constituées d'un seul mot, un verbe à l'infinitif, expriment la création d'un désir. L'infinitif constitue un élément de base dans une écriture poétique fondée sur l'association libre d'idées, où l'absence de sujet peut être comblée par un lecteur invité à participer à la même création d'associations.

L'absence de sujet et celle d'indication temporelle permettent à l'infinitif de créer des associations et d'imiter un mouvement en avant. A l'opposé de cette technique se trouvent les phrases nominales, où l'absence du verbe semble favoriser une visualisation et une valorisation des objets présentés. La juxtaposition de substantifs constitue une technique récurrente destinée à valoriser l'objet par l'isolement syntaxique : les descriptions de Le Clézio se réalisent souvent à partir d'une scène de fond qui se peuple progressivement d'objets dotés d'une forte charge affective. Ces phrases font contrepoids au rythme saccadé et accéléré qui domine dans les premiers romans de Le Clézio. Le récit s'immobilise devant un objet et la contemplation de ce dernier devient le sujet même de la narration. Ces objets sont parfois dotés d'adjectifs qui contribuent à souligner la contemplation poétique :

> Les rochers à fleur d'eau, arrondis, polis, tachés de brun, pareils à des phoques endormis. (IT p. 128)
> Nuages, nuages doux, tranquilles, étranges, nuages gris, aux formes ductiles, corps de femmes, chevelures, visages d'enfants, dragons, îles. (IT p. 44)

L'immobilité suggérée par l'absence de verbe contribue à renforcer l'effet de la description au moyen d'adjectifs, destinée à conférer aux objets une valeur affective. Il ne s'agit pas de lier des séquences par une logique temporelle, mais de saisir une sensation dans son émergence immédiate. L'absence de verbe provoque ainsi une mise à nu de l'objet, présenté exclusivement à travers son apparence pure et non pas à travers sa fonction. La contemplation, c'est-à-dire l'étude minutieuse du caractère de l'objet, est ainsi mimée à travers des adjectifs progressivement rajoutés. Les associations qui accompagnent la contemplation, sont exprimées à travers des lexiques de comparaison («Les rochers (...), tachés de brun, pareils à des phoques endormis.») destinés à mimer le mouvement associatif d'une contemplation poétique.

La valorisation lyrique des phrases incomplètes reflète le désir d'une poésie fondée sur le rêve d'un silence originel. Ces phrases instaurent une «marge du silence» qui isole et renforce l'effet poétique du mot. L'absence de la personne contribue à créer une atmosphère intemporelle caractéristique du rêve du primordial qui régit toute l'œuvre leclézienne. Les phrases nominales permettent à leur tour un ralentissement du récit, destiné à une fixation contemplative des objets décrits. Ces techniques contribuent également à mettre en valeur une idée dominante dans ces constructions : les phrases à l'infinitif dans *Le Livre des fuites* soulignent le lien intime entre les actes de fuir et de créer, dans *L'Inconnu sur la terre*, les phrases nominales évoquent la vie associée aux éléments. Le rythme créé par l'absence d'un élément syntaxique constitue donc à la fois un mimétisme de la contemplation poétique des situations et des objets et une mise en valeur poétique du sujet qui génère la poésie.

Les techniques poétiques de Le Clézio reflètent la nostalgie d'un silence originel qui détermine à la fois le rythme narratif et les situations des romans. Certains critiques se sont d'ailleurs particulièrement intéressés à ce phénomène, telle Jacqueline Michel qui, dans une étude consacrée aux œuvres de Le Clézio, de Gracq et de Bosco, analyse la fonction du silence

De la saturation à l'incantation

dans la structuration de certaines œuvres lecléziennes. «Le fond du ciel, la lumière, le silence, le désert s'associent à une vision unique récurrente dans le discours descriptif, celle de l'origine,» dit-elle. «Les forces imaginatives se tendent vers ce Silence de l'origine, vers ses représentations possibles, comme si tout allait recommencer.[190]» Ce silence originel ne constitue pas seulement une récurrence thématique chez Le Clézio, mais il s'exprime aussi dans les techniques poétiques de son écriture.

Un silence narratif contribue ainsi paradoxalement à renforcer l'effet destiné du texte. Il en est ainsi pour les deux textes qui se succèdent comme des échos sans l'intervention du narrateur dans *Le Déluge* et *Terra Amata*. Dans le premier, un article de propagande antinucléaire et un essai philosophique du conceptualiste espagnol Quevedo apparaissent dans un même chapitre pour illustrer avec force l'angoisse de la guerre et la mort. A la fin de *Terra Amata* figure une publicité pour un gâteau destiné à piéger les mouches. Certains lexiques utilisés dans la conclusion de son message («Une fois le produit placé à l'endroit voulu, l'*extermination*[191] se poursuit sans relâche jour après jour, sans qu'on n'ait plus à s'en occuper», TA p. 228) produisent un après-goût amer à la lecture du deuxième texte inséré dans ce même chapitre : un article scientifique qui décrit de façon détaillée les effets sur l'homme d'une bombe atomique. Le dialogue entre les deux textes, qui se réalise grâce à l'absence du narrateur, contribue à une expression plus forte que celle qu'aurait pu proposer le narrateur seul. Car la fonction de ce silence narratif réside dans le déplacement qu'il suggère, déplacement vers une narration polyphonique plus directe et intense dans l'exemple que nous venons de voir, déplacement de la narration première à la symbolique de la situation dans le cas du chapitre Q du *Procès-verbal*, où l'absence du narrateur, comblée partiellement par un article de presse, se destine à exprimer une parole manquante chez le personnage.

Le silence narratif permet à Le Clézio d'introduire une réflexion sur la poésie du roman, qui trouve sa plus parfaite réalisation dans *Le Livre des fuites*. Le désir omniprésent de l'originel, exprimé dans les phrases à l'infinitif, amène ici l'écrivain à préférer la musique au système. Car le silence narratif le plus complet, celui de l'ellipse narrative, ne provoque pas seulement une accélération inattendue de l'action, mais suggère aussi une valorisation poétique des actes omis de la narration. La scène d'amour entre Lalla et le Hartani dans *Désert* en constitue un exemple intéressant (DES p. 206). L'omission narrative de l'acte d'amour et de la conception de l'enfant

---

[190] Dans *Une Mise en récit du silence*, op. cit., elle a choisi d'étudier les oeuvres suivantes de Le Clézio: *Trois villes saintes, Voyages de l'autre côté, L'Inconnu sur la terre*.

[191] C'est nous qui soulignons.

de Lalla suggère un déplacement du récit de la narration première à un niveau lyrique; il s'agit là d'une technique destinée à souligner l'ancrage mythique de leur expérience, et surtout à véhiculer une approche poétique du monde, où le corps devient l'expression d'un courant de vie semblable à celui d'un cosmos mouvant.

Le silence originel se présente ainsi comme le médiateur entre l'homme et un monde qui lui parle. Seul le silence permet à l'homme de se mettre à l'écoute de ce monde. Il s'agit d'un «silence qui n'est pas une absence de paroles, ni un arrêt de l'esprit. Un silence qui est une accession à un domaine extérieur au langage, un silence animé pour ainsi dire, un rapport d'égalité actif entre le monde et l'homme. Ce qui compte, c'est cette harmonie de rythmes. On ne peut pas oublier ce voyage, ce passage de la pensée dans la vie matérielle.» (LF p. 141) En effet, l'enjeu du rythme ne réside pas tant dans un effet spécifique, mais dans sa capacité d'unir tous les rythmes dans une seule expression d'un courant de vie; c'est là que réside le véritable silence, ce silence qui permet à l'homme de cesser «d'interrompre ce qui (lui) est sans cesse communiqué».[192] Si l'écrivain nous propose des rythmes divers, rythmes de stress en reflet d'une société aliénante, rythmes de quiétude retrouvée au sein du cosmos, à la manière du narrateur du *Livre des fuites* («Rythme du jour et de la nuit, rythme des bains, rythme du Ja-Ké, rythme du langage à tons»), c'est pour conclure ensuite : «Tous ces rythmes sont silence, parce qu'ils éteignent en moi d'autres rythmes, parce qu'ils m'obligent à me taire.» (LF p. 142) C'est à cet acte de cristallisation autour d'un silence originel qu'aspire l'écriture leclézienne.

Le rythme narratif et syntaxique chez Le Clézio exprime le projet de faire porter un silence originel à la littérature. Ce projet se lit dans le refus de l'intrigue et de la psychanalyse, mais aussi dans le silence d'un narrateur qui «disparaît» aux moments forts de l'histoire, qu'il s'agisse de décrire la folie, l'autodestruction de l'homme ou au contraire l'acte de procréation. Dans la phrase leclézienne, ce silence se réalise dans une absence d'éléments syntaxiques qui souligne l'intemporel et l'universel; il s'incarne aussi bien dans la saturation nominale, destinée à suggérer un sentiment unique, que dans l'incantation, destinée à faire revivre ce sentiment grâce à un rythme itératif. La structure musicale de l'écriture leclézienne illustre bien que «la structure de l'œuvre littéraire est déterminée par les mêmes principes fondamentaux que celle de l'œuvre musicale : la tendance à la répétition d'une part, la tension suivie de détente de l'autre[193]». Le plus intéressant chez

---

[192] Le Clézio dans «Lettre à une amie thaïe», op. cit., p. 13.
[193] I. Fonagy cité par Jean-Yves Tadié in *Le Récit poétique*, op. cit., p. 116.

Le Clézio est cependant un rythme narratif qui bouleverse les critères du genre romanesque, car pour lui, il ne s'agit pas toujours de faire suivre la tension par la détente, c'est souvent le contraire qui arrive. L'histoire démarre sur un moment de détente, c'est le cas de l'histoire de Lalla, qui débute par une évocation de l'univers harmonieux de son enfance. C'est le cas de tous les romans de Le Clézio où les extases matérielles ne constituent pas l'aboutissement d'une quête, mais interrompent le récit à tout moment au point de repousser l'intrigue. Au lieu d'accompagner l'intrigue, selon le topos traditionnel, la description poétique la supplante; un nouveau rythme poétique contribue ainsi à valoriser la contemplation et la présence au monde au détriment d'une intrigue personnelle.

Un univers originel

L'opposition d'un univers originel à une société non-originelle détermine le choix d'images chez Le Clézio. Des images puisées dans la société urbaine moderne sont là pour valoriser davantage les images naturelles. Car malgré sa modernité apparente, ce sont les images puisées dans le patrimoine romantique qui dominent son écriture et qui surprennent dans le contexte littéraire de son époque. La valorisation de la matière qui s'observe dans le discours du corps, se réalise pleinement dans une poésie qui fait l'éloge des éléments : le ciel, le vent et la lumière, et surtout la mer, image omniprésente d'une quête des origines. Ces images se démarquent à la fois d'une poésie romantique et de la poésie expérimentale régnant à cette époque en France. Car si cette poésie est troublante et fascinante, c'est parce qu'elle suggère non seulement une intimité surprenante – «Qui n'a souhaité, un jour, savoir entrer dans une image, et y vivre?» (IC p. 10) exprime un écrivain qui aspire à faire revivre cette matière qu'il décrit – mais elle provoque aussi une métamorphose de la narration. Ces deux caractéristiques des images lecléziennes forment le point de départ de notre réflexion sur la fonction des images dans l'élaboration d'une nouvelle esthétique romanesque fondée sur une évocation sensorielle du monde.

Dans un décor romanesque marqué par la modernité, les images puisées dans les élémentss dominent l'écriture comme pour compenser l'aliénation que l'univers citadin est destiné à illustrer dans les romans de Le Clézio. Les images de la ville ne se présentent pas seulement comme l'incarnation d'une idée métaphysique, mais s'intègrent dans une écriture d'oppositions, renforçant la fonction des images de la nature par un effet de contraste. Ce qui caractérise avant tout les images poétiques de Le Clézio, c'est la célébration constante des éléments. L'approche sensorielle du monde qui caractérise les personnages s'accompagne d'une écriture qui met en relief les sensations, qui tend à évoquer la fraîcheur du vent, l'immensité du ciel et du désert, la blancheur éblouissante du soleil. Cet univers d'éléments, dont l'évocation sensorielle se rapproche de la poésie d'un Saint-John Perse, ne reflète pas seulement une nostalgie des origines chez l'homme moderne, mais s'intègre dans le projet romanesque de l'écrivain. Car si son propos n'est pas de raconter une intrigue personnelle, mais d'évoquer une présence au monde, de suggérer surtout une rencontre entre l'être et ce monde, son écriture nécessite un décor adéquat qui souligne cette topique. L'importance des descriptions d'éléments souligne, par un nouveau rythme narratif, que cette rencontre est au centre de l'écriture, d'où une valorisation constante de vastes étendues – la mer, le ciel, le désert – pour suggérer la solitude de l'être face au monde. Les exemples de quelques images récurrentes chez Le Clézio nous permettront d'apprécier davantage cette approche poétique.

Un univers originel 221

Les images de la nature semblent à première vue exprimer une nostalgie des origines, le rêve d'une unité retrouvée. Elles véhiculent cependant aussi une idée existentielle : l'être est constamment envahi par la présence d'un cosmos mouvant et aspire à s'unir à cette présence. Deux images naturelles sont particulièrement valorisées dans l'écriture leclézienne, destinées à souligner cette situation de l'homme : le soleil et la mer. Ces deux images, symboles de forces à la fois bénéfiques et maléfiques pour l'homme, constituent la cristallisation de sa relation aux forces vitales.

Le soleil se présente comme l'élément primordial[194] dont l'omniprésence provoque à la fois fascination et terreur dans les romans de Le Clézio, où les personnages sont constamment confrontés à son pouvoir. Élément vital et puissant, il est à la fois associé à un élément terrestre – une araignée – et à un élément céleste – une étoile – dans le premier roman de Le Clézio. L'étoile évoque son aspect éternel (elle «ne mourra jamais de ses perpétuels suicides, parce qu'elle est déjà morte elle-même», PV p. 70), alors que l'«araignée d'or, dont les rayons couvraient le ciel comme des tentacules, en torsions ou en W, accrochées aux escarpements de la terre» (PV p.17), souligne l'étendue de son pouvoir et suggère son rôle de piège pour l'homme. Le pouvoir du soleil sur l'univers constitue en effet un leitmotiv dans les romans de Le Clézio; sa force invincible hante les personnages sous la forme d'un œil sans pitié («l'œil immense, l'œil dément qui plongeait son regard sans pitié au fond de ses prunelles» LF p. 92), ou d'un «projecteur géant» qui maintient «la terre dans son faisceau» (LF p. 14). Son pouvoir néfaste se traduit dans une capacité de transformer les paysages. Déjà, le premier protagoniste leclézien constate son pouvoir déformateur :

> Le soleil déformait aussi certaines choses : la route, sous les rayons, se liquéfiait par plaques blanchâtres; parfois des voitures passaient en file simple, et soudain, sans raison apparente, le métal noir éclatait comme une bombe, un éclair en forme de spiral jaillissait du capot et faisait flamber et ployer toute

---

[194] Lorsque Pierre Lhoste avait demandé à l'écrivain ce qu'il juge «vraiment essentiel dans la vie», Le Clézio avait en effet répondu: «Le soleil. Il n'y a aucun doute. C'est une constatation que l'on fait dès sa naissance et qui se précise au fur et à mesure de sa vie jusqu'à sa mort: c'est la présence du soleil, l'organisation autour du soleil. Il n'y a rien qui ne soit pas du soleil, jusqu'aux religions, jusqu'aux philosophies, aux sociétés. Quand on a la chance de vivre dans des pays où le soleil est présent une grande partie de l'année, on a davantage de chances de comprendre certaines vérités naturelles. Il y a beaucoup de choses artificielles qui viennent de la société, des choses qui viennent de l'éducation mais cette présence solitaire et brûlante, qui revient tous les jours, qu'on ne cesse jamais de voir, c'est la seule réalité.» Pierre Lhoste dans *Conversations avec J.M.G. Le Clézio*, op cit, p. 123-124.

la colline, d'un coup de son auréole déplaçant de quelques millimètres l'atmosphère. (PV p. 15)

Les références à l'agressivité qui qualifient cette évocation du soleil («éclair», «bombe») sont caractéristiques de sa présentation dans les romans lecléziens. «Les particules de lumière bombardaient sans arrêt la matière», «le soleil mitraillait de toute sa chaleur blanche», peut-on lire aux pages 14 et 20 du *Livre des fuites*. Car partout, son intensité amène l'homme au bord du supportable à cause de sa chaleur et sa blancheur aveuglante. Cette lumière blanche est dans *(Les Géants)* comparée à une brume provoquée par la saturation : «tout était tellement saturé de photons que c'était comme du gaz» (GEA p. 102). Le pouvoir de cette «étoile blanche» est aussi particulièrement efficace; «la lumière puise dans la terre, arrache les objets et les extirpe, les suce vers le haut, les fait envoler» (GEA p. 38). Le soleil déforme non seulement les paysages mais aussi les hommes en leur infligeant des souffrances et en provoquant des malaises et des délires. Il est trompeur, car d'une blancheur aveuglante, tel le soleil aveuglant Meursault de *L'Etranger* : il transforme la vision où tout devient «si blanc que ç'aurait pu être noir (...) Comme si on avait regardé le monde en transparence, à travers un négatif de photographie» (PV p. 238).

D'où son rôle de piège assumé dans beaucoup de romans de Le Clézio : les tentacules de l'araignée-soleil ont effectivement un effet décisif et mortel pour certains personnages. Pour Besson, qui sacrifie ses yeux et s'engloutit dans le soleil, ils deviennent un piège qui attire sa victime dans «un abîme, un maëlstrom silencieux creusé dans le ciel» (DE p. 153). Pour Geoffroy de *Onitsha*, ils forment un rappel de son incapacité de vaincre les forces de la nature, lorsqu'au milieu de son voyage vers l'emplacement de la nouvelle Meroë, il attrape une fièvre grave. Mais le soleil incarne aussi une force nouvelle à ceux qui fusionnent entièrement avec le rythme de la nature. C'est le cas de Lalla, dont les cheveux font jaillir cette lumière «presque surnaturelle» qui rappelle celle qui inondait son univers dans le bidonville marocain. Alors que la férocité est soulignée par un soleil au zénith, la douceur et la chaleur revigorante accompagnent les couchers du soleil. Pour Alexis, les moments au bord de Zeta en train de contempler les couchers de soleil s'opposent ainsi aux moments d'extrême fatigue, où il creusait à la recherche du trésor sous le soleil brûlant du midi. Car le soleil est une image qui synthétise vie et mort : au soleil qui tue («Peut-être qu'elle était tombée elle aussi, un jour, frappée par le soleil», DES p. 222), s'oppose ainsi un soleil fécondateur («La lumière du soleil se réverbérait sur la terre battue, brûlait le dôme blanc, faisait tomber, de temps à autre, de petits ruisseaux de poudre rouge le long des fissures des murs», DES p. 26), selon une lecture psychanalytique qui nous paraît justifiée ici par la tendance dominante de

Un univers originel

l'écriture leclézienne à vouloir érotiser le paysage pour mieux souligner l'ancrage cosmique de cette pulsion humaine.

Si le soleil, par son intensité, voire même sa férocité, incarne la relation ambiguë qui existe entre le personnage leclézien et la nature, une autre image vient compléter cette relation, mais en insistant plutôt sur l'immensité : la mer. Tout aussi représentative de cette relation de l'homme face aux forces cosmiques, mais d'un aspect moins agressif, la mer forme l'objet des contemplations des personnages lecléziens et constitue une image dominante d'un désir de retour aux origines. Nostalgie d'un univers utérin sécurisant dans *Voyages de l'autre côté*, elle évoque dans d'autres romans le cycle de la vie : l'homme puise son existence dans la mer pour ensuite y retourner (PV p. 112-121). Elle est rythme de la vie et «cycle de la vérité» (DE p. 217). Le rythme de l'eau est présenté comme le rythme du cosmos lui-même, rythme qui évoque un cycle de création à l'image de celui d'une femme enceinte.

> (...) l'eau perpétuelle, l'eau tournant mollement sa roue magique et sans couleur, corps de femme lové qui n'en finirait jamais de mettre au monde. (DE p. 217)

La féminisation de l'eau, suggérée à travers la métaphore du corps féminin, souligne un lien entre la femme et l'eau qui correspond bien à la conception bachelardienne présentée dans *L'Eau et les rêves*, où l'eau, associée dans la poésie à la maternité, constitue une «naissance continue[195]». Source éternelle et inépuisable, l'eau rejoint, dans son rôle vital pour l'homme, l'image du soleil, mais elle comporte un aspect plus doux et réconciliateur. Car l'homme trouve auprès de l'eau un repos que nul autre élément puisse lui donner. La mer représente aussi l'espoir d'un avenir; c'est au bord de la mer que s'achève *(Les Géants)* avec l'image d'un petit garçon écoutant les vagues de la mer. Elle constitue l'ouverture vers un ailleurs et de ce fait aussi l'appel vers cet ailleurs; le narrateur du *Chercheur d'or* commence et clôt son récit en constatant son importance dans sa vie : «De plus loin que je me souvienne, j'ai entendu la mer.» (CO p. 13) «Il fait nuit à présent, j'entends jusqu'au fond de moi le bruit vivant de la mer qui arrive.» (CO p. 333) Liée

---

[195] «Quand nous aurons compris que toute combinaison des éléments matériels est, pour l'inconscient, un mariage, nous pourrons rendre compte du caractère toujours *féminin* attribué à l'eau par l'imagination naïve et par l'imagination poétique. Nous verrons aussi la profonde *maternité* des eaux. L'eau gonfle les germes et fait jaillir les sources. L'eau est une matière qu'on voit partout naître et croître. La source est une naissance irrésistible, une naissance *continue*.» *L'Eau et les rêves*, Librairie José Corti, 1942, p. 20.

aux forces cosmiques, puisqu'elle exprime à la fois naissance et mort[196] (cf. le chapitre K du *Procès-verbal* évoquant le cycle d'éternel retour à travers l'image du port et de la noyade), elle incarne aussi tous les désirs et les craintes des personnages lecléziens, ce qui explique leur sentiment d'intimité devant son spectacle. Selon Le Clézio, il faut parler de la mer «comme d'une personne. Dire ce qu'elle disait, écouter sa parole, répondre à ses interrogations» (IT p. 127). *L'Inconnu sur la terre* contient une déclaration d'amour à cet élément, dont l'immensité provoque la fascination du spectateur.

> J'aime la mer, c'est d'elle que vient la beauté réelle. Elle satisfait mon désir, car elle m'enseigne la force de la vie. (...) Elle est le véritable acteur de ma vie, qui me dirige, me comprend, me nomme. Je suis son sujet, elle ne cesse de m'envelopper, d'agrandir mes limites. (...) C'est elle qui joue avec ma vie, qui joue avec mes actes. C'est elle qui parle mieux, plus longtemps que le langage des hommes. C'est elle qui est au fond de nous, qui fait son bruit dans notre cœur, dans notre tête. Nous sommes en elle, nous sommes sur elle. (IT p. 159-161)

Cette déclaration d'amour simple et directe évoque une intimité presque physique avec l'élément, ce qui correspond bien à une tendance dominante chez Le Clézio à vouloir transposer dans un paysage naturel toute expérience affective et sexuelle, grâce à une érotisation du paysage et à une occultation simultanée de l'acte réel. Mais cette évocation de l'eau suggère aussi une fusion cosmique qui permet à l'homme une intériorisation des forces vitales incarnées par la mer. La mer se présente comme un appel à l'homme («elle me nomme»), l'appel venant d'une matrice universelle, d'un extérieur destiné à provoquer une rencontre entre le personnage et son être. C'est cette rencontre qui est au centre de tous les romans de Le Clézio et qui explique la fascination des personnages devant l'immensité de la mer, qui explique aussi cet élan allant de la contemplation amoureuse à l'osmose totale.

D'où la force accordée à cet élément pour mieux souligner son appel à l'homme; la mer est puissante et redoutable, partout elle envahit des paysages et les transforme. Dans *Le Livre des fuites*, elle est présentée comme un «animal sans limites qui s'acharne» et qui «lance ses myriades de tentacules» pour «tout digérer» (LF p. 189). Tout comme pour le soleil, sa puissance transformatrice est surtout présentée à travers son invasion de l'espace urbain. Dans *L'Inconnu sur la terre*, elle envahit les villes et «comble

---

[196] Selon Bachelard, l'eau «devient une sorte de médiateur entre la vie et la mort». *L'Eau et les rêves*, op. cit., p. 18.

Un univers originel 225

le vide que les maisons, les autos, les routes et les cinémas avaient laissé» (IT p. 129). Cependant, cette invasion n'est pas sentie comme une menace, au contraire : «Ça sera bien quand les vagues jailliront au centre des villes», exprime le narrateur de *L'Inconnu sur la terre*, «quand l'écume éblouissante coulera le long des rues noires» (IT p. 148). Cet élément incarne surtout un appel et un désir de fusion : cette mer qui «est au fond de nous, qui fait son bruit dans notre cœur» fait en effet partie de l'homme et appelle constamment «qu'on revienne vers elle» (IT p. 127) pour se ressourcer dans une étreinte cosmique.

Cet appel explique aussi pourquoi l'eau se présente souvent comme une image de mouvement et de fuite; dans *Le Livre des fuites*, elle symbolise la terre parcourue («L'autobus flottait sur elle (la route) comme un bateau», LF p. 50) ou la société urbaine en continuel mouvement («Hogan circulait dans une ville engloutie. (...) L'eau pénétrait partout», LF p. 16, «La ville fuyait dans l'eau, par toutes les bouches des égouts», LF p. 60). On assiste également à des superpositions intéressantes d'univers opposés, qui assurent chacun de leur côté l'expression d'une immensité destinée à suggérer la solitude de l'homme face aux forces cosmiques; c'est le cas d'un passage du *Chercheur d'or*, où l'on évoque «le désert de la mer» (CO p. 139). Inversement, le désert est qualifié comme la mer dans *Désert* : «l'étendue de sable couleur d'or et de soufre, immense, pareil à la mer, aux grandes vagues immobiles» (DES p. 91), «Devant eux, la terre très plate s'étendait comme la mer, scintillante de sel» (DES p. 410).

Images d'un courant de vie et d'une force cosmique, la mer et le soleil évoquent l'inscription de l'homme dans un cosmos à travers une relation de fascination et d'amour très personnelle. A ces deux images primordiales s'ajoutent d'autres images d'éléments naturels comportant cette même intimité pour l'homme. Les rochers, les arbres, les animaux deviennent, comme dans *Haï*, des personnes, avec leurs propres vies, au point que les hommes se subordonnent au végétal et au minéral.

Les rochers sont alors personnifiés («Les rochers sont solitaires, ils attendent.» IT p. 154) pour mieux souligner leur prolongement en l'homme; car «les maisons de l'homme semblent plutôt une continuation de la pierre, cherchent à se confondre avec la montagne» (IT p. 154). Le prolongement de la nature dans les créations de l'homme exprime un désir inné en l'homme, car l'homme «porte en lui la trace de la pierre. Il veut se confondre avec les falaises et les montagnes» (IT p. 155). La conception indienne de l'art apparaît ici dans ce cantique dédié aux éléments comme une explication lyrique aux forces créatives de l'homme. Le travail de l'artiste consiste alors à libérer la matière autour de l'âme du rocher, de trouver le caillou qui «contient le trésor, serré en son centre», un «message qui transformera peut-être le monde» (IT p. 170). La pierre constitue l'image privilégiée d'un univers dénudé («Seulement la pierre sur la pierre et la poussière qui se soulevait», V p. 297), où l'absence de végétation contribue à souligner la solitude de l'homme face au cosmos. Cette image est dominante dans *Désert*, où Lalla, la fille issue de cet espace aride, incarne peut-être le mieux la fusion entre l'homme et un univers d'éléments qui lui confère les qualités du règne végétal ou minéral : son regard est «dur comme du métal» (DES p. 268) et comme «du silex» (DES p. 315), elle-même «devient comme un morceau de rocher, couvert de lichen et de mousse» (DES p. 276). La récurrence des métaphores minérales et végétales qui caractérise cette œuvre illustre ainsi un désir de retour au règne minéral.

Parmi les images végétales, les arbres occupent une place particulière. Ils évoquent surtout un degré d'intimité («Il y a des arbres dont on peut parler comme d'une personne, mieux que d'une personne.» IT p. 105) renforcé par leur personnification : «Les oliviers, les êtres qui sont une partie vivants, une partie morts. (...) Ce sont des personnes si émouvantes, si pleines de questions, si pleines de langage.» (IT p. 101) Ils forment l'image par excellence du lien entre ciel et terre; ils puisent dans la terre une force cosmique et «répondent aux flammes du soleil» (IT p. 103), ce qui explique peut-être comment un arbre peut devenir l'incarnation d'une force divine («c'est l'arbre que le dieu habite réellement», IT p. 107). C'est ainsi que se construit tout un univers regretté autour d'un arbre dans *Le Chercheur d'or*, où l'évocation itérative de l'arbre chalta forme à travers une référence biblique (il est désigné sous le nom de «l'arbre du bien et du mal» par la sœur du protagoniste) le symbole du paradis perdu de l'enfance. Cette image s'intègre dans la catégorie d'images mythiques que Le Clézio renouvelle à l'aide d'un investissement affectif.

A ces images puisées dans les éléments naturels s'ajoutent celles puisées dans le règne animal, également destinées à priver le personnage de sa force individuelle en déplaçant l'accent de l'homme au domaine animal. Les insectes occupent un rôle intéressant dans les romans de Le Clézio. Ils envahissent le domaine de l'homme, tel l'intellect, à travers une «animalisation» de concepts abstraits : on évoque les «idées-fourmis» (LF p. 51), et les mots sont «de petites bêtes sombres et brillantes (...) qui volent, qui marchent, qui creusent leurs terriers» (IT p. 40); dans *La Guerre*, ils «se pressent, se bousculent, ils couvrent le ciel comme des chauves-souris, ils se multiplient comme des larves, ils étalent leur brouillard de plancton, ils vont loin dans l'espace» (LG p. 286). André Siganos a d'ailleurs constaté l'omniprésence de la figure de l'insecte dans les romans de Le Clézio, en particulier dans *L'Inconnu sur la terre* et *Mondo et autres histoires*. Les insectes représentent, selon lui, «une vie sans fin, une force incommensurable.» Leur fonction implique aussi, dit-il, un rôle didactique d'initiation : ils apprennent à l'homme une «contemplation de la splendeur nocturne[197]», car ils sont habités par «le grand silence qui recouvre la terre» (IT p. 39), et «leur désir de lumière est si grand qu'ils en meurent» (IT p. 162). En effet, l'élan de sympathie qui caractérise les rapports entre les personnages lecléziens et les animaux s'accompagne fréquemment d'un désir de fusion, d'une identification intense qui a pour but une initiation à une nouvelle perspective. Adam éprouve une fascination allant jusqu'à la métamorphose de son être devant les animaux qu'il rencontre, alors que Naja Naja se transforme en chauve-souris lors de son dernier voyage fantastique afin de s'initier à son vécu de la liberté.

Les animaux contribuent ainsi à la valorisation d'un univers naturel en supplantant le rôle des personnages. Le Clézio opère un renversement de la hiérarchie métaphorique lorsque les bêtes sont comparées aux hommes, et que l'homme lui-même devient une métaphore. Il est en effet difficile de distinguer dans *Le Procès-verbal* si les bêtes sont des images de l'homme ou l'inverse; l'un semble être le prolongement de l'autre. Adam, confronté à un rat dans la maison abandonnée, n'est pas seulement comparé à celui-ci mais aussi transformé en rat.

> Adam se transformait en rat blanc, (...) parce qu'il avait tout d'un coup l'idée du danger que représente la race humaine, pour l'engeance de ces petits animaux myopes et délicats. (...) Tandis que le rat, le vrai, devenait à cause de sa haine et de sa terreur, un homme. Des tressaillements nerveux secouaient le corps du petit animal, comme s'il allait pleurer ou tomber à genoux et réciter des prières. (PV pp. 92 et 95)

Cette double métamorphose, où Adam acquiert toutes les qualités de l'animal (il se met à crier, à grogner, à «couiner») et le rat celles de l'être humain, accorde aux deux référents la même valeur et met ainsi en question un système de comparaison où l'homme constitue le centre et la référence. Ce déplacement de la référence vers le domaine animal, qui caractérise les choix de métaphores et de comparaisons chez Le Clézio, s'observe aussi dans la présentation de certaines images.

Les images modernes prolongent ainsi paradoxalement la valorisation d'un univers d'éléments, non seulement par un effet de contraste, mais aussi grâce à une nouvelle perspective. Tout comme l'essayiste de *Haï* voit la société occidentale, son art et sa culture, à travers les yeux de l'Indien, l'écrivain présente les images modernes à travers le discours de la nature. La ville est ainsi comparée à une jungle : «En créant les villes, en inventant le

---

[197] André Siganos: «Connaissance de l'homme au monde: J.M.G. Le Clézio» in *Les mythologies de l'insecte, histoire d'une fascination*, Klienksieck, Paris, 1985, p. 230 et 234.

béton, le goudron et le verre», dit l'essayiste de *Haï*, «les hommes ont inventé une nouvelle jungle dont ils ne sont pas encore habitants» (H p. 36). C'est en se référant au corps humain, ou de façon générale aux hommes, que la ville est évoquée, elle a une «peau cabossée» (DE p. 282), et on évoque les «grandes artères du centre» (IT p. 120) où «chaque lumière est un animal, ou un homme, ou une chose qui vous attire à travers l'espace obscur de la nuit jusqu'à elle» (IT p. 119). Son mouvement même est comparé aux douleurs d'une femme enceinte : les monuments ont des contractions, «les villes se dilatent et se contractent» (GEA p. 123-124). Les constituants de l'univers urbain subissent le même traitement; «les objets ont des peaux» dans *Le Déluge* (DE p. 270), dans *Le Livre des fuites*, les autobus sont des «animaux étranges, aux cuirasses luisantes, aux yeux jaunes, aux pieds, mains, sexes de caoutchouc et d'amiante» (LF p. 33).

Cette mise en valeur du biologique et du physique, destinée à renvoyer à un univers d'éléments, se réalise surtout grâce à une écriture sensorielle qui tend à faire resurgir cet univers dans sa matérialité. Afin de renforcer l'expression des sens, Le Clézio brise les barrières entre les champs sémantiques dans une écriture synesthésique. Les bruits et les odeurs sont ainsi caractérisés par leurs couleurs : «Les bruits eux-mêmes étaient devenus lumineux», les «odeurs faisaient leurs signaux lumineux», peut-on lire aux pages 18 et 19 du *Livre des fuites*, et la lumière pleut («La lumière éternelle du soleil qui pleuvait sur sa figure» F p. 129, et «la lumière des étoiles tombe doucement comme une pluie» DES p. 206) et se boit («Elle boit la lumière très pâle qui vient de l'amas d'étoiles», DES p. 206, «Les aliments et l'eau fraîche du puits étaient comme une lumière dans leur corps», DES p. 228). L'auditif se transforme en visuel; la musique se dessine : «Les hautbois dessinent des lignes déchirées et tendres» (EM p. 129), et les cris sont des couleurs : «Joie de couleurs avec qui on a chanté. Jaune qu'on a crié. Rouge qu'on a crié. Millions de gris, de pâles, de bruns qu'on a criés ensemble.» (EM p. 130) La métonymie des couleurs est fréquente : la mer s'appelle «le bleu» et le soleil «le jaune». Parfois un objet cesse d'exister en tant que tel pour devenir seulement «des couleurs» :

> Jeune Homme se tourna complètement dans la direction du bleu, afin de ne plus rien voir d'autre. (...) Mais il fallait concentrer toute son attention sur la couleur, ou les étincelles de lumière. Alors, tout à coup, la mer cessait d'exister. Il n'y avait plus de houle, ni d'écume. (...) On avait glissé dans le bain de couleurs, on flottait en lui, plat, étiré, mince pellicule fondue avec la surface. (LF p. 59-60)

Cette fixation contemplative sur une qualité spécifique de l'objet contemplé, ici la couleur, caractérise une écriture qui vise à reproduire le vécu subjectif d'une sensation. Les techniques d'écriture de Le Clézio sont en effet étroitement liées au désir de reproduire la dynamique sensorielle et imaginaire potentielle de tout objet rencontré. Les sensations et les associations d'idées sont ainsi inextricablement liées dans une écriture où les images sont en métamorphose continuelle et assurent une dynamique narrative grâce à l'enchaînement du récit qu'elles provoquent. Parfois une simple juxtaposition de référents permet la création d'une image, les mots composés résument ainsi la comparaison en un seul mot : on parle d'«idées-nuages» et d'«idées-fourmis» dans Le Livre des fuites (p. 50), pour évoquer différents aspects d'idées et les associations imaginaires qu'elles provoquent. Les mots à la page 177 du même roman sont traités de la même manière : ici se succèdent des «mots-harpons», des «mots-révolvers», des «mots d'acier, mots de verre, mots de bakélite noire». La juxtaposition d'un élément matériel au référent abstrait contribue à une matérialisation représentative d'un projet poétique qui tend à valoriser la matière au détriment de l'intellect. Nous avons vu comment une «animalisation» des référents contribue ainsi à rendre physique et tangible un élément abstrait. Lorsqu'il s'agit d'évoquer un sentiment de malaise, cette technique peut aller jusqu'à la «chosification» du référent; dans La Guerre, le monde devient «une plaque qu'on défonçait» et les désirs «des secousses le long d'une machine» (LG p. 119). La matérialisation de concepts abstraits contribue également à créer une atmosphère fantastique chez Le Clézio. Derrière le ton initialement réaliste de ses descriptions se cache effectivement un univers fantastique qui se révèle grâce à cette matérialisation des abstractions.

Car cette valorisation des éléments naturels, grâce aux métaphores végétales et animales, se prolonge dans une référence au mythique qui tend à souligner l'original. La matérialisation des référents se double ainsi d'un ancrage mythique des situations, lorsque cette matérialisation initialement destinée à donner l'illusion d'un certain réalisme, dévie vers le fantastique. La ville se présente alors sous forme d'un géant, à travers sa référence à la foule. L'électricité devient une source maléfique, comparable à la magie noire et à la sorcellerie, selon la lecture de Di Scanno, qui caractérise (Les Géants) comme un «manuel du fantastique et de l'occulte» où l'électricité se présente comme «moyen magique[198]». Les images archaïques et modernes

---

[198] «Comme autrefois les sorciers scrutaient la matière à laquelle ils voulaient commander, ces «maîtres» de magie noire ont aussi assimilé les lois des nombres, des calculs, des abstractions; ils connaissent au fond tous les secrets des techniques de persuasion, tous les rouages des mécanismes psychiques pour asservir l'homme, et surtout l'art de la parole qui injecte la haine, le mépris, la cruauté. L'électricité est leur moyen magique (...) C'est une arme magique, principe et moteur de toute chose, multiforme, instantanée, partout présent, qui parcourt le monde.» Teresa Di Scanno in La vision du monde de Le Clézio, op. cit., p. 39.

se confondent ici dans l'expression physique et concrète d'un malaise existentiel; à la modernisation d'images mythiques (le géant se présente comme l'image de la ville ou des constructeurs d'un hypermarché), répond la transformation mythique d'images modernes (l'électricité). L'électricité est effectivement présentée comme une force magique qui «vous attire invinciblement vers elle, comme cela, rien qu'avec la puissance de sa voix», qui provoque en l'homme une pulsion mortelle : «On a tellement entendu le chant des abeilles, on a tellement senti les frissons froids. On est comme un papillon qui cherche à mourir de lumière. On ne sait plus résister.» (GEA p. 198-199) En effet, la transformation mythique de cet élément moderne provient d'une écriture fantastique qui pourtant prend comme point de départ une réalité : les «réseaux de fils recouvrent la surface de la terre, avec cette puissance enchaînée qui menace. La pensée électrique enserre la planète, comprime les crânes» peut-on lire à la page 202 des (Géants). Les lieux où l'électricité «règne» font figure de constructions fantastiques dans ce récit de science-fiction, bien qu'il s'agisse d'endroits véritablement existants dans notre monde quotidien : des «villes, faites seulement de pylônes et de fils, dans des régions où personne ne va» (GEA p. 200), villes qui ont transformé ces paysages en des lieux de mort «plus terribles à voir que les cimetières, les abattoirs, les casernes, les prisons» (GEA p. 200). Lorsque Tranquilité est prise comme esclave vers la fin du roman et subit le test du détecteur de mensonges, elle pense que si «elle pouvait détruire l'électricité, peut-être qu'elle serait libre» (GEA p. 274). Tortionnaire des hommes aspirant à la liberté, et source de progrès pour une société de surveillance et d'uniformisation, l'électricité présente un nouveau mythe, celui d'une société qui s'autodétruit en privant l'homme de son individualité et de sa liberté, image moderne d'un désir nihiliste chez l'homme. Elle rejoint en ceci l'image la plus moderne de l'écriture leclézienne, celle de la bombe atomique, cette «grande bombe blanche» qui éclate à la fin de La Guerre comme symbole d'une «destruction de la pensée» (LG p. 283).

La surcharge de référents matériels permet également de transformer un récit initialement destiné à proposer une réflexion existentielle, en récit fantastique. Lorsque les images supplantent le rôle du référent initial, tel le rat et Adam, le récit initialement réaliste se transforme ainsi parfois en histoire fantastique. La fascination que provoque l'écriture leclézienne provient effectivement de sa capacité de séduire progressivement le lecteur. Car chez Le Clézio, le fantastique peut se cacher au fond d'une phrase qui débute par une description réaliste. Gerda Zeltner souligne le talent étonnant d'observateur de la réalité qu'est Le Clézio, tout en expliquant le caractère trompeur de sa description, qui se prétendant réaliste, débouche

Un univers originel

cependant sur une sorte de «super-réalité[199]». Le fantastique se révèle ainsi progressivement par une écriture qui abandonne petit à petit tous les critères du réel. Une description particulièrement fascinante dans *(Les Géants)* en constitue un exemple intéressant. Il s'agit d'une scène toute banale de notre vie quotidienne : une jeune fille est en train de faire ses courses dans un supermarché en suivant les rayons du magasin. Progressivement, le référent est métamorphosé et la description initiale se transforme en un récit d'horreur.

> Autour d'elle, les gens empilaient des objets dans les chariots de métal avec frénésie. (..) Les femmes tendaient les mains vers les étals. Elles fouillaient dans les réfrigérateurs et elles prenaient des pots, des cubes, des paquets. Elles prenaient des dizaines de fromages mous, des cartons de lait, des tubes de crèmes, des paquets de gélatine, (...). On n'allait pas au hasard. On suivait beaucoup de chemins qui avaient été tracés d'avance, par quelques hommes à l'esprit acharné. Ils avaient dessiné leur plan ainsi, avec toutes les routes et tous les carrefours; et c'était le dessin même de leur visage, un drôle de masque grimaçant de haine et de cupidité, les yeux sanglants jetaient des éclairs, (...) et la bouche, ouverte, puits profond aux gencives roses, aux vieilles dents couvertes d'or, à la langue râpeuse comme celle des tigres : elle aspirait goulûment, (...) elle mastiquait la chair humaine; bouche ensanglantée de cannibale qui dévorait la foule, (...) (GEA p. 52-53).

Le récit réaliste d'une promenade dans un supermarché dévie ici vers le fantastique lorsqu'un référent d'apparence réaliste acquiert tout à coup les qualités d'un vampire. La métaphore sous-entendue, d'une machine d'exploitation commerciale suçant de l'homme toute sa liberté et ses initiatives personnelles, est ainsi prise au pied de la lettre : les hommes créateurs du supermarché sont présentés comme des vampires en chair et en os. Cette concrétisation fantastique d'un mouvement psychique est caractéristique de l'écriture de Le Clézio. Il ne s'agit pas de disserter sur les problèmes d'aliénation et d'absurdité de l'homme moderne, mais de

---

[199] «Et, en effet, en maints passages Le Clézio révèle un talent étonnant d'observateur de la réalité. Mais très tôt, comme dans un accroissement de folie, la description abandonne cette réalité, se fait indépendante de toutes les données effectives et chavire dans une espèce de super-réalité. Qu'on pense aux scènes qui suivent la mort du père de Chancelade ou bien au simple spectacle d'un verre de bière dans *Le Déluge*: c'est partout le même dépassement dans l'illusoire. Tout se passe comme si l'énergie de dépense provoquée constamment par les objets devant les yeux, s'enflamme de par sa propre action, pour arriver enfin à un domaine fantastique fait d'hypothèses sauvages et d'hallucinations qui font éclater le compte rendu initial.» Gerda Zeltner dans «Jean-Marie Gustave Le Clézio: le roman antiformaliste», op. cit., p. 221-222.

transformer ces problématiques en métaphores fantastiques plus aptes à exprimer leur ampleur avec intensité.

Si toutes les métaphores de Le Clézio convergent vers la valorisation de l'originel, une image spécifique semble proposer la cristallisation de cette idée. Car de toutes les métaphores lecléziennes, celle d'un ailleurs est la plus obsédante; la mer, symbole à la fois d'ouverture et d'un désir de régression vers un état originel, est ainsi complétée par son contraire : le désert, image nihiliste par excellence, espace de négation, de privation et d'exil, destinée à illustrer à la fois la solitude et la rencontre avec le cosmos. Le désert présente en effet la fusion des éléments et de l'originel. Son espace magique est souligné par les éléments qui le peuplent; le ciel sert de miroir à son immensité : à «l'étendue sans limites» (DES p. 23) répond un «ciel immense et froid» (DES p. 10). Le vent et le sable évoquent sa force : «Ils avaient voyagé (...), fuyant les vents de sable quand le ciel devient rouge et que les dunes commencent à bouger» (DES p. 23). Son immensité est surtout évoquée à travers la place que l'écriture et la narration lui accordent. Le désert est ainsi présenté comme un être qui fait naître les personnages («Ils étaient nés du désert» DES p. 8), qui se prolonge en eux pour finalement les supplanter; c'est alors avec des lexiques tirés de cet univers que les personnages sont évoqués (cf. *Désert* p. 8 : «Les tatouages bleus sur les fronts des femmes brillaient comme des scarabées», p. 179 : «son visage est pur et lisse comme un morceau d'ébène», p. 333 : «Ils sont devenus pareils à des rochers, pareils à des blocs de calcaire», et la récurrence du mot «métal» pour évoquer le regard de Lalla).

La valorisation narrative et lexicale de cet espace repose sur une symbolique primordiale : l'immensité destinée à souligner non seulement la liberté mais surtout la solitude de l'homme dans cet espace («Il n'y avait personne ici, ni homme ni bête, seulement parfois la trace d'un serpent dans le sable, ou, très haut dans le ciel, l'ombre d'un vautour», DES p. 340-341) est complétée par l'évocation d'un silence originel («Le silence avait sa source dans le vide du vent», DES p. 54). Le désert se présente en effet comme l'image d'un point édénique et originel, où le monde s'est «transformé en pierre» (DES p. 26), où l'homme rencontre le cosmos au bout d'un trajet douloureux et initiatique. N'y a-t-il pas dans l'évocation du vent qui «passait et repassait comme un souffle» (DES p. 11) une allusion à une force cosmique perceptible dans cet univers dénudé?

En effet, si les images de Le Clézio évoquent la nostalgie d'un univers originel, c'est pour souligner la situation de l'être au monde à l'aide d'une technique poétique. A la fréquence d'images puisées dans les éléments s'ajoute une valorisation lexicale : des lexiques tirés des règnes minéral, végétal et animal imprègnent cette écriture à travers comparaisons et métaphores qui valorisent le physique au détriment de l'intellect; les références à l'homme sont ainsi supplantées par l'évocation des éléments. Un renversement de la hiérarchie métaphorique s'opère ainsi dans une écriture qui fait subordonner l'homme, ses pensées et ses expressions aux règnes minéral, végétal et animal. Une écriture sensorielle vient compléter l'effet de cette subordination, en accordant une place privilégiée aux qualités sensorielles et concrètes des objets et des situations contemplés.

Toutes ces techniques convergent vers une idée fondamentale : le déplacement de l'optique de l'homme aux éléments, à ce monde physique et tangible qui l'entoure, véhicule effectivement une conception de l'être qui détermine les techniques d'écriture de Le Clézio. L'évocation sensorielle et intense d'une matière vivante contribue à mettre en valeur l'homme seul devant le cosmos (tels les hommes bleus dans le désert immense), dont l'immensité est soulignée afin de suggérer sa fusion avec ce cosmos. L'osmose entre dedans et dehors, que l'essayiste de *Haï* évoque pour expliquer une conception du langage qui refuse d'opérer une scission entre mot et chose, se réalise ici au moyen d'une écriture sensorielle et d'un imaginaire valorisant les éléments. Cette célébration constante de la matière s'inscrit dans le projet de l'écrivain, car pour Le Clézio, mettre en scène l'être au monde consiste surtout à préparer la rencontre entre le personnage et son être, entre l'homme et un univers animiste où tout est formé de la même matière animée. L'immensité du désert, du ciel et de la mer n'est donc pas soulignée pour exprimer un vide métaphysique chez le personnage, mais au contraire pour suggérer une présence, une présence constante qui se dévoile à l'homme à travers les éléments; d'où l'évocation obsédante d'un personnage qui perçoit le monde à travers les sens dans une «extase matérielle».

Un regard passionné

L'évocation obsédante d'une quête des origines, sous forme d'images diverses – déambulations dans les rues d'une ville ou à travers le monde, le voyage en mer ou l'errance dans le désert –, reflète le projet d'une mise en scène de la rencontre entre l'homme et le cosmos. Cette rencontre se réalise grâce à un appel aux sens chez Le Clézio. Se mettre à l'écoute du monde consiste à avoir constamment les sens en éveil, le regard en premier. La disponibilité du regard se présente alors comme la seule façon pour les personnages lecléziens de pénétrer les secrets d'un monde qui nous parle, et de vivre des moments de fusions matérielles.

Le regard passionné, fondamental dans l'écriture leclézienne, scrute le potentiel imaginaire de tout objet ou de toute personne rencontrée. Le rôle du poète consiste à capter ce potentiel avant sa manifestation, alors que la fonction du personnage est de contempler des objets et des personnes précis. En effet, le regard constitue la cristallisation d'une ouverture au monde et symbolise un esprit à l'écoute des paroles de ce monde. L'essai poétique *Mydriase* (1973), qui raconte le trauma de la naissance et la douleur du premier regard[200], décrit le mouvement et la volonté de ce regard :

> Les yeux sont des moteurs pour aller dans l'autre sens, vers le futur, vers les pays inconnus, vers les rêves, les choses de cette nature. (MY p. 22)

Si le regard détient une telle puissance, c'est qu'il représente pour Le Clézio la fusion entre l'homme et l'objet regardé. La matière est déjà présente dans le regard et s'exprime par celui-ci, puisque «voir, c'est laisser s'échapper les matières vivantes que l'on avait en soi, celles que l'on avait reçues à sa naissance, celle qui était à l'intérieur de votre mère» (MY p. 28). Le regard permet que se réalise la rencontre nécessaire entre le potentiel de l'objet et un langage apte à exprimer ce potentiel de manière poétique.

L'écriture poétique de Le Clézio reflète la persévérance d'un regard amoureux et passionné, un regard perceptible simultanément dans les situations romanesques et dans les techniques d'écriture de l'écrivain. En premier lieu, la rencontre entre le regard passionné et l'objet provoque une fixation contemplative sur l'objet, fixation qui immobilise le récit et qui influence les choix lexiques et syntaxiques. Notre étude du rythme chez Le Clézio nous a permis de constater une valorisation des objets contemplés dans leur immobilité, grâce à l'utilisation de phrases nominales.

---

[200] *Mydriase* signifie en effet une dilatation de la pupille; ce texte raconte comment l'oeil s'adapte aux agressions de la lumière et décrit sa soif de cette lumière.

Des associations libres qui permettent l'exploration du potentiel poétique de l'objet découlent de cette fixation contemplative. Cette rêverie associative est surtout déclenchée par un thème ou une émotion spécifiques qui colorent affectivement l'évocation de l'objet. Ainsi se réalise une réflexion poétique à partir d'une scène saisie dans son immédiateté. Le présent chapitre se propose de définir comment la technique contemplative de l'écriture leclézienne reflète le projet romanesque de l'écrivain, en analysant quelques situations représentatives, où le personnage devient regard et s'offre comme une métaphore de la stratégie de l'écrivain.

La conception du regard chez Le Clézio correspond bien à celle que Starobinski présente dans la préface de *L'Œil vivant*. En évoquant la synesthésie du regard, Starobinski complète ici les paroles de Goethe : «les mains veulent voir, les yeux souhaitent caresser» (phrase que Le Clézio reprend en la déformant légèrement dans *L'Inconnu sur la terre* : «Ses mains veulent voir», p. 284), avec «le regard veut devenir parole», et il cite Bossuet : «Sous les yeux sont en quelque sorte compris tous les autres sens; et dans l'usage du langage humain, souvent sentir et voir, c'est la même chose.[201]» Cette synthèse de tous les sens dans le regard lui confère son dynamisme, son efficacité et tout son mystère.

Le regard constitue en effet la synthèse et la concrétisation de toutes les sensations qui forment le point de départ de la poésie leclézienne. Chez Le Clézio, l'approche du monde est fondée sur les sens et sur un rapport physique et sensoriel au monde, puisque «on ne connaît que ce qu'on voit, ce qu'on sent, ce qu'on touche» (IT p. 48). Son écriture exprime le désir de «savoir non avec son intelligence, mais avec ses sens, avec sa vie» (IT p. 158). Une abondance d'évocations sensorielles reflète une idée prédominante dans l'écriture leclézienne, à savoir que «seule la connaissance sensorielle est mesure de la vie» (PV p. 27), seuls les sens permettent une expression authentique de l'existence. Ce sont également les sens qui permettent à l'homme de vivre «l'extase matérielle»; comme le dit la préface de *La Fièvre* : «l'esprit assailli par les sensations succombe en une sorte d'extase matérielle» (F p. 7). Cette extase forme le sujet d'une écriture fondée sur la richesse des sens et où cette richesse est soulignée par des sensations qui se mêlent aux sujets et se confondent : les odeurs se mêlent ainsi à la vision d'un paysage («Odeur de cette terre poussiéreuse, odeur du ciel très bleu, des palmes luisantes, des maisons blanches.» O. p. 33), elles «entrent dans mon corps», dit le narrateur de *L'Inconnu sur la terre*, «et se mêlent aux images, aux bruits, à la chaleur et au froid» (IT p. 11).

Odeurs, bruits, touchers et visions communiquent ainsi dans une écriture destinée à exprimer l'union intense entre l'homme et la matière. L'odorat se

---

[201] Jean Starobinski: *L'OEil vivant 1*, Gallimard, Paris, 1961, pp. 12 et 14.

confond alors avec la faim («l'odeur de la faim») ou un sentiment («l'odeur de la peur»), les bruits se confondent avec les couleurs et deviennent «lumineux» (LF p. 18), le toucher se confond avec la lumière (les «caresses de la lumière», MY p. 204), dans une écriture qui tend à doubler l'intensité des sensations à travers une double expression. Tous ces sens se synthétisent dans le regard qui seul permet d'intellectualiser une sensation et ainsi de la verbaliser.

En effet, le regard permet d'exprimer, à la fois visuellement et intellectuellement, les sensations et les rêveries suscitées par la rencontre du regard et de l'objet regardé. *L'Inconnu sur la terre*, qui est entièrement fondé sur une contemplation passionnée des éléments, proclame dès le début l'importance du regard.

> Il suffit d'être debout en haut d'une colline, devant la mer, avec le ciel, et regarder, respirer, regarder, respirer. Le regard et le souffle alors sont une seule action, il n'y a plus de différence, plus de frontière. (...) Alors je regarde, je respire, et toutes les odeurs (...) entrent dans mon corps et se mêlent aux images, aux bruits, à la chaleur et au froid : je vois, enfin, je peux *voir* la beauté. Je la vois comme si j'étais en elle, je la vois comme si j'avais ses yeux. (IT p. 11)

La synthèse des sens (odeur, bruit, chaleur et regard) et la comparaison entre le regard et le souffle illustrent une approche poétique fondée sur la fusion des sens, où le regard seul permet le passage d'une sensation physique au langage. Le regard constitue ainsi l'intellectualisation de l'ensemble des sensations, puisqu'il est le médiateur entre les sens et le langage, en même temps qu'il demeure non-verbal et magique. Il permet à l'écrivain de nous brosser un tableau concret et tangible, fait d'impressions visuelles immédiates, au détriment de la discussion métaphysique. Car la «conscience,» dit-il, «c'est ce flux d'images qui est en moi, qui fait partie de mon être, avec lequel je juge et je sens, qui donne un sens à tout ce que je perçois, à tout ce que je capture, à une cohésion du réel.[202]» Il en résulte une prédominance de personnages observateurs dans ses romans, destinés à illustrer l'ouverture à un monde qui nous parle.

La situation du narrateur de *L'Inconnu sur la terre* est effectivement caractéristique de celle de beaucoup de protagonistes lecléziens. D'«en haut d'une colline», beaucoup de personnages lecléziens contemplent le mouvement de la vie dans un paysage où la mer est omniprésente. Prenons l'exemple du premier protagoniste, cherchant refuge dans une maison abandonnée justement «en haut d'une colline». Après l'acte d'amour raté

---

[202] J.M.G. Le Clézio dans «La magie du cinéma», op. cit.

avec Michèle, il se trouve exactement dans la même position que le narrateur de *L'Inconnu sur la terre* (au «point culminant de la route. Le seul endroit de la côte où la vue se multipliait des milliers de fois, sur les trois étendues de la mer, de la terre, et du ciel», PV p. 62) et fait l'expérience d'une fusion cosmique à travers le regard. Le protagoniste du *Déluge* se trouve dans une position semblable, toujours devant la mer, inspirant le souffle de la vie, après avoir constaté avec angoisse un amour grandissant entre lui et Marthe («Besson, debout derrière le phare, les yeux fixés sur la mer, sentit qu'il était gagné par le rythme voisin de l'éternité.» DE p. 172). Ce regard n'est pas le regard d'un promeneur observant les spectacles autour de lui, mais le regard qui guette toujours l'apparition d'un signe d'un monde qui lui parle. On assiste donc à une fixation du regard sur un objet central, souvent un élément naturel : la mer (élément contemplé et convoité dans tous les romans lecléziens), le soleil (que le protagoniste du *Déluge* regarde jusqu'à la cécité), mais parfois aussi un lieu (la station-service dans *(Les Géants)*), ou un monument (la tour dans *Le Livre des fuites* que le protagoniste regarde jusqu'à ce qu'il fasse «corps avec», LF p. 200).

Chez Le Clézio la contemplation concrétise un désir de fusion avec les forces cosmiques. Si le regard est à la fois passion et déclencheur d'une passion, c'est qu'il constitue non seulement une faculté de l'homme, mais une force omniprésente dans l'univers. Les frontières entre le regard et le regardé s'effacent : «Ce qu'il y a devant le regard est semblable à ce qu'il y a dans la tête. Les yeux ne sont qu'une mince vitre qui partage la nuit, ou bien : le double miroir qui reflète une simple image.» (MY p. 23) La vision est devenue miroir, miroir qui double une réalité pour enfin révéler que «l'intérieur est l'extérieur» (H p. 130).

Au regard de l'homme répond ainsi en écho celui de la nature comme une réverbération du regard initial. La lumière est présentée dans *Mydriase* comme «la rage du regard qui se réverbère et revient en arrière comme un boomerang» (MY p. 29). Lalla vit cette même expérience devant la mer.

> Elle ne comprend pas bien ce que c'est, mais elle sait qu'il y a quelqu'un partout, qui la regarde, qui l'éclaire de son regard. (...) Peut-être que c'est la mer qui regarde comme cela sans cesse, regard profond des vagues de l'eau, regard éblouissant des vagues des dunes de sable et de sel. (...) Le regard vient de tous les côtés à la fois. (DES p. 147)

A la fois incarné dans les éléments («Peut-être que c'est la mer qui regarde») et omniprésent dans l'univers, le regard apparaît ici comme l'expression d'une vision animiste. La force du regard, perceptible pour le personnage leclézien, est due à son incarnation dans les éléments : la mer, le vent et le soleil. Le «regard de la lumière» accompagne ainsi de façon constante deux personnages féminins à la fois magiques et mythiques : Naja Naja et Lalla. Naja Naja fusionne avec le regard de la lumière afin de pouvoir accompagner ses amis même après sa disparition : «Mais le regard de la lumière la suit tout le temps, ne l'abandonne pas. (...) C'est un jour sans importance, dans un lieu sans importance. Et pourtant le regard de Naja Naja est fixé sur nous.» (V p. 250-251) Pour Lalla, le regard de la lumière signifie une force transgressant l'espace et le temps[203].

Cette vision animiste, évoquée par un regard omniprésent dans la nature, explique aussi la référence obsédante au regard comme élément mythique. Dans *Désert*, le personnage énigmatique Es Ser incarne ce regard, image de l'ancrage mythique d'un personnage. Si le photographe rêve en vain de figer sur le papier le regard de Lalla, c'est que l'esprit de tout un peuple s'incarne dans ce regard. Lorsque Lalla, après son exil à Marseille, revient sur les traces de son enfance, elle est guidée par l'esprit des hommes bleus qui s'incarne dans un regard, un regard «long et très doux, qui vient de tous les côtés à la fois, du fond du ciel, qui bouge avec le vent» (DES p. 387).

Le regard animé par l'esprit de tout un peuple s'exprime à travers un paysage dans *Etoile errante*. Lorsque le protagoniste, comme celui de *Désert*, revient à la fin du récit sur les lieux où s'est réalisé le drame de son enfance, le regard qu'il pose sur le paysage s'unit à celui de tout un peuple ayant connu les mêmes espoirs de libération :

> Esther ne voyait pas avec ses yeux, mais avec les yeux de tous ceux qui en avaient rêvé, tous ceux dont les yeux s'étaient éteints sur cette espérance, les yeux des enfants perdus dans la vallée de la Stura, emmenés dans les wagons sans fenêtres. (EE p. 301)

Le regard se présente ici, comme dans le passage du *Livre des fuites* (p. 242), comme un médiateur qui permet d'insérer dans un vécu individuel les traces d'un vécu collectif. Sa présence simultanée dans l'homme et la nature permet au regard de représenter une force cosmique invisible qui vise une (re)connaissance de l'autre à travers la fusion. C'est cette puissance qui permet d'unir celui qui regarde et l'objet regardé, qui permet aux personnages lecléziens de vivre des moments de fusion avec les éléments naturels : un paysage, le soleil, la mer. Le regard se présente donc comme le déclencheur d'une fusion magique qui transmet à la personne qui regarde la force de l'objet regardé. La topique du regard propose ainsi l'illustration poétique d'un personnage qui s'ouvre au monde pour se laisser pénétrer par sa force.

---

[203] «Ses yeux sombres brillent étrangement tandis qu'elle les regarde, et à cet instant-là, il y a peut-être un peu de la grande lumière du désert qui vient sur eux, (...)». *Désert* p. 253.

D'où l'évocation obsédante du soleil sous forme d'un œil qui regarde. Cette source de vie est au centre des aspirations des personnages lecléziens. Le voyage dans le soleil constitue une expérience particulièrement enrichissante pour Naja Naja; tous ses voyages commencent par un regard, pour rentrer dans la mer, «il suffit de fixer un point précis sur l'eau» (V p. 45), alors que le voyage vers le soleil ne constitue pas seulement un voyage par le regard, mais un voyage dans le regard lui-même. La comparaison fréquente avec un œil permet au soleil d'apparaître comme l'image d'un regard réverbéré sur lui-même. Car dans le soleil, «personne ne te regarde. C'est toi qui es dans le regard, avec la lumière et la chaleur. (...) c'est comme si on habitait dans un grand œil» (V p. 55). Cet œil braqué sur les personnages lecléziens en continu ne peut être vaincu que par le fait de rentrer en lui, rentrer dans un regard qui appelle.

L'appel d'une matière animée se cristallise ainsi dans le regard, d'où l'intensité accordée à cette faculté dans le discours leclézien. C'est la contemplation amoureuse qui amène les personnages à des états extatiques, où l'élan physique se confond avec la quête spirituelle. La douleur et le plaisir du regard se frayant un passage vers son objet sont en effet si intenses que l'écrivain recourt à une métaphore fantastique, à la manière d'un Lautréamont, pour qualifier cette action : «et son passage par les fentes des pupilles est une douleur mêlée d'un plaisir si grand,» dit-il, «que même l'orgasme d'un géant durant trois jours et trois nuits ne serait rien du tout en comparaison» (MY p. 21). D'où l'association fréquemment évoquée entre regard et folie (cf. Besson devenu aveugle à force de regarder le soleil), entre regard et révélation (la vision d'une vieille femme dans *Le Procès-verbal*, d'un dessin sur un parking dans *La Guerre*).

L'objet contemplé contient en effet un message destiné à celui qui regarde. Il émet des ondes significatives à celui qui regarde. Ces ondes perceptibles à un poète attentif suscitent une réflexion qui contribue à l'investissement poétique de la situation initiale. L'émission des «signaux» magiques confère effectivement aux objets leur valeur lyrique : le poète, tout comme le personnage leclézien, est surtout un observateur qui regarde avec minutie et passion l'objet choisi et capte ainsi ses paroles. Tout comme il guette dans les visages une «flamme», une «force qui flamboie, qui est fervente, qui répand sa clarté autour d'elle» (IT p. 68), le poète scrute dans les objets les messages lyriques qu'ils incarnent. La fusion du regard et du regardé se fait au moyen d'une lumière individuelle, lumière de charme et de fascination qui se présente aussi comme l'expression d'une force cosmique : «La lumière des visages entre en moi et m'unit à la foule. C'est la lumière des astres en vérité, aussi forte que la lumière du soleil» (IT p. 184). Il met en parallèle les messages d'un visage avec ceux d'un cosmos, grâce à un élément de qualification commun : la lumière qui exprime à la fois l'enjeu du regard et l'objet de son désir. Ce parallélisme caractérise l'enjeu de la technique contemplative de Le Clézio; car le regard est capable de capter les paroles d'un cosmos perceptibles dans les éléments. Il en résulte une technique d'écriture qui vise à montrer les objets dans leur apparition immédiate et à conférer à cette apparition une symbolique à travers une série d'associations.

L'originalité de l'essai leclézien réside également dans une poétique fondée sur la contemplation. La contemplation d'une image ou d'une scène constitue souvent le point de départ d'une réflexion[204]. L'écrivain propose ainsi une réflexion sur l'existence à partir d'une situation d'apparence toute banale : à travers une situation d'attente (une personne au soleil, «mais un peu abrité par un arbre»), est présentée une disposition au monde dans *L'Inconnu sur la terre* (p. 65). Un arbre est décrit longuement, comparé aux personnes, pour ensuite incarner des passions humaines dans le même livre (p. 101-108). Des situations analogues, puisées dans la nature, déclenchent tout au long de cet essai des réflexions sur l'existence.

L'Extase matérielle emprunte cette même technique d'associations libres. Pendant quatre pages, l'écrivain expose ainsi, de manière détaillée, quasi mathématiquement, le travail de l'araignée tissant sa toile; ce n'est que dans la dernière phrase que le narrateur établit un parallèle entre sa toile et «le monde qui n'est qu'une proie». L'image contemplée supplante ainsi, par son ampleur et sa richesse, l'idée qu'elle est destinée à incarner. C'est un regard puisant dans le détail une signification qui confère aux essais lecléziens leur valeur poétique; au lieu de disserter sur le monde, Le Clézio nous le présente de manière physique, tangible et concrète à travers le dénombrement et la description minutieuse des détails. Le monde est ainsi présenté physiquement à travers ses nombreux constituants presque invisibles : «le monde, la terre, la vie, les arbres aux petites branches, les oiseaux, les feuilles, les plaques de boue, les marais, les crapauds assis, les blancs calices, les mouches moustiques, le monde, les armées de fauves, le sang épais, noir, âcre, luisant, qui sèche en croûte (...)» (EM p. 109). La vraie réalité réside en effet dans le détail infime qui contient une multitude de sens; la poésie du regard provient d'une telle conception : «Je suis myope», déclare Le Clézio, «J'ai tendance à regarder les choses de près, à voir dans chaque détail un infini. (...) Je laisse volontiers s'échapper des vues d'ensemble pour retenir des caractéristiques minuscules.»[205]

---

[204] Jean Onimus, dans *Pour lire Le Clézio*, op. cit., p. 165, a noté que la réflexion de Le Clézio «démarre sur un mot, un rythme, une image; puis il s'arrête et repart tout à fait à neuf sur quelque autre thème», une technique particulièrement exploitée dans ses premiers romans.

[205] Le Clézio à Pierre Lhoste dans *Conversations avec J.M.G. Le Clézio*, op. cit., pp. 21-22 et 116.

Cette attitude devant les spectacles de la vie s'intègre aussi dans le projet romanesque d'un écrivain «amoureux de détails» qui «aime bien tout ce qui est petit» et qui éprouve «comme du respect pour les animaux et les objets.» (EM p. 56-57). «Nous avons tous une image imprécise de la vie;» dit-il, «la mienne est faite de ces détails mesquins.» (EM p. 57) Car si le projet de l'écrivain est une mise en romanesque d'une présence au monde, son originalité réside dans le refus des grandes intrigues pour illustrer les grands thèmes de l'existence. C'est en revanche dans le détail infime qu'il trouve l'illustration de ses réflexions, dans les «objets, de petits signes, des taches, des événements miniatures» (EM p. 58), des images et des scènes si intenses malgré leur apparente banalité que leur transformation poétique fascine davantage que l'idée qu'elles incarnent.

Cette approche poétique à travers les objets et les scènes infimes de la vie est aussi transposée aux personnages. Toute scène contemplée par les personnages lecléziens illustre en effet une façon de regarder qui reflète une approche du monde. Ceci est particulièrement visible chez Adam Pollo, qui à tout moment scrute la symbolique potentielle d'une situation. La rencontre avec une vieille femme lors d'une promenade dans les montagnes constitue ainsi une sorte de révélation pour Adam : la vue panoramique d'un paysage, comportant au premier plan une vieille femme, devient pour lui le symbole d'une matrice universelle. Dans le regard d'Adam, la femme apparaît comme la créatrice de l'univers qui l'entoure. En suivant son regard, le lecteur et les personnages auditeurs du discours d'Adam (car cette séquence fait partie du discours qu'Adam livra au public avant d'être arrêté et interné à l'asile), participent à une visualisation symbolique d'une rencontre déterminante.

> Je l'ai vue émerger de la colline, comme on sort d'une baignoire, et monter vers moi. Elle avait une silhouette dérisoire qui se dessinait en noir sur le ciel couvert de nuages. Elle était, c'est cela – elle était le seul point mobile dans tout le pays. Autour d'elle, la nature était pareille, immobile – excepté qu'elle lui formait, comment dire? un halo autour de la tête, comme si la terre et le ciel étaient sa chevelure. La ville s'étendait toujours vers la mer, la rivière aussi, les montagnes étaient toujours rondes, et les fumées toujours verticales. *Mais en partant de sa tête.* (...) C'était elle, vous comprenez, c'était elle. Elle avait tout fait. (PV p. 196)

Le regard actif du personnage scrute ici le potentiel symbolique du paysage et confère ainsi à la scène un sens poétique. Sa fusion cosmique est ainsi transposée dans un discours personnel où la situation concrète et le sens symbolique se confondent. Cette juxtaposition d'une vision concrète et son interprétation métaphysique, dans un discours marqué d'oralité et de spontanéité, souligne l'immédiateté de l'image et ses associations : l'apparition de la vieille femme est ainsi présentée comme simultanée à l'émergence d'une révélation métaphysique chez le personnage. Ce passage peut donc se lire comme une métaphore de la technique de l'écrivain, où l'image et son sens symbolique sont souvent présentés simultanément.

Le regard constitue ainsi un moyen d'inscrire dans une réalité concrète et physique une idée existentielle; pour ce faire, Le Clézio valorise la perception subjective à travers une évocation intensifiée des caractéristiques concrètes d'une situation. Tout comme la surabondance des caractéristiques agressives de la ville suggère une aliénation spirituelle, la surabondance de perceptions visuelles contribue à amplifier la symbolique d'une scène. C'est le cas d'un passage dans *Terra Amata*, où le protagoniste est envahi par un univers réverbéré sur lui-même et où cette réverbération physique se cristallise dans une image symbolique.

> A l'angle d'un mur neigeux, une vieille femme accroupie tendait des bouquets de fleurs voraces, et c'était comme si toute la population du monde était assise là revêtue en haillons, levant vers vous sa face ridée aux yeux vides, à la bouche édentée, tendant au bout de son bras noirci couvert de veines le bouquet de fleurs sans couleurs et sans parfum. (TA p. 178)

L'éblouissement du personnage («mur neigeux») suggère l'agressivité de cette vision. Ce passage succède en effet à une description de la ville favorisant les vitrines et la lumière qui s'y reflètent (la chaleur se réverbère par la lumière et la silhouette de Chancelade se reflète dans les vitrines de l'autre côté de la rue), une situation où les innombrables miroirs renvoient constamment l'image du protagoniste afin de visualiser le malaise existentiel d'un personnage constamment hanté par l'angoisse de la mort. La valorisation de perceptions concrètes s'intensifie ainsi pour préparer une situation symbolique, pour souligner cette symbolique à travers son intensité. A partir d'une scène d'apparence banale, le narrateur propose ainsi l'insertion d'une idée philosophique grâce à une écriture qui met en valeur les perceptions subjectives et sensorielles. Dès lors, la réflexion métaphysique des personnages n'est plus un commentaire superflu, mais se présente comme la conséquence d'une sensation concrète; l'écriture tend ainsi à effacer les barrières entre une sensation concrète et l'idée qu'elle provoque.

Si la contemplation comporte une telle intensité, soulignée par une écriture sensorielle (qui rappelle d'ailleurs la métaphore fantastique utilisée pour qualifier la douleur du regard dans *Mydriase*), c'est que cette action permet une compréhension du monde au moyen d'une fusion avec les forces cosmiques. En effet, le regard permet non seulement de comprendre la structure d'un univers, mais il se présente fréquemment comme une véritable révélation pour les personnages lecléziens qui parcourent les rues, les villes et les pays pour se laisser envahir par les paroles du monde. Lors de ses promenades à travers la ville, Bea trouve dans les objets de la ville des messages perceptibles seulement à travers le regard et capables de transformer sa compréhension du monde. Par la force de la contemplation, ces objets prennent une symbolique existentielle : un simple dessin illustre ainsi le mouvement de la vie avec une simplicité extrême. Il s'agit d'un dessin obscène tracé par un écolier sur le sol en goudron d'un parking, qui sous le regard de Bea, par sa magie et son mystère, devient une œuvre d'art.

> Plus je regardais, plus il devenait clair. Il était parfait, on ne pouvait rien trouver de plus beau dans tous les musées du monde. (...) Il n'était pas bavard, il ne cherchait pas à détruire le monde, ou à coloniser des îles. Il ne cherchait pas à convaincre, il n'avait pas du tout d'intelligence. (...) Il venait comme ça de l'autre bout du temps, vieux de milliers de siècles, instinctif, rapide, absolument vrai. (...) Et c'était le premier et le dernier geste. (...) C'est-à-dire que ce dessin portait en lui des quantités de choses, des choses mystérieuses et simples qui chassaient la peur. Moi je le regardais, (...) non pas pour analyser, ou pour espérer, mais pour faire un geste au milieu de la plaque grise, pour lutter contre l'immobilité. (LG p. 254-255)

La vision immédiate d'un simple dessin devient sous l'intensité du regard de Bea un symbole universel et se transforme ainsi en œuvre d'art. Art collectif magique sans complexité analytique et individuelle. La conception de l'art telle qu'elle apparaît ici dans les pensées de Bea, s'apparente en effet à l'art collectif évoqué dans *Haï*, où les dessins ne sont pas les signatures d'un seul être, mais l'expression d'une vie et d'une expérience collectives. Cette conception de l'art apparaît également indirectement dans une écriture où le regard occupe une fonction poétique primordiale; car il ne s'agit pas de comprendre à travers l'analyse et la réflexion, mais à travers la saisie immédiate d'une vérité éternelle, à la manière du spectateur devant l'œuvre d'art primitiviste. L'enjeu de cette approche réside précisément dans un mouvement actif et spontané et non dans une contemplation analytique; ce n'est pas le personnage qui confère à la scène une signification à travers son analyse, mais c'est la scène elle-même qui lui parle dans un langage direct et se présente ainsi comme une révélation immédiate.

Ce regard actif reflète le désir constant d'une fusion avec la matière. Il s'oppose à la contemplation qui au contraire, selon l'essayiste de *L'Extase matérielle*, n'est qu'un miroir. Il s'agit en effet d'un «*regard de tous les sens*, aigu, énigmatique, qui ne conquiert pas pour ramener dans la prison des mots et des systèmes, mais qui dirige l'être vers les régions extérieures qui sont déjà en lui, et le recompose, le recrée dans la joie du mystère devenu demeure.» (EM p. 176) Cette reconnaissance de soi dans «les régions extérieures» s'exprime à travers la dynamique de fusion d'un regard devenu médiateur entre l'intérieur et l'extérieur, car regarder est une manière de «laisser s'échapper les matières vivantes qu'on avait en soi» (MY p. 28);

regarder est projeter son vaste paysage intérieur sur le monde entourant[206]. Regarder devient une façon de retrouver dans la vision immédiate un élément de l'éternité.

La saisie d'une compréhension dans une vision immédiate détermine en effet l'approche du monde des personnages lecléziens. Dans l'immédiateté se cache une durée cosmique; dans la vision d'une femme dans un paysage ou dans la contemplation d'un dessin sur le sol se révèlent des siècles de connaissance. Le regard assure ainsi un lien entre la situation immédiate des personnages et leur inscription dans une durée cosmique. Il semble ainsi véhiculer une conception du temps chez Le Clézio; la saisie intellectuelle et affective de la durée réside dans l'expérience de l'instant, ou comme l'exprime Georges Poulet : «pas d'extase, pas de structuration possible de la durée sans une expérience directe de l'instant en sa nudité contingentielle.[207]» Tout regard comporte le désir d'une compréhension plus profonde du temps cosmique chez Le Clézio, le regard actif constitue ainsi une tentative de saisir cette compréhension dans son immédiateté, car, comme le dit le narrateur de L'Inconnu sur la terre, «la vérité est immédiate et réelle» (IT p. 122). Tout acte regardé est ainsi évoqué dans son allure immédiate pour révéler avec plus d'intensité un mouvement de vie. Dans les visions d'Adam Pollo et de Bea B. sont ainsi évoqués la genèse et le mouvement de la vie. Cette dimension symbolique apparaît comme déjà innée en chaque objet : la femme et le dessin regardés portent tous les signes du mouvement éternel qu'ils incarnent.

L'objet regardé obtient ainsi, grâce au regard actif des personnages, des qualités nouvelles et devient une véritable source de bonheur ou de terreur pour les personnages lecléziens. Machines des (Géants) est fasciné par la beauté d'une station-service au bord de l'autoroute, seul lieu animé dans un paysage désert. Grâce à la contemplation amoureuse du protagoniste, cet endroit banal se transforme en une oasis de bonheur dans un monde de terreurs. En réponse à cette contemplation, l'objet regardé semble émettre des signaux magiques : un nom qui «vous éclairait à l'intérieur», qui «vous éclairait avec la même lumière blanche éclatante qui resplendissait sur les murs et sur le toit de la station-service» (GEA p. 217), une douceur capable d'abolir les meurtres et les prisons. De cet endroit quotidien, qualifié surtout

---

[206] «Regardant vers l'intérieur du corps, j'aperçois alors le paysage si vaste que rien ne peut en donner l'idée, je ressens le passage du temps si long que nul ne peut plus compter, et vient en moi le langage si beau, si accompli, dont les phrases n'ont plus de fin.» L'Inconnu sur la terre, p. 50.

[207] Georges Poulet: Etudes sur le temps humain III, Librairie Plon, p. 39.

par la monotonie d'une existence répétitive, éclate une vision de bonheur magique.

> Le chien-loup Williams se recouchait sur le sol, le nez entre les pattes. Il ne se passait rien. Il ne se passait jamais rien ici. Et pourtant, dans ce lieu, par miracle, il y avait toute la beauté, toute l'histoire, tout l'espace réunis en un clin d'œil. C'était comme si la peur et la haine n'avaient jamais existé, comme si la route qui passait devant la station-service ne pouvait plus meurtrir et tuer, comme si les maudits édifices des hommes, leurs gigantesques épiceries, leurs monstrueuses prisons aux fenêtres scellées, avaient fini leur règne. (GEA p. 216-217)

L'universalisation et la poétisation de cette situation banale, sous le regard passionné du protagoniste, illustrent la fonction magique du regard des personnages lecléziens. La fixation du regard au moyen d'un mot magique est ici donnée comme explication à la poétisation d'une situation banale. En effet, c'est en contemplant le nom de la station-service (GULF), mis en valeur par une matérialisation typographique, que Machines arrive à transformer ce lieu. Le Clézio semble prolonger à une nuance près la stratégie du narrateur proustien dans l'évocation de la responsabilité des mots dans la cristallisation du désir. Cette cristallisation dans des syllabes magiques explique ici la transformation idyllisante de la situation. Tout comme le narrateur proustien entreprend des rêveries à partir de la résonance des noms «Balbec» ou «Parme», le protagoniste se construit ici un univers magique à travers le nom GULF. Seulement, à la différence du narrateur d'*A la recherche du temps perdu*, Machines prend pour cible un nom tout aussi banal que le lieu lui-même. Il ne s'agit pas, comme chez Proust, de choisir un nom susceptible de provoquer des associations culturelles, la magie du nom est ici coupée de sa connotation culturelle. Le désir se projette non seulement sur un référent illusoire, mais au moyen d'un signifiant dénué de connotation culturelle. La fascination du protagoniste est ainsi comparable à celle de l'enfant au stade préconceptuel écoutant et répétant des syllabes qui lui procurent du plaisir.

La stratégie publicitaire qui consiste à créer de nouveaux désirs à partir de noms séduisants, et qui est si souvent décrite dans les romans de Le Clézio, s'accomplit ici, au plaisir du protagoniste, sur un objet inutile, dépassé, sans valeur. L'expérience de Machines implique en effet une réflexion sur la valeur incitante des noms et des syllabes dans la cristallisation et la projection du désir. Sa contemplation du nom est caractéristique de l'écriture de Le Clézio qui, tel Michaux dans *Iniji*[208], s'attarde sur des noms propres qui par leur sonorité font rêver : des noms de villes, d'animaux, de

---

[208] Henri Michaux, *Iniji*, Gallimard, 1973.

fleurs (IT p. 302-304), les noms d'étoiles longuement médités dans *Le Chercheur d'or*, le nom d'une chanson pour Lalla, pour qui le nom «Méditerranée» paraît d'autant plus magique qu'il est chanté. Ces noms sont incitants et permettent des voyages oniriques aux personnages; incarnant parfaitement cette conception du nom, Naja Naja entreprend des voyages fantastiques seulement à partir de noms et s'exclame : «Nous sommes ivres des noms» (V p. 274).

L'effacement de la connotation socioculturelle des noms, grâce au choix de noms relativement insignifiants et dénués de valeur culturelle véritable, permet à Le Clézio d'exprimer une conception préscientifique du langage à l'aide d'une écriture contemplative; il propose ainsi une écriture nouvelle qui valorise la valeur magique du langage et s'oppose à sa valeur représentative et rationnelle critiquée dans *Haï*. Il crée ainsi une poésie contemplative, où les mots, détachés de tout contexte syntaxique et libérés de sens socioculturel, s'offrent comme des départs de rêveries; comme Michaux, tissant à partir de mots des réseaux magiques et ludiques[209], Le Clézio crée ainsi une poésie à partir de la contemplation de mots. Car le regard porte en lui un désir et une interrogation qui déclenchent une vibration capable de traverser les régions à explorer :

> Un dialogue, sans cesse, une interrogation, une exclamation, un cri – mais par les yeux qui brillent, par les oreilles qui entendent, par les odeurs infinies et précises, par toute la peau tendue, (...) C'est surtout par le regard que je sens cette vibration. (...) Si le langage n'est fait que de mots, il n'est rien du tout. (...) Mais quand dans les mots viennent la danse, le rythme, les mouvements et les pulsations du corps (...); quand surtout les yeux parlent, et le regard est une route sans fin qui traverse le cosmos; alors on est dans le langage, dans sa beauté, il n'y a plus rien de muet, ou d'insensé. (IT p. 86-88)

Le processus du regard du poète de *L'Inconnu sur la terre* s'apparente beaucoup à la conception indienne du regard, évoquée dans *Haï*, car «l'Indien peint sa peau pour qu'elle soit la conscience, (...) l'Indien a décidé de porter la peau de sa pensée. La magie n'est pas interne. Ce qu'elle révèle avant tout, c'est L'INTERIEUR EST L'EXTERIEUR.» (H p. 126 et p. 130) La fusion par le regard entre l'homme et l'objet de son désir se conjugue aussi par le choix de mots. Car ce qui caractérise ces passages sont les mots à valeur absolue : «beauté», «désir», «vérité», mots aussi transparents que les mots magiques de Machines et Bogo le muet des *(Géants)*, mots destinés à incarner par leur simple présence un monde de références; les abstractions deviennent ainsi des noms, grâce à la magie du regard actif.

---

[209] *Iniji*, op. cit.

Un regard passionné

Cette utilisation des mots comme s'il s'agissait de noms, noms capables de recréer le monde à travers leur apparition, nous fait penser non seulement au narrateur de Proust mais à l'analyse de Barthes portant sur ce même sujet. Barthes y évoque en effet la conscience cratyléenne, qui veut que le langage imite les idées et que, contrairement aux précisions de la science linguistique, les signes soient motivés. Le propos de Le Clézio de «faire rejoindre le langage et le monde[210]» reflète le choix d'une technique primitiviste et répond aux mots de Cratyle : «la propriété du nom consiste à représenter la chose telle qu'elle est». Le nom devient ainsi comme le dit Barthes un signe volumineux, il est «un milieu (...) dans lequel il faut se plonger, baignant indéfiniment dans toutes les rêveries qu'il porte, et un objet précieux, comprimé, embaumé, qu'il faut ouvrir comme une fleur.[211]» Les noms évoqués par Le Clézio portent en eux toutes les rêveries déclenchées par la contemplation du poète, leur fonction n'est pourtant pas celle des symboles ou des leitmotive traditionnels.

Car une nouvelle conception des symboles caractérise l'écriture leclézienne. Une transparence étonnante des mots et des symboles rapproche certains de ses romans des contes pour enfants. L'écrivain a d'ailleurs publié de nombreuses nouvelles pour enfants[212] qui ont fait l'objet de critiques récentes[213]. Cette transparence caractérise une écriture où les symboles évidents, parfois d'une simplicité étonnante, ne sont plus des rappels ou des indices pour un lecteur soucieux de décoder le message du livre, mais reflètent une fusion totale entre le concret et l'abstrait et s'intègrent en ceci à la conception présocratique du langage, si présente dans les œuvres de Le Clézio. Simone Domange l'a bien senti dans son analyse de *Désert*[214] : «(...) au lieu de jalonner son récit d'objets, de situations, de personnages révélateurs,» dit-elle, «(Le Clézio) opère une fusion totale entre l'évidence et le mystère, le matériel et l'abstrait[215]». Dans cette approche réside une des caractéristiques poétiques de l'écriture leclézienne : l'acte du poète créateur

---

[210] Le Clézio à Pierre Lhoste dans *Conversations avec J.M.G. Le Clézio*, op. cit., p. 101.

[211] Roland Barthes dans «Proust et les noms» in *Nouveaux essais critiques*, op. cit., p. 125.

[212] Ces nouvelles sont publiées dans *Mondo et autres histoires*, 1978 et dans *La ronde et autres faits divers*, 1982.

[213] «Deux oeuvres au miroir ou: écrire pour les enfants» de Max Alhau à propos de *Lullaby* et *Celui qui n'avait jamais vu la mer* in *Sud* n° 85/86, 1989, p. 201.

[214] Simone Domange: *Le Clézio ou la quête du désert*, op. cit.

[215] Ibidem. p. 12.

n'est pas seulement mimer le monde, mais le nommer dans le sens heideggerien, à savoir l'appeler à venir en le nommant.

L'ouverture de *Désert* est particulièrement représentative de cette approche de l'écriture. A la manière du scénario d'un film historique, les personnages sont ici présentés à travers leur situation dans le paysage :

> Ils sont apparus, comme dans un rêve, au sommet de la dune, à demi cachés par la brume de sable que leurs pieds soulevaient. (DES p. 7)

Le choix du verbe apparaître et la suggestion onirique de la scène contribuent à souligner le côté énigmatique des personnages («à demi cachés par la brume de sable»), une évocation qui fait aussi bien penser à la vision brumeuse d'un rêve qu'à la première rencontre avec un personnage. Cette apparition à la fois concrète et figurée (les personnages apparaissent pour la première fois au lecteur) explique la comparaison fréquente entre les personnages et le paysage. Deux pages plus loin, le narrateur, avec une distance référentielle, continue en effet : «Ils étaient apparus comme dans un rêve, en haut d'une dune, comme s'ils étaient nés du ciel sans nuages, et qu'ils avaient dans leurs membres la dureté de l'espace.» (DES p. 9) L'inscription des hommes bleus dans leur espace, qui constitue un leitmotiv dans ce roman où le désert se prolonge dans les personnages, est ici prise au pied de la lettre à travers une concrétisation qui rappelle la présentation schématisée de la bande dessinée et du film historique. On assiste en effet à une concrétisation à la fois de la situation du lecteur devant un nouveau personnage et de la symbolique de ce personnage, être destiné à refléter l'immensité de l'espace qui l'a conçu. Cette matérialisation délibérément schématisée à la manière de la bande dessinée fait surtout ressortir la particularité de Le Clézio; car si son projet est d'illustrer la solitude et la fragilité de l'individu dans un cosmos qui l'envahit, sa transparence sous le poids d'un cosmos qui ne laisse pas de place pour le sujet, c'est grâce à une écriture sensorielle, qui valorise la matière à la fois comme sujet, comme notion et comme expression d'un courant de vie, qu'il y parvient. D'où l'importance d'un regard passionné qui scrute dans les détails infimes d'une matière les expressions du monde, d'un regard qui permet la cristallisation du «désir fou d'envahir chaque espace, de combler chaque attraction» (DE p. 37) et qui pénètre des scènes quotidiennes, scrutant leur valeur symbolique. C'est ce regard qui permet à l'écrivain de sortir les situations banales de leur contexte et de leur conférer une charge poétique, faisant un «happening[216]» du spectacle quotidien.

---

[216] «Faire un happening c'est sortir un fait de son contexte; durant une promenade, voir des voitures non dans leur fonction utilitaire, mais comme

Un regard passionné

Si le regard occupe une place primordiale dans l'écriture leclézienne, c'est en tant que médiateur entre la sensation et le verbe. Sens synthétique qui permet d'exprimer la somme de toutes les sensations, il incarne le rêve de «faire rejoindre le monde et le langage[217]» à travers une réhabilitation de la valeur magique du langage. Lieu de rencontre, entre le vécu subjectif et l'expérience collective (*Désert, Etoile errante*), entre l'émotion immédiate et son inscription dans un temps cosmique (*Le Procès-verbal, La Guerre*), le regard constitue une stratégie poétique particulièrement adaptée à exprimer l'approche du romanesque de Le Clézio. Le regard, des personnages ou du narrateur, s'offre comme une métaphore de la technique poétique de l'écrivain, scrutant dans les détails de la vie quotidienne, dans les plus petites manifestations de la nature, une vision globale de l'existence, une compréhension du monde. Il constitue surtout un sens synthétique qui, à travers l'extase matérielle qu'il évoque, se présente comme un médiateur entre l'intérieur et l'extérieur. D'où sa fonction primordiale dans une écriture qui tente précisément de mettre en scène une rencontre entre l'intérieur du personnage et un extérieur qui appelle, entre l'homme et le cosmos. Seul le regard peut réaliser cette rencontre poétiquement.

*

L'écriture leclézienne mise sur l'expression sensorielle et concrète pour nous présenter le monde. Au lieu de disserter sur l'existence, sur l'absurde, sur le vide, elle nous plonge dans un monde multiple à travers le dénombrement, la description détaillée d'objets et de scènes. Cette tentative se fonde également sur le mimétisme, la reproduction immédiate d'une sensation ou d'un sentiment dans une poésie fondée sur la contemplation active, une technique destinée à refléter une conception présocratique du langage, apte à «faire rejoindre le langage et le monde».

Cette poésie du concret vise à matérialiser le vécu existentiel de l'homme. Les techniques typographiques de Le Clézio tendent ainsi à mimer, grâce à une mise en page atypique, perceptions visuelles (affiches, couvertures de livres), sensations physiques et sentiments. Elles soulignent la perception subjective des mots et des situations à travers les présentations originales des mots et des marges : des signes iconiques mêlés aux mots, une mise en page

---

un spectacle qui nous est offert; c'est prendre conscience que le monde est un spectacle à l'intérieur duquel on est soi-même spectacle». Gennie Luccioni dans «J.M.G. Le Clézio: *Le Déluge*» in *Esprit*, n° 351, juillet-août 1966, p. 152.

[217] Le Clézio à Pierre Lhoste dans *Conversations avec J.M.G. Le Clézio*, op. cit., p. 101.

atypique, destinée à offrir un nouvel espace textuel qui défie la capacité interprétative du lecteur et qui se libère d'une logique textuelle. Ces procédés originaux sont surtout destinés à suggérer le silence; un silence narratif significatif, un blanc typographique, un effacement de l'écriture au profit du signe iconique contribuent ainsi à créer une mise en «marge du silence» qui confère au mot sa valeur poétique.

Le rythme de Le Clézio reflète également une tentative mimétique du langage : rendre physiques et réels des sentiments et des sensations, grâce à un rythme textuel qui «coïncide avec le rythme de la nature», constitue le défi d'une écriture qui s'inspire souvent de la respiration. Car la poésie se réalise également ici à travers des silences; des phrases sans verbes ou sans sujets sont utilisées pour marquer un épurement de l'action : une immobilisation totale devant un objet contemplé confère à ce dernier une valeur poétique, une verbalisation totale destinée à exprimer l'élan du poète. Ces deux techniques, fondées sur l'ellipse d'un élément syntaxique, soulignent les silences narratifs par une mise en valeur de deux actions poétiques qui caractérisent le roman de Le Clézio : l'errance et la contemplation.

Les images de Le Clézio contribuent à cette mise en «marge du silence», grâce à une célébration constante de la matière dans une écriture métaphorique qui subordonne l'homme aux règnes animal, végétal et minéral. Les éléments envahissent ainsi l'univers de l'homme grâce à une valorisation lexicale destinée non seulement à souligner la solitude de l'homme dans le cosmos, mais aussi à suggérer la présence de ce cosmos.

Le regard se présente comme le médiateur des sens dans la poésie leclézienne. C'est le regard actif du poète qui confère aux choses et aux mots leur valeur poétique, c'est aussi le regard qui assure une continuité textuelle; il déclenche la réflexion dans les essais, la narration dans les romans. Attentif au moindre détail, il confère aux choses concrètes, souvent infimes et insignifiantes, une valeur poétique, perçant le sens inné de chaque mot et de tout objet.

L'écriture poétique de Le Clézio aspire à un silence originel qui constitue, selon l'écrivain, une qualité littéraire indispensable : «Ce qui étonne dans la poésie d'Henri Michaux», dit-il, «c'est cette force jointe à ce silence.» (IC p. 7) Une typographie qui met en valeur l'iconique, un rythme qui souligne les silences narratifs, un imaginaire qui subordonne l'homme aux éléments se destinent ainsi à dévoiler une parole originelle perceptible seulement pour l'homme qui apprend le silence. Se démarquant d'une tendance du temps, où l'écriture romanesque et poétique est marquée par l'expérimentation linguistique – et quand il se sert de stratégies expérimentales, c'est toujours pour mieux illustrer une conception préscientifique du langage poétique – Le Clézio réhabilite ainsi une poésie sensorielle, minérale, animiste, en éloge de la matière.

Conclusion

L'écriture de Le Clézio tend à réhabiliter un langage originel. Son évocation constante d'une quête des origines se double ainsi d'une nostalgie de ce langage. «Le silence est si grand, là où commence le vent», dit l'auteur de *Vers les icebergs*, «là où se forment les mots du langage.» (IC p. 29) C'est un voyage vers ce lieu originel qui se réalise dans l'écriture leclézienne, grâce au refus de grandes intrigues, d'une psychologie rationalisant l'être et surtout grâce à une poésie sensorielle qui reflète le regard passionné d'un poète puisant dans les détails de la matière les secrets du monde.

L'originalité de Le Clézio, à une époque tellement habituée aux expérimentations formelles, réside dans un remaniement poétique de la matière romanesque, destiné à proposer une expression plus directe et intense de l'existence de l'homme. Le montage disparate des romans lecléziens ne constitue pas seulement le refus d'une mise en intrigue traditionnelle, car la discontinuité narrative et l'absence d'intrigue sont compensées par la dimension poétique d'un roman qui met en valeur deux actes poétiques : la contemplation et l'errance. Ces deux actes forment le point de départ d'une narration qui s'organise autour d'anecdotes fortuites. Malgré une structure d'apparence plus conventionnelle, les derniers romans lecléziens prolongent cette mise en scène poétique de l'être dans des récits de contemplation et de quêtes qui inversent la hiérarchie traditionnelle – c'est la contemplation qui déclenche la quête et non l'inverse, tel le regard du poète qui scrute le sens des objets – pour mieux illustrer la symbolique des ces quêtes.

En effet, là où l'intrigue dramatique fait défaut, se réalise une narration poétique fondée sur la contemplation associative, sur la perception immédiate et le refus de conceptualiser. Ce refus de Le Clézio réside aussi dans la critique du roman trop construit[218], de la schématisation de certaines approches expérimentalistes et de la rationalisation du roman psychologique. Ce refus du romanesque se cristallise dans Le Livre des fuites, un roman où la structuration romanesque est constamment mise en question et supplantée par la musique d'une errance et d'un regard.

Malgré un refus commun de l'intrigue et du personnage psychologisé, qui rapproche Le Clézio d'un Robbe-Grillet, la technique reflète une idée autre chez Le Clézio. Car si Robbe-Grillet refuse l'intrigue au profit des anecdotes, c'est pour illustrer un vide métaphysique, alors que pour Le Clézio cette même technique est adoptée pour illustrer une situation contraire : une présence qui entoure l'être. Le déplacement de la perspective de l'homme à la matière suggère ainsi, plus qu'une solitude existentielle, la présence d'un cosmos mouvant.

Les points de rupture avec les normes du genre, perceptibles dans une présentation atypique de l'espace, du temps, du langage, du corps et des objets, reposent tous sur cette idée. Il en résulte une répartition volontairement simplifiée des caractéristiques spatiales, destinée à suggérer un univers originel opposé à une société non-originelle; d'où surtout un élargissement du rôle de l'espace grâce à une marginalisation des personnages qui souligne leur fragilité. L'espace se présente également comme le médiateur entre peuples de cultures et d'époques différentes, proposant une intégration de leurs vécus dans un espace universel, intemporel. Car cette symbolique de l'espace s'accompagne d'une dualité temporelle qui oppose l'actualité à l'immémorial, où le refus de l'Histoire se projette dans un désir de l'intemporel.

Afin de mieux illustrer cet enjeu poétique, le personnage est «vidé» de toute substance psychologique et sociale. On assiste à une fixation contemplative du personnage, traité comme les autres objets contemplés (ou «hommes» selon la conception animiste du narrateur de Haï), privé de toute individualité et immobilisé dans une posture fixe qui se répète avec variations musicales au fil des œuvres, semblable aux personnages que nous connaissons de l'art plastique primitiviste. Le refus de la psychologie et de la construction expérimentale ou didactique est compensé par la fonction poétique du personnage, être transparent destiné à refléter le monde. Il est surtout représentatif d'un changement de perspective que proposent les romans de Le Clézio, où la place première n'est plus occupée par une conscience centrale, mais par le monde matériel.

Ce renversement de la hiérarchie romanesque s'observe aussi dans la présentation de certaines topiques de l'écrivain. Si la présentation de la ville paraît à première vue s'inscrire dans une tendance écologiste, son réalisme

---

[218] Cf. Le Livre des fuites, p. 172.

Conclusion

apparent dévoile une écriture fantastique qui transforme un discours d'apparence moralisatrice en discours métaphysique. Lieu d'aliénation par excellence, la ville est destinée à incarner l'absorption par la foule et le regard des autres. Cette absorption, à la fois redoutée et désirée, comporte une ambiguïté visible dans les rencontres féminines des protagonistes, une ambiguïté qui propose des pistes aussi bien à l'interprétation philosophique qu'à la psychanalyse; son rôle premier est cependant de constituer une métaphore d'une conscience individualisante qui s'oppose à l'intégration cosmique désirée.

La fuite constitue l'expression la plus dynamique – et à première vue la plus romanesque puisque fuite suppose récit d'incidents – de ce désir dans les romans lecléziens. La dynamique de la fuite réside cependant dans sa dimension symbolique : il ne s'agit pas de la fuite d'un lieu concret, mais de la fuite d'un emprisonnement intellectuel. Au centre de l'enjeu romanesque de Le Clézio se trouve le «désir de se replonger dans la plus extatique fusion avec la matière» (EM p. 53). En témoigne une écriture où les objets sont valorisés non seulement grâce à une énumération exhaustive et minutieuse, qui fait écho au nouveau roman et à Perec, mais surtout grâce à une inversion des rôles traditionnels, qui confère aux objets la place première au détriment de l'homme. La présentation des objets se démarque en effet de la tendance objectale par leur investissement affectif, reflet d'un désir constant d'extase matérielle. Le corps surtout véhicule ce désir. Présenté à travers des moments cruciaux et universels, le corps se destine à exprimer les sentiments universels de l'homme : l'élan vital, l'angoisse de la mort, la fusion avec les forces originelles et cosmiques. L'inscription cosmique des actes vitaux (un érotisme occulté par l'érotisation du paysage, une valorisation constante de lexiques tirés de la nature pour évoquer ces moments) reflète l'enjeu de l'écrivain : souligner le lien entre ces forces originelles et celles d'un cosmos, afin de suggérer la rencontre entre le personnage et le cosmos. D'où une parole destinée à exprimer la nostalgie d'un silence originel; le refus d'une parole fonctionnelle, réflexive, didactique, qualifiée d'oppresseur, et l'impossible communication verbale des personnages contribuent à l'expression de cette nostalgie. La vraie communication ne s'établit qu'à travers une initiation silencieuse : la sympathie du regard, la solidarité à travers un espace commun; pour entendre les paroles du monde, l'homme doit d'abord apprendre le silence.

Il en résulte une tendance à vouloir valoriser l'effacement pour mieux suggérer cette rencontre entre l'homme et le cosmos. L'écriture de Le Clézio vise ainsi, à travers un investissement poétique du roman, à une expression directe et sensorielle de l'être au monde. Sa tentative se caractérise par le mimétisme et la matérialisation des motifs, mais aussi par une mise à nu des mots, technique destinée à les libérer de leur valeur utilitaire et à leur conférer une valeur magique, de manière à ce qu'ils puissent refléter une conception présocratique du langage. Il s'agit d'une écriture sensorielle et subjective qui tente de rendre compte de l'apparition immédiate d'une image ou d'une scène; une typographie mimétique visualise ainsi la fonction narrative et le contexte psychologique d'un mot, mais elle propose aussi une mise en valeur d'un silence originel. Tel est aussi l'enjeu du rythme, qui vise à un effet mimétique pour souligner un lien étroit entre mot et chose. Les images surtout reflètent le projet romanesque de Le Clézio : elles expriment un éloge de la matière à travers une subordination de l'homme aux éléments, technique originale qui illustre non seulement la matérialité de l'homme, mais aussi un cosmos qui est présence et qui se révèle à l'homme à travers les sens. D'où l'importance accordée au regard dans les romans de Le Clézio; médiateur de tous les sens, il constitue un outil romanesque primordial dans une écriture fondée sur la contemplation passionnée des constituants infimes de notre monde.

Cette écriture si difficile à classer, à la base de maintes spéculations critiques, nous amène à beaucoup de prudence quand il s'agit de situer l'écrivain. Bien que profondément moderne, par sa provocation expérimentale, sa parodie et son refus du roman traditionnel, l'œuvre de Le Clézio est souvent rapprochée des courants littéraires du XIXe siècle. Ruth Holzberg[219] situe effectivement l'écrivain dans le XIXe siècle pour ses leitmotive et son style, dans les années 1940-50 pour sa thématique et dans le «nouveau nouveau roman» pour ses préoccupations métalinguistiques. Mais cette dernière ressemblance ne forme qu'une première manifestation de rupture avec les critères du genre; son «héritage du nouveau roman» semble «intégré et dépassé» pour reprendre l'expression de Gabrielle Althen[220]. Au-delà d'une modernité perceptible dans une structure expérimentale, l'écriture de Le Clézio s'alimente aussi à d'autres sources, plus anciennes, tels le symboliste Lautréamont, les poésies d'un Michaux et d'un Saint-John Perse, ainsi que les arts primitivistes. Certains critiques ont d'ailleurs souligné un héritage plus ancien chez Le Clézio : Odile Fayet[221] mentionne Rabelais, certains évoquent le baroque, qui selon Holzberg, se référant à la définition genettienne du terme, est une forme d'art qui caractérise l'écriture des

---

[219] Ruth Holzberg: *L'Oeil du serpent. Dialectique du silence dans l'oeuvre de J.-M.G. Le Clézio*, Ed. Naaman de Sherbrooke, Québec, Canada, 1981, p. 162.

[220] Gabrielle Althen dans «Narration et contemplation dans le roman de J.M.G. Le Clézio», *SUD* n° 85/86, 1989, p. 129.

[221] Odile Fayet: *L'écriture de J.M.G. Le Clézio, une écriture magique*, thèse de doctorat, op. cit.

Conclusion 255

premiers romans lecléziens[222], alors que d'autres, parmi eux Jean Onimus[223] et Raymond Jean[224], ont suggéré un parallélisme entre Le Clézio et Lautréamont pour un style excessif qui valorise l'expression du gigantesque.

Ces traces de filiation sont confirmées par les affinités avouées par l'écrivain lui-même, qui affirme son admiration pour Rabelais[225], pour Lautréamont[226] et pour Michaux[227]. Au centre de sa conception du romanesque se trouvent en effet des préoccupations que manifestaient ces écrivains. Selon lui, Rabelais constitue la «nécessaire adéquation entre le langage et l'instinct», car son œuvre permet le «passage de la conscience individuelle à la conscience universelle[228]». Cette affinité semble en effet provenir d'une conception commune du langage romanesque. Pour le Clézio il s'agit là d'un langage qui «n'est pas seulement l'expression de la pensée raisonnée, (...) Les mots doivent convaincre, ils sont incantation, répétition, force comique aux prises avec le réel, lutte à la fois destructrice et rassurante. Ils avilissent la cogitation, renient l'analyse et en même temps ils assurent le triomphe d'une autre sorte de compréhension, qui est l'affirmation de la supériorité de la vie[229]». Le refus d'un langage analytique est compensé par la magie de l'incantation chez Le Clézio, par une

---

[222] «Voilà pourquoi l'univers léclézien, surtout au début, répond à la définition d'un art baroque d'où ressortent les structures ludiques, les effets en trompe-l'oeil, les formes ouvertes, la prolifération des niveaux narratifs et la multiplication des épisodes. On y retrouve, d'après les catégories de Genette, des récits extradiégétiques surtout, avec l'intervention du narrateur, des insertions intérieures au premier récit et des amplifications intradiégétiques.» Ruth Holzberg, *L'Oeil du serpent. Dialectique du silence dans l'oeuvre de J.-M.G. Le Clézio*, op. cit., p. 166.

[223] Jean Onimus: *Pour lire Le Clézio*, op. cit., p. 178.

[224] Raymond Jean: «L'univers biologique de J.M.G. Le Clézio», op. cit., p. 286-287.

[225] Le Clézio dans «La révolution carnavalesque», *La Quinzaine Littéraire*, op. cit., p. 3-5.

[226] Le Clézio a publié de nombreux articles sur cet écrivain: entre autres «Maldoror et les métamorphoses» (*NRF* n° 394, 395 et 396), «Maldoror et le mythe des réincarnations» (*NRF* n° 411 et 412), «Maldoror et les fées» (*Europe* n° 700-701), «Les poésies à venir» (*Lettres françaises* n° 1406, 20 oct. 1971) et il a collaboré à la publication de *Sur Lautréamont*, Ed complexe, 1987.

[227] Cf. «Un poème (Iniji) qui n'est pas comme les autres» dans *La Quinzaine Littéraire* n° 168, 16-31 juillet 1973, p. 5-7. Le Clézio a également consacré son mémoire de maîtrise à cet écrivain.

[228] Le Clézio dans «La révolution carnavalesque», op. cit., p. 3.

[229] Ibidem, p. 4.

expression directe et pure destinée à cette même affirmation; sa prédilection pour une technique primitiviste semble ainsi reposer sur cette conception du langage romanesque héritée d'un Rabelais et d'un Lautréamont.

Quant à son refus de la structuration romanesque et sa soif simultanée d'une écriture capable de traduire l'«état naturel de l'esprit[230]», ils semblent intimement liés à ses affinités littéraires et à son projet poétique. En témoigne la structure du *Livre des fuites*, destinée à montrer que «tout art qui se fonde sur une expression organisée est un art mensonger[231]». Pour Le Clézio, «l'écriture, ce sont les pensées, les obsessions, les images qui vous viennent au cerveau au moment où vous écrivez»[232]; et l'acte de création littéraire consiste à «écrire sans savoir où l'on va (...) sans aucun plan – même pour un essai; écrire en jetant les phrases[233]». C'est aussi cette conception qui l'a amené vers Lautréamont, où il trouve une «Haine du livre, haine du nom, haine de la matérialité même de la littérature (...)», et il continue, en évoquant sa conception du romanesque : «on est avec Lautréamont si loin de la conception actuelle de la littérature d'esthète; si loin de l'analyse stylistique, du langage immobilisé se regardant naître, si loin de l'écriture conçue comme un plan du monde, si loin du livre organe de connaissance.[234]» La fuite de l'analyse, du plan trop construit, de l'écriture métalittéraire se réalise chez Le Clézio grâce à une écriture poétique qui semble prolonger les conceptions romanesques de Michaux, qui lui apprit l'épurement du nom à travers la présentation encyclopédique.

L'épurement stylistique qui caractérise les derniers romans lecléziens ainsi que le retour apparent à une mise en intrigue traditionnelle sont souvent donnés comme explication à la fascination grandissante que semble éprouver le public leclézien, qui s'élargit davantage vers de nouvelles catégories de lecteurs. La nouvelle voie dont témoignent ces œuvres n'est pas pour autant moins intéressante. La simplification apparente du style constitue au contraire une nouvelle stratégie poétique qui se réalise, non plus à travers l'accumulation et l'excès baroque, mais à travers l'effacement et le dépouillement. Pierre Lepape a bien montré, dans un article consacré à *Onitsha*, comment Le Clézio invente un «style épique adapté à l'épopée intérieure» grâce au refus de tout ornement superflu, comment son écriture

---

[230] Paul Valéry, *Oeuvres*, Gallimard, Pléiade, II, p. 898.

[231] Le Clézio à Pierre Lhoste dans *Conversations avec J.M.G. Le Clézio*, op. cit., p. 33.

[232] Ibidem, p. 27.

[233] Le Clézio à Jean-Louis Ezine dans *Ailleurs*, op. cit., p. 51.

[234] Le Clézio dans «Les poésies à venir» *Lettres Françaises* n° 1406, 20 oct. 1971, p. 3.

refuse la saturation de traits stylistiques afin d'«atteindre à l'essentiel, au cœur des choses, au dépouillement des apparences[235]». Cette stratégie d'épurement à travers l'absence d'ornement stylistique ne passe pas sans provoquer la consternation d'autres critiques[236] voyant dans cette technique une absence de style[237]. Pour Le Clézio le style poétique ne réside pas dans le nombre de traits stylistiques différentiels, mais dans une mise «à nu des formes»; il s'agit de «nettoyer, d'aller vers le plus simple possible, le plus dépouillé, d'aller vers la forme la plus pure[238]». D'où l'étonnement de l'écrivain devant une critique qui juge ses derniers romans moins provocateurs que les premiers[239]. En effet, une technique de dépouillement, mêlée à une évocation sensorielle du monde, constitue aussi une forme de refus, le refus d'une trop grande conceptualisation du roman telle que la pratique les écrivains de l'avant-garde, le refus d'une écriture trop mécanisée, à l'instar de la poésie expérimentale.

Malgré son héritage expérimental des années cinquante, le roman leclézien dépasse le stade d'une mise en question des structures traditionnelles; et si les derniers romans semblent s'inscrire dans un courant «mythique» des années soixante-dix, ou flirter indirectement avec la mode autobiographique amenant les critiques à adopter de nouvelles perspectives, c'est que les romans lecléziens, développant au fil des années de nouvelles stratégies, expriment constamment une soif de l'absolu chez un écrivain qui

---

[235] «On peut parler de la manière dont Le Clézio débarrasse systématiquement ses phrases de tout ornement; de la façon dont il les gratte jusqu'à l'os pour éliminer les graisses inutiles, les circonvolutions, les facilités rhétoriques ou les langueurs esthétiques. Le Clézio a inventé un style épique adapté à l'épopée intérieure, celle qui mène les êtres à apprendre non pas en accumulant, mais au contraire en rejetant peu à peu ce qui s'interpose entre eux et la vérité.» Pierre Lepape dans «Le Clézio et l'oubli de l'Afrique», op. cit., p. 17.

[236] Cf. Angelo Rinaldi: «J.M.G. Monsieur Météo» dans *L'Express* n° 1722, 22-28 févr. 1985, p. 94, et «La confiture d'Alice» dans *L'Express* n° 2074, 4 avril 1991, p. 145.

[237] Selon Genette il s'agit là d'une «esthétique maniériste pour laquelle le style le plus remarquable (au double sens du mot) sera le plus chargé de traits», *Fiction et diction*, Seuil Poétique, 1991, p. 134. Dans *Figures II* (op. cit.), il distingue le style de la poésie ainsi: «le style est bien, lui, un écart, en ce sens qu'il s'éloigne du langage neutre par un certain effet de différence et d'excentricité; la poésie ne procède pas ainsi: on dirait plus justement qu'elle se retire du langage commun *par l'intérieur*, par une action (...) d'approfondissement et de retentissement (...)», dans «Langage poétique, poétique du langage» p. 151.

[238] Le Clézio dans «Un siècle d'écrivains», op. cit.

[239] Ibidem.

«voudrait apprendre toutes les langues étrangères, (...) savoir davantage de codes», «découvrir de nouvelles pistes[240]» afin de pouvoir, tel le sismographe, enregistrer les vibrations du monde. Car ce qui caractérise l'écriture romanesque de Le Clézio est une imperméabilité aux modes et une marginalité littéraire délibérément choisie qui ont contribué à la difficulté de classer cette œuvre; d'où l'utilisation de plus en plus fréquente de notions comme «marge[241]» et «rupture[242]» pour qualifier l'écrivain.

Quant à l'apparente mise en intrigue de ces derniers romans, elle demeure entièrement poétique par sa mise en place d'un sujet contemplant et rêvant : le récit s'organise autour d'un rêve (*Le Chercheur d'or*) ou d'une contemplation (*Onitsha*). La schématisation des traits et des trajets des personnages reflète une volonté de primitivisme, en réponse à une littérature devenue trop intellectualisée, trop métalittéraire. Cette écriture témoigne d'un intérêt grandissant pour une littérature collective ancienne : la parabole fait alors une apparition plus fréquente permettant l'émergence d'une parole éthique. Parole discrète cependant à ne pas confondre avec l'enseignement moral et dont la valeur réside dans une poésie oblique, laissant en suspens un silence à combler par le lecteur. Le primitivisme leclézien ne consiste pas en une simple valorisation de situations et de thématiques «originelles», ce que l'on associe souvent au primitivisme littéraire et qui malheureusement parfois constitue la seule interprétation proposée par certains critiques de l'œuvre leclézienne, réduisant l'écrivain à «un boy-scout qui regarde vers l'orient»[243]; son primitivisme consiste en revanche à intégrer cette technique dans un projet littéraire qui vise à une expression plus intense de l'être au monde. Si Le Clézio a trouvé dans la culture indienne certaines pistes dans sa quête, son originalité réside surtout dans le fait d'avoir su dépasser la simple illustration ethnologique et la projection thématique de cette rencontre, afin d'intégrer cette expérience spirituelle dans un projet d'écriture, où un peuple devient la métaphore d'une approche du monde.

---

[240] Le Clézio dans «Le Sismographe», op. cit., p. 19-20.

[241] Cf. la thèse de doctorat de Claude Cavallero, *J.M.G. Le Clézio ou les marges du roman*, op. cit.

[242] Expression utilisée pour qualifier Le Clézio par Gilles Deleuze in *L'Abécédaire de Gilles Deleuze*, Vidéo Editions Montparnasse, 1996, et reprise par Jean-Xavier Ridon dans «Ecrire les marginalités», *Magazine Littéraire* n° 362, février 1998, p. 43: «cette rupture», dit-il, «le situe, en fait, dans les marges de l'espace culturel français.»

[243] Jean Ricardou dans *Positions et oppositions sur le roman contemporain*, op. cit., p. 225.

Conclusion

L'enjeu poétique de cette œuvre nous amène donc à situer l'écrivain non dans un courant expérimental, mais dans une approche romanesque qui s'ouvre à l'intégration du poème dans le roman, comme celle d'un Michaux. L'écriture romanesque de Le Clézio est poétique aussi bien par sa forme que par son projet. Pour lui, il ne s'agit pas de proposer des écarts linguistiques significatifs, mais d'exprimer une fixation contemplative qui permet l'établissement d'une «marge du silence[244]» poétique autour du langage et des situations. Son écriture met en valeur le silence et le refus pour évoquer l'incommunicable et l'indicible, un silence originel qui reflète les mots de l'essayiste de *Haï* pour qui «Absence d'écriture» est «possibilité d'autres écritures» (H p. 34); une absence d'intrigue et de psychologie est ainsi compensée par une présence matérielle et sensorielle. Il s'agit là peut-être d'une tendance littéraire à venir, qui mise sur le silence : sur l'épurement stylistique accompagné d'un refus de grandes intrigues et de l'analyse psychologique, destinés à rendre présent l'être au monde avec une intensité nouvelle. D'où l'évocation constante de grands espaces chez Le Clézio, tel le désert, image par excellence de l'effacement, figure d'un lieu originel où l'être rencontre le cosmos, où le langage regagne la magie que la linguistique lui avait enlevée, où l'homme reconquiert la force que la psychanalyse avait réduite. La reconquête du monde au moyen des mots ne se réalise plus à travers la destruction, mais à travers ce silence originel chez Le Clézio. D'une tentative initialement plus agressive d'«armer les mots[245]», l'écriture leclézienne évolue effectivement vers une thérapie lyrique, où les trois étapes de guérison évoquées dans *Haï*[246] représentent le trajet du poète : initiation, chant, exorcisme. C'est pouvoir décrire les nausées de l'homme face à l'absurde, mais aussi exorciser les forces néfastes par un chant poétique qui fait l'éloge d'une matière vivante.

---

[244] Genette dans «Langage poétique, poétique du langage», *Figures II*, op. cit., p. 150.

[245] (*Les Géants*) p. 17.

[246] Il s'agit des mots tahu sa, beka et kakwahaï qui signifient initiation, chant, exorcisme. *Haï*, p. 7. Ce chapitre établit ainsi un parallèle entre la littérature et la médecine; «Un jour, on saura peut-être», dit l'auteur de cet essai, «qu'il n'y avait pas d'art, mais seulement de la médecine», *Haï* p. 8.

Bibliographie

Œuvres de Le Clézio (avec abréviations)

1963 *Le Procès-verbal* (PV), Edition Gallimard[247].
1965 *La Fièvre* (F), (nouvelles).
1966 *Le Déluge* (DE).
1967 *Terra Amata* (TA).
1967 *L'Extase matérielle* (EM), (essai).
1969 *Le Livre des fuites* (LF).
1970 *La Guerre* (LG).
1971 *Haï* (H), (essai).
1973 *Mydriase* (MY), (essai) Ed. Fata Morgana.
1973 *(Les Géants)*, (GEA).
1975 *Voyages de l'autre côté* (V).
1977 *Les Prophéties de Chilam Balam*, (traduction).
1978 *Mondo et autres histoires* (M), (nouvelles).
1978 *L'Inconnu sur la terre* (IT), (essai).
1978 *Vers les icebergs* (IC), (essai).
1980 *Désert* (DES).
1980 *Trois villes saintes*, (essai).
1982 *La Ronde et autres faits divers*, (nouvelles).
1984 *Relation de Michoacan*, (traduction).
1985 *Le Chercheur d'or* (CO).
1986 *Voyages à Rodrigues* (VR), (journal).
1988 *Le Rêve mexicain ou la pensée interrompue*, (essai).
1989 *Printemps et autres saisons*, (nouvelles).
1990 *Onitsha* (O).
1992 *Etoile errante* (EE).
1992 *Pawana*.
1993 *Diego et Frida*, Stock.
1995 *La Quarantaine* (Q).
1997 *Poisson d'or* (PO).
1997 *La Fête chantée* (essai), Gallimard coll. Le Promeneur.
1997 *Gens des nuages* (GN) (avec Jemia Le Clézio), Stock.

---

[247] Toutes les oeuvres sont publiées aux éditions Gallimard, sauf indication contraire.

Articles de Le Clézio

En bas, vers la mort, *NRF* n° 131, 1 novembre 1963.

Film et roman : problèmes du récit, *Les Cahiers du cinéma* n° 185, 1966.

Un homme exemplaire, *L'Arc* n° 30, 1966.

Lettre à une amie thaïe, *Le Figaro littéraire* n° 1183, 6-12 janvier 1969.

Comment peut-on écrire autrement, *Le Monde*, supplément 15 févr. 1969.

Le sismographe, *NRF* n° 214, octobre 1970.

L'extra-terrestre, *L'Arc* n° 45, 1971 (p. 27-29).

La révolution carnavalesque, *La Quinzaine Littéraire* n° 111, 15 févr. 1971.

Histoire du château qui explosait et renaissait sans cesse, *NRF* n° 221, mai 1971.

Un livre de libération, *La Quinzaine Littéraire* n° 121, 1-15 juillet 1971.

Les poésies à venir, *Lettres françaises*, n° 1401, 20 octobre 1971.

Voici que nous nous sentons pris comme dans un piège, *Le Monde* n° 8719, 25 janvier 1973.

Un poème (Iniji) qui n'est pas comme les autres, *La Quinzaine Littéraire* n° 168, 16-31 juillet 1973.

Deux mythes de Maldoror, *NRF* n° 310, 1 novembre 1978, n° 311, 1 décembre 1978 et n° 312, 1 janvier 1979.

Le rêve de Maldoror, *NRF* n° 329, juin 1980, n° 330, juillet 1980 et n° 331, août 1980. (Repris dans *Sur Lautréamont*, éd. Complexe, Bruxelles, 1987.)

L'échappé, *NRF* n° 344, 1 septembre 1981.

Lire, c'est s'aventurer dans l'autre, *La Quinzaine Littéraire* n° 435, 1-15 mars 1985.

Plus qu'un choix esthétique, *La Quinzaine Littéraire* n° 436, 16-31 mars 1985.

Rien ne peut être vraiment beau, *Le Monde* n° 12516, 26 avril 1985.

Petit lexique de la langue créole et des oiseaux, *Le débat* n° 36, sept. 1985.

La parole vivante du conteur, *Le Monde* n° 12629, 6 septembre 1985.

Maldoror et les métamorphoses, *NRF* n° 394, 1 novembre 1985, n° 395, 1er décembre 1985 et n° 396, 1er janvier 1986.

Le rêve barbare, *NRF* n° 401, juin 1986, n° 402-403, juillet-août 1986 et n° 404, septembre 1986.

Maldoror et le mythe des réincarnations, *NRF* n° 411, avril 1987 et n° 412, mai 1987.

La magie du cinéma, préface des *Années Cannes*, éd. Hatier, 1987.

Un projet monstrueux, *Le Monde* n° 13151, 12 mai 1987.

Maldoror et les fées, *Europe* n° 700-701, août-septembre 1987.

Hanné, *NRF* n° 419, 1er décembre, 1987.

Kalima, *NRF* n° 447, avril 1990.

Le souvenir de toi, Oriya, *Le courrier de l'Unesco*, avril 1993.

Eloge de la langue française, *L'Express* n° 2205, 7-13 octobre 1993.

Jean Fanchette et l'île-mémoire, *L'événement du jeudi*, n° 485, 23 février 1994.

Souvenir de lecture, *Europe* n° 779, mars 1994.

Les Noces palestiniennes, Mahmoud Darwich, *NRF* n° 500, septembre 1994.

Entretiens

Entretien avec J.M.G. Le Clézio (par Pierre Borderie), *Les Lettres Françaises*, n° 1180, 27 avril-3 mai, 1967.

Lire toutes les villes du monde (entretien avec François Bott), *Le Monde*, n° 7576, 24 mai 1969.

Le Clézio : Mon autocritique (Entretien avec Pierre Lhoste), *Les Nouvelles Littéraires* n° 2181, 10 juillet 1969.

J'écris pour ne pas rêver, pour ne pas souffrir (entretien avec Jean-Louis de Rambures), *Le Monde* n° 7979, 5 septembre 1970, p. 14.

Je fuis l'Europe des esclaves (Entretien avec Pierre Lhoste), *Les Nouvelles Littéraires* n° 2249, 29 oct. 1970.

J.M.G. Le Clézio (interview par Pierre Boncenne) in *Lire, écrire et en parler*, éd Lire, Paris, 1985.

Le retour aux origines (interview par Pierre Maury), *Magazine Littéraire* n° 230, mai 1986.

Les marges et l'origine (interview par Claude Cavallero), *Europe* n° 765-766 (jan-fév 1993).

Un siècle d'écrivains, inteview diffusée sur FR 3, le 8 mai 1996.

Une littérature de l'envahissement, propos recueillis par Gérard de Cortanze, *Magazine Littéraire*, n° 362, février 1998.

Ouvrages sur Le Clézio

Borgomano, Madeleine : *Désert, J.M.G. Le Clézio*, Parcours de lecture. Bertrand Lacoste, Paris, 1992.

– : *Onitsha, J.M.G. Le Clézio*, Parcours de lecture. Bertrand Lacoste, Paris, 1993.

Bureau, Conrad : *Linguistique fonctionnelle et stylistique objective* (étude comparative de Proust, Gide et Le Clézio). PUF, 1976.

Brée, Germaine : *Le Monde fabuleux de J.M.G. Le Clézio*. Edition Rodopi B. V. Amsterdam Atlanta. G.A. 1990.

Di Scanno, Teresa : *La Vision du monde de Le Clézio*. Liguori Edittore, Napoli. Réédition de 1983, 1988.

Domange, Simone : *Le Clézio ou la quête du désert*. Editions Imago, Paris, 1993.

Ezine, Jean-Louis : *Ailleurs*, (Entretiens avec Le Clézio). Arléa, 1995.

Holzberg, Ruth : *L'Œil du serpent. Dialectique du silence dans l'œuvre de J.-M.G. Le Clézio*. Edition Naaman de Sherbrooke, Québec, Canada, 1981.

Lhoste, Pierre : *Conversations avec J.M.G. Le Clézio*. Mercure de France, Paris, 1971.

Michel, Jacqueline : *Une mise en récit du silence*. Librairie José Corti, 1986.

Molinié/Viala : *Approches de la réception : sémiostylistique et sociopoétique de Le Clézio*. PUF, coll. «Perspectives littéraires», 1993.

Onimus, Jean : *Pour lire Le Clézio*.PUF, coll. «Ecrivains», 1994.

Ridon, Jean-Xavier : *Henri Michaux, J.M.G. Le Clézio : L'Exil des mots*. Ed. Kimé, 1995.

Waelti-Walters, Jennifer : *J. M. G. Le Clézio*. Twayne's World Authors Series 426,G.K. Hall & Co, Boston, 1977.

– : *Icare ou l'évasion impossible*, Edition Naaman de Sherbrooke, Québec, Canada, 1981.

Ouvrages collectifs.

J.M.G. Le Clézio : Le Malheur vient dans la nuit. SUD. Réd. Gabrielle ALTHEN, qui contient les articles suivants :
    Clerc, Jeanne-Marie : «Le cinéma et les images modernes dans *Le Procès-verbal*».
    Leuwers, Daniel : «Les mots et l'extase».
    Ravoux Rallo, Elisabeth : «Vers les icebergs : un art poétique».
    Denommée, Odette : «Vision et narration dans *Le Chercheur d'or*».
    Benoit, Claude : «Les secrets du regard».
    Lambert, Hervé : «Fuite et nostalgie des origines».
    Buisine, Alain : «Effacements».
    Siganos, André : «Lieux».
    Lovichi, Jacques : «J.M.G. L.C. dans le miroir mexicain».
    Torreilles, Pierre : «Brève rencontre».
    Althen, Gabrielle : «Narration et contemplation dans le roman de J.M.G. Le Clézio».
    Doro, Paul-Henry : «La Mer retrouvée».
    Mezade, Jean-Paul : «Le Voyage à rebours».
    Michel, Christine : «De l'apocalypse à la cosmogonie : écrire aux éclats».
    Favre, Yves-Alain : «Le Clézio, l'expérience du Cosmos et l'écriture».
    Real, Elena : «Un espace pour le vide».
    Fayet, Odile : «Images mystiques et magie dans *L'Inconnu sur la terre*».
    Alhau, Max : «Deux œuvres au miroir ou : écrire pour les enfants?».

Magazine Littéraire n° 362, février 1998, dossier consacré à J.M.G. Le Clézio, qui contient les articles suivants :
    Le Clézio, J.M.G. : «Chercher l'aventure».
    Cortanze, Gérard de : «Une littérature de l'envahissement, un entretien avec J.M.G. Le Clézio».

Bibliographie

- : «'Le Clézio est hanté par la vie et par les gens', un entretien avec Jean Grosjean».
«Le Clézio raconté par lui-même».
Meyer, Jean : «L'initiation mexicaine».
Ridon, Jean-Xavier : «Ecrire les marginalités».
Domange, Simone : «La quête du désert».
Maury, Pierre : «Un passeur pour l'ailleurs».
Armel, Aliette : «L'écriture comme trace d'enfance».
Marotin, François : «Sentiment et rêve de la politique».

Articles sur Le Clézio

Abensour, Gérard : L'épopée de la fin de l'insularité, *Critique* n° 462, novembre 1985.

Achard : Le Clézio à Apostrophes, *Nouvelles Littéraires* n° 2754, 18-25 septembre 1980.

Alberes, René-Marie : J.M.G. Le Clézio, in : *Le roman d'aujourd'hui, 1960-1970*. Albin Michel, Paris, 1970, p. 118-121.

Amette : La médecine de J.M.G. Le Clézio, *NRF* n° 229.

- : Haï, *La Quinzaine Littéraire* n° 131, 16-31 décembre 1971.

Astier, Colette : Haï, entre fin et renouveau d'un langage, in : *Fins de siècle : terme, évolution, révolution*. Actes du congrès de la société française de littérature générale et comparée, Toulouse, 22-24 septembre 1987, Presses Universitaires du Mirail, 1989.

Beaune, Gilbert : *Terra Amata*, *La table ronde* n° 239-240, décembre 1967 – janvier 1968.

Bersani, Jacques : Le Clézio, sismographe. *Critique* n° 238, mars 1967.

- : Sagesse de Le Clézio, *NRF* n° 30, 1 juillet 1967.

Blot : Le roman et son langage, *NRF* n° 198, 1 juin 1969.

Bollème, Geneviève : *Le Procès-verbal* ou la folie-fiction, *Mercure de France* n° 349, décembre 1963.

Bonnefoy, Claude : Le reflet de notre monde, *Nouvelles Littéraires* n° 2377, 16-22 avril 1973, p. 5.

- : L'autre côté de l'univers, *Les Nouvelles Littéraires* n° 2472, 10-16 février 1975.

Borderie, Roger : Une fourmilière de mots, *La Quinzaine Littéraire* n° 30, 15-31 juin 1967, p. 18-19.

- : Quelque chose de Shakespearien, *La Quinzaine Littéraire* n° 42, 1-15 janvier 1968.

Borgomano, Madeleine : Rencontres dans les romans de J.M.G. Le Clézio, et spécialement *Etoile errante* : utopie diégétique, réalité textuelle, *Point de Rencontre : Le Roman*. Actes du colloque international d'Oslo, Conseil norvégien de la recherche scientifique, Oslo, 1995.

Bosquet, Alain : J.M.G. Le Clézio et Jacques Almira, *NRF* n° 268, avril 1975.

Cagnon, Maurice : J.M.G. Le Clézio : l'impossible vérité de la fiction, *Critique* n° 297.

Casanova, Nicole : Le Clézio en rendez-vous avec lui-même, *La Quinzaine Littéraire* n° 576, 16-30 avril 1991.

Cavallero, Claude : *Land of the sea*; le pays de la mer de J.M.G. Le Clézio, *L'information littéraire*, n° 45 :5, nov-déc 1993, p. 35.

- : D'un roman polyphonique : J.M.G. Le Clézio, *Littérature 92*, déc. 1993, p. 52.

Clavareau : Lecture mythique de *Désert*, *Recherches sur l'imaginaire*, 1985, cahier 13.

Clerval : J.M.G. Le Clézio : *L'Inconnu sur la terre*, *NRF* n° 305, juin 1978.

Clouard, H : Le livre des fuites, *La Revue des deux mondes* n° 7, 1 juillet 1969.

Chessex : J.M.G. Le Clézio : *Le Déluge*, *NRF* n° 163, juillet 1966.

Coatalem, Jean-Luc : *Le Chercheur d'or* par J.M.G. Le Clézio, *Esprit* n° 1667, juillet 1985, p. 117-118.

Delpech, Jeanine : La paresse récompensée, *Nouvelles Littéraires* n° 1890, 1ᵉʳ novembre 1963.

Dey, Tarcy : J.M.G. Le Clézio : *Le Chercheur d'or*, *NRF* n° 388, mai 1985.

Dis, Claude : J.M.G. Le Clézio : *Voyages à Rodrigues*, *NRF* n° 401, juin 1986.

Ezine, Jean-Louis : Le Clézio l'Africain, *Le Nouvel Observateur* n° 1377, 28 mars-3 avril 1991.

Fabre-Luce, Anne : *Le livre des fuites*, *La Quinzaine Littéraire* n° 73, 16-31 mai 1969.

- : *Haï*, *La Quinzaine littéraire* n° 131, 16-31 décembre 1971.

Foucault, Michel : Le langage de l'espace, *Critique* n° 203, avril 1964.

Gamarra, Pierre : Les roses du désert, *Europe* n° 618, octobre 1980.

Garcin, Jérôme : Retour au pays natal, *L'Evénement du Jeudi* n° 333, 21-27 mars 1991.

- : Le Clézio : Ma révolution mexicaine et Frida, Diego et moi (entretien avec Le Clézio), *L'Evénement du jeudi* n° 464, 23-29 septembre 1993.

Jay, Salim : *Désert*, *Esprit* n° 43-44, juillet-août 1980, p. 166.

Jean, Raymond : L'univers biologique de J.M.G. Le Clézio, *Cahiers du Sud* n° 382, 1965.

Kanters, Robert : Parmi les livres, *La Revue de Paris* n° 12, 1963.

Kuhn, Reinhard : *Les Géants*, *The French Review* n° 48, mars 1975.

Labre, Chantal : *L'Inconnu sur la terre*, *Mondo et autres histoires*, *Esprit* n° 5, 7 mai 1978, p. 187-188.

Le Clézio, Marguerite : Langage ou réalité : la phénoménologie platonicienne de J.M.G. Le Clézio, *The French Review* vol. 54, n° 4, mars 1981.

Lepape, Pierre : *Le Chercheur d'or*, *La Quinzaine Littéraire* n° 437, 1-15 avril 1985.

- : Le Clézio dans ses îles, *Le Monde* n° 12785, 7 mars 1986, p. 15.

- : Le Clézio et l'oubli de l'Afrique, *Le Monde* n° 14361, 29 mars 1991.

Luccioni, Genni : J.M.G. Le Clézio : *Le Déluge* , *Esprit* n° 34, juillet-août 1966.

Martinoir : J.M.G. Le Clézio : *Désert* *NRF* n° 330-331.

– : Ceux qui n'ont pu choisir une autre vie, *La Quinzaine Littéraire* n° 371.

Montalbetti, J : Un modèle dix-huit carats, *Magazine Littéraire* n° 216-217.

Nadeau, Maurice : La fin du monde?, *La Quinzaine Littéraire* n° 1, 15 mars 1966.

– : Un visionnaire, *La Quinzaine Littéraire* n° 103, 1-15 octobre 1970.

– : J.M.G. Le CLézio in: *Le roman français depuis la guerre*, Gallimard, 1970.

Nourissier, François : Le Déluge, *Les Nouvelles Littéraires* n° 2011, 17 mars 1966.

– : Le Livre des fuites, *Les Nouvelles Littéraires* n° 2173, 15 mai 1969.

– : La Guerre, *Les Nouvelles Littéraires* n° 2248, 22 oct. 1970.

Piatier, Jacqueline : *Le Livre des fuites* de J.M.G. Le Clézio, *Le Monde* n° 7576, 24 mai 1969.

– : *La Guerre* de J.M.G. Le Clézio, *Le Monde* n° 8029, 6 novembre 1970, p. 17.

– : Le Clézio au pays des merveilles, *Le Monde* n° 9351, 7 février 1975.

– : Fables et exercices spirituels de J.M.G. Le Clézio, *Le Monde* n° 10316, 31 mars 1978.

Poirot-Delpech, Bertrand : Brut de coffrage, *Le Monde* n° 11592, 7 mai 1982.

– : Pur comme un signe de piste, *Le Monde* n° 12462, 22 février 1985, p. 18.

Pons, Anne : L'ogre, la colombe et la Muerte, *L'Express* n° 2207, 21-27 octobre 1993, p. 144.

Ravoux Rallo, Elisabeth : Le Clézio et la modernité, in: *Fins de siècle : terme, évolution, révolution*. Actes du congrès de la société française de littérature générale et comparée, Toulouse, 22-24 septembre 1987, Presses Universitaires du Mirail, 1989.

Ridon Jean-Xavier : Ecrire les marginalités, *Magazine Littéraire*, n° 362, février 1998.

Rinaldi, Angelo : J.M.G. Monsieur Météo, *L'Express* n° 1722, 22-28 février 1985.

– : La confiture d'Alice, *L'Express* n° 2074, 4 avril 1991.

Rohou : J.M.G. Le Clézio : un regard sur la guerre, *NRF* n° 215, nov. 1970.

– : Les Géants, *NRF* n° 249, septembre 1973.

Savoy : Le Clézio : *Terra Amata* , *NRF* n° 181, janvier 1968.

Siganos, André : Connaissance de l'homme au monde : J.M.G. Le Clézio, in: *Les mythologies de l'insecte. Histoire d'une fascination*, éd. Klincksieck, Paris, 1985, p. 230-238.

Soustelle, Jacques : Des textes sauvés du cataclysme (sur *Les prophéties du Chilam Balam*), *Le Monde* n° 9850, 24 septembre 1976, p. 24.

Zeltner Gerda : J.M.G. Le Clézio : le roman antiformaliste, in: *Positions et oppositions sur le roman contemporain*, 8. Actes du colloque de Strasbourg (avril 1970), présentés par Michel Mansuy, éd Klincksieck, 1971, p. 215-226.

Références générales

Bachelard, Gaston : *L'Eau et les rêves*. Librairie José Corti, 1942.

– : *La Poétique de l'espace*. PUF, 1957.

Barthes, Roland : *S/Z*. Editions du Seuil, 1970.

– : *Nouveaux essais critiques*. Editions du Seuil, 1972.

Butor, Michel : *La Modification*. Editions de Minuit, 1957.

Camus, Albert : *L'Etranger*. Gallimard, 1942.

– : *La Peste*. Gallimard 1947.

Eliade, Mircea : *Aspects du mythe*. Gallimard, 1963.

Foucault, Michel : *Les Mots et les choses*. Gallimard, 1966.

Genette, Gérard :   *Figures II*. Seuil, coll. Poétique, 1969.

– : *Figures III*. Seuil, coll. Poétique, 1972.

– : *Mimologiques*. Seuil, coll. Poétique, 1976.

– : *Nouveau discours du récit*. Seuil, coll. Poétique, 1983.

– : *Fiction et diction*. Seuil coll. Poétique 1991.

Goldwater, Robert : *Pimitivism in modern art*. The Belknap Press of Harvard University Press, 1986.

Henry, Anne : *Céline écrivain*, L'Harmattan, 1994.

Heidegger, Martin : *Etre et temps*, Gallimard, 1986,

– : *Acheminements vers la parole*, Gallimard, 1976.

Lejeune, Philippe : *Le Pacte autobiographique*. Seuil, coll. Poétique, 1975.

Merleau-Ponty, Maurice : *Sens et non-sens*. Gallimard, 1996, (Nagel, 1966).

Michaux, Henri : *Iniji*. Gallimard, 1973.

Perec, Georges :   *Les Choses*. Julliard, 1965.

– : *W ou le souvenir d'enfance*. Denoël, 1975.

– : *Je me souviens*. Hachette, coll. P.O.L. 1978.

– : *Penser/Classer*. Hachette, 1985.

Poulet, Georges : *Etudes sur le temps humain*. Librairie Plon, 1964.

Ricardou, Jean : *Le Nouveau roman*. Seuil 1973.

Robbe-Grillet, Alain : *Pour un nouveau roman*. Editions de Minuit, 1961.

Rousset, Jean : *Forme et signification*. José Corti, 1963.

Sartre, Jean-Paul : *La Nausée*. Gallimard, 1938.

Starobinski, Jean :   *L'Œil Vivant 1*. Gallimard, 1961.

– : *La Relation critique*. Gallimard, 1970.

Tadié, Jean-Yves :   *Le Récit poétique*. PUF, 1978.

– : *Le Roman au XXe siècle,* Les dossiers Belfond, 1990.

Valéry, Paul : *Œuvres*. Gallimard, Pléiade, 1957.

Valette, Bernard : *Esthétique du roman moderne*. Nathan, 1993.

Ouvrages collectifs.

Positions et oppositions sur le roman contemporain, 8. Actes du colloque de Strasbourg (avril 1970), présentés par Michel Mansuy, éd Klincksieck, 1971.

La question du personnage. Actes du IV colloque du S.E.L., Université de Toulouse-Le Mirail, 1984.

Table des matières

Pour un roman poétique 5

Un montage poétique du roman 15
Le Livre des fuites ou l'antiroman poétique 31
Du récit apocalyptique au conte merveilleux intemporel : *La Guerre*,
(Les Géants) et *Voyages de l'autre côté* 37
Romans de dialogue et de quêtes symboliques : *Désert*,
Le Chercheur d'or, *Onitsha*, *Etoile errante* et *La Quarantaine* 45
Figures du cercle : *Poisson d'or* 52
Le refus de l'intrigue au profit d'une présence au monde 59
Transparence et poésie du personnage leclézien 64
La topographie du roman leclézien 83
Expressions de l'intemporel 93
Une narration poétique 104

Images de fuite et nostalgie d'un ailleurs chez Le Clézio 109
La ville comme catalyseur de l'angoisse 109
La fuite impossible 116
La rencontre avec l'Autre 125

L'extase matérielle comme connaissance du monde 149
Le rapport de l'homme aux objets : fascination ou «chosification»? .. 151
Le discours du corps 159
La nostalgie d'une parole originelle 173

Pour un lyrisme nouveau 185
Techniques typographiques de Le Clézio 189
De la saturation à l'incantation : une étude du rythme de Le Clézio .. 205
Un univers originel 220
Un regard passionné 234

Conclusion 251

Bibliographie 261